مركز حسن بن محمد للدراسات التاريخية

قطــــــــــر

ودول الخليج العربي

في وثائق الأرشيف الهندي

(مختارات من الأرشيف الوطني، دلهي)

1875-1872

(II)

ترجمة وتحرير

مركز حسن بن محمد للدراسات التاريخية

الدوحة 2023

قطــــــــر

ودول الخليج العربي في وثائق الأرشيف الهندي

(مختارات من الأرشيف الوطني، دلهي)

1875-1872

دار جامعة حمد بن خليفة للنشر
صندوق بريد 5825
الدوحة، دولة قطر

www.hbkupress.com

Qatar and the Arabian Gulf States in the Indian Archival Documents
(Selections from the National Archives, Delhi)
تمت الترجمة بموافقة الأرشيف الوطني الهندي، دلهي

Published in collaboration between Hamad Bin Khalifa University Press and Hassan Bin Mohammed Center for Historical Studies
تم النشر بالتعاون بين دار جامعة حمد بن خليفة للنشر
ومركز حسن بن محمد للدراسات التاريخية

تحرير عام © محمد همام فكري

فريق العمل: د. علي عفيفي علي غازي، فراس واكد
د صاحب عالم الأ عظمي، أوغسطين فرناندو

الطبعة العربية الأولى عام 2023
دار جامعة حمد بن خليفة للنشر

الترقيم الدولي: 9789927164323

تمت الطباعة في الدوحة - قطر.

مكتبة قطر الوطنية بيانات الفهرسة – أثناء – النشر (فان)

[Qatar and the Arabian Gulf States in the Indian Archival Records]. Arabic

قطر ودول الخليج العربي في وثائق الأرشيف الهندي : مختارات من الأرشيف الوطني، دلهي / ترجمة وتحرير مركز حسن بن محمد للدراسات التاريخية. – الطبعة العربية الأولى. - الدوحة، دولة قطر : دار جامعة حمد بن خليفة للنشر : مركز حسن بن محمد للدراسات التاريخية، 2022-2023.

2 مجلد : صور طبق الأصل ؛ 30 سم. – (تاريخ)

تدمك 978-992-716-118-6 (المجلد 1)

تدمك 978-992-716-432-3 (المجلد 2)

يتضمن كشاف.

المحتويات: المجلد 1. 1840-1871 -- المجلد 2. 1872-1875

1. قطر -- تاريخ -- المصادر. 2. دول الخليج العربي -- تاريخ -- المصادر. أ. مركز حسن بن محمد للدراسات التاريخية، مترجم.

ب. العنوان.

DS247.Q3 A36 2022

953.63– dc23 202228482396

المقدمة

يسرنا أن نقدم المجلد الثاني من مشروع «قطر ودول الخليج العربي في وثائق الأرشيف الهندي، مختارات من الأرشيف الوطني الهندي بدلهي»، والذي يحمل بين دفتيه ترجمة الوثائق المتعلقة بقطر ودول الخليج العربي وعلاقتها بالقوى الدولية المختلفة، وكذلك الإقليمية والمحلية، في الفترة (1872-1875)، حسبما رصدتها تقارير الحكومة البريطانية وحكومة الهند البريطانية. وهذه الوثائق تتضمن مراسلات وبرقيات متبادلة بين المقيميين والوكلاء، وقادة السفن التابعة للبحرية الهندية، ورؤسائهم في وزارة شؤون الهند والخارجية البريطانية بلندن، فضلًا عن رسائل شيوخ المنطقة وتجارها. وتحتوي مضامينها على جوانب من أحوالهم وردود أفعالهم، وتفاعلاتهم مع الوقائع والأحداث التي مروا بها، لا سيما أن بعضهم شارك في هذه الأحداث أو كان شاهد عيان عليها، ولهذا فإن موضوعاتها تتنوع ما بين السياسية والعسكرية والاقتصادية والاجتماعية، وغيرها.

ويسير ترتيب الوثائق في المجلد وفق ترتيب زمني تاريخي؛ إذ يُغطي الأحداث والوقائع التاريخية في الفترة التي يتناولها، ومن أهمها الحملة العثمانية على نجد، والتعزيزات العسكرية العثمانية في الأحساء والقطيف وقطر، وتداعيات الصراع بين عبد الله وسعود ابني فيصل بن تركي آل سعود، وموقف القبائل في كل من الأحساء والقطيف وقطر والبحرين، وما تبع ذلك من تحركات عثمانية، والموقف البريطاني من هذه الأحداث، خاصة بعد أن رفعت قطر الراية العثمانية.

كما تغطي الوثائق التفاصيل المتعلقة بالإجراءات والسياسات التي اتخذتها السلطات العثمانية، من أجل ترسيخ نفوذها في ساحل قطر، وصولا إلى العديد، وموقف السلطات البريطانية منها، والتي نصحت شيخ البحرين بعدم التدخل في شؤون البر الرئيسي.

كما تتضمن أخبارًا عن نشاط قبيلة بني هاجر وناصر بن مبارك آل خليفة، واعتزامهم التوجه إلى البحرين وغزوها، ورد الفعل البريطاني، الذي تمثل في إرسال السلطات البريطانية سفينة إلى

البدع، تحسبًا لأي تحرك قد يقومون به، وتعهد المقيم السياسي البريطاني لشيخ البحرين بحمايتها، ومنع حدوث أي هجوم لقبيلة بني هاجر عليها.

ويشمل هذا المجلد أيضاً وثائق تتعلق بكيفية استيلاء عبد الرحمن بن فيصل على منطقة الأحساء، والتفاف النجديين حوله، وصراعه مع العثمانيين، الذي انتهى بمعركة دامت نحو أربعة أيام، وكيف تصدت القوات العثمانية له، حتى تمكنوا من استعادة السيطرة على الأحساء.

كما يشتمل المجلد على وثائق تتعلق بادعاءات شيخ أبوظبي في العديد، وتبين موقف العثمانيين والبريطانيين من هذه الادعاءات، ووثائق عن وجود البانيان في البدع، وموقف الشيخ جاسم آل ثاني منهم، ووثائق عن ادعاءات شيخ البحرين في الزبارة، وامتثاله للنصائح البريطانية بعدم التدخل في شؤون البر الرئيسي، وغيرها .

وقد حافظنا على وضع الإشارة المرجعية الأرشيفية لبيانات الوثائق وأرقامها وتواريخها، وفق آلية حفظها، كما تتضمن قائمة المحتويات مفاتيح دلالية على محتوى كل وثيقة.

هذا، وقد ذيَّلنا الكتاب بفهرس عام للأعلام والقبائل والأماكن وغيرها من المسميات، آملين أن يكون به الفائدة للباحثين والمؤرخين والمهتمين بتاريخ قطر والخليج العربي.

وأخيرًا؛ فإنني أشكر الزملاء الباحثين والمحررين الذين أعدوا هذا العمل، كما يتقدم مركز حسن بن محمد للدراسات التاريخية بالشكر للعاملين في الأرشيف الوطني الهندي - دلهي، الذين سمحوا لنا بالحصول على هذه الوثائق وترجمتها ونشرها باللغة العربية، ونأمل أن تشكل إضافة للمكتبة التاريخية العربية عامة، ومكتبة تاريخ قطر ودول الخليج العربي بخاصة.

والله ولي التوفيق،،،،

محمد همام فكري

المحتويات

م	التاريخ	الموضوع	المصدر	ص
11	4 فبراير 1872	أوضاع العثمانيين في الأحساء والقطيف وقطر، ودعم شيخ الكويت للقوات العثمانية والتحرك إلى الرياض، وتحركات عثمانية ضد سعود بن فيصل، والتفكير في ضم البحرين.	Ref.: (Foreign Dept. Secret, Progs., 52-88, May 1872), pp. 21-26.	53
12	5 فبراير 1872	بخصوص الحملة العثمانية على نجد.	Ref.: (Foreign Dept. Secret, Progs., 52-88, May 1872), p. 3.	61
13	5 فبراير 1872	حول عملية التحكيم المقررة في حادثة مقتل مبعوث الأحساء على يد شيخ البحرين.	Ref.: (Foreign Dept. Secret, Progs., 52-88, May 1872), p. 3.	62
14	6 فبراير 1872	الحكومة العثمانية ترسل لوالي بغداد تطلب معلومات أوفى حول حادثة مقتل مبعوث الأحساء على يد شيخ البحرين.	Ref.: (Foreign Dept. Secret, Progs., 52-88, May 1872), p. 4.	63
15	9 فبراير 1872	بخصوص الإجراءات العثمانية في الخليج الفارسي ضد شيخ البحرين.	Ref.: (Foreign Dept. Secret, Progs., 52-88, May 1872), p.2.	64
16	11 فبراير 1872	إجراءات إبراهيم بن سلطان تجاه الشارقة ورأس الخيمة، واتصاله بالباشا التركي في الأحساء.	Ref.: (Foreign Dept. Secret, Progs., 52-88, May 1872), p. 28.	65
17	12 فبراير 1872	السلطات العثمانية تطالب شيخ البحرين بمركبين استولى عليهما سعود بن فيصل من القطيف.	Ref.: (Foreign Dept. Secret, Progs., 52-88, May 1872), p. 8.	66
18	12 فبراير 1872	بخصوص الحملة العثمانية على نجد.	Ref.: (Foreign Dept. Secret, Progs., 52-88, May 1872), p. 8.	67
19	12 فبراير 1872	بخصوص الأحداث التي تشهدها نجد.	Ref.: (Foreign Dept. Secret, Progs., 52-88, May 1872), p. 9.	68
20	13 فبراير 1872	إحالة الأنباء التي تحملها السفينة بولفينش.	Ref.: (Foreign Dept. Secret, Progs., 52-88, May 1872), p. 12.	69
21	13 فبراير 1872	التحركات العثمانية في البحرين والقطيف والأحساء، وتوقف مركب محلي يحمل جنودًا عثمانيين في البحرين.	Ref.: (Foreign Dept. Secret, Progs., 52-88, May 1872), p. 12.	70

م	التاريخ	الموضوع	المصدر	ص
22	13 فبراير 1872	وصول سفينة بغلة إلى القطيف قادمة من الكويت تحمل مؤنًا للقوات العثمانية بهدف إلحاقهم بالحامية في قطر. وهجوم عبد الله بن فيصل على قبيلة شمر، وأنباء عن تحرك كتائب عثمانية من الحجاز إلى نجد.	Ref.: (Foreign Dept. Secret, Progs., 52-88, May 1872), pp. 13-17.	**71**
23	14 فبراير 1872	تحرك تعزيزات عثمانية جديدة إلى نجد، وأنباء عن اتصالات بين عبد الله وسعود ابني فيصل راغبين في التخلص من الحاميات العثمانية.	Ref.: (Foreign Dept. Secret, Progs., 52-88, May 1872), p. 7.	**78**
24	15 فبراير 1872	بخصوص التحركات العثمانية في كل من البحرين ونجد.	Ref.: (Foreign Dept. Secret, Progs., 52-88, May 1872), p. 35.	**80**
25	16 فبراير 1872	الوكيل السياسي البريطاني في بغداد يحيل رسالته المرسلة للحكومة العثمانية لسكرتير حكومة الهند.	Ref.: (Foreign Dept. Secret, Progs., 52-88, May 1872), p. 7.	**81**
26	19 فبراير 1872	المقيم البريطاني ينصح شيخ البحرين بعدم التدخل في شؤون البر الرئيسي.	Ref.: (Foreign Dept. Secret, Progs., 52-88, May 1872), p. 30.	**82**
27	22 فبراير 1872	بخصوص اعتزام الحكومة البريطانية التحكيم في حادثة مقتل مبعوث الأحساء على يد شيخ البحرين.	Ref.: (Foreign Dept. Secret, Progs., 52-88, May 1872), p. 4.	**83**
28	23 فبراير 1872	بخصوص اعتزام الحكومة البريطانية التحكيم في حادثة مقتل مبعوث الأحساء على يد شيخ البحرين.	Ref.: (Foreign Dept. Secret, Progs., 52-88, May 1872), p. 4.	**84**
29	24 فبراير 1872	مساعد المقيم البريطاني يحيل للمقيم الأنباء التي تمكن من الحصول عليها.	Ref.: (Foreign Dept. Secret, Progs., 52-88, May 1872), p. 29.	**85**
30	24 فبراير 1872	أنباء عن البحرين والقطيف والبدع، ورغبة سعود بن فيصل في عقد الصلح مع العثمانيين إذا ما عرضت عليه شروط مناسبة.	Ref.: (Foreign Dept. Secret, Progs., 52-88, May 1872), p. 29.	**86**
31	26 فبراير 1872	بخصوص الحملة العثمانية على نجد.	Ref.: (Foreign Dept. Secret, Progs., 52-88, May 1872), p. 12.	**87**
32	26 فبراير 1872	بخصوص أحداث قطر.	Ref.: (Foreign Dept. Secret, Progs., 52-88, May 1872), p. 18.	**88**

م	التاريخ	الموضوع	المصدر	ص
33	26 فبراير 1872	تقرير عن أنباء البحرين.	Ref.: (Foreign Dept. Secret, Progs., 52-88, May 1872), p. 21.	89
34	26 فبراير 1872	شيخ البحرين يعلن امتناعه عن التدخل في شؤون البر الرئيسي.	Ref.: (Foreign Dept. Secret, Progs., 52-88, May 1872), p. 30.	90
35	28 فبراير 1872	بخصوص حادثة نجد.	Ref.: (Foreign Dept. Secret, Progs., 52-88, May 1872), p. 12.	91
36	29 فبراير 1872	وكيل الأنباء في البحرين يحيل تقريرًا عن الأخبار في الخليج العربي.	Ref.: (Foreign Dept. Secret, Progs., 52-88, May 1872), p. 30.	92
37	29 فبراير 1872	استعدادات القائد العثماني في الأحساء ببناء الثكنات، ومقتل أحد شيوخ نجد على أيدي خدم عبد الله بن فيصل، والأمن غير مستتب على ساحل قطر، والجنود العثمانيون يخشون البقاء فيها، والحكومة العثمانية ترسل تعليمات للقائد بنجد بأن يخضع ابني فيصل بن تركي.	Ref.: (Foreign Dept. Secret, Progs., 52-88, May 1872), pp. 30-33.	93
38	1 مارس 1872	قبول الحكومة العثمانية التحكيم في قضية المبعوث التركي المقتول في البحرين.	Ref.: (Foreign Dept. Secret, Progs., 52-88, May 1872), p. 5.	98
39	3 مارس 1872	الإجراءات البريطانية تجاه المراكب التي ترفع الراية العثمانية من أجل حماية مغاصات اللؤلؤ في البحرين.	Ref.: (Foreign Dept. Secret, Progs., 110-134, June, 1872), p.7.	99
40	5 مارس 1872	السلطات العثمانية تطالب شيخ البحرين بأن يعيد مركبين تابعين للقطيف.	Ref.: (Foreign Dept. Secret, Progs., 52-88, May 1872), pp. 7-8.	100
41	5 مارس 1872	بخصوص الحملة العثمانية وتحركاتها في نجد.	Ref.: (Foreign Dept. Secret, Progs., 52-88, May 1872), p. 8.	101
42	6 مارس 1872	مفاوضات بين سعود بن فيصل والقائد العثماني في نجد، والأول يُخبر شيخ البحرين بتفاصيل تلك المفاوضات.	Ref.: (Foreign Dept. Secret, Progs., 52-88, May 1872), pp. 35-36.	102
43	7 مارس 1872	رغبة سعود بن فيصل في أن يحقق القائد العثماني الشروط التي اقترحها ليصبح الأول إمامًا على نجد.	Ref.: (Foreign Dept. Secret, Progs., 52-88, May 1872), p. 35.	103

م	التاريخ	الموضوع	المصدر	ص
44	7 مارس 1872	أخبار من الخليج الفارسي يرسلها وكيل الأنباء في البحرين.	Ref.: (Foreign Dept. Secret, Progs., 52-88, May 1872), p. 37.	**104**
45	7 مارس 1872	تحركات سعود بن فيصل، ومفاوضاته مع القائد العثماني، وتصالحه مع أخيه عبد الله، ووصول تعزيزات عسكرية عثمانية إلى القطيف والأحساء، والقبض على راكان شيخ العجمان، واتصالات بين الممثل التركي في قطر وشيخ أبوظبي، وتحركات الأخير ضد حصن البريمي.	Ref.: (Foreign Dept. Secret, Progs., 52-88, May 1872), pp. 37-41.	**105**
46	8 مارس 1872	لا تعتزم الحكومة العثمانية التدخل في شؤون شيوخ الساحل المهادن.	Ref.: (Foreign Dept. Secret, Progs., 52-88, May 1872), pp. 28-29.	**111**
47	11 مارس 1872	بخصوص الوجود العثماني في قطر.	Ref.: (Foreign Dept. Secret, Progs., 52-88, May 1872), p. 28.	**112**
48	11 مارس 1872	تقرير إخباري من مساعد المقيم البريطاني في البحرين.	Ref.: (Foreign Dept. Secret, Progs., 52-88, May 1872), p. 29.	**113**
49	11 مارس 1872	شيخ البحرين يؤكد عزمه الكف عن التدخل في الشؤون العثمانية الوهابية.	Ref.: (Foreign Dept. Secret, Progs., 52-88, May 1872), p. 29.	**114**
50	11 مارس 1872	تقرير إخباري من وكيل الأنباء المحلي في البحرين.	Ref.: (Foreign Dept. Secret, Progs., 52-88, May 1872), p. 30.	**115**
51	14 مارس 1872	العثمانيون يعتزمون إنشاء حصن في قرية دارين، والسفن التركية تزود العقير بالمؤن، وسعود بن فيصل لن يخضع لسلطة القائد العثماني.	Ref.: (Foreign Dept. Secret, Progs., 52-88, May 1872), p. 36.	**116**
52	15 مارس 1872	بخصوص قضية المبعوث العثماني المقتول في البحرين.	Ref.: (Foreign Dept. Secret, Progs., 52-88, May 1872), p. 5.	**117**
53	15 مارس 1872	المراكب التي تصل ميناء البحرين قليلة.	Ref.: (Foreign Dept. Secret, Progs., 52-88, May 1872), p. 36.	**118**
54	19 مارس 1872	سكرتير حكومة بومباي يحيل مراسلات لحكومة الهند.	Ref.: (Foreign Dept. Secret, Progs., 52-88, May 1872), p. 12.	**119**
55	19 مارس 1872	بخصوص أحداث قطر.	Ref.: (Foreign Dept. Secret, Progs., 52-88, May 1872), p. 18.	**120**

م	التاريخ	الموضوع	المصدر	ص
56	19 مارس 1872	سكرتير حكومة بومباي يحيل إلى حكومة الهند تقرير أنباء من الوكيل البريطاني في البحرين.	Ref.: (Foreign Dept. Secret, Progs., 52-88, May 1872), p. 21.	121
57	21 مارس 1872	القائد العثماني يلقي القبض على الشيخ راكان، أحد شيوخ قبيلة العجمان.	Ref.: (Foreign Dept. Secret, Progs., 52-88, May 1872), pp. 42-43.	122
58	21 مارس 1872	أخبار من الأحساء نقلا عن أحد تجارها.	Ref.: (Foreign Dept. Secret, Progs., 110-134, June, 1872), p. 3.	123
59	من دون تاريخ	أخبار عن الصراع بين سعود بن فيصل والقائد العثماني في الأحساء، واستبدال القوة العثمانية في قطر.	Ref.: (Foreign Dept. Secret, Progs., 110-134, June, 1872), p. 3.	124
60	22 مارس 1872	الوكيل السياسي البريطاني في بغداد يحيل رسالته إلى السفير البريطاني في إستانبول إلى وزارة الخارجية في لندن.	Ref.: (Foreign Dept. Secret, Progs., 52-88, May 1872), p. 42.	125
61	23 مارس 1872	بخصوص تحركات سعود بن فيصل في العقير والأحساء، ورفع الراية العثمانية في قطر، وأنباء عن اتفاق سلمي بين كل من سعود وعبد الله ابني فيصل بن تركي على الاجتماع في "جودة" بفضل مساعي شيوخ نجد.	Ref.: (Foreign Dept. Secret, Progs., 110-134, June, 1872), pp. 4-6.	126
62	24 مارس 1872	مساعد المقيم يحيل للمقيم نسخة من تقرير الخدمة.	Ref.: (Foreign Dept. Secret, Progs., 110-134, June, 1872), p. 4.	129
63	24 مارس 1872	تزويد القوات العثمانية في العقير والقطيف بالمؤن والذخائر من الكويت والبصرة، نتيجة وجود مجاعة في نجد؛ لأن الجراد قضى على المحاصيل بها.	Ref.: (Foreign Dept. Secret, Progs., 110-134, June, 1872), p. 4.	130
64	25 مارس 1872	بخصوص الحملة العثمانية على نجد.	Ref.: (Foreign Dept. Secret, Progs., 52-88, May 1872), p. 35.	131
65	25 مارس 1872	بخصوص الحملة العثمانية على نجد.	Ref.: (Foreign Dept. Secret, Progs., 52-88, May 1872), p. 36.	132
66	25 مارس 1872	حول الشؤون العثمانية الوهابية.	Ref.: (Foreign Dept. Secret, Progs., 52-88, May 1872), p. 37.	133

م	التاريخ	الموضوع	المصدر	ص
67	29 مارس 1872	العثمانيون يرسلون تعزيزات للقطيف، والتحالف بين سعود وعبد الله ابني فيصل.	Ref.: (Foreign Dept. Secret, Progs., 52-88, May 1872), p. 27.	**134**
68	من دون تاريخ	التسوية بين سعود وعبد الله ابني فيصل بن تركي.	Ref.: (Foreign Dept. Secret, Progs., 52-88, May 1872), p. 27.	**135**
69	29 مارس 1872	المخططات العثمانية في الخليج العربي، وترقب للتدخل في شؤون البحرين.	Ref.: (Foreign Dept. Secret, Progs., 110-134, June, 1872), pp. 6-7.	**136**
70	30 مارس 1872	تسوية حادثة مقتل مبعوث الأحساء بين الحكومة العثمانية والسلطات البحرينية.	Ref.: (Foreign Dept. Secret, Progs., 52-88, May 1872), p. 6.	**137**
71	30 مارس 1872	بخصوص الحملة العثمانية على نجد.	Ref.: (Foreign Dept. Secret, Progs., 110-134, June, 1872), p. 3.	**138**
72	30 مارس 1872	بخصوص الحملة العثمانية على نجد.	Ref.: (Foreign Dept. Secret, Progs., 110-134, June, 1872), p. 4.	**139**
73	30 مارس 1872	بخصوص الشؤون العثمانية الوهابية.	Ref.: (Foreign Dept. Secret, Progs., 110-134, June, 1872), p. 4.	**140**
74	1 أبريل 1872	تسوية حادثة مقتل مبعوث الأحساء.	Ref.: (Foreign Dept. Secret, Progs., 52-88, May 1872), p. 6.	**141**
75	3 أبريل 1872	بخصوص أحداث البحرين ونجد ذات الصلة بالتحرك العثماني في الخليج العربي.	Ref.: (Foreign Dept. Secret, Progs., 52-88, May 1872), p. 28.	**142**
76	4 أبريل 1872	التقارب بين أبناء فيصل بن تركي ضد العثمانيين، وعزمهم الهجوم على الأتراك في القطيف والأحساء، ورسالة من شيخ أبوظبي إلى القائد العثماني، الذي أهداه سيفًا والقليل من المال.	Ref.: (Foreign Dept. Secret, Progs., 110-134, June, 1872), pp. 7-9.	**143**
77	5 أبريل 1872	بخصوص حادثة مقتل مبعوث الأحساء على يد شيخ البحرين.	Ref.: (Foreign Dept. Secret, Progs., 52-88, May 1872), p. 6.	**146**

م	التاريخ	الموضوع	المصدر	ص
78	5 أبريل 1872	وصول قوات عثمانية إلى رأس تنورة، والاتحاد بين عبد الله وسعود ابني فيصل بن تركي استعدادًا لمحاربة القوات العثمانية.	Ref.: (Foreign Dept. Secret, Progs., 110-134, June, 1872), p. 9.	147
79	10 أبريل 1872	السلطات البريطانية تسعى للحصول على بيان يوضح مطالب العثمانيين في الخليج العربي.	Ref.: (Foreign Dept. Secret, Progs., 52-88, May 1872), p. 34.	148
80	10 أبريل 1872	تحرك سعود بن فيصل إلى البصرة، وعبد الله بن فيصل إلى الأحساء، ومحمد بن فيصل إلى قطر.	Ref.: (Foreign Dept. Secret, Progs., 110-134, June, 1872), p. 13.	149
81	11 أبريل 1872	تسوية حادثة مقتل مبعوث الأحساء بين السلطات البحرينية والحكومة العثمانية.	Ref.: (Foreign Dept. Secret, Progs., 52-88, May 1872), p. 42.	150
82	13 أبريل 1872	مساعي بريطانية لحماية مغاصات اللؤلؤ في الخليج من احتمال تدخل العثمانيين.	Ref.: (Foreign Dept. Secret, Progs., 110-134, June, 1872), p. 6.	151
83	13 أبريل 1872	بخصوص الشؤون الوهابية العثمانية.	Ref.: (Foreign Dept. Secret, Progs., 110-134, June, 1872), p. 9.	152
84	15 أبريل 1872	مساعد المقيم البريطاني يحيل له الأنباء التي تمكن من جمعها.	Ref.: (Foreign Dept. Secret, Progs., 110-134, June, 1872), p. 10.	153
85	15 أبريل 1872	أنباء تصالح ابني فيصل بن تركي تقلق القائد العثماني، واستعدادات سعود بن فيصل للهجوم على القطيف، ووصول تعزيزات للحامية العثمانية فيها.	Ref.: (Foreign Dept. Secret, Progs., 110-134, June, 1872), pp. 10-12.	154
86	23 أبريل 1872	تأكيدات الحكومة العثمانية بعدم فرض سيادتها على البحرين أو مسقط أو مشيخات ساحل الخليج العربي تطمئن السلطات البريطانية.	Ref.: (Foreign Dept. Secret, Progs., 52-88, May 1872), p. 34.	157
87	27 أبريل 1872	أحداث البحرين ذات الصلة بالحملة العثمانية على نجد.	Ref.: (Foreign Dept. Secret, Progs., 110-134, June, 1872), p. 3.	158
88	27 أبريل 1872	مساعد المقيم البريطاني يزود المقيم بتقرير يتضمن أنباء المنطقة.	Ref.: (Foreign Dept. Secret, Progs., 110-134, June, 1872), p. 12.	159

م	التاريخ	الموضوع	المصدر	ص
89	27 أبريل 1872	سعود بن فيصل يراسل شيخ البحرين ينبئه بانضمام بعض القبائل إليه، وشيخ الكويت يزوده بالمؤن ليتحرك باتجاه القطيف.	Ref.: (Foreign Dept. Secret, Progs., 110-134, June, 1872), pp. 12-13.	**160**
90	1 مايو 1872	مخاوف بريطانية من التدخل العثماني في البحرين.	Ref.: (Foreign Dept. Secret, Progs., 52-88, May 1872), p. 42.	**161**
91	1 مايو 1872	مناوشات بين شيخ الكويت وسعود ن فيصل، وهزيمة الأخير، وتكبده خسائر كبيرة.	Ref.: (Foreign Dept. Secret, Progs., 110-134, June, 1872), p. 14.	**162**
92	6 مايو 1872	المقيم البريطاني يحيل تقارير المساعد في البحرين إلى حكومة بومباي.	Ref.: (Foreign Dept. Secret, Progs., 110-134, June, 1872), p. 10.	**163**
93	6 مايو 1872	بخصوص تحركات سعود وعبد الله ابني فيصل ضد القوات العثمانية في نجد.	Ref.: (Foreign Dept. Secret, Progs., 110-134, June, 1872), p. 13.	**164**
94	10 مايو 1872	بخصوص إجراءات السلطات العثمانية تجاه نجد والبحرين.	Ref.: (Foreign Dept. Secret, Progs., 52-88, May 1872), p. 44.	**165**
95	10 مايو 1872	بخصوص الحملة العثمانية على نجد، والوضع في قطر والبحرين، والمصالحة بين سعود وعبد الله ابني فيصل بن تركي.	Ref.: (Foreign Dept. Secret, Progs., 52-88, May 1872), pp. 44-45.	**166**
96	10 مايو 1872	بخصوص الحملة العثمانية على نجد، والأحداث في البحرين.	Ref.: (Foreign Dept. Secret, Progs., 110-134, June, 1872), p. 2.	**168**
97	15 مايو 1872	بخصوص الحملة العثمانية على نجد.	Ref.: (Foreign Dept. Secret, Progs., 110-134, June, 1872), p. 14.	**169**
98	27 مايو 1872	بخصوص الحملة العثمانية على نجد.	Ref.: (Foreign Dept. Secret, Progs., 110-134, June, 1872), p. 10.	**170**
99	5 يونيو 1872	بخصوص الحملة العثمانية على نجد.	Ref.: (Foreign Dept. Secret, Progs., 110-134, June, 1872), p. 14.	**171**
100	24 يونيو 1872	بخصوص الحملة العثمانية على نجد.	Ref.: (Foreign Dept. Secret, Progs., 110-134, June, 1872), p. 14.	**172**

م	التاريخ	الموضوع	المصدر	ص
101	من دون تاريخ	التصالح بين عبد الله وسعود ابني فيصل بن تركي، ومخاوف القائد العثماني من تحركهما، والمقيم البريطاني يطلب بقاء سفينة حربية في البحرين لحمايتها وحماية مغاصات اللؤلؤ.	Ref.: (Foreign Dept. Secret, Progs., 110-134, June, 1872), pp. 15-16.	**173**
102	19 سبتمبر 1872	بشأن العلاقات القطرية العثمانية، والموقف البريطاني.	Ref.: (Foreign Dept. Political, Part A, Progs., 61-62, December 1872), p. 5.	**174**
103	19 أكتوبر 1872	حول مسألة السيادة على قطر.	Ref.: (Foreign Dept. Political, Part A, Progs., 61-62, December 1872), p. 5.	**175**
104	26 أكتوبر 1872	بخصوص السيادة على قطر.	Ref.: (Foreign Dept. Political, Part A, Progs., 61-62, December 1872), p. 4.	**176**
105	27 نوفمبر 1872	التغير في وضع السلطات العثمانية على ساحل الخليج العربي، واحتمال انسحابها من قطر.	Ref.: (Foreign Dept. Political, Part A, Progs., 61-62, December 1872), p. 7.	**177**
106	16 أغسطس 1873	تحركات عثمانية في الزبارة، وحملة عثمانية مزمعة ضد عمان.	Ref.: (Foreign Dept. POLITICAL. A, Progs, 411-428, December 1873), p. 10.	**178**
107	16 أغسطس 1873	القبائل المستوطنة في الزبارة، وإقرار شيخ البحرين بصحتها.	Ref.: (Foreign Dept. POLITICAL. A, Progs, 411-428, December 1873), pp. 10-11.	**179**
108	16 أغسطس 1873	تحركات عثمانية تجاه الزبارة، ومساعٍ بريطانية لاحتوائها، وموقف شيخ البحرين.	Ref.: (Foreign Dept. POLITICAL. A, Progs, 411-428, December 1873), p. 11.	**180**
109	16 أغسطس 1873	مساعٍ عثمانية تجاه الزبارة وأبوظبي والشارقة ودبي، ورد الفعل البريطاني.	Ref.: (Foreign Dept. POLITICAL. A, Progs, 411-428, December 1873), pp. 12-14.	**181**
110	17 أغسطس 1873	سفينة عثمانية تزور الزبارة ثم تتجه إلى العقير، وشيخ البحرين يطلب من المقيم البريطاني حمايته من العثمانيين.	Ref.: (Foreign Dept. POLITICAL. A, Progs, 411-428, December 1873), p.12.	**182**

م	التاريخ	الموضوع	المصدر	ص
111	28 أغسطس 1873	نفوذ السلطات العثمانية على مجمل الساحل القطري إلى حدود العديد، والسلطات البريطانية تنصح شيخ البحرين بعدم التدخل في شؤون البر الرئيسي.	Ref.: (Foreign Dept. POLITICAL. A, Progs, 411-428, December 1873), pp. 11-12.	**183**
112	28 أغسطس 1873	المقيم البريطاني ينصح شيخ البحرين بشأن الإجراء الأفضل كي يتبعه.	Ref.: (Foreign Dept. POLITICAL. A, Progs, 411-428, December 1873), p.14.	**185**
113	28 أغسطس 1873	مخطط لشبه جزيرة قطر وجزيرة البحرين.	Ref.: (Foreign Dept. POLITICAL. A, Progs, 411-428, December 1873), p.14.	**186**
114	29 أغسطس 1873	شكاوى شيخ دبي من استيلاء الجنود العثمانيين في البدع على لؤلؤ تابع لرعاياه.	Ref.: (Foreign Dept. POLITICAL. Part, A, Progs., 105-108, December 1873), pp. 7-8.	**187**
115	2 سبتمبر 1873	إفادة شيخ البحرين بخصوص الزبارة.	Ref.: (Foreign Dept. POLITICAL. A, Progs., 411-428, December 1873), p.16.	**189**
116	4 سبتمبر 1873	بخصوص السيادة العثمانية على مناطق وقبائل البر الرئيسي قبالة البحرين، وادعاءات شيخ البحرين السيادة على بعض القبائل والمناطق في قطر.	Ref.: (Foreign Dept. POLITICAL. A, Progs, 411-428, December 1873), p. 4.	**190**
117	4 سبتمبر 1873	تقرير عن الوجود العثماني في البر الرئيسي قبالة جزيرة البحرين، ومسألة السيادة على القبائل والمناطق في قطر.	Ref.: (Foreign Dept. POLITICAL. A, Progs, 411-428, December 1873), Pp. 9-10.	**192**
118	11 سبتمبر 1873	دحض ادعاءات شيخ البحرين بخصوص السيادة على بعض القبائل والمناطق في قطر.	Ref.: (Foreign Dept. POLITICAL. A, Progs., 411-428, December 1873), p.16.	**194**
119	13 سبتمبر 1873	المقيم البريطاني يرد على شيخ دبي بخصوص شكواه من تعرض أتباعه للسرقة على أيدي الجنود العثمانيين في البدع.	Ref.: (Foreign Dept. POLITICAL. Part, A, Progs., 105-108, December 1873), p.8.	**195**
120	18 سبتمبر 1873	المقيم البريطاني يوجه مساعده للرد على استفسارات شيخ البحرين.	Ref.: (Foreign Dept. POLITICAL. A, Progs., 411-428, December 1873), p.16.	**196**

م	التاريخ	الموضوع	المصدر	ص
121	19 سبتمبر 1873	بخصوص ادعاءات شيخ البحرين السيادة على بعض القبائل والأماكن في قطر.	Ref.: (Foreign Dept. POLITICAL. A, Progs., 411-428, December 1873), p.15.	**197**
122	19 سبتمبر 1873	بخصوص شكاوى شيخ دبي من تعرض رعاياه لعمليات سلب على أيدي الجنود العثمانيين في قطر.	Ref.: (Foreign Dept. POLITICAL. Part, A, Progs., 105-108, December 1873), p. 4.	**198**
123	19 سبتمبر 1873	بخصوص شكاوى شيخ دبي من تعرض رعاياه لعمليات سلب من الجنود العثمانيين في قطر.	Ref.: (Foreign Dept. POLITICAL. Part, A, Progs., 105-108, December 1873), p. 7.	**199**
124	21 أكتوبر 1873	رد السلطات البريطانية على شكاوى شيخ دبي من تعرض رعاياه للسلب على أيدي الجنود العثمانيين في قطر.	Ref.: (Foreign Dept. POLITICAL. Part, A, Progs., 105-108, December 1873), p.5.	**200**
125	27 أكتوبر 1873	مخاوف السلطات البريطانية من امتداد السيادة العثمانية إلى البحرين وساحل عمان المتصالح، ودعاوى البحرين بشأن السيادة على قطر.	Ref.: (Foreign Dept. POLITICAL. A, Progs., 411-428, December 1873), p.15.	**201**
126	30 أكتوبر 1873	السلطات البريطانية تحث شيخ دبي أن يقدم شكاويه من الجنود العثمانيين في قطر إلى المقيم ليرفعها إلى والي بغداد العثماني.	Ref.: (Foreign Dept. POLITICAL. Part, A, Progs., 105-108, December 1873), p.8.	**203**
127	9 نوفمبر 1873	العلاقات بين قطر والبحرين.	Ref.: (Foreign Dept. POLITICAL. A, Progs., 411-428, December 1873), p.17.	**204**
128	2 ديسمبر 1873	التحركات العثمانية في شبه الجزيرة العربية وقطر وساحل عمان المتصالح والبحرين.	Ref.: (Foreign Dept. POLITICAL. A, Progs, 411-428, December 1873), pp. 6-8.	**205**
129	17 ديسمبر 1873	السلطات البريطانية تنصح شيخ البحرين بأن ينأى بنفسه عن التدخل في مشكلات البر الرئيسي.	Ref.: (Foreign Dept. POLITICAL. Part, A, Progs., 105-108, December 1873), p. 17.	**208**
130	26 ديسمبر 1873	بخصوص العلاقات بين البحرين وبعض القبائل على ساحل قطر.	Ref.: (Foreign Dept. POLITICAL. Part, A, Progs., 105-108, December 1873), p. 17.	**209**
131	26 ديسمبر 1873	بخصوص السيادة التركية على مناطق وقبائل البر الرئيسي في شبه الجزيرة العربية قبالة البحرين.	Ref.: (Foreign Dept. POLITICAL. Part, A, Progs., 105-108, December 1873), Pp. 17-18.	**210**

م	التاريخ	الموضوع	المصدر	ص
132	12 أبريل 1874	شيوخ بعض القبائل في البحرين يراسلون الصدر الأعظم العثماني مطالبين بحماية الباب العالي لهم من إجراءات القنصل الوكيل البريطاني في البحرين.	Ref.: (Foreign Dept. POLITICAL. A, Progs., Nos. 171-199, Nov. 1874), p. 10.	**211**
133	24 يونيو 1874	الباب العالي العثماني يعارض محاولة السلطات البريطانية ممارسة أعمال السيادة على البحرين.	Ref.: (Foreign Dept. POLITICAL. A, Progs., Nos. 171-199, Nov. 1874), p. 10.	**212**
134	يوليو 1874	بخصوص مطالبة بعض شيوخ البحرين بحماية الحكومة العثمانية من إجراءات الوكيل البريطاني في البحرين.	Ref.: (Foreign Dept. POLITICAL. A, Progs., Nos. 171-199, Nov. 1874), p.9.	**213**
135	10 يوليو 1874	شيخ قطر ينفي مخالفته تعليمات الحكومة البريطانية.	Ref.: (Foreign Dept. POLITICAL. A, Progs., Nos. 171-199, Nov. 1874), p. 13.	**214**
136	12 يوليو 1874	شيخ البوكوارة في قطر ينفي تصرفه بطريقة مخالفة لتعليمات الحكومة البريطانية.	Ref.: (Foreign Dept. POLITICAL. A, Progs., Nos. 171-199, Nov. 1874), p. 14.	**215**
137	22 يوليو 1874	بعض شيوخ البحرين يرسلون عريضة للحكومة العثمانية يشتكون من إجراءات الوكيل البريطاني مطالبين بحماية السلطان.	Ref.: (Foreign Dept. POLITICAL. A, Progs., Nos. 171-199, Nov. 1874), p. 9.	**216**
138	6 أغسطس 1874	تحركات قبيلة بني هاجر في الخليج العربي.	Ref.: (Foreign Dept. POLITICAL. A, Progs., Nos. 171-199, Nov. 1874), p. 14.	**217**
139	7 أغسطس 1874	بخصوص عريضة بعض شيوخ البحرين إلى الحكومة العثمانية، وتحركات قبيلة بني هاجر بالقرب من البحرين.	Ref.: (Foreign Dept. POLITICAL. A, Progs., Nos. 171-199, Nov. 1874), p. 4.	**218**
140	7 أغسطس 1874	مطالبة بعض شيوخ البحرين بحماية الدولة العثمانية من إجراءات الوكيل البريطاني.	Ref.: (Foreign Dept. POLITICAL. A, Progs., Nos. 171-199, Nov. 1874), p. 9.	**220**
141	7 أغسطس 1874	السلطات البريطانية ترفض السيادة العثمانية على البحرين.	Ref.: (Foreign Dept. POLITICAL. A, Progs., Nos. 171-199, Nov. 1874), p. 11.	**221**
142	8 أغسطس 1874	تخوف شيخ البحرين من هجوم بني هاجر على البحرين بهدف نهبها، واستعداداته وتحركاته لصد الهجوم المتوقع.	Ref.: (Foreign Dept. POLITICAL. A, Progs., Nos. 171-199, Nov. 1874), pp. 14-15.	**222**

م	التاريخ	الموضوع	المصدر	ص
143	8 أغسطس 1874	مخاوف من استعدادات قبيلة بني هاجر للهجوم على البحرين.	Ref.: (Foreign Dept. POLITICAL. A, Progs., Nos. 171-199, Nov. 1874), p.15.	**225**
144	9 أغسطس 1874	الاتفاق بين سعود وعبد الله ابني فيصل بن تركي، واستدانة متصرف الأحساء العثماني من الأهالي.	Ref.: (Foreign Dept. POLITICAL. A, Progs., Nos. 171-199, Nov. 1874), p. 16.	**226**
145	11 أغسطس 1874	أنباء عن استعدادات قبيلة بني هاجر للهجوم على البحرين.	Ref.: (Foreign Dept. POLITICAL. A, Progs., Nos. 171-199, Nov. 1874), p.16.	**227**
146	14 أغسطس 1874	استعدادات شيخ البحرين إذا ما تعرض لهجوم من قبيلة بني هاجر، والتحركات البريطانية لاحتواء الموقف.	Ref.: (Foreign Dept. POLITICAL. A, Progs., Nos. 171-199, Nov. 1874), pp. 17-18.	**228**
147	15 أغسطس 1874	استعداد سعود بن فيصل للهجوم على الأحساء، ومتصرف الأحساء يعتقل بعض أنصاره.	Ref.: (Foreign Dept. POLITICAL. A, Progs., Nos. 171-199, Nov. 1874), p.16.	**230**
148	23 أغسطس 1874	احتشاد قبيلة بني هاجر في الدوحة واعتزامهم التوجه إلى البحرين، والسلطات البريطانية ترسل سفينة للبدع تحسبًا لأي تحركات يقومون بها.	Ref.: (Foreign Dept. POLITICAL. A, Progs., Nos. 171-199, Nov. 1874), p.17.	**231**
149	24 أغسطس 1874	شيخ قطر يخبر البانيان أن وجودهم في البدع لا فائدة منه سوى نشر أخبار المنطقة.	Ref.: (Foreign Dept. POLITICAL. A, Progs., Nos. 171-199, Nov. 1874), p.17.	**232**
150	24 أغسطس 1874	قبيلة بني هاجر يحتشدون في البدع استعدادًا للهجوم على البحرين.	Ref.: (Foreign Dept. POLITICAL. A, Progs., Nos. 171-199, Nov. 1874), pp. 20-21.	**233**
151	25 أغسطس 1874	مخاوف من هجوم قبيلة بني هاجر على البحرين، وقبيلة النعيم تقدم العون لشيخ البحرين، وبانيان البحرين يثيرون القلق بنقل بضائعهم، والسفينة البريطانية "ماي فرير" إلى البدع لتقصي الحقائق.	Ref.: (Foreign Dept. POLITICAL. A, Progs., Nos. 171-199, Nov. 1874), pp. 18-20.	**235**
152	25 أغسطس 1874	مخاوف من انطلاق بني هاجر في هجومهم على البحرين من العقير، وتحذير شيخ الأحساء من الموافقة على استخدام مراكب العقير في نقلهم إلى البحرين.	Ref.: (Foreign Dept. POLITICAL. A, Progs., Nos. 171-199, Nov. 1874), p. 31.	**239**

م	التاريخ	الموضوع	المصدر	ص
153	2 سبتمبر 1874	استيلاء قبيلة بني هاجر على ستة مراكب في البدع وتوجههم إلى خور شقيق في طريقهم إلى البحرين، والتحركات البريطانية لاحتواء الموقف.	Ref.: (Foreign Dept. POLITICAL. A, Progs., Nos. 171-199, Nov. 1874), pp. 24-26.	**240**
154	2 سبتمبر 1874	استيلاء بعض رجال قبيلة بني هاجر على مركب مشوة وتوجههم إلى البدع، ونزولهم بخور شقيق، واستعداد البانيان لمغادرة قطر.	Ref.: (Foreign Dept. POLITICAL. A, Progs., Nos. 171-199, Nov. 1874), p. 28.	**243**
155	2 سبتمبر 1874	مهاجمة قبيلة بني هاجر للزبارة، ومحاصرتهم قلعة مرير، ووصول السفينة البريطانية "ماي فرير" إلى المنطقة، وانسحاب بني هاجر إلى المناطق الداخلية.	Ref.: (Foreign Dept. POLITICAL. A, Progs., Nos. 171-199, Nov. 1874), pp. 28-29.	**244**
156	3 سبتمبر 1874	زيارة المقيم السياسي البريطاني للبحرين، وتعهده لشيخها بزيارة السفن الحكومية لها من حين لآخر، وتحركاته لتخفيف التوتر، ومنع حدوث هجوم قبيلة بني هاجر على البحرين.	Ref.: (Foreign Dept. POLITICAL. A, Progs., Nos. 171-199, Nov. 1874), pp. 12-13.	**246**
157	5 سبتمبر 1874	تحركات قبيلة بني هاجر ووصولهم إلى خور شقيق تثير الذعر في البحرين، وإبحار السفينة البريطانية "هيو روز" بالقرب من المنطقة للحيلولة دون هجومهم على البحرين، وتوجه بني هاجر لحصار الزبارة.	Ref.: (Foreign Dept. POLITICAL. A, Progs., Nos. 171-199, Nov. 1874), pp. 27-28.	**249**
158	7 سبتمبر 1874	حصار قبيلة بني هاجر لقلعتي الزبارة الكبرى والصغرى، ووصول السفينة البريطانية "ماي فيرير" يجعلهم يتخلون عن الحصار ويذهبون إلى الداخل القطري.	Ref.: (Foreign Dept. POLITICAL. A, Progs., Nos. 171-199, Nov. 1874), pp. 26-27.	**251**
159	9 سبتمبر 1874	بطي بن خادم شيخ القبيسات يخبر المقيم بأن شيخ أبوظبي يعتزم الهجوم عليه في العديد، ويدعوه لأن يكتب له بأن لا يتعرض له أو لأتباعه.	Ref.: (Foreign Dept. Political, Part A, Progs., Nos. 344-346, May 1875), p.5.	**254**
160	12 سبتمبر 1874	تحركات قبيلة بني هاجر في خور شقيق والزبارة، والتحركات البريطانية المضادة لمنع هجومهم على البحرين.	Ref.: (Foreign Dept. Political. A, Progs., Nos. 171-199, Nov. 1874), pp. 21-24.	**255**

م	التاريخ	الموضوع	المصدر	ص
161	15 سبتمبر 1874	السلطات البريطانية تنفي نية شيخ أبوظبي الهجوم على العديد عن طريق البحر.	Ref.: (Foreign Dept. Political, Part A, Progs., Nos. 344-346, May 1875), pp. 5-6.	**260**
162	24 سبتمبر 1874	المساعي البريطانية للحصول على تعويض لحادثة نهب مركب بحريني في قطر.	Ref.: (Foreign Dept. POLITICAL, PART A, Progs., Nos. 59-67, September 1875), p. 6.	**261**
163	5 أكتوبر 1874	السلطات البريطانية تضع سفينة حربية في البحرين لتعمل بإمرة المقيم السياسي مؤقتًا.	Ref.: (Foreign Dept. POLITICAL. A, Progs., Nos. 200-206, Nov. 1874), p.5.	**262**
164	8 أكتوبر 1874	وصول سفينة تركية إلى قطر لتحري الحقائق بخصوص تحركات قبيلة بني هاجر للهجوم على البحرين.	Ref.: (Foreign Dept. POLITICAL. A, Progs., Nos. 200-206, Nov. 1874), p.7.	**263**
165	10 أكتوبر 1874	عودة الهدوء والأمن في قطر والبحرين.	Ref.: (Foreign Dept. POLITICAL. A, Progs., Nos. 200-206, Nov. 1874), pp.5-6.	**264**
166	15 أكتوبر 1874	شكاوى بعض شيوخ البحرين إلى الحكومة العثمانية من الإجراءات التعسفية التي تمارسها ضدهم السلطات البريطانية، وتأكيد الأخيرة على استقلال البحرين عن الحكم العثماني.	Ref.: (Foreign Dept. POLITICAL. A, Progs., Nos. 171-199, Nov. 1874),P. p. 5-8.	**265**
167	17 أكتوبر 1874	السلطات العثمانية تجري تحقيقات بواسطة سفينة المدفعية "الإسكندرية" في تحركات قبيلة بني هاجر.	Ref.: (Foreign Dept. POLITICAL. A, Progs., Nos. 200-206, Nov. 1874), p.7.	**270**
168	19 أكتوبر 1874	تحركات قبيلة بني هاجر ضد البحرين، وتمركز سفينة حربية بريطانية في البحرين.	Ref.: (Foreign Dept. POLITICAL. A, Progs., Nos. 200-206, Nov. 1874), p. 4.	**271**
169	19 أكتوبر 1874	حكومة الهند توافق على الإجراءات التي قام بها قائد السفينة الحربية "هيو روز" لمواجهة تحركات قبيلة بني هاجر ضد البحرين.	Ref.: (Foreign Dept. POLITICAL. A, Progs., Nos. 200-206, Nov. 1874), p.5.	**273**
170	21 أكتوبر 1874	حكومة الهند تنصح المقيم السياسي البريطاني بعدم إجراء أية اتصالات مع المسؤولين العثمانيين إلا في حالات الضرورة، وأن يقصر تدخله في شؤون الشيوخ العرب على الحد الأدنى.	Ref.: (Foreign Dept. POLITICAL. A, Progs., Nos. 171-199, Nov. 1874), p.31.	**274**

م	التاريخ	الموضوع	المصدر	ص
171	23 أكتوبر 1874	بخصوص الشكاوى المقدمة من بعض شيوخ البحرين إلى حكومة الباب العالي العثمانية يطلبون الخضوع لحمايتها.	Ref.: (Foreign Dept. POLITICAL. A, Progs., Nos. 171-199, Nov. 1874), pp. 31-32.	275
172	31 أكتوبر 1874	بخصوص تحركات العثمانيين في نجد، والأعمال العدائية ضد البحرين.	Ref.: (Foreign Dept. POLITICAL, A, Progs., Nos. 298-333, Feb. 1875), pp. 4-5.	277
173	أكتوبر 1874	حول أحداث البحرين، وشكاوى بعض شيوخها للسلطات العثمانية، ونصح شيخ البحرين أن يعتمد على وسائله الخاصة للحفاظ على مركزه.	Ref.: (Foreign Dept. POLITICAL. A, Progs., Nos. 171-199, Nov. 1874), pp. 32-33.	281
174	أكتوبر 1874	شكاوى بعض شيوخ البحرين إلى المقيم السياسي البريطاني يطلبون فيها الحصول على حقوقهم في البحرين.	Ref.: (Foreign Dept. POLITICAL, A, Progs., Nos. 298-333, Feb. 1875), p.10.	283
175	2 نوفمبر 1874	حكومة الهند توافق على الإجراءات التي قام بها قائد السفينة الحربية البريطانية "هيو روز" لمواجهة تحركات قبيلة بني هاجر ضد البحرين.	Ref.: (Foreign Dept. POLITICAL. A, Progs., Nos. 200-206, Nov. 1874), p.5.	284
176	3 نوفمبر 1874	والي بغداد يخطر الصدر الأعظم العثماني بالتدخل الحربي البريطاني في الزبارة التابعة لقضاء قطر.	Ref.: (Foreign Dept. POLITICAL, A, Progs., Nos. 354-365, May. 1875), p. 7.	285
177	10 نوفمبر 1874	تجدد مخاوف شيخ البحرين من تعرضه للهجوم من الساحل القطري بسبب وجود قريبه.	Ref.: (Foreign Dept. POLITICAL, A, Progs., Nos. 298-333, Feb. 1875), p.11.	286
178	18 نوفمبر 1874	بخصوص الصراع بين القائد العثماني في نجد وعبد الرحمن بن فيصل، وطلب والي بغداد الإذن من الباب العالي ببدء التحرك ضد البحرين، والاستعدادات العثمانية لمساندة الحاميات في الأحساء والقطيف.	Ref.: (Foreign Dept. POLITICAL, A, Progs., Nos. 298-333, Feb. 1875), p.14.	288
179	18 نوفمبر 1874	الاستعدادات العثمانية لشن حملة برية بحرية ضد الزبارة.	Ref.: (Foreign Dept. POLITICAL, A, Progs., Nos. 298-333, Feb. 1875), p.15.	289
180	18 نوفمبر 1874	التحركات العثمانية ضد التدخل البريطاني في شؤون نجد الداخلية.	Ref.: (Foreign Dept. POLITICAL, A, Progs., Nos. 354-365, May. 1875), p. 6.	290

م	التاريخ	الموضوع	المصدر	ص
181	21 نوفمبر 1874	عبد الرحمن بن فيصل يكتب للمقيم البريطاني يخبره بهزيمته للحاكم العثماني في نجد.	Ref.: (Foreign Dept. POLITICAL, A, Progs., Nos. 298-333, Feb. 1875), p.16.	**291**
182	25 نوفمبر 1874	مخاوف أهل القطيف من التعزيزات العثمانية المرسلة إلى نجد.	Ref.: (Foreign Dept. POLITICAL, A, Progs., Nos. 298-333, Feb. 1875), p.15.	**292**
183	27 نوفمبر 1874	ترميم قلعة الزبارة وإعادة توطين القبائل في المنطقة.	Ref.: (Foreign Dept. POLITICAL, A, Progs., Nos. 298-333, Feb. 1875), p.22.	**293**
184	27 نوفمبر 1874	تحري السلطات البريطانية عن القوات التركية المرسلة إلى نجد.	Ref.: (Foreign Dept. POLITICAL, A, Progs., Nos. 354-365, May. 1875), p. 6.	**294**
185	27 نوفمبر 1874	بخصوص تحركات القوات العثمانية في نجد.	Ref.: (Foreign Dept. POLITICAL, A, Progs., Nos. 354-365, May. 1875), p. 7.	**295**
186	28 نوفمبر 1874	الوكيل السياسي البريطاني في العراق يستفسر من المقيم عن الأحداث الأخيرة في قطر.	Ref.: (Foreign Dept. POLITICAL, A, Progs., Nos. 298-333, Feb. 1875), p.14.	**296**
187	28 نوفمبر 1874	المقيم البريطاني في الخليج ينفي للوكيل في العراق قتل أحد بنيران السفن البريطانية في أثناء الأحداث الأخيرة في قطر.	Ref.: (Foreign Dept. POLITICAL, A, Progs., Nos. 298-333, Feb. 1875), p.21.	**297**
188	28 نوفمبر 1874	الوكيل البريطاني في العراق يوضح للسفير في القسطنطينية الأحداث الأخيرة في قطر.	Ref.: (Foreign Dept. POLITICAL, A, Progs., Nos. 298-333, Feb. 1875), p.21.	**298**
189	28 نوفمبر 1874	القنصل البريطاني العام في بغداد يحيل السفير البريطاني في القسطنطينية إلى برقيات سابقة.	Ref.: (Foreign Dept. POLITICAL, A, Progs., Nos. 298-333, Feb. 1875), p.22.	**299**
189	30 نوفمبر 1874	تحذير ناصر بن مبارك آل خليفة من شن أي هجوم على البحرين.	Ref.: (Foreign Dept. POLITICAL, A, Progs., Nos. 298-333, Feb. 1875), p.10.	**300**
190	1 ديسمبر 1874	ناصر بن مبارك آل خليفة يترك البدع ولا يعرف إلى أين ذهب.	Ref.: (Foreign Dept. POLITICAL, A, Progs., Nos. 298-333, Feb. 1875), p.15.	**301**

م	التاريخ	الموضوع	المصدر	ص
191	1 ديسمبر 1874	السلطات العثمانية تشجع تحركات قبيلة بني هاجر ضد الزبارة والبحرين، ردًّا على تشجيع شيخ البحرين لعبد الرحمن بن فيصل ضد العثمانيين في الأحساء.	Ref.: (Foreign Dept. POLITICAL, A, Progs., Nos. 298-333, Feb. 1875), p.22.	**302**
192	5 ديسمبر 1874	استيلاء عبد الرحمن بن فيصل على منطقة الأحساء، وتجهيز حملة عثمانية جديدة يرافقها شيخ المنتفق.	Ref.: (Foreign Dept. POLITICAL, A, Progs., Nos. 298-333, Feb. 1875), pp. 14-15.	**303**
193	5 ديسمبر 1874	المقيم البريطاني يحيل لحكومة الهند تقرير الأخبار المستلم من البحرين.	Ref.: (Foreign Dept. POLITICAL, A, Progs., Nos. 298-333, Feb. 1875), p.15.	**304**
194	5 ديسمبر 1874	عبد الرحمن بن فيصل يحاول إقناع الحكومة العثمانية السماح له بالبقاء كحاكم للأحساء على أساس أنه تابع لها.	Ref.: (Foreign Dept. POLITICAL, A, Progs., Nos. 298-333, Feb. 1875), pp. 15-16.	**305**
195	8 ديسمبر 1874	وصول إمدادات عثمانية إلى القطيف، والقائد العثماني في وضع حرج بالأحساء، والتفكير في الهجوم على البحرين.	Ref.: (Foreign Dept. POLITICAL, A, Progs., Nos. 298-333, Feb. 1875), pp. 17-18.	**306**
196	10 ديسمبر 1874	رغبة شيخ البحرين في حماية الزبارة.	Ref.: (Foreign Dept. POLITICAL, A, Progs., Nos. 298-333, Feb. 1875), p.11.	**308**
197	10 ديسمبر 1874	تخوف شيخ البحرين من تعرضه للهجوم من قطر، والمقيم البريطاني ينصحه بألا يتدخل في شؤون البر الرئيسي.	Ref.: (Foreign Dept. POLITICAL, A, Progs., Nos. 298-333, Feb. 1875), p.12	**309**
198	11 ديسمبر 1874	بخصوص تحركات عبد الرحمن بن فيصل في الأحساء والقطيف ونجد، واستيلائه على قلعة غزاون.	Ref.: (Foreign Dept. POLITICAL, A, Progs., Nos. 298-333, Feb. 1875), p.18.	**311**
199	11 ديسمبر 1874	وصول قوات عثمانية جديدة إلى القطيف بقيادة ناصر باشا.	Ref.: (Foreign Dept. POLITICAL, A, Progs., Nos. 298-333, Feb. 1875), p.19.	**313**
200	12 ديسمبر 1874	المقيم السياسي البريطاني ينصح شيخ البحرين بعدم التدخل في الأحداث الجارية على البر الرئيسي، وأن يتفادى الإساءة للحكومة العثمانية.	Ref.: (Foreign Dept. POLITICAL, A, Progs., Nos. 298-333, Feb. 1875), p.23.	**314**

م	التاريخ	الموضوع	المصدر	ص
201	12 ديسمبر 1874	بخصوص أحداث البحرين والمنطقة المجاورة، والتحركات البريطانية.	Ref.: (Foreign Dept. POLITICAL, A, Progs., Nos. 298-333, Feb. 1875), pp. 23-24.	**315**
202	14 ديسمبر 1874	ضرورة وجود سفينة من قوات البحرية الملكية البريطانية في البحرين.	Ref.: (Foreign Dept. POLITICAL, A, Progs., Nos. 298-333, Feb. 1875), p.19.	**316**
203	14 ديسمبر 1874	إرسال سفينة تابعة للبحرية الملكية إلى البحرين.	Ref.: (Foreign Dept. POLITICAL, A, Progs., Nos. 298-333, Feb. 1875), pp. 19-20.	**317**
204	15 ديسمبر 1874	أخبار المواجهات بين عبد الرحمن بن فيصل والقوات العثمانية في الأحساء والعقير.	Ref.: (Foreign Dept. POLITICAL, A, Progs., Nos. 298-333, Feb. 1875), p. 26.	**318**
205	16 ديسمبر 1874	تمركز سفينة عثمانية ومركب بخاري صغير في القطيف.	Ref.: (Foreign Dept. POLITICAL, A, Progs., Nos. 298-333, Feb. 1875), p.26.	**319**
206	16 ديسمبر 1874	حول الأحداث في نجد؛ إذ يذكر القنصل البريطاني في بغداد أنه لم يتلق أية معلومات موثوقة من المنطقة.	Ref.: (Foreign Dept. POLITICAL, A, Progs., Nos. 298-333, Feb. 1875), p.27.	**320**
207	17 ديسمبر 1874	شيخ البحرين يقر بامتناعه عن التدخل في شؤون البر الرئيسي وإزعاج الحكومة العثمانية.	Ref.: (Foreign Dept. POLITICAL, A, Progs., Nos. 298-333, Feb. 1875), p.24.	**321**
208	18 ديسمبر 1874	بخصوص ادعاءات شيخ البحرين بوجود ممتلكات له في ساحل قطر.	Ref.: (Foreign Dept. POLITICAL, A, Progs., Nos. 298-333, Feb. 1875), P.p.12-13.	**323**
209	18 ديسمبر 1874	بخصوص تحركات قبيلة بني هاجر بهدف الاعتداء على البحرين.	Ref.: (Foreign Dept. POLITICAL, A, Progs., Nos. 298-333, Feb. 1875), p.13.	**324**
210	18 ديسمبر 1874	ادعاءات شيخ البحرين بخصوص الزبارة، والسلطات البريطانية تنصحه بأن لا يورط نفسه في شؤون البر الرئيسي، وتحرك القوات العثمانية باتجاه الأحساء بهدف قمع ثورة عبد الرحمن بن فيصل.	Ref.: (Foreign Dept. POLITICAL, A, Progs., Nos. 298-333, Feb. 1875), pp. 24-26.	**326**
211	18 ديسمبر 1874	شائعات بأن السلطات العثمانية تحمّل شيخ البحرين مسؤولية ما تعرضت له قواتها في الأحساء من هزيمة، وتستعد لشن حرب ضده.	Ref.: (Foreign Dept. POLITICAL, A, Progs., Nos. 298-333, Feb. 1875), pp. 27-28.	**328**

م	التاريخ	الموضوع	المصدر	ص
212	19 ديسمبر 1874	بخصوص الأحداث في نجد، وينفي خبر استسلام القائد العثماني فيها.	Ref.: (Foreign Dept. POLITICAL, A, Progs., Nos. 298-333, Feb. 1875), pp. 16-17.	**329**
213	19 ديسمبر 1874	انزعاج شيخ البحرين من نوايا قريبه ناصر بن مبارك، وتمركز سفينة بريطانية في البحرين.	Ref.: (Foreign Dept. POLITICAL, A, Progs., Nos. 298-333, Feb. 1875), p.19.	**330**
214	19 ديسمبر 1874	بخصوص أحداث البحرين والمناطق المجاورة لها، وتحركات شيخ البحرين التي أثارت الحكومة العثمانية، ورد الفعل البريطاني.	Ref.: (Foreign Dept. POLITICAL, A, Progs., Nos. 298-333, Feb. 1875), pp. 20-21.	**331**
215	19 ديسمبر 1874	الحكومة البريطانية لن تضمن الحماية لشيخ البحرين إذا ما شارك في الخلافات الجارية في البر الرئيسي.	Ref.: (Foreign Dept. POLITICAL, A, Progs., Nos. 298-333, Feb. 1875), pp. 22-23.	**334**
216	19 ديسمبر 1874	الموقف البريطاني من ادعاءات شيخ البحرين في قطر.	Ref.: (Foreign Dept. POLITICAL, A, Progs., Nos. 298-333, Feb. 1875), p. 24.	**335**
217	19 ديسمبر 1874	القوات العثمانية تهزم عبد الرحمن بن فيصل، وتسيطر على الأحساء، والنجديون يتجمعون حول عبد الرحمن، والالتحام مع العثمانيين في معركة دامت أربعة أيام.	Ref.: (Foreign Dept. POLITICAL, A, Progs., Nos. 298-333, Feb. 1875), pp. 28-29.	**336**
218	20 ديسمبر 1874	هزيمة عبد الرحمن بن فيصل وفراره من الأحساء، والقوات العثمانية تعبث فيها نهبًا وقتلا.	Ref.: (Foreign Dept. POLITICAL, A, Progs., Nos. 298-333, Feb. 1875), p.29.	**338**
219	20 ديسمبر 1874	بخصوص التحركات العثمانية في القطيف ورأس تنورة ودارين.	Ref.: (Foreign Dept. POLITICAL, A, Progs., Nos. 298-333, Feb. 1875), p.29.	**339**
220	22 ديسمبر 1874	بخصوص التمرد في نجد.	Ref.: (Foreign Dept. POLITICAL, A, Progs., Nos. 354-365, May. 1875), p. 6.	**340**
221	26 ديسمبر 1874	هزيمة عبد الرحمن بن فيصل وهروبه، والعثمانيون يخربون الأحساء ويعدمون أعيانها.	Ref.: (Foreign Dept. POLITICAL, A, Progs., Nos. 298-333, Feb. 1875), pp. 29-30.	**341**
222	27 ديسمبر 1874	هزيمة عبد الرحمن بن فيصل ومغادرته ميدان المعركة مع عدد قليل من أتباعه، والقوات العثمانية تمارس أعمال التخريب والنهب في الأحساء.	Ref.: (Foreign Dept. POLITICAL, A, Progs., Nos. 298-333, Feb. 1875), p.30.	**342**

م	التاريخ	الموضوع	المصدر	ص
223	28 ديسمبر 1874	القائد العثماني في الأحساء يعدم 150 رجلا من أعيانها، ويسجن آخرين.	Ref.: (Foreign Dept. POLITICAL, A, Progs., Nos. 298-333, Feb. 1875), p.30.	**343**
224	29 ديسمبر 1874	القنصل البريطاني في بغداد ينقل للسفير في إستانبول نبأ هزيمة وفرار عبد الرحمن بن فيصل.	Ref.: (Foreign Dept. POLITICAL, A, Progs., Nos. 298-333, Feb. 1875), p.31.	**344**
225	31 ديسمبر 1874	القوات العثمانية تسيطر على الأحساء بعد فرار عبد الرحمن بن فيصل.	Ref.: (Foreign Dept. POLITICAL, A, Progs., Nos. 298-333, Feb. 1875), p.27.	**345**
226	9 يناير 1875	تفاصيل الإجراءات التي اتخذتها قوات الحملة العثمانية في الأحساء.	Ref.: (Foreign Dept. POLITICAL, A, Progs., Nos. 298-333, Feb. 1875), p.30.	**346**
227	11 يناير 1875	شيخ أبوظبي يخبر المقيم البريطاني أن السلطات العثمانية أخبرته أن لا يتدخل في شؤون منطقة العديد.	Ref.: (Foreign Dept. Political, Part A, Progs., Nos. 344-346, May 1875), p.5.	**347**
229	15 يناير 1875	بخصوص تدخل شيخ البحرين في شؤون البر الرئيسي، وادعاءاته في الزبارة.	Ref.: (Foreign Dept. POLITICAL, A, Progs., Nos. 354-365, May. 1875), p. 3.	**348**
230	15 يناير 1875	بخصوص هجوم العرب على البحرين.	Ref.: (Foreign Dept. POLITICAL, A, Progs., Nos. 354-365, May. 1875), p. 6.	**350**
231	20 يناير 1875	بخصوص ادعاءات شيخ البحرين في قطر، والنفوذ العثماني فيها وتهديدهم شيخ البحرين، ونصيحة السلطات البريطانية له بأن لا يتدخل في شؤون البر الرئيسي.	Ref.: (Foreign Dept. POLITICAL, A, Progs., Nos. 298-333, Feb. 1875), pp. 6-8.	**351**
232	20 يناير 1875	تعزيز القوة البحرية البريطانية في الخليج، والعثمانيون يواجهون ظروفًا صعبة في الأحساء، وتحركات عبد الرحمن بن فيصل في نجد.	Ref.: (Foreign Dept. POLITICAL, A, Progs., Nos. 298-333, Feb. 1875), pp. 8-9.	**355**
233	26 يناير 1875	حكومة الهند البريطانية تنصح المقيم بأن يتوقف عن تبادل المراسلات مع عبد الرحمن بن فيصل.	Ref.: (Foreign Dept. POLITICAL, A, Progs., Nos. 298-333, Feb. 1875), p.16.	**357**
234	26 يناير 1875	بخصوص الأحداث في البحرين، وادعاءات شيخها في قطر، ونصيحة الحكومة االبريطانية له بأن يكف عن التدخل في شؤون البر الرئيسي.	Ref.: (Foreign Dept. POLITICAL, A, Progs., Nos. 298-333, Feb. 1875), pp. 26-27.	**358**

م	التاريخ	الموضوع	المصدر	ص
235	1 فبراير 1875	شيخ القبيسات في العديد يكتب للمقيم بأنه في حمايته وفي أمان من كل ضرر قد يأتي من البحر.	Ref.: (Foreign Dept. Political, Part A, Progs., Nos. 344-346, May 1875), p.6.	**360**
236	5 فبراير 1875	بخصوص أحداث البحرين وتحركات العثمانيين في نجد وهزيمة عبد الرحمن بن فيصل.	Ref.: (Foreign Dept. POLITICAL, A, Progs., Nos. 298-333, Feb. 1875), p.31.	**361**
237	5 فبراير 1875	بخصوص تحركات القوات العثمانية في نجد، وهزيمة عبد الرحمن بن فيصل وفراره، وأحداث البحرين، والسيادة على الزبارة.	Ref.: (Foreign Dept. POLITICAL, A, Progs., Nos. 298-333, Feb. 1875), p.p.31-32.	**362**
238	20 فبراير 1875	تعليمات حكومة الهند للمقيم السياسي كي يسترشد بها في مراسلاته مع شيخ البحرين بخصوص علاقاته مع البر الرئيسي.	Ref.: (Foreign Dept. POLITICAL, A, Progs., Nos. 354-365, May. 1875), p.8.	**364**
239	22 فبراير 1875	المقيم البريطاني يخبر شيخ البحرين بأن الحكومة البريطانية لن تضمن حماية البحرين في حالة تدخله في مشاكل البر الرئيسي.	Ref.: (Foreign Dept. POLITICAL, A, Progs., Nos. 354-365, May. 1875), pp. 8-9.	**365**
240	4 مارس 1875	بخصوص ادعاءات شيخ البحرين في الزبارة.	Ref.: (Foreign Dept. POLITICAL, A, Progs., Nos. 354-365, May. 1875), p.9.	**366**
241	7 مارس 1875	عرض تاريخي عن الزبارة وفتح البحرين.	Ref.: (Foreign Dept. POLITICAL, A, Progs., Nos. 354-365, May. 1875), p.9.	**367**
242	8 مارس 1875	ادعاءات شيخ البحرين في الزبارة، ووفاة سعود بن فيصل، وبطي بن خادم يرفع العلم التركي في العديد، وتحالف قبيلة النعيم مع الشيخ جاسم بن محمد بن ثاني.	Ref.: (Foreign Dept. POLITICAL, A, Progs., Nos. 354-365, May. 1875), pp. 10-12.	**368**
243	12 مارس 1875	المقيم البريطاني ينصح شيخ البحرين بعدم التدخل في شؤون البر الرئيسي.	Ref.: (Foreign Dept. POLITICAL, A, Progs., Nos. 354-365, May. 1875), p.10.	**372**
244	16 مارس 1875	تقرير من وكيل الأخبار في البحرين عن تحركات أحمد بن الغتم.	Ref.: (Foreign Dept. POLITICAL, A, Progs., Nos. 354-365, May. 1875), p.14.	**373**

م	التاريخ	الموضوع	المصدر	ص
245	20 مارس 1875	بخصوص تدخل شيخ البحرين في شؤون البر الرئيسي، وقائد قوات البصرة العثمانية يصرح بأن شيخ البحرين راسل بعض أهالي الأحساء يحرضهم على التمرد ضد العثمانيين.	Ref.: (Foreign Dept. POLITICAL, A, Progs., Nos. 354-365, May. 1875), p.8.	**375**
246	20 مارس 1875	مخاوف شيخ أبوظبي من تعرضه للهجوم من العثمانيين، ومخاوف شيخ العديد من تعرضه للهجوم من أبوظبي.	Ref.: (Foreign Dept. Political, Part A, Progs., Nos. 344-346, May 1875), p.3.	**377**
247	20 مارس 1875	بخصوص أحداث العديد وأبوظبي.	Ref.: (Foreign Dept. Political, Part A, Progs., Nos. 344-346, May 1875), p.4.	**378**
248	20 مارس 1875	شيخ أبوظبي يدّعي أنه تلقى رسائل من مسؤولين عثمانيين يبلغونه بأن العديد منطقة خاضعة لهم، ومخاوف شيخ العديد من تعرضه لهجوم من قبل أبوظبي.	Ref.: (Foreign Dept. Political, Part A, Progs., Nos. 344-346, May 1875), p.5.	**379**
249	23 مارس 1875	بخصوص ادعاءات شيخ البحرين في البر الرئيسي.	Ref.: (Foreign Dept. POLITICAL, A, Progs., Nos. 354-365, May. 1875), pp. 12-13.	**380**
250	31 مارس 1875	الموقف البريطاني من تدخل شيخ البحرين في شؤون البر الرئيسي.	Ref.: (Foreign Dept. POLITICAL, A, Progs., Nos. 354-365, May. 1875), p.13.	**381**
251	1 أبريل 1875	المقيم السياسي البريطاني يحذر شيخ االبحرين من مغبة التدخل في شؤون البر الرئيسي.	Ref.: (Foreign Dept. POLITICAL, A, Progs., Nos. 354-365, May. 1875), p.13.	**382**
252	3 أبريل 1875	المقيم السياسي البريطاني يطلب توجيهات حكومة الهند إذا ما استمر تدخل شيخ البحرين في شؤون البر الرئيسي.	Ref.: (Foreign Dept. POLITICAL, A, Progs., Nos. 354-365, May. 1875), p.12.	**383**
253	3 أبريل 1875	المقيم البريطاني يحيل رسالة إخبارية من وكيل الأخبار في البحرين.	Ref.: (Foreign Dept. POLITICAL, A, Progs., Nos. 354-365, May. 1875), p.14.	**384**

م	التاريخ	الموضوع	المصدر	ص
254	30 أبريل 1875	مخاوف شيخ البحرين من التعرض لهجوم من قبل البر الرئيسي، والرد البريطاني على ادعاءاته بخصوص الزبارة، واتصالاته بعبد الرحمن بن فيصل، والنصح البريطاني بعدم التدخل لعدم إثارة العثمانيين.	Ref.: (Foreign Dept. POLITICAL, A, Progs., Nos. 354-365, May. 1875), p.p. 4-5.	**385**
255	1 مايو 1875	بخصوص مخاوف شيخ العديد من التعرض لهجوم بحري من أبوظبي.	Ref.: (Foreign Dept. Political, Part A, Progs., Nos. 344-346, May 1875), p.6.	**388**
256	10 مايو 1875	وجهة النظر البريطانية بخصوص ادعاءات شيخ البحرين في الزبارة.	Ref.: (Foreign Dept. POLITICAL, A, Progs., Nos. 354-365, May. 1875), pp.14-15.	**389**
257	13 مايو 1875	بخصوص الأحداث في البحرين.	Ref.: (Foreign Dept. POLITICAL, A, Progs., Nos. 354-365, May. 1875), p.15.	**390**
258	13 مايو 1875	بخصوص تدخل شيخ البحرين في شؤون البر الرئيسي، وادعاءات شيخ البحرين في الزبارة.	Ref.: (Foreign Dept. POLITICAL, A, Progs., Nos. 354-365, May. 1875), pp.15-16.	**391**
259	15 مايو 1875	المقيم السياسي البريطاني يحيل لحكومة الهند ملخصًا للأخبار التي تتعلق بالبحرين والمناطق المجاورة لها.	Ref.: (Foreign Dept. POLITICAL, A, Progs., Nos. 209-212, June, 1875), p.3.	**392**
260	16 مايو 1875	وفاة سعود بن فيصل، وحصار عبد الرحمن بن فيصل لثرمدا.	Ref.: (Foreign Dept. POLITICAL, A, Progs., Nos. 209-212, June, 1875), p.3.	**393**
261	28 مايو 1875	بخصوص الأحداث في البحرين ونجد.	Ref.: (Foreign Dept. POLITICAL, A, Progs., Nos. 209-212, June, 1875), p. 2.	**394**
262	28 مايو 1875	المقيم السياسي البريطاني يحيل لحكومة الهند ملخصًا للأخبار التي تتعلق بنجد.	Ref.: (Foreign Dept. POLITICAL, A, Progs., Nos. 209-212, June, 1875), p.3.	**395**
263	31 مايو 1875	السلطات البريطانية تنصح شيخ البحرين بعدم التدخل في شؤون البر الرئيسي، وأن تدخله يعطيها حق اتخاذ الإجراءات اللازمة حياله.	Ref.: (Foreign Dept. POLITICAL. A, Progs., Nos. 34-39, Sept. 1875), p.4.	**396**

م	التاريخ	الموضوع	المصدر	ص
264	5 يونيو 1875	بخصوص التعويضات المقررة على شيخ البدع مقابل الخسائر التي تكبدها البانيان.	Ref.: (Foreign Dept. POLITICAL, PART A, Progs., Nos. 59-67, September 1875), pp. 7-8.	**398**
265	5 يونيو 1875	شيخ قطر يحصل التعويض المقرر للبانيان مقابل حادثة النهب التي تعرضوا لها في البدع.	Ref.: (Foreign Dept. POLITICAL, PART A, Progs., Nos. 59-67, September 1875), p.8.	**401**
266	5 يونيو 1875	بخصوص النفوذ العثماني في البدع، ورغبة شيخها في التحرر منه.	Ref.: (Foreign Dept. POLITICAL, PART A, Progs., Nos. 59-67, September 1875), pp. 8-9.	**402**
267	5 يونيو 1875	شيخ البدع يؤكد أن من نهب البانيان هو القائد العثماني، ويشير إلى نجاحه في تحصيل التعويض اللازم لهم.	Ref.: (Foreign Dept. POLITICAL, PART A, Progs., Nos. 59-67, September 1875), pp. 9-10.	**404**
268	5 يونيو 1875	إفادة التجار البانيان بأن من أخذ منهم المال هو وكيل حاكم الأحساء العثماني.	Ref.: (Foreign Dept. POLITICAL, PART A, Progs., Nos. 59-67, September 1875), p.10.	**406**
269	14 يونيو 1875	ادعاءات شيخ البحرين في الزبارة، وامتثاله للنصائح البريطانية بعدم التدخل في شؤون البر الرئيسي.	Ref.: (Foreign Dept. POLITICAL. A, Progs., Nos. 34-39, Sept. 1875), pp. 4-5.	**407**
270	18 يونيو 1875	بنو هاجر ينهبون مركبًا بحرينيًا في البحر، وشيخ البدع يفرض ضرائب إضافية على التجار الهنود البريطانيين المقيمين في البدع.	Ref.: (Foreign Dept. POLITICAL, PART A, Progs., Nos. 59-67, September 1875), pp. 2-4.	**408**
271	18 يونيو 1875	بنو هاجر ينهبون مركبًا بحرينيًا في البحر، وشيخ البدع يدفع للتجار البانيان التعويض.	Ref.: (Foreign Dept. POLITICAL, PART A, Progs., Nos. 59-67, September 1875), pp. 5-6.	**412**
272	22 يونيو 1875	شيخ البدع يقدم الحماية للتجار البانيان وفق الشروط التي يقدم بها الحماية لرعاياه.	Ref.: (Foreign Dept. POLITICAL. A, Progs., Nos. 3-4, Nov. 1875), p. 4.	**415**
273	26 يونيو 1875	شيخ البحرين يرغب في الإبقاء على إحدى سفن الأسطول البريطاني بصفة دائمة في البحرين.	Ref.: (Foreign Dept. POLITICAL. A, Progs., Nos. 34-39, Sept. 1875), p.6.	**416**
274	28 يونيو 1875	شيخ البحرين يعلن التزامه بعدم التدخل في شؤون البر الرئيسي.	Ref.: (Foreign Dept. POLITICAL. A, Progs., Nos. 34-39, Sept. 1875), pp. 3-4.	**417**

م	التاريخ	الموضوع	المصدر	ص
275	27 يوليو 1875	ادعاءات شيخ البحرين بخصوص الزبارة، والنصيحة البريطانية بعدم التدخل في شؤون البر الرئيسي، والتعهد البريطاني بتقديم المساعدة له في حال تعرضه للهجوم.	Ref.: (Foreign Dept. POLITICAL. A, Progs., Nos. 34-39, Sept. 1875), Pp.7-8.	**419**
276	5 أغسطس 1875	بخصوص تدخل شيخ البحرين في شؤون البر الرئيسي.	Ref.: (Foreign Dept. POLITICAL. A, Progs., Nos. 34-39, Sept. 1875), p. 2.	**421**
277	5 أغسطس 1875	بخصوص ادعاءات شيخ البحرين بحق السيادة على الزبارة.	Ref.: (Foreign Dept. POLITICAL. A, Progs., Nos. 34-39, Sept. 1875), p.6.	**422**
278	16 أغسطس 1875	مخاوف شيخ البحرين من تعرضه للهجوم من قبل البر الرئيسي.	Ref.: (Foreign Dept. POLITICAL. A, Progs., Nos. 15-18, Oct. 1875), p.5.	**423**
279	24 أغسطس 1875	المقيم السياسي البريطاني ينصح شيخ البحرين باستخدام المراكب المسلحة في حماية الجزر التابعة له فقط.	Ref.: (Foreign Dept. POLITICAL. A, Progs., Nos. 15-18, Oct. 1875), p.5.	**424**
280	25 أغسطس 1875	المقيم السياسي البريطاني يحيل لحكومة الهند ترجمة لرسالة تلقاها من شيخ البحرين.	Ref.: (Foreign Dept. POLITICAL. A, Progs., Nos. 15-18, Oct. 1875), p.5.	**425**
281	7 سبتمبر 1875	بخصوص إجراءات شيخ البدع في ساحل قطر تجاه التجار البانيان.	Ref.: (Foreign Dept. POLITICAL, PART A, Progs., Nos. 59-67, September 1875), p.10.	**426**
282	7 سبتمبر 1875	بخصوص دفع شيخ البدع تعويضات لعدد من التجار البانيان.	Ref.: (Foreign Dept. POLITICAL, PART A, Progs., Nos. 59-67, September 1875), p.11.	**427**
283	1 أكتوبر 1875	بخصوص التجار البانيان المقيمين في البدع.	Ref.: (Foreign Dept. POLITICAL. A, Progs., Nos. 3-4, Nov. 1875), p.4.	**428**
284	1 أكتوبر 1875	مخاوف شيخ البحرين من تعرضه للهجوم من قبل البر الرئيسي. والإجراءات الانتقامية التي اتخذها شيخ البحرين.	Ref.: (Foreign Dept. POLITICAL. A, Progs., Nos. 15-18, Oct. 1875), Pp.3-4.	**429**

م	التاريخ	الموضوع	المصدر	ص
285	1 أكتوبر 1875	المقيم البريطاني يخير التجار البانيان ما بين البقاء في البدع أو مغادرتها.	Ref.: (Foreign Dept. POLITICAL. A, Progs., Nos. 3-4, November 1875), p.3.	431
286	4 أكتوبر 1875	شيخ البدع يعيد للتجار البانيان ما نهب منهم.	Ref.: (Foreign Dept. POLITICAL, PART A, Progs., Nos. 59-67, September 1875), p.6.	432
287	7 أكتوبر 1875	المقيم السياسي البريطاني يحتج على الإجراءات التي اتخذها شيخ البحرين ضد البر الرئيسي.	Ref.: (Foreign Dept. POLITICAL. A, Progs., Nos. 15-18, Oct. 1875), p.2.	433
288	7 أكتوبر 1875	السلطات البريطانية تخبر شيخ البحرين بأنه لن يبقى حليفًا إذا ما خرق الالتزامات المقررة في المعاهدة المبرمة معه.	Ref.: (Foreign Dept. POLITICAL. A, Progs., Nos. 15-18, Oct. 1875), p.5.	434
289	29 أكتوبر 1875	تحذير المقيم السياسي البريطاني لناصر بن مبارك بعدم القيام بأي أعمال عدائية ضد البحرين.	Ref.: (Foreign Dept. POLITICAL, A, Progs., Nos. 298-333, Feb. 1875), p.10.	435
290	31 أكتوبر 1875	الموقف البريطاني من ادعاءات شيخ البحرين في البر الرئيسي.	Ref.: (Foreign Dept. POLITICAL, A, Progs., Nos. 298-333, Feb. 1875), p.10.	436
291	28 نوفمبر 1875	المخاوف البريطانية من التدخل العثماني في شؤون البحرين وساحل عمان، وتعيين ناصر باشا حاكمًا للأحساء والقطيف، وتمرد عبد الرحمن بن فيصل.	Ref.: (Foreign Dept., Political A, Progs., Nos. 222-223, Jan-1876), p. 4	437
292	11 ديسمبر 1875	بخصوص تعيين ناصر باشا واليًا على البصرة وتوابعها (الأحساء).	Ref.: (Foreign Dept., Political A, Progs., Nos. 222-223, Jan-1876), p. 2.	439
293	11 ديسمبر 1875	تداعيات تعيين ناصر باشا واليًا على البصرة وتوابعها، والشائعات حول أنه ينوي ممارسة سياسة عدائية تجاه البحرين وساحل عمان.	Ref.: (Foreign Dept., Political A, Progs., Nos. 222-223, Jan-1876), p. 3.	440
294	11 ديسمبر 1875	مخاوف شيوخ الساحل العماني من التحركات العدائية لناصر باشا والي البصرة وتوابعها ضد الساحل العربي.	Ref.: (Foreign Dept., Political A, Progs., Nos. 222-223, Jan-1876), p. 4	441

الوثائــــق

Ref.: (Foreign Dept. Secret, Progs., 52-88, May 1872), p. 3.

18 Jan. 1872

18 يناير 1872م – بيرا Pera

من: السيد إي. بيساني E. Pisani

إلى: السيد إتش. رمبولد H. Rumbold

القائم بأعمال صاحبة الجلالة في القسطنطينية

تنفيذًا لتوجيهاتكم الواردة في رسالة إيرل جرانفيل رقم (1) بتاريخ الثاني من الشهر الحالي، فقد أحلت نفس الرسالة ومرفقها إلى سيرفر باشا.

طلب سعادته مني أن أذكر في الرد أن حكومة صاحبة الجلالة يجب أن تكون على يقين من أنه لم يطرأ أي تغيير حتى الآن على السياسة التي تتبعها حكومة الدولة العثمانية تجاه القبائل المستقلة، على طول ساحل الخليج الفارسي. وقد أكدت حكومة الدولة العثمانية مجددًا لسعادته أنها لا تنوي ولا تخطط لإخضاع تلك القبائل أو فرض السيادة عليها.

وأضاف أن الهدف الوحيد من حملة نجد كان، ولايزال، استعادة النظام والهدوء هناك، وتشكيل حكومة منتظمة وقوية، تكون أكثر تماشيًا مع متطلبات البلاد.

Ref.: (Foreign Dept. Secret, Progs., 52-88, May 1872), p. 3.

19 Jan. 1872

رقم (9)

19 يناير 1872م- القسطنطينية

من: السيد إتش. رمبولد H. Rumbold

القائم بأعمال صاحبة الجلالة في القسطنطينية

إلى: إيرل جرانفيل

وزير الدولة للشؤون الخارجية

تشرفت بتلقي رسالة سيادتك رقم (1) بتاريخ الثاني من الشهر الحالي، والموجهة للسيد إتش. إليوت H. Elliot، في نفس اليوم الذي تلقيت فيه رسالة العقيد هيربرت رقم (58) لشهر ديسمبر، مقدمًا آخر الأنباء عن حملة نجد.

ونظرًا لأنني لم أستطع زيارة سيرفر باشا Server Pasha بنفسي، فقد طلبت من السيد بيساني Plisani أن ينقل كلتا الرسالتين لسعادته، وأن يلفت انتباهه إلى الأدلة الواردة فيهما حول احتمالية تجاوز الحدود المقررة لحملة نجد. وستلاحظ سيادتك من خلال تقرير السيد بيساني، الذي قدمه لي، والذي أرفقت طيه نسخة منه، أن سيرفر باشا أكد مجددًا بشكلٍ رسمي أن حكومة الدولة العثمانية لا تعتزم إخضاع القبائل المستقلة، التي تقطن ساحل الخليج الفارسي.

أقرت حكومة الدولة العثمانية بأنها لم تتلق أنباءً تؤكد احتجاز أسلحتهم، كما ورد في رسالة العقيد هيربرت المشار إليها أعلاه، إلا أن حرصها على معرفة ماهية المعلومات، التي ربما قد تكون وصلت إلى سفارة صاحبة الجلالة من ميدان المعركة، يدفعني للاعتقاد بأنها قلقة على سلامة الحملة، التي لم يوافق رئيس الإدارة الحالية عليها.

Ref.: (Foreign Dept. Secret, Progs., 52-88, May 1872), pp. 9-11.
24 Jan. 1872

ترجمة لفحوى تقرير
12 ذو القعدة 1288هـ/ 24 يناير 1872م
استلمت في 26 يناير 1872م

من: الحاج غلام حسين، وكيل الأنباء في البحرين

إلى: المقيم في الخليج الفارسي

تكثر الأنباء في هذه الأرجاء، وأكثرها لا أساس له من الصحة. فرأيت أن من الضروري توخي الحذر، في كل ما أنقله إليك من أنباء. وفي نفس الوقت، أود أن أشير إلى أنني لا أصدق معظم تلك الأنباء.

وصل أهالي الأحساء بأعداد كبيرة إلى البحرين عبر العقير؛ بهدف ممارسة العمل التجاري. فهم يجلبون التمر، ويعودون بالأرز والقمح والأقمشة القطنية الإنجليزية، والبن والفلفل والقرنفل والكركم والقطن.

دعوت عددًا من أهالي الأحساء إلى منزلي، وطلبت منهم بعض المعلومات، فقالوا إن أهالي نجد ضعفاء وقلقون جدًّا، وأن المؤن لديهم شحيحة بسبب أمر صدر عن الحكومة التركية إلى أهالي الأحساء بعدم إرسال المواد الغذائية إلى نجد، إلا أن السلطات الموكلة بتنفيذ هذا الأمر تتلقى الرشاوى، وتسمح بتمرير المؤن بشكلٍ سري.

عبد الله بن فيصل في الرياض، وهو يعاني حالة قلق شديدة، فالأهالي لا يعاملونه معاملة حسنة. وهو حاليًا يتلهف لإجراء مصالحة مع شقيقه سعود (بن فيصل). يرغب عرب نجد بإحلال السلام بين الشقيقين، وتعهدوا ببذل جهودهم لخدمتهما، إذا أوقفا الخلافات بينهما. ويبدو أن كلًّا من عبد الله وسعود يريدان السلم، إلا أنه لم يتم التوصل إلى اتفاق بينهما بعد.

يُقال إن سعودًا قد جاء وبرفقته ألفا فرد من جنود الخيالة، وقد تمركزوا في منطقة تدعى العريق Oreyk، حيث تتوفر المياه، والتي تبعد محطتين على الطريق إلى قطر. ويعاني هو وأتباعه حالة ضيق بسبب نقص المؤن والعلف. وجرى تبادل الرسائل بينه وبين فريك باشا، حيث يبدو أن الأخير راغب في مقابلته، لكن ذلك لم يحدث حتى الآن.

ما يزال فريك باشا في الأحساء على رأس ثلاث كتائب من الخيالة والمشاة والمدفعية. يُقال إن الباشا نفسه ينظر إلى الأمر بعين العطف، وهو يمضي كامل وقته في خدمة حكومته وحماية المزارعين، والحيلولة دون تعرّض الفلاحين للاضطهاد على أيادي الجنود. فأهالي الأحساء والقطيف مسرورون منه وحده، لكنهم يشتكون كثيرًا من مرؤوسيه، الذين مُنحوا السلطة هناك، ومن العسكر غير النظاميين، ويبدو أن الجنود لا يقيمون وزنًا لأوامر الباشا؛ مما يسبب له القلق ويضطره إلى التغاضي عن العديد من خروقاتهم، محاولًا تهدئة الفلاحين. يميل جميع أهالي الأحساء والقطيف للحكومة التركية؛ والسبب الرئيس لذلك هو أنهم حُرموا من ممارسة معتقدهم، وخسروا أملاكهم في عهد أبناء سعود، في حين أن الأتراك لم يتدخلوا بمعتقدهم وممتلكاتهم، مما مكنهم من ممارسة أعمال أخرى، وهم مطمئنون في هذا الشأن.

أصدر فريك باشا بيانًا في الأحساء والقطيف، وجرى تطبيقه في عدة أماكن. وفيما يلي فحوى ذلك البيان:

«إن الحكومة التركية (العثمانية) مهتمة ببيع أراضٍ زراعية تعود ملكيتها للحكومة فقط؛ فعلى من يرغب بشراء أرض في الأحساء أن يقدم طلبًا لمسعود أفندي، الذي يقيم في قلعة الأحساء. ومن يرغب بشراء أرض في القطيف فعليه أن يُقدم طلبًا لحسين أفندي، الذي يدير شؤون الحكومة في القطيف».

يُقال إنه يمكن شراء الأراضي بسعر رخيص، سواء في الأحساء أو القطيف، لكن لم يتجرأ أحد من المزارعين على الإقدام على مثل هذه الخطوة. ويقولون إن أحدًا لن يُقدم على شراء الأراضي ما لم يُمدد الحكم التركي لثلاث سنوات، ويتأكد الأهالي بأن آل سعود خارج الحكم تمامًا، من خلال تعزيز الحكم التركي بالقدر اللازم.

فقد تم تأجير كل الأراضي التي استحوذت الحكومة التركية عليها للأهالي، ويُقال إن المبلغ المستحق دفعه سنويًا يعادل 1.80.000 دولارٍ. ويُقال إن قيمة العقارات، التي آلت إلى الحكومة التركية تُقدر بأكثر من 500.000 دولارٍ. ويُعزى النقص في قيمة الإيجارات إلى حقيقة أن السلطات التركية تستثمر بمبالغ صغيرة، أقل من المبلغ المستحق بكثير، وهي تتلقى رشاوى للقيام بهذه الحيلة.

ويقولون إن كامل الإيرادات المحصلة في هذا الشأن من القطيف والأحساء بلغت 3.10.000 دولارٍ في العام الماضي، في حين كان ينبغي أن تزيد عن 1.000.000 دولارٍ.

وقد اعتاد الأشخاص الذين تكلفهم الحكومة بتقدير إنتاج أشجار النخيل على تلقي الرشاوى من الملّاك، كي يصرحوا بثلث كمية الإنتاج الحقيقي، حيث كان يُطلب من المالك أن يدفع عشر إنتاجه للحكومة. طُبقت هذه العادة في الأحساء والقطيف. وقد أخذ الأهالي في الأحساء يتبعون سياسة

الأتراك، وأقروا جميعًا أن كل أفراد الحكومة، باستثناء فريك باشا، يفكرون في مصالحهم وليس في مصلحة الحكومة. والعرب يتعرضون للاضطهاد على أيدي الجنود، الذين لا يحبذون البقاء في تلك الأنحاء، خاصة بعدما علموا باستبدال والي بغداد، فضلًا عن التأخير في حصولهم على التموين واللوازم الضرورية، التي لا تصلهم كما سنورد أدناه.

ولهذا السبب اختلف تعامل الجند في الأحساء والقطيف مع القوافل والحمّالين والبحارة، الذين لا يتقاضون شيئًا مقابل مجهودهم، وانطبق ذلك على كل من يعمل لديهم. والجند في القطيف أكثر قمعًا، حيث أصيب الأهالي بالإنهاك الشديد. وبصرف النظر عن أهالي القطيف، يقوم الجند بإجبار جميع العرب الذين يزورون القطيف على العمل دون مقابل.

وبما أنه يجري وضع ترتيبات لبناء حصن في رأس تنورة Ras Tannorah، فقد استخدمت مراكب القطيف عنوةً لنقل الجير والحجارة والطين وغيرها من مواد البناء، التي تُرسل من القطيف والعقير وغيرها إلى رأس تنورة، حيث تم جمع الكثير من المواد، لكن لم تبدأ عمليات البناء حتى الآن. ولذلك تُستخدم كل المراكب التي تُبحر إلى القطيف في العمل، وليس الأعمال المتعلقة بالقطيف فقط.

يُقال إن مركب بقارة ومركب بتيل، من ممتلكات «التنجستونيين Tungestoonees»، أبحرا إلى القطيف من أجل شراء التمر، فاحتجزتا ليعملا في نقل المواد قسرًا. حُمّل الجير على متن البقارة ليُنقل إلى رأس تنورة، وحُمّل 160 كيسًا من الفحم على متن البتيل، وكُلف جندي بحماية الفحم. غادرت البتيل من القطيف عشية الثاني من الشهر الحالي، وبعدما أبحرت لمسافة أربعة أميال، رُمي الفحم في البحر، وفي الصباح أنزل الجندي غرب جزيرة البحرين في مياه وصلت إلى خصره، ومضى مركب البتيل في طريقه.

ويُقال إن مراكب بوشهر، التي تُبحر إلى القطيف، تُعامل بنفس الطريقة أيضًا؛ فقد جاء اثنا عشر جنديًّا تركيًّا، ومعهمَ حصان إلى البحرين على متن إحدى مراكب بوشهر. كان ذلك منذ خمسة أيام. ويُقال إنهم أتوا بإذنٍ من الحكومة التركية، وأنهم يريدون مركبًا ينقلهم إلى البصرة. وكانوا قد أتوا من الأحساء إلى العقير، وأنهم باعوا الحصان بأربعين دولارًا، وهم لا يحملون الأسلحة ومازالوا في البحرين حتى اليوم. يبدو أنهم مستائين، وقد علمت أنهم تذمروا كثيرًا من فترة إقامتهم في الأحساء. ويقولون إن الحمّى وحمّى الملاريا متفشيتان بين الجنود في الأحساء؛ حيث يموت ثلاثة أو أربعة جنود كل يوم. وأن فريك باشا نفسه عانى في الأحساء، وأنه يُذاع بين الجنود أن فريك باشا طلب إعفاءه من الخدمة، لكنه لم يتلقَّ أي رد.

لا تتلقى الحكومة أية إيرادات باستثناء قيمة تأجير الأراضي، لكن نفقاتها كبيرة جدًّا. ولذلك تعتزم الحكومة بناء أربعة حصون على الطريق بين الأحساء والقطيف، وستتم حماية كل حصن بمدفعين وعدد كافٍ من الرماة للحماية. وقد جرى اختيار المواقع، لكن لم تُنقل مواد البناء إليها حتى الآن.

يقوم الأهالي في القطيف بترميم السوق بأوامر من الحكومة التركية، لكن لم تُتخذ أية إجراءات بلدية. فالشوارع متسخة، والأمراض منتشرة بكثرة، لأن الجو لا يناسب الجنود الأتراك. لا توجد شائعات بين الجنود بأنه سيُجرى إخلاء المكان، فهم ينوون البقاء دائمًا، ويتوقعون وصول تعزيزات بُغية المضي إلى الرياض من الأحساء.

هذا ما يتناقله أهالي الأحساء والقطيف والبحرين من أنباء، وقد كتبتها كما سمعتها.

Ref.: (Foreign Dept. Secret, Progs., 52-88, May 1872), p. 2.
30 Jan. 1872

رقم (53)

30 يناير 1872م- وزارة الخارجية

من: لورد إنفيلد Lord Enfield
وكيل وزير الدولة للشؤون الخارجية

إلى: السيد هرمان مريفال Herman Merviale
وكيل وزير الخارجية في مكتب الهند

بالإشارة إلى رسالتيك بتاريخ الخامس عشر والتاسع عشر من الشهر الحالي، تلقيت تعليمات من إيرل جرانفيل Earl Granville بأن أحيل إليك، من أجل تقديمها لدوق أرجيل، النسخة المرفقة من برقية تلقاها القائم بأعمال صاحبة الجلالة في القسطنطينية، طُلب منه فيها حث حكومة الدولة العثمانية على إحالة مسألة البحرين للتحكيم.

Ref.: (Foreign Dept. Secret, Progs., 52-88, May 1872), p. 2.
30 Jan. 1872

برقية

30 يناير 1872م

من: لورد إنفيلد

إلى: السيد إتش. رمبولد H. Rumbold

اقترح نائب الملكة في الهند إحالة مسألة قتل شيخ البحرين لمبعوث الأحساء إلينا؛ كي نبت فيها.

عليك القيام بحث حكومة الدولة العثمانية على الموافقة، وقل إنه إذا تمت المطالبة بالتعويض، لا بد من توجيه أوامر صارمة من القسطنطينية إلى الباشا، كي لا يستخدام القوة أو يعرضها من أجل تلبية مطلبه، ريثما تنتهي عملية التحكيم.

رقم (596P)

12 مارس 1872م- فورت ويليام Fort William

تم تصديقها من وزارة الخارجية

أُحيلت نسخة سرًّا إلى حكومة بومباي، من أجل إحالتها إلى المقيم السياسي لصاحبة الجلالة البريطانية في الخليج الفارسي.

رقم (597P)

أُحيلت نسخة سرًّا إلى الوكيل السياسي في المناطق العربية الخاضعة للحكم التركي (العثماني)، من أجل أخذ العلم والاسترشاد بها.

Ref.: (Foreign Dept. Secret, Progs., 52-88, May 1872), p. 2.

2 Feb. 1872

رقم (52)

رقم (7)

2 فبراير 1872م

مكتب الهند- لندن

من: السير جيه. دبليو. كاي J. W. Kaye

سكرتير الإدارة السرية والسياسية

إلى: السيد سي. يو. إيتشيسون C. U. Aitchison

سكرتير حكومة الهند في وزارة الخارجية

بالإشارة إلى رسالة حكومة الهند رقم (81) بتاريخ 24 ديسمبر 1871م في الإدارة السرية، تلقيت تعليمات من دوق أرجيل بأن أحيل، لعلم سعادة النائب، نسخة من الرسالة المؤرخة في الثلاثين من الشهر الماضي، من وزارة الخارجية، مع التعليمات البرقية المرفقة إلى القائم بأعمال صاحبة الجلالة في القسطنطينية، طالبًا منه حث حكومة الدولة العثمانية على إحالة مسألة البحرين Bahrein للتحكيم.

Ref.: (Foreign Dept. Secret, Progs., 52-88, May 1872), p. 4.

2 Feb. 1872

2 فبراير 1872م- القسطنطينية

فك شيفرة برقية من السيد رمبولد Rumbold

أرسل لي وزير الشؤون الخارجية قائلًا إن حكومة الدولة العثمانية أرسلت برقية إلى حاكم بغداد العام، من أجل الحصول على معلومات عن الوضع الحقيقي، قبل الرد على عرض سيادتك بإحالة قضية مقتل مبعوث الأحساء للتحكيم.

رقم (613P-614P)

13 مارس 1872م- فورت ويليام

صادق عليها وزير الخارجية

أُحيلت نسخة سرًّا لعلم الوكيل السياسي في المنطقة العربية الخاضعة للحكم التركي (العثماني)؛ وإلى حكومة بومباي من أجل إحالتها إلى المقدم بيلي Pelly.

Ref.: (Foreign Dept. Secret, Progs., 52-88, May 1872), p. 8.

4 Feb. 1872

مقتطف من الرسالة رقم (9)

4 فبراير 1872م

من: الكابتن سي. جرانت Grant

مساعد المقيم السياسي

إلى: المقيم السياسي لصاحبة الجلالة البريطانية في الخليج الفارسي - بوشهر

الفقرة 2: قابلت الشيخ (شيخ البحرين) امتثالًا لتعليماتك، وأطلعته على مسودة الرسالة المشار إليها أعلاه، فعمل على نسخها، بعد قراءتها وفهم محتوياتها، وأرسلها لحاكم القطيف Kateef في رسالة مدموغة بختمه.

Ref.: (Foreign Dept. Secret, Progs., 52-88, May 1872), pp. 8-9.

4 Feb. 1872

أنباء متفرقة

من 23 يناير حتى 4 فبراير 1872م- البحرين

25 يناير: علمت أن تعزيزات تقدر بحوالي 800 جندي وصلت إلى القطيف. والسلطات التركية تمضي قدمًا في القيام بما هو ممكن هناك؛ حيث تبني الثكنات للقوات، والمساكن للتجار الذين اختاروا الذهاب إلى القطيف والاستقرار فيها.

28 يناير: علمت أن من المتوقع وصول أربع كتائب تركية (عثمانية)، (حوالي 3200 جندي)، قريبًا إلى القطيف، قادمةً من بغداد في طريقها إلى الأحساء. يُقال إن عبد الله بن فيصل دفع الأموال سلفًا لقبيلة شمر، محاولًا إغراءهم للانضمام إليه ضد شقيقه سعود، فرفض آل شمر، واندلع قتال أُسر فيه عبد الله بن تركي، ابن شقيق عبد الله بن فيصل؛ وقُتل ابنه تركي بن عبد الله بن تركي حيث هُزم في المعركة. وهرب عبد الله بن فيصل، ولا يُعرف مكان وجوده حاليًا.

من 1 فبراير إلى 3 فبراير: هذا ما صرح به نوخذة Nakhoda إحدى السفن التابعة لشركة بن رجب Bin Rujab: خرج تسعمائة جندي من القطيف في طريقهم إلى قطر؛ ليُصبح عدد أفراد الحامية 1150 جندي. وخرج ثلاثمائة جندي من القطيف في طريقهم إلى رأس تنورة، ذلك هو الاسم الذي ذكره النوخذة. ولايزال سعود بن فيصل في قطر، لكنه لن يقابل فريك باشا Fereek Pasha كما تقرر سابقًا، حيث يخشى أن يُغدر به.

التوقيع/ الكابتن سي. جرانت

القائم بأعمال المساعد الثاني للمقيم السياسي

Ref.: (Foreign Dept. Secret, Progs., 52-88, May 1872), pp. 18-20.

4 Feb. 1872

رقم (1)

4 فبراير 1872م - بندر عباس

من: الكابتن دبليو. جوثري

قائد السفينة الحربية «هيو روز»

إلى: المقدم لويس بيلي

المقيم السياسي لصاحبة الجلالة البريطانية في الخليج الفارسي

وفقًا للتعليمات الواردة في رسالتك رقم (72-34) لعام 1872، يُشرفني أن أذكر ما يلي: غادرت بوشهر صبيحة الثامن عشر من الشهر (يناير 1872م)، ووصلت البحرين صبيحة التاسع عشر منه، فسلمت الرسالة للكابتن جرانت، واصطحبت عبد القاسم منشي، وغادرت البحرين ظهيرة العشرين منه متجهًا إلى البدع، لأصل إليها وأرسو على مسافة 500 ياردة قبالة المدينة صبيحة الثاني والعشرين منه.

كانت الراية العربية مرفوعة على منزل محمد بن ثاني، لكنها أُنزلت عندما رسونا.

ثم رُفعت الراية التركية على منزل ابنه جاسم بن ثاني، وبقيت مرفوعة طوال اليوم.

لم تُرفع أية راية على الثكنات التركية، المواجهة للسكن في أحد الحصون الكبيرة وسط المدينة.

وبعد أن رست سفينتنا بفترة قصيرة، صعد الوكيل التركي ومأمورنا مع عدد من العرب إلى السفينة، بعد أن طلبوا الإذن بذلك، حيث أرادوا أن يعرفوا إذا كنا بحاجة إلى المؤن أو المياه، إلا أنهم أرادوا في حقيقة الأمر التجسس على السفينة.

قال الأتراك والعرب إنه يوجد ثلاثمائة شخص تركي في البدع، ثم اصطحبتهم في جولة على متن السفينة، فتلكؤوا بشكل أساسي حول المدفع الكبير، ثم استأذنوا بالانصراف بعدما أخبروني أن محمد بن ثاني وابنه جاسمًا خرجا في رحلة صيد. نزلت إلى الشاطئ فترة الظهيرة، وبحثت عن رجال البانيان، فوجدت ثلاثة منهم، ولم يكن لديهم أية شكوى، فكل شيء هادئ هنا منذ وقت طويل. كان الوالد وابنه في رحلة صيد، فهما يذهبان غالبًا ولا يُعرف متى يعودان. يقول البعض إنهما يدّعيان الذهاب إلى الصيد للتملص من مضايقات الأتراك وإلحاحاتهم، حيث يطالبون الشيخ بمزيد من الطعام والدواجن والبيض.

رغب محمد بوجود عدد من الأتراك هنا، لكن ليس بالأعداد الكبيرة بالقدر الذي جاءه، إذ يُعتقد أنه يوجد حوالي مئة وخمسين منهم، وهم هادئون ومتحضرون، ولا يخشون أن تحدث الاضطرابات بينهم وبين أهل المدينة.

وبعد مضي يوم على مغادرة السفينة «نيمبل Nimble» من البدع، وصلت سفينتان بخاريتان على متنهما 800 جندي، وبعد ذلك بفترة قصيرة، وصلت سفينة أخرى، وأبحرت بالجزء الأكبر منهم، لأن مكانًا صغيرًا كهذا لا يتطلب عددًا كبيرًا من جنود الحامية.

يبعد سعود عن البدع سفر عشرين ساعة على الجمل، ولا يرافقه إلا قلة من أتباعه وطعامهم قليل. يُعتقد أن محمد بن ثاني تواصل معه خلال رحلة صيده. كان عبد الله بن فيصل قد وجه رسالة إلى سعود، يقترح عقد لقاء ودي، لكن الأخير لا يأمن على نفسه بين يديه.

لم تتعرض البدع للنهب مطلقًا سواء من قبل أتباع سعود أو غيرهم.

كان محمد بن ثاني يزوّد بعض أتباع سعود بالطعام عندما يتعسرون، وقد ابتعدوا مجددًا، دون أن يحاولوا أو يهددوا بنهب المنطقة، ولذلك ليسوا هم من يبيع المسروقات من البدع في البحرين كما زُعم ذلك.

توفي مئة وخمسون شخصًا تقريبًا بعد أن تفشى الجدري منذ بضعة أشهر، ولكن المرض ينحسر حاليًا، ولا توجد إصابات بين الأتراك (العثمانيين).

أفاد المُنشي بأن الأتراك يحصلون على شوربة الأرز صباحًا والكعك مساءً، وأنه ينقصهم الطعام، فقمت بجولة في منطقتهم، وتبين لي أن عددهم مئة وخمسون شخصًا بالتمام. رأيتهم يحملون بنادق «سنايدر Sniders»، وبدا جميع الرجال بصحة جيدة وأشداء، ويتغذون تغذيةً جيدةً، ولابد أن أقول إنهم يرتدون ملابس ونعالًا جيدة. ولديهم مدفع ميداني محلزن، يُطلق قذائف بوزن 12 رطلًا، وهم يعرضونه بتباهٍ، وكان لديهم مبرر لذلك، فالمدفع مجهز بشكل جيد: دعامتان تحملان مسند المدفع والعجلتين. يقوم جنود المدفعية بإخراج المدفع من بوابة ضيقة وتجهيزه للعمل خلال دقيقة واحدة، ويربطون به دعامة حديدية مقوّسة، ويجره جنديان بسرعة مثلما تُجر عربات اليد، فقد حان وقت القصف وقُرعت الطبول، فالعرب محقون بخوفهم من مدفعيتهم.

لا أعرف ما المنصب الذي يحتله القائد عمر بك، فهو يرتدي بزة ويضع حول ذراعه أربعة شرائط ذهبية، مثنيّة حتى المرفق، مثل البزة التي يرتديها ضباط مدفعيتنا، وكان ضباط آخرون يضعون شريطين.

كان عمر بك في الأحساء. الأتراك (العثمانيون) يُعسكرون خارج المدينة، الجنود أشداء وأصحاء،

والمناخ معتدل، لكن المدينة مضطربة لذلك خيموا خارجها. لقد سافر (عمر بك) إلى أستراليا وروسيا وبروسيا وفرنسا. يقول إن بريطانيا قوية جدًّا في البحر، لكن عليها الاعتناء بقواتها البرية، مثل مناطق شرق القارة (يقصد مناطق شرقي شبه الجزيرة العربية)، وهذا ما لم أر مبررًا له. لم أقل شيئًا بسبب وجود الكثير من العرب، لكنني عدت إلى السفينة، وفي الثامنة مساءً أطلقت قذيفة من مدفع عيار 10 بوصات، كي أذكره أنه ليس آمنًا في نطاق ميل واحد من الشاطئ، لأنه جزء من مناطق نفوذنا في أرجاء العالم.

كانت سفينتا بقارة تنقلان الفحم إلى سفينة شراعية، حيث أبحرتا من بوشهر لذلك الغرض، وكانت السفينة البخارية تبحر بجوارها من أجل تزويدها بالفحم. ويُتوقع وصول سفينة بخارية يوميًّا لتأمين المخزون لهما.

غادرت إلى العديد يوم الثالث والعشرين صباحًا، ووصلت إليها صبيحة الرابع والعشرين منه (مارس 1872م)، وغادرتها مساء اليوم نفسه.

كانت الرايتان العربية والتركية مرفوعتين، وبعدما رسونا بفترة قصيرة قاموا برفع راية الهدنة على نفس الحصن. وصعد الشيخ على متن السفينة بُغية الحصول على الدواء للمرضى على الساحل؛ فقد تفشى الجُدري بينهم. أعتقد أن العدوى انتلقت من البدع.

بلغ عددهم (سكان العديد) مئتين وخمسين شخصًا، لديهم خمسة وعشرون مركبًا، وتعيش أسر البعض منهم برفقتهم، إلا أن العدد الأكبر منهم يتواجد في أبوظبي. وكان أحد البانيان ينظر إليهم متفحصًا، لكن المنظر لم يعجبه فغادر.

كانوا قد أرسلوا مركبًا إلى البحرين، لكنها غادرت إلى بوشهر، ثم أبحرت إلى البدع بعد عودتها. كان الأتراك (العثمانيين) قد وصلوا حينها، وكان عبد الله بن صباح قد سلّمهم الراية التركية (العثمانية) ليرفعوها عندما تراءت السفن. كان أولئك أشخاص ضعفاء، فما إن نُصدر الأمر حتى ينفذونه على الفور.

فهم يكسبون ما يكاد يسد رمقهم؛ فأولاد القبيلة يكسبون ما قيمته أربعة أو خمسة دولارات من اللؤلؤ يوميًّا من الشعاب المواجهة للمدينة ومن المياه الراكدة، وعند جمع ما يكفي يُرسل أولئك الأولاد إلى لنجة. وهم يتذمرون بشدة من مراكب البدع والوكرة، التي تصطاد الأسماك على ضفافهم، التي تشكل مصدر الدخل الأساسي لهم.

اشتكى رجلٌ قائلًا إن أحد البانيان في أبوظبي يدين له بمبلغ 400 قيرانٍ، عن السنتين الأخيرتين، وهو رصيد تلك السنة من الصيد، لكنه هرب من أبوظبي، ولم يره منذ ذلك الحين. فقلت له ألا يتوقع من البانيان أنهم يبحثون عنه. وأنهم سيرسلون مركبًا إلى أبوظبي قريبًا، للمطالبة بالمال،

وإن لم يدفع رجل البانيان، فإنهم سيقدمون شكوى في باسيدو Bassidore، وأن رجال السيد Seedees الخمسة كانوا يهربون معه من العديد عندما يخرجون لتفقد المركب.

هبت رياح شرقية شديدة بعد ثلاث ساعات من إبحارنا من أنغوم، فدفعت بنا باتجاه هنجام Angaum مجددًا لنصلها منتصف ليل الثلاثين من الشهر.

وفي يوم الثلاثاء، الأول من فبراير، أبحرنا مجددًا بعدما هدأت الرياح، لكن ما إن ابتعدنا قليلًا عن الخليج ساءت الأمور أكثر من ذي قبل، فقد أبلغنا الصيدلاني بإصابة ثلاثة رجال بالأسقربوط، في وقت لم يكن لدينا ما يكفي من الفحم، ولا يمكننا التزود به من هنجام، فتوجهت إلى باسيدو عشية ذلك اليوم، وتزوّدت بالفحم، وأبحرت إلى بندر عباس يوم السبت، الثالث من الشهر، لأصل هناك عشية نفس اليوم عبر مضيق كلارنس Clarence.

Ref.: (Foreign Dept. Secret, Progs., 52-88, May 1872), pp. 21-26.

4 Feb. 1872

مفاد مترجم لرسالة

24 ذو الحجة 1288هـ/ 4 فبراير 1872م

استلم في 8 فبراير 1872م

من: الحاج غلام حسين، وكيل الأنباء في البحرين

إلى: المقيم السياسي لصاحبة الجلالة البريطانية في الخليج الفارسي

اسمح لي أن أرفق موجزًا للأنباء التي سمعتها من مصادر مختلفة اعتبارًا من الثالث عشر من الشهر الحالي حتى تاريخه.

موجـز

أبحرت سفينة صاحبة الجلالة «ماجبي» متجهةً إلى بوشهر في الرابع والعشرين من يناير، قبل شروق الشمس بنصف ساعة، فأرسلت بواسطتها جميع الأنباء التي سمعتها من تاريخ وصولها إلى هنا حتى تاريخ مغادرتها.

في ظهيرة الرابع والعشرين منه (يناير 1872م)، وصل مركب إلى المحرق قادمًا من العقير، ويُقال إنه يحمل رسائل من شيخ البحرين، لكنني لم أستطع التحقق من ذلك، ولم أعرف إلى من تلك الرسائل المرسلة أو ماهية موضوعها.

وفي الخامس والعشرين منه، وصل مركب إلى المنامة قادمًا من العقير، ونزل منه شخصان تركيان يرتديان الزي العسكري؛ كان أحدهما حاكم Darogah القطيف، والآخر شخص يُعرف بأنه زار البحرين مرارًا؛ بهدف شراء لوازمه الشخصية.

وفي السادس والعشرين منه، وصل مركب إلى المنامة قادمًا من قطر، وكان على متنه رجل من البدع يدُعى يوسف. فسألته عمّا يحمله من أنباء؛ فقال إن سعودًا لايزال مستقرًا في المكان المعلن عنه سابقًا، وأنه وأتباعه يواجهون صعوبات كبيرة، وأنهم يتشتتون تدريجيًا، وأنه لم يعد لديه في معسكره حاليًا أكثر من مئتي شخص، وأنه لا يعرف ماذا سيفعل.

انتقل محمد بن ثاني وابنه جاسم[1] مع أسرهما إلى البدع، التي تبعد مسير يوم عن قطر، وذلك بسبب تفشي الجُدري في قطر.

يترقب ما تبقى من الجنود الأتراك في قطر وصول سفينة الحكومة التركية (العثمانية)، التي يتوقعون السفر على متنها.

وصل مركبان يحملان الفحم من بوشهر، لكنهما لم يفرغا حمولتهما في قطر، وإنما نقلاها إلى سفينة «الجوندرا Ghondra» الخاصة بمحمد بن ثاني، الراسية في ميناء قطر، بانتظار وصول السفينة البخارية.

وفي السادس عشر (السابع والعشرين من الشهر الحالي (مارس 1872م)) وصلت ثلاثة مراكب إلى المنامة قادمةً من العقير، محملةً بتمور الأحساء. التقيت برجل من الأحساء، سافر على متنها، وعلمت منه أن الهدوء يعمّ الأحساء، وأن الأهالي مسرورون من فريك باشا وممتنون له على حسن معاملته لهم.

أصدر فريك باشا بيانًا، في الثامن من الشهر، تم نشره في بعض الأماكن من الأحساء، وفيما يلي مفاده:

«اعلموا يا أهالي الأحساء رعايا السلطان أنه لا فرق بينكم وبين مزارعي السلطان، الذين يعيشون في القسطنطينية، ولا يتبادر إلى أذهانكم أن هذه المنطقة ستخضع مجددًا لحكم أبناء ابن سعود. فالسلطان لن يسمح بخضوعكم لهم مجددًا. إذا لم يكن بمقدور أي شخص منكم تجهيز أرضه، فإنه سيتلقى الدعم من خزانة الحكومة بقدر حاجته. وقد أوكلنا هذه المهمة إلى محمد بك، وقد طلبنا منه دفع السلف النقدية لمن يحتاج إليها بقدر حاجته، بموجب صك بإعادة المال في وقت الحصاد من دون فوائد».

أخبرني مخبري أنه تم صرف سلف نقدية مبلغ 8000 دولار حتى تاريخ وجوده في الأحساء، وأنه تم تعيين ضابط وعشرة جنود لمرافقة قوافل الحج، وقد تم تعليق بيان على بوابة مدينة الأحساء، مفاده أن السلطان سيحمي أنفس وممتلكات كل من يود أداء فريضة الحج، وسيطالب لهم السلطان بالتعويض في حال تكبدوا الخسائر على الطريق، وأنه مهتم بمزارعيه.

وأُفيد سرًا أن قوات فريك باشا ستصل إلى الرياض بعد شهرين، وأنه سيتم تشييد معاقل على الطرق من الأحساء إلى مكة، بهدف وضع القوات لحماية الطريق.

قال مخبري (حسين بن صالح Haisan bin Saleh) أنه وصل رجلان من أتباع سعود إلى الأحساء، في اليوم الذي كان سيُغادر فيه منها، وبحوزتهما رسائل لفريك باشا، لكنه لم يعرف محتوى تلك

1 ورد هذا الاسم Yassin، وهي خطأ كتابي. (المحرر).

الرسائل لأنه كان على وشك السفر. وقال أيضًا إنه التقى في اليوم التالي برجلين من الهجانة في المدينة، كانا قد وصلا من الرياض، فسألهما عن أخبار نجد، وعلم أن عبد الله بن فيصل خرج من الرياض على رأس أربعمئة رجل من رجاله لمهاجمة قبيلة شمر، المتواجدة على بعد محطة واحدة من الرياض والمحسوبة على سعود؛ فهاجمهم عبد الله ليلًا، لكنهم كانوا متأهبين، فحاربوا بشدة وهزموا عبد الله بن فيصل هزيمة نكراء. وقيل إن عبد الله بن تركي بن سعود، ابن عم عبد الله، وقع في الأسر، وقُتل تركي بن عبد الله بن سعود، وأن عبد الله بن سعود وبقية القوات عادوا إلى الرياض في حالة من الفزع.

لم يُرحب أهالي الرياض بتحرك عبد الله ضد قبيلة شمر، بسبب صلتهم بسعود، إذ كان هناك حديث حول إجراء مصالحة بين الشقيقين، إلا أن فعلته تلك ستُضيع الفرصة للمصالحة.

أصيب شيخ قبيلة شمر فهد بن سميلطان Faad bin Smieltan إصابة بالغة.

اقتاد رجال قبيلة شمر عبد الله بن تركي إلى أريك Areyk من أجل تسليمه لسعود بن فيصل.

من المقرر بناء ثكنات في العقير، ويُقال إنه تم إعداد الخطط واختيار المواقع، لكن فريك باشا سيصل إلى العقير قبل بدء عمليات البناء. وقد جُلبت كل المواد اللازمة للبناء.

بوشر العمل في تشييد بناء في رأس تنورة، وقد ارتفعت في بعض المواقع إلى قدمين فوق سطح الأرض. ويُقال إن عملية تشييد ذلك تتطلب جهدًا شاقًا، وأن عشرة معماريين أُرسلوا من الأحساء، لكنهم لم يحرزوا تقدمًا كبيرًا بسبب قساوة فصل الشتاء.

غادر الشخص الذي قيل إنه حاكم القطيف من البحرين يوم السبت متجهًا إلى القطيف، على متن غونشة بو شعيب Bu Shoab.

في السابع عشر (الثامن والعشرين) من الشهر الحالي (مارس 1872م)، وصلت سفينة غونشة كويتية إلى هنا؛ يقودها النوخذة عبد الله بن حمود، محملةً بالأرز والتمر. سألت النوخذة عمّا لديه من أنباء من الكويت، وعلمت منه أنه غادر الكويت في الخامس عشر من الشهر، وأن سفينة بخارية وصلت إلى الكويت في الثالث عشر منه، قادمة من البصرة، وأن أربعة ضباط أتراك نزلوا من تلك السفينة، وأن السفينة غادرت الكويت في نفس اليوم.

وفي اليوم التالي، أمر عبد الله بن صباح أهالي الكويت بتجهيز مراكبهم، وعدم مغادرة أي مركب من الميناء. يُعتقد أن المؤن ستُشحن على متن المراكب، وأن سفن الحكومة ستجرها إلى القطيف والعقير. وقد تردد في الكويت أن فريك باشا كان قد وجه أوامر بالاستيلاء على جزيرة البحرين، وأنه علم ذلك من أسرة الشيخ صباح.

وقال إن مبارك بن صباح غادر الكويت لحشد عرب البادية بهدف التحرك إلى الرياض برًّا، وأن الكثير من الأموال وصلت الكويت من الحكومة التركية (العثمانية)؛ بهدف شراء الجمال والدفع للعرب.

احترق ليلة أمس منزل في البحرين، تعود ملكيته لسيدة، واحترق رجل وامرأتان كانوا بداخله. يُعتقد هنا أن النار أُضرمت بالمنزل عمدًا. لم تحقق الحكومة في الحادثة، وهي لا تكترث عند وقوع حوادث كهذه.

يُقال إن أحمد شقيق الشيخ عيسى غادر الرفاع Ruffah على متن مركب، منذ أربعة أيام، قاصدًا الربيجة Rubeejah بغرض الاستجمام.

زارني خالد بن راشد القطري في الثامن عشر من الشهر؛ حيث جاء لتسوية شؤونه التجارية مع تجار البحرين. فعلمت منه أن أهالي قطر لا يريدون الأتراك أن يحكموا قطر، إلا أن سوء تصرف الشيوخ(1) وعدم اكتراث الحكومة البريطانية لشكاواهم، اضطرهم إلى الخضوع للأتراك، كما أنهم قدموا شكاوى للحكومة البريطانية لما شهدوه من ظلم على أيدي شيوخ البحرين، لكنهم لم يحصلوا على التعويض، ولم يُطلب من شيوخ البحرين الكف عن مضايقتهم، مما اضطرهم إلى إلقاء أنفسهم في أحضان الحكومة التركية، وإلا ما كانوا ليفعلوا ذلك. فشيخهم جاسم بن محمد لا يحبذ وجود الأتراك في منطقة نفوذه. لكنّ المزارعين يقولون: «نحن الآن رعايا أتراك، ولا يمكن لشيوخ البحرين وغيرهم اضطهادنا، ونحن نعيش في منازلنا براحة بال. فنحن لم نكن نجرؤ، قبل استيلاء الأتراك على قطر، على الذهاب إلى البحرين، وكان كل مركب يذهب إليها يتعرض للاعتداء. لكن الآن يمكننا التضييق عليهم في قطر والقطيف عشرة أضعاف ما فعلوه، إن أخذوا بيسًا واحدًا منا عنوةً في البحرين أو إذا ما تعرضنا لأدنى حدٍّ من الضرر».

أتى تقريبًا مئتا أسرة من البحرين واستقرت في قطر، وتحظى هذه الأسر باهتمام شديد من جاسم بن محمد، تنتقل عائلتان يوميًّا من البحرين إلى قطر. ولذلك فهم مما قاله ذلك الرجل (خالد بن راشد) أن قطر ستُصبح عامرة بالسكان، في حين يتناقص عدد أهالي البحرين يوميًّا.

فأغلبية الحمّالين في القطيف والعقير هم من أهالي البحرين، وأولئك الذين يغادرون لن يعودوا أبدًا، مع أنهم يسمعون يوميًّا أن الذين يعملون كحمّالين وبحارة يتعرضون للاضطهاد كثيرًا ويُجبرون على العمل بلا مقابل، وإن تلقوا مقابلًا فيكون زهيدًا جدًّا، لكنهم يعتقدون أنهم يُعاملون معاملة عادلة في القطيف وغيرها، لشدة الظلم الذي تعرضوا له على يد شيخهم. يُعتقد أن معظم أهالي البحرين سيُغادرون بعد انتهاء فصل الشتاء، ليتركوا البحرين خالية من السكان؛ بل إنها أصبحت كذلك، حسبما يُقال، في محيط المنامة والمحرق.

فالقرى التي كان يقطن بها العام الماضي مئة عائلة تعمل في الزراعة وأعمال أخرى، لم يعد فيها حاليًا سوى عائلة واحدة، ولم يُقدم الشيخ على الاستفسار عمّا حل بهم، وعن سبب تركهم لهذه المنطقة. لا يوجد في المنامة حاليًا سوى سعد بن عمير Saad bin Ameer ممثلًا للحكومة.

1 المقصود شيوخ البحرين. (المحرر).

الشيخ Josan في المحرق، وشقيقه أحمد جاء إلى قطر بغرض الاستجمام. وسافر فهد، المسؤول عن المنامة، إلى الرفاع بغرض الاستجمام.

يحمل الحاكم سعد بن عمير مسؤولية شؤون الحكومة على عاتقه، ومن الجيد والمدهش جدًّا معرفة إجراءاته المتعلقة بالإدارة.

في التاسع عشر (الثلاثين) من الشهر (مارس 1872م)، وصل مركبان إلى المنامة قادمين من القطيف؛ يتبع أحدهما لبوشهر والآخر للبحرين. تُفيد الأنباء الواردة من القطيف أن أعمال السخرة تُمارس على نطاق واسع، وأنه لا يوجد شخص في مأمن من هذا النوع من الاضطهاد. فكل مركب يصل إلى القطيف يتمّ إجباره على نقل المؤن إلى العقير إذا كان كبيرًا، وإن كان مركبًا صغيرًا فيُجبر على نقل مواد البناء إلى رأس تنورة. تحصل المراكب التي تنقل الشحنات إلى العقير على أجور النقل، على خلاف المراكب التي تتوجه إلى رأس تنورة، التي لا تحصل على شيء، وذلك لأن أهالي القطيف وعبد الرحيم سيهوتي Abdarahim seyhotee تعهدوا للأتراك (العثمانيين) بأنهم سينقلون كل ما يُطلب منهم إلى رأس تنورة بلا مقابل.

لم تصل سفينة أخرى غير سنيب إلى القطيف، وقد عادت إلى البصرة وعلى متنها مئتا شخص مريض، لكنها لم تأخذ بدلاء عنهم إلى البصرة. غادر الجنود الأتراك (العثمانيين)، الذين وصلوا على متن السفينة سنيب، إلى الأحساء.

زارني اليوم فورسو الهندي Fursoo Hindoo، وقال إنه كان قد ذهب في اليوم السابق لمقابلة الشيخ عيسى، فعلم أن الشيخ أحمد متوجهٌ إلى الرويجة Rohejjeh[1] بحجة الاستجمام، يعتزم الذهاب إلى العريق Areck لمقابلة سعود بن فيصل. وعلمت أنه أخذ على متن المركب الذي ركبه اثني عشر كيسًا من الأرز، وكيسًا من البن، وعشرين كيسًا من التمر، لكن هذه الكمية لن تكفيه سوى عشرة أيام، ولا تدعم قوله بأنه ينوي الذهاب إلى العريق.

زارني اليوم حسين بن علي من الأحساء، وقال إنه غادر الأحساء منذ اثني عشر يومًا. والنبأ الوحيد الذي لديه هو أن ناصر بن مبارك موجود في الأحساء مع أسرته، لكن الأسرة ليست ميسورة الحال، كما أن ناصرًا شخصيًّا يُعاني من داء الاستسقاء[2]، وهو على شفا الموت بسبب مرضه.

وصلت السفينة البخارية بولفينش Bullfinch إلى المنامة اليوم، قبل مغيب الشمس بنصف ساعة، وعلمت أنها غادرت مسقط في العشرين من يناير، وتوقفت في صحار والشارقة، والتقت بالسفينة «هيو روز» قبالة لنجه. وكان على متنها رجل من مسقط؛ قال إن السيد تركي كان يعتزم الذهاب إلى صحار لتسوية الأمور.

1 هكذا وردت الرويجة، وهي خطأ طباعي إذ يذكر التقرير المؤرخ 4 فبراير 1872 أنه توجه إلى الربيجة. (المحرر).

2 هو تورم عضو أو نسيج نتيجة تجمع واحتباس السوائل داخل الأنسجة أسفل الجلد. (المحرر).

في العشرين (الحادي والثلاثين) من الشهر، وصل مركب قطري إلى المنامة قادمًا من القطيف، وكان على متنه أربعة من رعايا الأحساء. كان أحدهم محمد بن حسن، وهو شخص ذكي، وقد زارني في منزلي. قال إنه غادر الأحساء في الخامس عشر من الشهر، وأن فريك باشا يحكم سيطرته في الأحساء، وأن الأهالي راضون عنه ويمتثلون لأوامره، وأن الأشخاص الذين أرسلهم سعود إلى الأحساء قد حظوا بمعاملة حسنة، وأن الرسائل التي وجهها سعود إلى الباشا كانت عروضًا للإذعان، متوسلًا أن يضعه الأتراك (العثمانيين) في السلطة.

أرسل الباشا لسعود حمولة ثمانين جملًا من المؤن والكسوة، وألفي دولار نقدًا، وأرسل له ردًّا فيما يلي مفاده: «لقد قبلت وعودك شريطة أن تقبل حماية السلطان، وأن تأتي لمقابلتي مع أتباعك في الأحساء دون خوف. وبعد ذلك سأقدم مطالبك للحكومة، وسوف أتوسط لك لديها. وكن على ثقة أن الحكومة ستوافق على مطالبك. ولكنك لم تأخذ بنصيحتي، واستمررت في زعزعة أمن البلاد، بالرغم من أنني أرسلت لك المؤن والكسوة والمال، وسأرسل لك أي شيء آخر تريده، حتى البارود والرصاص، فإننا سنتقابل قريبًا، وسوف أجزيك بما تستحقه».

قال محمد بن حسين إن رُسل سعود غادروا الأحساء في الثالث عشر (الرابع والعشرين) منه حاملين رسائل فريك باشا إلى العريق، حيث يقيم سعود معسكره.

وقال أيضًا إنه في العاشر من الشهر وصل إلى الأحساء رُسلٌ من عبد الله بن فيصل قادمين من الرياض، حاملين رسالة للباشا، طالبين فيها الإذن للقوافل لنقل المؤن من الأحساء إلى الرياض. وافق الباشا على طلبهم، وأصدر أوامره بإمكانية نقل المؤن والكسوة من الأحساء إلى الرياض، وبوجوب احتجاز أدوات القتال. وتخضع القوافل لعمليات تفتيش دقيقة عند مغادرتها للأحساء.

قال إن عبد الله ومحمدًا في الرياض، وأكد صحة خبر هزيمة عبد الله على يد قبيلة شمر، لكنه ليس متأكدًا بشأن مقتل تركي بن عبد الله، أو من أسر عبد الله ابن عمه.

لم تصل إلى ذلك الميناء، حتى يوم التاسع عشر من الشهر، موعد مغادرة هذه السفينة من القطيف، إلا سفينة سنيب. وقال إنه كان على متنها ألف وثلاثمائة جندي؛ أُنزل 700 منهم في القطيف مع الذخيرة، ونُقل 600 إلى قطر على متن السفينة سنيب.

وفي التاسع عشر منه، عادت السفينة سنيب إلى القطيف، وذُكر أنه جرى تحميل 300 جندي آخر على متنها كي يُرسلوا إلى قطر، وأن الجنود المرضى سيُنقلون على متنها إلى البصرة؛ الميناء الذي ستتجه إليه بعد إنزال الجنود الثلاثمائة في قطر.

يتردد في القطيف كلام عن توقع وصول كتيبة أخرى من الجنود إليها. ومن الواضح أن الباشا ينوي مهاجمة ابن سعود؛ حيث يوجد في قطر حاليًا ألف جندي على أهبة الاستعداد. سعود في

العريق، وعدد قواته قليل. تقع العريق في منتصف الطريق بين الأحساء وقطر، حيث تبعد قطر عن المكانين مسافة محطتين. وإذا تعرض سعود للهجوم من الجانبين في آن واحد، فلن يكون لديه مفر، وسوف يُقبض عليه في نهاية المطاف، سواء قاومهم أم عقد الصلح معهم، لأن البدو غير قادرين على مواجهة القوات النظامية.

وصلت السفينة ماجبي Magpie إلى البحرين قادمةً من بوشهر، ورست في ميناء المنامة قبل المغيب بنصف ساعة.

الحادي والعشرين (الأول من فبراير): وصل إلى هنا اليوم مركب السيد مجيد Syud Majid (رجل من القطيف)، فقابلت النوخذة سعود بن مبارك، ولم يكن لديه أنباء، فعندما غادرت هذه السفينة في اليوم السابق، لم تكن في ميناء القطيف سوى السفينة أشور الصغيرة.

وصل فهد Faad، نائب حاكم المنامة، إلى هنا قادمًا من الرفاع، ووصل الشيخ عيسى قادمًا من المحرق، فأرسلا حصانًا على متن غونشة إلى الكويت، كهدية للشيخ دعيج Dahej، شقيق الشيخ صباح.

الثاني والعشرين (الثاني) من الشهر: وصلت غونشه من قطر، كان على متنها عبد الله بن حسين أحد أقرباء ابن رجب Ben Rajeb. فقال إن السفينة «هيو روز» زارت قطر سابقًا، وأن قبطانها والمترجم نزلا إلى اليابسة وزارا عمر بك، القائد التركي، ثم عادا إلى السفينة.أبحرت السفينة إلى العديد صبيحة اليوم التالي، ووردت أنباء وصولها إلى هناك أيضًا.

يُقال إن جاسم بن ثاني ووالده يتواصلان باستمرار مع سعود بن فيصل، وأن هناك تقارير تُفيد بأنهم أبرموا اتفاقًا جديدًا، وأن عمر بك أخذ علمًا بذلك، وأراد سجن جاسم، إلا أن محمد بن سعيد شيخ البدع، توسط له لدى إبراهيم بك، فأُعفي عنه. لكن محمد بن ثاني وابنه يريدان الابتعاد عن الأتراك، فذهبا إلى مكان في الصحراء، كي لا يتواصلا مع الأتراك. يُقال إن ثلاثين جملًا يأتون كل ليلة من معسكر سعود وينقلون المؤن من منزل ابن ثاني، وأن سعودًا أصبح على مقربة من قطر؛ وهو على بعد محطة واحدة عنها. وقال إن الرُسل يقومون بنقل الرسائل بين ابراهيم باشا وسعود، وأن السفينة سنيب جلبت جنودًا إلى قطر، لكن لم يُعرف عددهم، وأن السفينة سنيب عادت إلى القطيف بعد إنزال الجنود في قطر.

السبت، الثالث والعشرين (الثالث) من الشهر: السفينة ماجبي غادرت البحرين، ويُقال إنها ستتجه إلى الشارقة ثم إلى مسقط ومن ثم بومباي.

وصلت سفينة بقارة من العقير، حاملةً أنباء مفادها أن قبيلة العجمان أغارت في العشرين من الشهر على بني هاجر، بين العقير والقطيف، فقتلوا عشرين شخصًا من بني هاجر ونهبوا كل

ممتلكاتهم. اشتكت قبيلة بني هاجر للمسؤول التركي، الذي أرسل بدوره فارسًا إلى فريك باشا في الأحساء ليعلمه بالأمر. يقول ذلك الرجل إن الأتراك في العقير يقمعون الأهالي، الذين قاسوا كثيرًا لكنه لم يبق لهم سبيل سوى الخضوع.

الأحد، الرابع والعشرين (الرابع) من الشهر: وصل نوخذة البغلة «فتح الخير» إلى هنا، حاملًا أنباء مفادها أن البغلة كانت قد نقلت بعض مؤن الحكومة في القطيف إلى العقير، إلا أنها تحطمت في زامبة أبو رقية Zambeh Aboorkeh، وفقدت كل الحمولة التي على متنها، إلا أنه تم إنقاذ كل الأشخاص؛ وكان على متنها شخصان تركيان. كانت البغلة تنقل القمح والأرز والطحين والبقسماط والصابون. وكان اسم النوخذة غلام Ghoolam، وهو مسجل في السجل البريطاني برقم (438)، وكانت البغلة تحمل حمولة بوزن 89 طنًا. قام النوخذة بتسليم السجل للكابتن جرانت، فقام بأخذ المؤن للطاقم من هنا.

ستغادر السفينة بولفينش إلى بوشهر غدًا، وبما أن سفينة البريد ستتوقف لاستلام البريد مساء اليوم، فإنني مضطر إلى إنهاء رسالتي، وسوف أكتب في المستقبل ما أسمعه فقط، لكنني لا أضمن صحة ما أكتبه.

يجري في هذه الأوقات بيع النبيذ على الشاطئ في البحرين، حيث يشتريه بحارة سفن الحكومة، ومن المؤكد حدوث المتاعب، ما لم يتم وضع حد لهذه الظاهرة.

لا يحسن الشيوخ التصرف مع رعاياهم والرعايا البريطانيين، وإن استمروا على هذا المنوال، سيُصبح الأمر عادة بالنسبة لهم، وسيكون من الصعب تخليصهم منها لاحقًا.

Ref.: (Foreign Dept. Secret, Progs., 52-88, May 1872), p. 3.

5 Feb. 1872

رقم (55)

5 فبراير 1872م – وزارة الخارجية

من: لورد إنفيلد

وكيل وزير الدولة للشؤون الخارجية

إلى: السيد هرمان مريفال Herman Merivale

وكيل وزير الخارجية في مكتب الهند

تلقيت تعليمات من إيرل جرانفيل بأن أحيل إليك، من أجل تقديمها لدوق أرجيل، النسخة المرفقة من الرسالة رقم (9) ومرفقها؛ من القائم بأعمال صاحبة الجلالة في القسطنطينية، بخصوص حملة نجد (العثمانية).

Ref.: (Foreign Dept. Secret, Progs., 52-88, May 1872), p. 3.

5 Feb. 1872

5 فبراير 1872م

وزارة الخارجية

من: اليمين المبجل إي. هاموند

وكيل وزير الدولة للشؤون الخارجية

إلى: السيد هرمان مريفال Herman Marivale

وكيل وزير الخارجية في مكتب الهند

بالإشارة إلى رسالتي المؤرخة في الثلاثين من الشهر الماضي، طلب إيرل جرانفيل مني أن أحيل إليك، من أجل تقديمها لدوق أرجيل، النسخة المرفقة من برقية (مؤرخة في 2 فبراير)، وردت مشفرة من القائم بأعمال صاحبة الجلالة في القسطنطينية، حول موضوع عملية التحكيم المقررة في حادثة مقتل مبعوث الأحساء.

Ref.: (Foreign Dept. Secret, Progs., 52-88, May 1872), p. 4.

6 Feb. 1872

رقم (23)

6 فبراير 1872م- بيرا

من: السيد إتش. رمبولد

القائم بأعمال صاحبة الجلالة في القسطنطينية

إلى: إيرل جرانفيل

وزير الدولة للشؤون الخارجية

تلقيت تعليمات من السيد بيساني، بعد استلام برقية سيادتك المشفرة المؤرخة في الثلاثين من الشهر الماضي، بأن أنقل إلى سيرفر باشا عرض حكومة صاحبة الجلالة بتحكيم حادثة مقتل مبعوث الأحساء على يد شيخ البحرين، وأن أصرح في نفس الوقت أن حكومة صاحبة الجلالة طلبت أن يتلقى الحاكم العام في بغداد، وكذلك الموظفين العاملين تحت إمرته، طالما أن المسألة معلقة، أوامر صارمة بعدم ممارسة أي ضغوط باستخدام الأسلحة، أو حتى من خلال مظاهرة مسلحة؛ بهدف تحصيل التعويض.

وردًّا على ذلك، أرسل سيرفر باشا إليَّ رسالة شفوية مفادها أنه حكومة الدولة العثمانية رأت أن من المستحسن، قبل النظر في عرض سيادتك، إرسال برقية إلى مدحت باشا، من أجل الحصول على معلومات أوفى عن الوضع الحقيقي للقضية.

سألت سعادته صبيحة اليوم عمّا إذا كان مدحت باشا قد أرسل ردًّا، فعلمت أن برقية وصلت للباب العالي يوم أمس، مفادها أن كامل التفاصيل المطلوبة أرسلت بالبريد منذ ثلاثة أيام.

ووعد سعادته بأنه سيخبرني بآراء الباب العالي العثماني ما إن يتم النظر في المسألة.

Ref.: (Foreign Dept. Secret, Progs., 52-88, May 1872), p.2.

9 Feb. 1872

رقم (54)

رقم (8)

9 فبراير 1872م

مكتب الهند- لندن

من: السير جيه. دبليو. كاي J. W. Kaye

سكرتير الإدارة السياسية والسرية

إلى: السيد سي. يو. إيتشيسون

سكرتير حكومة الهند في وزارة الخارجية

بالإشارة إلى رسالتي رقم (7) بتاريخ الثاني من الشهر الحالي، تلقيت تعليمات من دوق أرجيل بأن أحيل، لعلم سعادة نائب الملكة في الهند، نسخة من الرسائل المشار إليها في الهامش (رسالة من وزارة الخارجية بتاريخ 5 فبراير 1872م، ورسالة من وزارة الخارجية بتاريخ 5 فبراير 1872م) بخصوص إجراءات السلطات التركية (العثمانية) في الخليج الفارسي (العربي)، خاصة فيما يتعلق بعلاقاتهم مع شيخ البحرين.

Ref.: (Foreign Dept. Secret, Progs., 52-88, May 1872), p. 28.

11 Feb. 1872

مفاد مترجم لرسالة رقم (14)

1 ذو الحجة 1288هـ/ 11 فبراير 1872م

استُلمت في 1مارس 1872م

من: الحاج عبد الرحمن، الوكيل المحلي على ساحل العرب

إلى: المقيم في الخليج الفارسي

علمت فيما يخص إبراهيم بن سلطان أنه ذهب إلى البحرين، ويُقال إنه وجه رسالة إلى الباشا التركي في الأحساء، كي يعهد إليه ببعض السفن الحربية والقوات، وكي يستولي على الموانئ على ساحل عمان، بنفس الطريقة التي اتبعوها لدخول قطر.

لكن شيخ تلك المناطق لا يُقر بإجراءاته ولا يرغب بفرض سيادته عليهم.

علمت أن إبراهيم بن سلطان سيعود من عجمان Ejman إلى تلك الأنحاء مرة أخرى، وذلك ربما لأنه لم يحقق مبتغاه في المرة الأولى. فأنت تعرف الإجراءات التي يتخذها حيال الشارقة ورأس الخمية، فهو يعمل حاليًا على خلق الخصومة بين الحكومتين. فشيخ عجمان يحثه على القيام بكل الأعمال المشينة، ويسمح له بالبقاء في منطقته بهدف إلحاق الضرر بالأهالي.

وقد نصحت شيخ عجمان بالكف عن هذه الأعمال ومنع إبراهيم من ارتكابها، لكن دون جدوى.

يمكنك توجيه رسالة إلى شيخ عجمان، إذا رأيت الأمر مستحسنًا، تطلب منه فيها منع إبراهيم بن سلطان من إلحاق الضرر بالناس.

Ref.: (Foreign Dept. Secret, Progs., 52-88, May 1872), p. 8.

12 Feb. 1872

رقم (64)

رقم (206-58)

12 فبراير 1872م- بوشهر

من: المقدم لويس بيلي

المقيم السياسي لصاحبة الجلالة البريطانية في الخليج الفارسي

إلى: السيد. سي. جونيي C. Gonne

سكرتير حكومة بومباي

بالإشارة إلى رسالتي رقم (150-40) بتاريخ التاسع والعشرين من الشهر الماضي، وإلى برقيتي بتاريخ التاسع من الشهر الحالي، بخصوص المركبين اللذين طلبت السلطات التركية من شيخ البحرين استعادتهما، بحجة أن سمو سعود بن فيصل حصل عليهما بطريقة غير شرعية من القطيف، وسلمهما لأهالي البحرين، يُشرفني أن أرفق مقتطفًا من الرسالة المشار إليها في الهامش (رقم 9 بتاريخ 4 فبراير 1872، الفقرة 2) (انظر مرفق رسالتيْ المشار إليها أعلاه)، والتي وردتني من مساعد المقيم في البحرين؛ صرح فيها أن الشيخ أخذ بنصيحتي، وأرسل رسالة إلى سعادة مدحت باشا؛ حيث صيغت وفقًا لتلك النصيحة.

Ref.: (Foreign Dept. Secret, Progs., 52-88, May 1872), p. 8.

12 Feb. 1872

رقم (66)

رقم (207-59)

12 فبراير 1872م- بوشهر

من: المقدم لويس بيلي

المقيم السياسي لصاحبة الجلالة البريطانية في الخليج الفارسي

إلى: السيد سي. جونيي

سكرتير حكومة بومباي

بالإشارة إلى برقيتي المؤرخة في الثاني عشر من الشهر الحالي، وإلى رسائل آخرى بخصوص الحملة التركية على نجد، يُشرفني أن أحيل نسخة من تقرير وردني من مساعد المقيم في البحرين.

Ref.: (Foreign Dept. Secret, Progs., 52-88, May 1872), p. 9.

12 Feb. 1872

رقم (61-209)

12 فبراير 1872م- بوشهر

من: العقيد لويس بيلي

المقيم السياسي لصاحبة الجلالة البريطانية في الخليج الفارسي

إلى: السيد سي. جونيي

سكرتير حكومة بومباي

إكمالًا لمراسلات سابقة حول أحداث نجد، اسمح لي أن أقدم لك ترجمة لفحوى تقرير وردني من وكيل الأنباء في البحرين.

Ref.: (Foreign Dept. Secret, Progs., 52-88, May 1872), p. 12.

13 Feb. 1872

رقم (11)

13 فبراير 1872م - البحرين

من: الكابتن سي. جرانت

مساعد المقيم السياسي الثاني في الخليج الفارسي

إلى: المقدم لويس بيلي

المقيم السياسي لصاحبة الجلالة البريطانية في الخليج الفارسي

يشرفني أن أرفق تقريرًا بالأنباء، التي تمكنت من الحصول عليها منذ إرسال البريد الأخير في الرابع من الشهر الحالي بواسطة السفينة «بولفينش Bullfinch».

Ref.: (Foreign Dept. Secret, Progs., 52-88, May 1872), p. 12.

13 Feb. 1872

أنباء متفرّقة

من 4 حتى 13 فبراير 1872م

وصل عدد من الجنود الأتراك، في العاشر من الشهر الحالي، على متن مركب محلي إلى ميناء البحرين. وقد قال القائد مصطفى بك إن عددهم حوالي 600 جنديٍّ، وهم في طريقهم إلى القطيف، وأنه توقف في البحرين بسبب سوء الأحوال الجوية؛ فقد غادر معظم الجنود اليوم وسيتبعهم البقية ما إن يتم تجهيز المراكب.

يُقال إن السفينة «أشور Assoor» وصلت القطيف في العاشر من الشهر الحالي، وهي تسحب مركبي بغلة على متنهما 180 حصانًا كتعزيزات للقوات التركية هناك.

ويُقال إن فريك باشا زجّ شيخ قبيلة العجمان، الشيخ رقيم Rokim، في سجن في الأحساء، ويُقال إن شيخ قبيلة أبوظبي تحالف مع الأتراك (العثمانيين).

لم يجر تبادل للمراسلات بين شيخ البحرين وأي من السلطات التركية، بعد تاريخ الرسائل التي أشرت إليها في رسالتي السابقة إليك رقم (9) بتاريخ 4 فبراير 1872م.

التوقيع/ الكابتن سي. جرانت

مساعد المقيم في الخليج الفارسي

Ref.: (Foreign Dept. Secret, Progs., 52-88, May 1872), pp. 13-17.
13 Feb. 1872

مفاد مترجم لرسالة
3 ذو الحجة 1288هـ/ 13 فبراير 1872م
استُلمت في 15 فبراير 1872م

من: الحاج غلام حسين Gholam Hossein، وكيل الأنباء في البحرين

إلى: المقيم في الخليج الفارسي

اسمح لي أن أخبرك أنني ذكرت الأنباء المتعلقة بهذه المنطقة، كما سمعتها من عدة أشخاص، منذ يوم 25 ذي القعدة وحتى اليوم، في الرسالة المرفقة، وسأستمر في إرسال الأنباء طالما أنا موجود هنا.

أبحرت السفينة بولفينش في 25 ذي القعدة (5 فبراير 1872م) متجهةً إلى بوشهر، فأرسلت لك بواسطتها ملخص الأنباء التي جمعتها هنا في الفترة ما بين الثالث عشر والرابع والعشرين منه. وفيما يلي الأنباء التي سمعتها منذ مغادرة تلك السفينة:

وصل من القطيف مركب شوعي Shaee لصاحبها ابن شوده Ben Shudda. فقابلت النوخذة وسألته عن الأنباء. فقال إنه في الرابع والعشرين من الشهر الحالي (ذو القعدة)، (الرابع من فبراير)، وصلت سفينة بغلة إلى القطيف قادمةً من الكويت؛ وعلى متنها مؤن للقوات التركية، ومئتا رجل من بدو قبيلة العنزة، الذين قبلوا أداء الخدمة لدى الحكومة التركية بأجر. جيء بهؤلاء البدو لوضعهم في قطر، كي يحموها بعد صرف القوات النظامية. وشيخ هؤلاء هو صالح بن محضي Saleh ben Mohezze. ومن المتوقع وصول السفينة أشور وعلى متنها مئتا رجل آخر من بدو تلك القبيلة، حيث سيتم إرسالهم مع الدفعة الأولى إلى قطر، كي يتمكن عمر بك وقواته من العودة على متنها إلى القطيف. ويُقال إن الجنود الذين وصلوا إلى القطيف، على متن السفينة «سنيب Snipe»، شديدو المراس ويضطهدون المزارعين، حيث اشتكى الفقراء والأغنياء من ممارساتهم، فهم يسلبون أربعة أو خمسة منازل يوميًّا، وينهبون السوق نهارًا. فأغلق الناس متاجرهم ليومين، لأن عمليات النهب باتت تُجرى علنًا، ولم يكن هناك من يقدر على السيطرة على أفراد الوحدة العسكرية القادمين مؤخرًا. فطلب شيخ القطيف علي بك من الأهالي أن يراقبوا منازلهم وممتلكاتهم ليلًا.

تنتشر الحمى وعسر الهضم والسقام بين الجنود الأتراك، حيث يموت أكثر من عشرة أشخاص

يوميًّا. عزم الجنود الواصلون حديثًا على إزعاج الأهالي؛ كي يُقدموا الشكاوى ضدهم، ليتم نقلهم لأنهم لا يُحبذون البقاء في القطيف.

علمت اليوم أن الشيخ أحمد بن علي، الذي ذهب إلى قطر في وقت سابق بحجة الترفيه، أجرى مقابلة مع عرب بني نعيم Neni Naeem، واتفق معهم فيما يخص نقلهم من قطر وتمركزهم في المحرق Moharrag.

الثلاثاء، السادس والعشرين من ذي القعدة (السادس من فبراير): علمت اليوم أن خمسة من الدعامات، التي كان قائد السفينة كونستانس قد وضعها بين المنامة والمحرق؛ بهدف تحديد الاتجاه قد اختفت، وأُزيلت المراسي والحبال وأداة قياس العمق، ما أخر عمله كثيرًا. لم تختف هذه الأغراض بسبب سوء الأحوال الجوية، والشبهات تدفعنا للاعتقاد بأن أحدًا سرقها؛ كي يستخدمها للمراسي.

مرت سفينة من البحرين اليوم، من المفترض أنها سفينة تركية، ويُعتقد أنها السفينة الموجودة في القطيف، وأنها متجهة لإغاثة السفينة المحطمة «فتح الخير»، أملًا في إنقاذ ممتلكات الحكومة.

الأربعاء، السابع والعشرين منه (ذي القعدة)، (السابع من فبراير): وصلت مشوة محمد بن خاطر اليوم قادمةً من العقير، وكان على متنها عدد من أهالي الأحساء. رأيت عبد الله بن محسن، تاجر من الأحساء، فعلمت منه أنه ترك الأحساء في الرابع والعشرين (الرابع) من الشهر، وأن الأمن والهدوء يعمان هناك، وأن الأهالي يعيشون بسلام، ويُمارسون أعمالهم، وأن الأراضي لها أهمية كبيرة، إلى درجة أن العقار الذي كانت قيمته 1000 في العام الماضي، أصبحت قيمته 10000 حاليًا، ولهذا السبب يشعر الأهالي بالارتياح لوجود الحكومة التركية.

وقد حدثت فوضى عارمة في نجد نتيجة قيام عبد الله بن فيصل بمهاجمة قبيلة شمر. فالبدو ينهب بعضهم بعضًا يوميًّا، ولا يكترثون لآل سعود. يوالي شيوخ نجد ضمنيًّا فريك باشا، الذي يستطيع تزويدهم بالمال والمواد، أملًا في إقناعهم بالخضوع للحكومة ومواجهة آل سعود. ويبدو أن آل سعود غافلين عن مخططات القوات التركية وغافلون عن مصالحهم الخاصة. يقول عبد الله بن محسن إن فريك باشا يعتزم دعوة البدو للانضمام إليه، أملًا في أن يضعهم في مواجهة آل سعود وإبادتهم، وإن كان يُخطط على هذا النحو، فمن المؤكد أنه سيُحقق مآربه في النهاية.

وقال إنه يتردد في الأحساء أن بعض كتائب الخيالة والمشاة تلقت أوامر من الحجاز بالتحرك إلى نجد، من أجل إعادة النظام بين مكة والأحساء، والانضمام إلى القوات الموجودة في الأحساء سابقًا. وذكر أيضًا أنه يقال في الأحساء إن الحكومة التركية اعتزمت تعيين باشا ووضع قوات نظامية في الكويت، وعزل أبناء الشيخ صباح من الحكومة. يضمر فريك باشا العداوة لأبناء الشيخ صباح، ويعتبرهم خائنين للحكومة وموالين لآل سعود. وقد أثبت للسلطات التركية تلك الحقائق.

عادت السفينة التي أُرسلت لحماية أجزاء من محرك البغلة المحطمة «فتح الخير» جالبة أجزاءً منه والنوخذة؛ وأتت مراكب أخرى بالشخصين التركيين اللذين كانا على متنها، وبأجزاء أخرى منها. يُدعى هذان الرجلان عمر أفندي وشعيب كاوس Shaab Chaoos. سيعود عمر أفندي إلى القطيف، وسيرجع شعيب كاوس إلى مكان التحطم برفقة عدد من المراكب، أملًا في انتشال بعض الممتلكات. وفيما يلي ما تم انتشاله حتى الآن:

بعض أكياس الطحين والأرز والقمح والصابون وثلاث دبيّات Dubbas (أوقيات) من السمن، وبعض الصناديق التي تحتوي على القناديل، وكانت جميعها تالفة. أما المركب الذي جرى استئجاره مؤخرًا، فقد قبل العمل بشرط إعطاء ربع ما قد يتم انتشاله للبحارة كمكافأة لهم. فالبغلة غارقة تحت الماء، لكنها حتى يوم الثلاثاء لم تكن قد تحطمت إلى أجزاء. إذ لم يتضرر كل من الصاري والمرساة والهيكل، مع ذلك نُقل كامل محركها إلى البحرين Bahrein.

الخميس، الثامن والعشرين منه (ذي القعدة)، (الثامن من فبراير): عاد الشيخ أحمد بن علي أمس من قطر إلى الرفاع Ruffah، ووصل المحرق صبيحة اليوم، ليتابع طريقه إلى المنامة، ورافقه شيخان من شيوخ النعيم (ناصر بن جابر Nassir Bin Jabr وراشد بن علي Rashed bin alley) وخمسة عشر رجلًا من البدو. تقطن قبيلة هذين الشيخين في قطر في منطقة تدعى الزبارة، في حصن مرير. ويُقال هنا إنهما أبرما اتفاقًا مع أحمد بن علي للعيش في البحرين مع قبيلتهما، وهما يريدان من الشيخ عيسى الموافقة على هذا الاتفاق.

يتخذ شيوخ البحرين في الواقع ترتيبات رائعة، فهم يفرقون رعاياهم من خلال التضييق عليهم ويستبدلونهم بعرب الصحراء، في حين أنهم يعرفون مساعي البدو، وكيف ينظرون إلى البحرين. كان بنو هاجر يعملون مع الشيخ علي بن خليفة، ويتلقون المال منه لسنوات، إلا أنهم التحقوا بعد وفاته بقبيلتهم، التي كانت تؤيد محمد بن خليفة، وتفعل ما تريده في البحرين. فكيف لهم أن يشعروا بالأمان وقد سُمِحَ للبدو بالمكوث في منطقتهم، وإطعامهم من المنتجات، التي يأخذونها من المزارعين؟! خاصة أن البحرين أصبحت حاليًا خالية من الأعداء، الذين يعيشون خارج الجزيرة، والمزارعون هنا يعيشون بأمان من كل النواحي، فخوفهم الوحيد ناجم عن حكام الجزيرة. فقد سمعت منهم مرارًا أنهم لا يتذكرون أن البحرين كانت آمنة بقدر ما هي آمنة اليوم، حتى وإن رجعوا مئة سنة للماضي، وذلك بسبب وجود سفن الحكومة. وجل ما هو مطلوب لجعل هذا المكان مزدهرًا هو حُسن تصرف الشيوخ مع المزارعين، فهم أنفسهم سيستفيدون أكثر من الإيرادات. فالعديد من أهالي البحرين حاليًا، ممن تُحقق لهم أراضيهم دخلًا يعادل مئة ألف روبية أو بحدود ذلك، وعقاراتهم معروفة جيدًا، حيث يُمكنهم إثبات أن أجدادهم اشتروها بصكوك قانونية، إلا أن أوضاعهم تدهورت إلى درجة أنهم اضطروا، رجالًا ونساءً، لجمع الحطب وبيعه في

الأسواق لكسب قوت يومهم، وحتى هذا يُفرض عليه ضريبة بمعدل 2 قيران شهريًّا عن كل فرد يعمل في جمع الحطب.

علمت اليوم أن في يوم الرابع والعشرين (الرابع من فبراير) من الشهر (ذي القعدة) ذهب شخصٌ من قبيلة خليفة Khuleyfa إلى المحرق إلى امرأة، لكن عندما أدرك أنها لن تُلبي رغبته قام بطعنها بخنجره وقتلها، ثم عاد إلى المنامة، حيث يتجول بحرية، ولم يُحاسب على جرائمه.

الجمعة،29 ذي القعدة/ 9 فبراير: زارني الحاج يوسف بن أحمد أحد تجار الأحساء، فطلبت منه إخباري بما يحدث، وعلمت منه ما يلي:

ذهبت لزيارة فريك باشا قبل مغادرة الأحساء بيومين، فرأيت عددًا من الأتراك والعرب في مجلسه. قال فريك باشا إنه رأى مكتوبًا في صندوق العرائض من رجل يُدعى ناصر، فسلّمها لكاتبه حسين أفندي، فقال إن العريضة من ناصر بن مبارك العتوبي Uttoobee. فسأل الباشا أين ناصر، وأجابه أحد الحضور بأن منزله في المبرز Mobarriz، إلا أنه جاء إلى الأحساء؛ بهدف تلقي العلاج. فأمر الباشا باستدعائه، ومثل في المجلس. فسأله الباشا أين سمع الأنباء التي ذكرها في مكتوبه، فأجاب أنه علمها في البحرين، وأخرج وثيقة سلمها لكاتب الباشا ليقرأها عليه. جاء في الوثيقة أن «عبد العزيز، ابن سعود بن فيصل، موجود في البحرين، ويقيم في المحرق، وهو يقبض المال من الحكومة البريطانية. وأن سعودًا كان في قطر، وأنه يتبادل الرسائل يوميًّا مع شيوخ البحرين. وأن سعودًا ينوي الذهاب إلى البحرين قريبًا». فخاطب الباشا ناصر قائلًا له إن الحكومة لم تطلب مساعدته، وأنه إذا اعتقد أن الحكومة البريطانية ستدفع له إذا ذهب إلى البحرين، فله الحرية إن أراد الذهاب. فأجاب ناصر قائلًا إن هدفه الوحيد هو نقل الأخبار. فقال له الباشا إنه ستتم تسوية كل الأمور بعد ثلاثة أشهر، وإذا ما استولى السلطان على البحرين، فإن مركز الشيوخ سينخفض ليُصبح بنفس مركز ناصر حاليًا، لكن إن حدث خلاف ذلك فلن يهتم الباشا بشؤونهم. بدا أن الباشا مستاء مما ورد في مكتوب ناصر، وفي الرسالة التي جلبها من البحرين. لكن الحاج يوسف لم يعرف مما احتوته الرسالتان غير ذلك، فأثار استياء الباشا على ناصر؛ حيث بقيت الرسالتان بحوزة كاتب الباشا.

يقول الحاج يوسف أن قبائل البدو اختلفت فيما بينها؛ بسبب حيل فريك باشا. ففي حين تتصارع قبيلتان مع بعضهما، يقوم فريك باشا بتأييد القبيلتين، ويساعدهما بالمال وبما يلزمهما، حتى تعتقد كل قبيلة منهما أن فريك باشا يقف إلى جانبها، إلا أنه يفعل ذلك لإضعافهما وليقضيَ بعضُهما على بعض بأيديهما.

فإذا وصلت قافلة للبدو إلى الأحساء، قادمةً من نجد، ومعها حوالي 10.000 دولار نقدًا لشراء المؤن والثياب، ومن ثم العودة، تقوم قبيلة أخرى بمهاجمتها، قبل ميلين تقريبًا من وصولها إلى الأحساء؛ بهدف النهب والقتل. وعندما يقدم رجال القافلة شكواهم للباشا في الصباح، يقول لهم

إنهم ليسوا تحت حماية السلطان، وأن شؤونهم لا تعنيه، وأن عليهم تسوية خلافاتهم فيما بينهم. لكن إذا ما تعرضت قافلة في طريقها إلى الأحساء إلى الهجوم والنهب، فإنه يُطالب بالتعويض؛ لأنه يرى أن الأموال الواردة تمثل مكسبًا للدولة، ويعتبر أن الدولة تستفيد من عدم وصول الممتلكات إلى نجد أيضًا.

يرى الحاج يوسف أن أهالي نجد منكوبون تمامًا، ولن يكون الأمر مفاجئًا إذا أقدموا على قتل أبناء فيصل أو تسليمهم للسلطات التركية (العثمانية)، لأنهم أُنهكوا تعبًا، واستنفدوا أموالهم وطاقاتهم.

السبت: 30 ذي القعدة/ 10 فبراير: كانت سفينة «الغونشة Goncha» المملوكة لمحمد بن سليمان Mahomed bin Suleyman من موغو Mogoo قد أبحرت تحمل الأرز من لنجة إلى القطيف، حيث أفرغت حمولتها، باستثناء 200 كيس مقرر نقلها إلى العقير مع 130 فردًّا من جنود الخيّالة الأتراك وأمتعتهم. كانت الغونشة قد غادرت القطيف في الرابع والعشرين منه (ذي القعدة)، (الرابع من فبراير)، لكن بسبب الرياح الشمالية الغربية الشديدة، التي هبت الليلة الماضية، اضطرت السفينة أن ترسو في البحرين، إلا أنها جنحت إلى خور فشت Khoor Fusht، ثم أبحرت بعد ساعتين لترسو في ميناء البحرين. كان مصطفى أفندي قائدًا للفرسان الموجودين على متن السفينة. وقد جاء لمقابلتي، فعلمت منه أنه يوجد خمس كتائب من المشاة، وكتيبة من المدفعية في الأحساء، وكذلك كتيبة من الخيّالة، وخمسة عشر مدفعًا. ويوجد في قطر مئتا جندي مشاة، بالإضافة إلى مئتين وخمسين آخرين أُرسلوا مؤخرًا، وسينضم إليهم أربعمائة جندي عربي من قبيلة عنيزة Oneyzeh؛ وصل مئتان منهم إلى القطيف بانتظار وصول البقية.

سألته عمّا إذا كانت الكتيبة، التي جاءت على متن السفينة «سنيب» ستحل محل الآخرين، فأجاب بالنفي. وقال إن كتيبتين أخريين ستصلان قريبًا إلى الإسكندرية Iskenderia، وأن عارف بك سيذهب إلى القطيف؛ بهدف مقابلة فريك باشا في العقير بعد عيد الأضحى (20 فبراير). وقال إن فريك باشا تلقى أوامر بشراء ألفي جمل لقوافل نقل الأمتعة، وأن القوات التركية قد تتحرك إلى نجد بعد أربعين يومًا. اطلعنا في القطيف على رسالة من مساعد فريك باشا إلى الحاكم علي بك؛ وجاء فيها أن فريك باشا يأمل أن يكون سعود في الأحساء بحلول العيد، وأن سعود يثق بالباشا.

الأحد، 1 ذي الحجة (11 فبراير): وصلت أمس سفينة بقارة من أبوظبي، وكان على متنها كاظم Kawzem البحريني. فعلمت منه أنه غادر أبوظبي في الرابع والعشرين من الشهر الماضي (4 فبرابر)، وأن بعض العرب، المدينين لأهالي أبوظبي، فروا إلى دبي، وأن كل مساعي الشيوخ لإقناع حشر بن مكتوم بإعادتهم؛ كي يسووا ديونهم مع دائنيهم، باءت بالفشل، فأعدّ شيخ أبوظبي قوة تتألف من ثلاثمئة بدويّ؛ بهدف مهاجمة دبي من أبوظبي، وتحرك بعد أن وجه رسالة إلى وكيل الحكومة في الشارقة، مفادها أنه تحرك على رأس قواته لمهاجمة دبي، طالبًا منه

إبلاغ جميع الرعايا البريطانيين بعدم البقاء في دبي، لكن إذا لم يفعل ذلك، واحتلت قواته دبي، فإن أتباعه البدو لن يُميزوا بينهم وبين أهالي دبي. وبقي ذياب شقيق زايد في أبوظبي لإدارة شؤونها، وكان يستدعي يوميًّا البدو، الذين يُرسلهم للالتحاق بمعسكر شقيقه.

وصل اليوم مركب من قطر، وجاء على متنه أحد أتباع سعود المدعو شاهين Shaaheen. فعلمت منه أنه ترك سعودًا منذ سبعة أيام، وأنه في الرابع والعشرين منه (ذي القعدة)، (الرابع من فبراير) عاد رسل سعود من عند فريك باشا، الذي أرسل له المال، و 80 كيسًا من الأرز، وعشرين حملًا على الجمال من التمر، وعدد من العباءات لسعود، ووجه له رسالة ودية أخبره فيها «أنه إذا كان يريد المنطقة التي آلت إليه بالوراثة، فعليه الموافقة على الخضوع لتركيا (الدولة العثمانية)، وبعد ذلك سيدفع نفقات الجيش الذي جاء إلى هذه الأنحاء، ويمكنه دفعها على أقساط. وعليه أن يدفع أيضًا الضريبة السنوية التي كان والده يدفعها للسلطان من تاريخ عدم دفعها إلى الوقت الحاضر، وأنه يجب أن يبقى اثنان من أولاده رهينة لدى الباب العالي، وأنه إذا وافق على تلك الشروط فيمكنه المضي إلى العقير مع بعض أتباعه، حيث سيسمح له بمقابلته، وبعد إبرام هذه الاتفاقات سيتم نقل ملكية المنطقة له».

يقول شاهين إن سعودًا كان مسرورًا جدًّا لدى تلقي رسالة فريك باشا، وأنه أخذ بعين الاعتبار أنه سيذهب لمقابلة فريك باشا.

يقول شاهين إن هزيمة عبدول Abdul على يد قبيلة شمر كانت هزيمة فادحة، وأن خيمة عبد الله وبعض أفضل خيوله نُقلت إلى ابن سعود. تعافى شيخ شمر من الإصابة التي تعرض لها. وأُطلق سراح فيصل بن تركي، الذي أُخذ أسيرًا، بعد دفع فدية. يُقال إن ثلاثمئة رجلٍ من أتباع عبد الله قُتلوا، وجُرح الكثير منهم.

يقول شاهين إن علاقة الصداقة بين سعود وجاسم بن محمد بن ثاني وثيقة جدًّا، وأن جاسمًا يرسل كميات كبيرة من المؤن إلى سعود، وأن حوالي أربعة آلاف نفر من البدو التحقوا بسعود. لا شك أن سعودًا، بطيشه وحماقته المعتادة، سيضع نفسه تحت تصرف الأتراك (العثمانيين)، وإذا قابل فريك باشا فعلًا، فإن كل النقاشات الأخرى ستنتهي. ليس لدى البدو العرب أدنى فكرة عن مناورات القوات النظامية، وبكلا الحالتين نهايتهم وشيكة، سواء خضعوا لهم أم واجهوهم، إذ لا يمكن للأتراك أن يستولوا على بلد ابن سعود بسلام ما لم يقضوا على آل سعود نهائيًّا.

الاثنين، 2 ذي الحجة (12 فبراير): تخلّص ليلة أمس مركبان من عمل السخرة لدى الأتراك في القطيف ووصلا إلى هنا. وكانت سفينة بخارية قد وصلت إلى رأس تنورة وقت مغادرتهما، ويُقال إنها تحمل جنودًا أتراكًا على متنها. يُقال إن السفينة لها مدخنتان، لكن لم يُعرف اسمها أو عدد الجنود على متنها.

وصل اليوم مركب بحريني قادمًا من أبوظبي. وكان الشيوخ قد أرسلوا على متنه حصانًا لشيخ أبوظبي كهدية. وعلمت أن حامل تلك الهدية عاد ومعه جمل وعبدان إفريقيان كهدايا للشيوخ.

يقول زايد إن هذا الشخص كان قد تحرك مع قواته ضد دبي، وأنه ينوي، بعد إنهاء مهمته في دبي، التحرك على رأس قواته إلى البريمي. أرسل السيد تركي المال وأربعمئة كيس من الأرز إلى زايد في دبي، وأمره بالتحرك لمحاصرة بريمي.

الثلاثاء، الثالث منه (ذي الحجة) (الثالث عشر من فبراير): وصل مركب من القطيف ليلة أمس. وقال دابيل Dyeel نوخذة المركب أن السفينة التي وصلت إلى القطيف هي «أشور»، وكان على متنها كتيبة مشاة وثمانون خيّال مدفعية، وجرى إنزالهم في القطيف. وقال أيضًا إن سفينتي بغلة تابعتين للكويت وصلتا إلى رأس تنورة أثناء مغادرته، وكان على متنهما مؤن ومعدات عسكرية.

وصل اليوم أربعة مراكب من العقير، حيث أبحرت من هناك يوم السبت. وكان على متن تلك المراكب العديد من تجار الأحساء؛ حيث يعتزم بعضهم المتابعة إلى بومباي لشراء البضائع، وسيتوجه غيرهم إلى العراق بهدف الزيارة. أستضيف حاليًا راشد بن حسين، أحد أولئك التجار، في منزلي، لكنه لم يخبرني بأي جديد بشأن الأحساء، فهو يبعد سفر عشرة أيام عن الأحساء. وقال إن فريك باشا جاهز بكامل قواه، في حين أن آل سعود ضعفاء جدًّا، وأن فارسًا من الأحساء وصل إلى العقير عشية يوم الجمعة (التاسع والعشرين - التاسع (فبراير)، من الشهر(ذي القعدة)، حاملًا أنباء مفادها أن قبيلة العجمان انتصروا في معركتهم ضد «بني وجير Beni Wajir»، وأن راكان Rongan شيخ قبيلة العجمان يثير الفوضى في محيط الأحساء، ويقوم بأعمال النهب، وأن راكان وأربعمائة من رجاله خيّموا في منطقة عين الكوح Eyn-ul-Kooh، على مسافة محطة واحدة من الأحساء، وأن فريك باشا علم بذلك، فأرسل 500 خيال هاجموهم بغتة في منتصف ليل الثلاثاء، فقتلوا مئة منهم؛ وأسروا راكانًا وثلاثين من أتباعه، في حين فرّ الأخرون. وقد أقتيد راكان والآخرين إلى الهفوف، وجرى سجنهم في الحصن هناك.

انتقل الجنود الأتراك، الذين جنح بهم مركب موجسو Mogsoo إلى هنا بسبب سوء الطقس، إلى مركب بحريني، ويعتزمون التوجه اليوم إلى العقير. لم يُسئ هؤلاء التصرف على حد علمي، بينما كانوا محتجزين هنا، مع أنهم أمضوا معظم وقتهم على الشاطئ.

لقد ذكرت بالتفصيل كل ما سمعته من أنباء بين الخامس والعشرين من الشهر الماضي حتى هذا التاريخ. لكنني لست مسؤولًا عن تصريحات العديد من الأشخاص الذين أدلوا بهذه المعلومات إليّ.

Ref.: (Foreign Dept. Secret, Progs., 52-88, May 1872), p. 7.

14 Feb. 1872

رقم (6)

14 فبراير 1872م- بغداد

من: العقيد سي. هيربرت

قنصل صاحبة الجلالة البريطانية العام في بغداد

إلى: سعادة اليمين المبجل السير هنري إليوت Henry Elliot

سفير صاحبة الجلالة في القسطنطينية

إكمالًا لرسالتي رقم (1) بتاريخ الثالث من الشهر الماضي، يُشرفني أن أذكر أن تعزيزات جديدة غادرت إلى نجد على النحو التالي: في الخامس عشر من الشهر الماضي حوالي 300 جندي، في العشرين منه حوالي 400 جندي، وفي الخامس والعشرين منه حوالي 120 جندي مدفعية.

جاء عدة مئات من المرضى من القطيف، وذُكر أنهم يصلون بحالة سيئة، يحملون أنباء مثبطة عن أولئك الذين مازالوا هناك.

يتضح من خلال التقارير، التي تردني أن عبد الله بن فيصل موجود في الرياض حاليًا، وأنه على تواصل ودي مع أخيه سعود، الذي يخيم في عين الزرنوق Ain-ooz-zernook، التي تبعد مسافة مسير خمس ساعات عن الأحساء، وأن العرب يحتشدون حواليهما بأعداد كبيرة، بهدف مهاجمة القوات التركية، عندما يكون قد مضى وقت جيد من فصل الربيع، لتكون حيواناتهم قد تعافت من تأثير موسم الجفاف في العام الماضي، وأن الطريق المستخدم للتنقل بين العقير على الساحل والأحساء غير آمن، ولا يمكن السفر عبره إلا بمرافقة كبيرة، وأن العرب يضيّقون دائمًا على القوات، وينهبون المتخلفين عن الرَكب، وأن أفراد الحامية يعيشون حالة قلق شديدة.

وقيل أيضًا إن أهالي قطر مستاؤون جدًّا من وجود القوات العثمانية في بلادهم، وأنهم يرغبون في انسحابهم بشدة.

ويبدو أن احتلال البلاد المستمر في ظل هذه الظروف غير مبرر، وتصرف غير حكيم على حدٍّ سواء؛ فقد كان الهدف المزعوم للحملة في الأصل هو إعادة الهدوء، الذي تزعزع بسبب الخلافات بين الشقيقين.

وقد تم تحقيق هذا الهدف فيما يتعلق بتلك الخلافات، وإن لم يكن ذلك بالطريقة المقررة؛ فوجود القوات، ورغبة الشقيقين الشديدة بالتخلص منها، دفعهما إلى حل خلافاتهما والتكاتف ضد من يعتبرونهم عدوهم المشترك.

يُقال إن عبد الله قبل أن يهرب من الأحساء احتج لدى قائد القوات، قائلًا إنه كان قد قبل مساعدتهم أملًا في أن يحتلوا البلاد مجددًا ويسلموها له، إلا أنه لاحظ أنهم لا يملكون قوات كافية لاحتلال البلاد، وأنهم احتفظوا بالمنطقة التي استولوا عليها لأنفسهم.

وقد يبدو أن من غير المعقول أن نتوقع من النجديين أن ينقادوا للخضوع لسيادة حكومة الدولة العثمانية، إلا إذا احتُلت المنطقة بجحافل كبيرة، وبتكاليف باهظة. ويبدو أن من المنطقي جدًّا أن نتوقع هلاك الحامية الصغيرة، الموجودة حاليًا في الأحساء، إلا إذا تم انسحابها بسرعة.

Ref.: (Foreign Dept. Secret, Progs., 52-88, May 1872), p. 35.

15 Feb. 1872

رقم (79)

رقم (2220)

15 أبريل 1872م- حصن بومباي

من: السيد سي جوني

سكرتير حكومة بومباي في الإدارة السياسية

إكمالًا لرسالتي رقم (1965) بتاريخ الثالث من الشهر الحالي، فقد تلقيت تعليمات بأن أحيل، من أجل تقديمها لسعادة الحاكم العام في المجلس، نسخة من الرسائل المشار إليها في الهامش (أرقام 561-129 و652-130 و563-131 بتاريخ 25 مارس 1872م، مع مرفقاتها) من المقيم السياسي لصاحبة الجلالة البريطانية في الخليج الفارسي، حول أحداث البحرين ونجد المرتبطة بالعمليات التركية (العثمانية) في هاتين المنطقتين.

Ref.: (Foreign Dept. Secret, Progs., 52-88, May 1872), p. 7.

16 Feb. 1872

رقم (62)

رقم (5)

16 فبراير 1872م - بغداد

من: العقيد سي. هيربرت

الوكيل السياسي في المناطق العربية الخاضعة للحكم التركي

إلى: السيد سي. يو. إيتشيسون

سكرتير حكومة الهند في وزارة الخارجية

يشرفني أن أحيل طيه، من أجل تقديمها لسعادة اليمين المبجل النائب والحاكم العام في المجلس، نسخة من الرسالة رقم (6)، التي وجهتها في الرابع عشر من الشهر الحالي إلى القائم بأعمال صاحبة الجلالة لدى حكومة الدولة العثمانية.

Ref.: (Foreign Dept. Secret, Progs., 52-88, May 1872), p. 30.
19 Feb. 1872

رقم (64)

9 ذو الحجة 1288هـ/ 19 فبراير 1872م

من: المقدم لويس بيلي
المقيم السياسي لصاحبة الجلالة البريطانية في الخليج الفارسي

إلى: الشيخ عيسى بن علي، شيخ البحرين

من دواعي سروري أن أكتب لك هذه السطور للسؤال عن صحتكم، آملًا أن تكون أنت ورعاياك في غاية الهناء والتوفيق.

وأود أن أقترح عليك وديًّا أن تتجنب قدر الإمكان إرسال الشيوخ إلى قطر بغرض الاستجمام. ولا يسعك في ظل الظروف الراهنة، وحرصًا على مصالحك، إلا أن تحرص على البقاء بمعزل عن جميع مظاهر التدخل بشؤون المناطق الواقعة على البر الرئيسي.

أرجو أن تطمئنني دائمًا عن صحتك، وأن تطلعني بانتظام على ما يجري من أحداث في تلك المناطق.

Ref.: (Foreign Dept. Secret, Progs., 52-88, May 1872), p. 4.

22 Feb. 1872

رقم (57)

22 فبراير 1872م- وزارة الخارجية

من: لورد إنفيلد

وكيل وزير الدولة للشؤون الخارجية

إلى: السيد هرمان مريفال

وكيل وزير الخارجية في مكتب الهند

بالإشارة إلى رسالتي المؤرخة في 30 يناير، حول موضوع اعتزام حكومة صاحبة الجلالة التحكيم في حادثة مبعوث من الأحساء الذي قُتل على يد شيخ البحرين، تلقيت تعليمات من إيرل جرانفيل بأن أحيل إليك، كي يطلع عليها دوق أرجيل، النسخة المرفقة لرسالة من القائم بأعمال صاحبة الجلالة في القسطنطينية، مفادها أن الحكومة التركية تنتظر مزيدًا من التفاصيل قبل اتخاذ قرارٍ في هذا الشأن.

Ref.: (Foreign Dept. Secret, Progs., 52-88, May 1872), p. 4.
23 Feb. 1872

رقم (56)
رقم (16)
23 فبراير 1872م
مكتب الهند- لندن

من: السير جيه. دبليو. كاي
سكرتير الإدارة السياسية والسرية

إلى: السيد سي. يو. إيتشيسون
سكرتير حكومة الهند في وزارة الخارجية

بالإشارة إلى مراسلاتك السابقة، تلقيت تعليمات من دوق أرجيل بأن أحيل، لعلم سعادة نائب الملكة في الهند، نسخة من رسالة أخرى، مؤرخة في الثاني والعشرين من الشهر الحالي، من وزارة الخارجية، بخصوص اعتزام حكومة صاحبة الجلالة التحكيم في حادثة مقتل مبعوث الأحساء على يد شيخ البحرين.

Ref.: (Foreign Dept. Secret, Progs., 52-88, May 1872), p. 29.

24 Feb. 1872

رقم (15)

24 فبراير 1872م- بوشهر

من: الكابتن سي. جرانت

المساعد الثاني للمقيم السياسي في الخليج الفارسي

إلى: المقدم لويس بيلي

المقيم السياسي لصاحبة الجلالة البريطانية في الخليج الفارسي

يشرفني أن أرفق، لعلمكم، الأنباء التي تمكنت من الحصول عليها منذ إرسال البريد الأخير في الثالث عشر من الشهر الحالي.

Ref.: (Foreign Dept. Secret, Progs., 52-88, May 1872), p. 29.

24 Feb. 1872

أنباء متفرقة

13-24 فبراير 1872م

البحرين: مازالت الجزيرة تعيش حالة من الهدوء، ولم يجر تبادل للمراسلات بين الشيخ والسلطات التركية منذ آخر رسائلي المؤرخة في الثالث عشر من الشهر الحالي.

القطيف: مازالت تتردد الأنباء في القطيف بأن الشيخ راكان Rokun، شيخ العجمان، قد سُجن مع أربعين رجلًا من رجال قبيلته، ويُقال إنه سيتم إرسالهم قريبًا إلى بغداد على متن السفينة أشور.

البدع: تفيد الأنباء بأن قائد القوات التركية (العثمانية) المتواجدة هناك (قوامها 700 جنديٍّ) اتخذ ترتيبات جيدة لصحة وكفاءة الجنود؛ حيث زودهم بالأسلحة ووفر لهم مستوًى جيدًا من السكن والملابس والطعام، ويبدو مما فهمته أن له شعبية بين الأهالي هناك.

وردت أنباء مجددًا تُفيد بأن سعود بن فيصل أعرب للقائد التركي، فريك باشا، عن رغبته بعقد صلح إذا عُرضت عليه شروط مناسبة.

التوقيع/ الكابتن تشارلز جرانت

مساعد المقيم في الخليج الفارسي

Ref.: (Foreign Dept. Secret, Progs., 52-88, May 1872), p. 12.

26 Feb. 1872

رقم (68)

رقم (408-88)

26 فبراير 1872م

المقيمية البريطانية في بوشهر

من: المقدم لويس بيلي

المقيم السياسي لصاحبة الجلالة البريطانية في الخليج الفارسي

إلى: سكرتير حكومة بومباي

الإدارة السياسية

إكمالًا لرسالتي المشار إليها في الهامش (رقم 207-59 بتاريخ 12 فبراير 187) ولمراسلات سابقة بخصوص الحملة التركية على نجد، يُشرفني أن أحيل نسخة من تقرير (رقم 11 بتاريخ 13 فبراير 1872) تلقيته من مساعد المقيم في البحرين.

Ref.: (Foreign Dept. Secret, Progs., 52-88, May 1872), p. 18.

26 Feb. 1872

رقم (70)

رقم (407-87)

26 فبراير 1872م - بوشهر

من: المقدم لويس بيلي

المقيم السياسي لصاحبة الجلالة البريطانية في الخليج الفارسي

إلى: سكرتير حكومة بومباي في الإدارة السياسية

بالإشارة إلى المراسلات السابقة بخصوص أحداث قطر، يشرفني أن أرسل نسخة من الرسالة المشار إليها في الهامش (رقم 1 بتاريخ 4 فبراير 1872م)، والتي تلقيتها من قائد السفينة الحربية «هيو روز» حول هذا الموضوع.

Ref.: (Foreign Dept. Secret, Progs., 52-88, May 1872), p. 21.
26 Feb. 1872

رقم (72)
رقم (406-86)
26 فبراير 1872م- بوشهر

من: المقدم لويس بيلي
رفيق وسام نجمة الهند
المقيم السياسي لصاحبة الجلالة البريطانية في الخليج الفارسي

إلى: السيد سي. جوني
سكرتير حكومة بومباي

يشرفني أن أحيل، لعلم اليمين المبجل الحاكم في المجلس، مفادًا مترجمًا من تقرير أنباء ورد من وكيلنا في البحرين.

2- أقدم هذا التقرير موضحًا سير الأحداث بشكل عام. ربما تكون الكثير من التفاصيل، أو بعض منها على الأقل، غير دقيقة.

Ref.: (Foreign Dept. Secret, Progs., 52-88, May 1872), p. 30.

26 Feb. 1872

مفاد مترجم لرسالة

16 ذو الحجة 1288هـ/ 26 فبراير 1872م

استُلمت في 4 مارس 1872م

من: الشيخ عيسى بن علي، شيخ البحرين

الهدوء يعمّ المنطقة هنا بفضل الله؛ إذ لم يحدث ما يستدعي إخبارك به، وإنما الجميع ينعمون براحة البال.

تلقيت رسالتك المؤرخة في 9 ذي الحجة 1288هـ (19 فبراير 1872م)، وفهمت محتواها، خاصة ما يتعلق بالكف عن التدخل بشؤون شيوخ المنطقة الداخلية. وقد امتنعنا عن ذلك حتمًا، فغايتي هي البقاء بمعزل عن كل ما يحدث.

Ref.: (Foreign Dept. Secret, Progs., 52-88, May 1872), p. 12.

28 Feb. 1872

رقم (89-409)

28 فبراير 1872م

المقيمية البريطانية في بوشهر

من: المقدم لويس بيلي

المقيم السياسي لصاحبة الجلالة البريطانية في الخليج الفارسي

إلى: سكرتير حكومة بومباي

الإدارة السياسية

إكمالًا لرسالتي المشار إليها في الهامش (رقم 209-61 بتاريخ 12 فبراير 1872) ومراسلات سابقة بخصوص حادثة نجد، طلب مني أن أحيل إليك مفاد ترجمة مفاد تقرير وردني من وكيل الأنباء في البحرين.

Ref.: (Foreign Dept. Secret, Progs., 52-88, May 1872), p. 30.

29 Feb. 1872

مفاد مترجم لرسالة
19 ذو الحجة 1288هـ/ 29 فبراير 1872م
استُلمت في 4 مارس 1872م

من: الحاج غلام حسين، وكيل الأنباء في البحرين

إلى: المقيم في الخليج الفارسي

ستجد تفصيلًا لأخبار هذه الأنحاء، المنقولة من عدة أشخاص من الحادي عشر من الشهر حتى تاريخه، في ورقة منفصلة مرفقة بهذه الرسالة.

تردني أنباء بأن السفينة الحربية نيمبل ستُبحر إلى بوشهر في السابع والعشرين (8 مارس) من هذا الشهر. آمل أن أتمكن من الإبحار على متنها، وقد كتبت هذه الرسالة لإحاطتك علمًا بذلك.

وكما فعلت سابقًا، سوف أرسل لك أية أنباء أسمع بها، خلال الفترة القصيرة التي سأمضيها هنا.

Ref.: (Foreign Dept. Secret, Progs., 52-88, May 1872), pp. 30-33.
29 Feb. 1872

مفاد مترجم لتقرير موجز
18 ذو الحجة 1288هـ/ 29 فبراير 1872م
حرر في المنامة - البحرين

أرسلت لك يوم الأربعاء (11 ذي الحجة 1288هـ/ 21 فبراير 1872م) بواسطة بقّارة بوشهر، التي يقودها النوخذة محمد، كل الأنباء المتعلقة بهذه الأنحاء، والتي أكدها العديد من الأشخاص، في الفترة ما بين الرابع والعاشر منه.

وفيما يلي الأنباء التي وردتني منذ ذلك الحين:

وصل اليوم (11 ذي الحجة/21 فبراير) مركبان قادمان من العقير، وجاء على متنهما عدة أشخاص من الأحساء. فالتقيت بعبد المحسن الأحسائي، فقال إنه غادر الأحساء في (السابع/ السابع عشر) من الشهر. أُرسل جزء من الكتيبة التي وصلت العقير سابقًا إلى الأحساء، وكان البقية ينتظرون نقلهم إلى العقير. وقال إن فريك باشا تلقى أوامر جديدة ببناء ثكنات خارج أسوار الأحساء، بحيث تكفي لإسكان خمس كتائب، وببناء مستشفى أيضًا. وصل مهندسان مؤخرًا إلى الأحساء لتنفيذ العمل، وهما فرنسيان، وقد اصطحبهما فريك باشا لاختيار موقع تشييد الأبنية. وقد صدرت أوامر بنقل الحجارة والطين إلى الموقع.

وقال إن الباشا أخرج راكانًا Rougen (شيخ العجمان) من السجن، في الرابع من هذا الشهر، ونقله إلى الحصن؛ حيث يقيم الباشا. فهو يخضع للمراقبة ويزور مجالس الباشا. وقال إنه وردت أنباء من نجد مفادها أن أحد شيوخ بني هاجر، المدعو مسلط Musled، وأحد شيوخ نجد أيضًا، المدعو عبد العزيز، تلاسنا في مجلس عبد الرحمن بن فيصل؛ حيث تلفظ مسلط بعبارات نابية بحق عبد العزيز، فأمر عبد الله بن فيصل خدمه بقتل مسلط، ولهذا السبب غضب بنو هاجر وانتقلوا من نجد، بعد أن ساءهم ما بدر من عبد الله.

الخميس (12 ذي الحجة/22 فبراير): وصل مركب من مراكب علي بن راشد قادمًا من قطر. يُقال إن شجارًا وقع بين أفراد قبيلة البوعينين؛ لأن علي بن راشد وجبران بن بحر يتطلعان إلى زعامة القبيلة. وقد أدى ذلك الشجار إلى إصابة 35 شخصًا بجروح، وبعضهم في حالة حرجة. ويُقال أيضًا

إن محمد بن عبيد، شيخ قبيلة الكبسة Chepseh، قُتل على يد رجال قبيلة العمامرة Amomereh، فقامت قبيلته بحشد رجالها والإغارة عليهم، في منطقة تُسمى الغرّة Ghorreh، لكنهم هُزموا واضطروا للفرار. وقُتل في تلك المعركة أربعة رجال من قبيلة Amomereh؛ وجُرح سبعة آخرون، ولا يُعرف بالضبط عدد الخسائر بين القبيلة المغيرة.

سمعت أن أحد رجال سعود بن فيصل وصل على متن المركب المذكور، وصرح أن سعودًا انتقل مع جماعته من معسكره، بسبب عدم توفر الكلأ للحيوانات، التي خسر الكثير منها. وكان ينوي الذهاب إلى جنوب الأحساء، نظرًا لتوفر الأعشاب بكثرة. وتستغرق الرحلة مسير ثلاثة أيام من الأحساء للوصول إلى المكان المقصود.

سمعت أن أحمد بن خليفة الغتم Ahmed bin Khuleefa Aghthem، الذي كان قد انتقل من البحرين إلى قطر، عاد ليلة أمس، وأنه لم يلتق بسعود، وأنه ذهب إلى قطر للاستجمام فقط.

يُقال إن الأمن غير مستتب على ساحل قطر، وأن الفوضى تعمّ هناك. والجنود الأتراك يخشون البقاء هناك، وهم ينأون بأنفسهم عن خلافات العرب.

الجمعة، (13ذي الحجة /23 فبراير): وصل مركب اليوم من العقير، وكان على متنه ضابط وستة جنود أتراك (عثمانيين). شُحنت الأموال على متن هذا المركب من العقير إلى قطر. زارني الضابط المدعو محمود بك في منزلي، فسألته عمّا إذا كان لديه أنباء من الأحساء، فعلمت منه أن حمدي باشا، الذي كان مساعد فريك باشا، جاء إلى العقير مع راكان وثلاثة وأربعين شخصًا من قبيلة العجمان، كأسرى تحت حراسة مئة جندي تركي، كي ينقلهم شخصيًّا إلى بغداد على متن السفينة أشور. وقال: «غادرت الأحساء في الحادي عشر من الشهر، حاملًا مبلغ ألفي دولار نقدًا، وهو على متن هذا المركب، وسأنقله إلى قطر من أجل دفع رواتب الجنود».

وقال إن حمدي باشا موجود في العقير، وأن السفينة أشور أنزلت الجنود والمواقد في العقير، وتابعت إلى رأس تنورة، كي تتزود بالمياه والفحم، لتعود إلى العقير مرة أخرى، وأنه غادر العقير في الثالث عشر منه، وأن حمدي باشا كان ينتظر عودة السفينة أشور إلى العقير، كي يرافق راكان والسجناء الآخرين بنفسه إلى البصرة، ليتابعوا طريقهم إلى بغداد.

وقال إنه وردت أنباء إلى الأحساء مفادها أن سعود بن فيصل غيّر موقعه، بغية مقابلة فريك باشا. وأن فريك باشا استدعى عبد الله بن فيصل من نجد. وأن الحكومة أرسلت أوامر واضحة لفريك باشا بأن يبذل قصارى جهده لإخضاع أبناء فيصل، كي يريح نجد منهم، وفريك باشا لا يضيع لحظة دون التفكير في هذا الموضوع، وكان قد طلب من الحكومة أن تعفيه من منصبه، لكنه تلقى أوامر بأن يبقى في تلك الأنحاء طالما أن آل سعود موجودون فيها.

وقال إن عبد الرزاق أفندي جاء على متن السفينة أشور، بهدف إدارة شؤون القضاء في الأحساء، وأنه وصل الأحساء فعلًا. وقد أصدرت الحكومة أمرًا بانصياع كل الطوائف لقراراته، وأن كورجيي Korgees الأحساء غير مخولين بإدارة القضاء، ويقُال إن هذا الشخص ينتمي إلى الطائفة الشيعية.

وقال إن راكانًا كان في مجلس فريك باشا، يوم عيد القربه Korbaa (عيد الأضحى)، حيث جرى فجأة وضع الأصفاد في يديه وحول رقبته، ثم جرى تسليمه لحمدي باشا في نفس المجلس.

وقال إنه وردت أوامر بأن تتألف الحامية في قطر من مئتي جندي فقط، وأن يتم تبديل مناوبتهم كل شهرين.

وقال إن الباشا أذاع في الأحساء أنه يتوجب على كل شخص بحوزته شيء من ممتلكات راكان، بقيمة عشرة دولارات فأكثر، فعليه أن يُصرح عنها خطيًّا وعرضها على فريك باشا، وعندها سيحصل على عشرها. وسيتم تعميم هذا البيان في الأول من محرم، وإذا تبين بعد ذلك التاريخ أنه لم يتم التبليغ، وثبت لاحقًا أن أيًّا من ممتلكات راكان بحوزة أي شخص، بخلاف أوامر الحكومة، فإنه سيغرم غرامة كبيرة.

وقال أيضًا إن بعض الأشخاص أدلوا بما لديهم من معلومات حول ممتلكات راكان وقدموها لفريك باشا.

السبت، (14ذي الحجة /24 فبراير): وصلت غونشة الحاج سعد البحريني إلى هنا قادمةً من مسقط. عاد عيسى بن أحمد الغتم Esau bin Ahmed Al Aghthem، الذي أرسله شيوخ البحرين لتقديم حصانين كهدية للسيد تركي. أرسل السيد على متن تلك الغونشة ثلاثة أذلة Zulools (جمال للركوب)، ومئة كيس من الأرز والأموال وخنجرين عربيين، ولم يُعرف كم أرسل من الأموال.

وصل مركب من القطيف، والتقيت بالنوخذة ناصر لأسأله عمّا لديه من أنباء، فعلمت منه أن عمل السخرة والاضطهاد مستمران في القطيف، وأن القلق ينتاب السكان وكل من يعبرها ذهابًا وإيابًا، إلا أن المسؤولين الأتراك لا يكترثون لشكاواهم.

وقال أيضًا إن بعض مراكب قطر والعقير، التي أُجبرت في وقت سابق على العمل وأُرسلت إلى رأس تنورة، تحطمت منذ أربعة أيام بسبب الرياح الجنوبية الهوجاء، وأن ممتلكات الحكومة التي على متنها تلفت، وأن الأهالي يعانون كثيرًا، وتقدموا بشكاوى عديدة لفريك باشا، لكن دون جدوى، وأن الجنود لم يكفوا عن ممارساتهم مطلقًا.

الأحد، (15 ذي الحجة /25 فبراير): أبحر المركب، الذي وصل إلى هنا من العقير في الثالث عشر من الشهر، متجهًا إلى قطر، وغادر على متنه الأتراك السبعة ومعهم كل ممتلكاتهم. وقال إن محمد

بن سيف، الذي أرسله السيد أحمد، المسؤول التركي في بوشهر، ووصل إلى هنا في العاشر من الشهر، رافق أولئك الأتراك (العثمانيين) إلى قطر. وقال إنه ذهب مرة لمقابلة الشيخ عيسى في المحرق، وأنه التقى الشيخ أحمد ثلاث مرات في المنامة.

وصل الشيخ عيسى إلى المنامة اليوم، وسافر برفقة شقيقه أحمد إلى الرفاع للاستجمام، ويعتزمان البقاء هناك لبضعة أيام.

وصل مركب عبد الله بن رجب إلى البحرين قادمًا من العقير، حيث غادرها ليلة أمس. قال من كان على متنه إنهم رأوا السفينة أشور في طريقها إلى العقير.

وقال إن أحد رجال قبيلة العجمان، الذي كان سجينًا مع راكان، هرب في الثالث عشر من الشهر من الحصن في العقير، وعندما انكشف الأمر على أرض الواقع، تم إرسال بعض الخيالة في اقتفاء أثره، لكنهم عادوا في الصباح من دون أن يتمكنوا من العثور عليه.

وقال إن فارسًا وصل إلى العقير من الأحساء، ظهيرة الرابع عشر من الشهر، حاملًا أوامر صريحة إلى القائد التركي في القطيف، من فريك باشا، بعدم اتباع العمل القسري لأغراض حكومية، وعدم إجبار الغرباء على هذا النوع من العمل. فقام حمدي باشا بإرسال هذا الأمر على وجه السرعة إلى القطيف.

وقال إن حمدي باشا كان مستعدًّا لاصطحاب راكان وزملائه لدى وصول السفينة، من أجل تسليمهم.

يُقال إن أنباء وردت إلى العقير مفادها أن خمسة جنود أتراك، أسرتهم قبيلة العجمان، حرروا على يد راشد بن عيان Rashid bin Ayan، أحد شيوخ قبيلة العجمان، الذي بينه وبين راكان عداوة دائمة، ثم قام بإرسالهم إلى الأحساء. فسرّ فريك باشا بذلك، وقرر إعطاوه راتبًا شهريًا بقيمة مئة دولار، وعيّنه شيخًا عامًّا على قبيلة العجمان، وأعاده بزي الشرف ومكللًا بالأوسمة.

الاثنين (16 ذي الحجة /26 فبراير): وصل مركب من القطيف حاملًا الأنباء التالية: أجبر الأتراك بقارة بحرينية على العمل، فحمّلوها بالمؤن إلى رأس تنورة، لكن البقارة تحطمت بسبب الرياح الشمالية الغربية، وتلفت كل الممتلكات. جاء النوخذة والبحارة إلى البحرين على متن هذا المركب، وقالوا إن أهالي الأحساء أغلقوا متاجرهم ليومين، بسبب اضطهاد الأتراك لهم، واحتشدوا في منزل إبراهيم بك، قائد القوات التركية (العثمانية) هناك، وأن إبراهيم بك عمل على تهدئة الأهالي، إلا أن الجنود مازالوا يضطهدون الفلاحين، ولم يكفوا عن أفعالهم تلك.

الثلاثاء (17ذي الحجة /27 فبراير): أبحرت السفينة لينكس Linx اليوم متجهةً إلى مسقط.

وصل مركبان من القطيف محمّلان بالتمر، وجاء على متن أحدهما حسن بن أحمد من القطيف. فالتقيت به، وقال إن مركبًا مشوًا وصل إلى القطيف يوم أمس قادمًا من العقير، وأن شيخ القطيف تلقى أوامر صارمة من فريك باشا بعدم اتباع سياسة العمل القسري، سواء في البحر أم على اليابسة، حتى وإن كان الأمر سيؤدي إلى تأخير عمل الحكومة، وأنه لا ينبغي إجبار الناس على العمل، ما لم يُدفع لهم أجرٌ مناسبٌ، وأنه سيُحاسب كل شخص يُخالف هذا الأمر، وأنه ينبغي على إبراهيم باشا، شيخ القطيف، حماية المزارعين في حال استمر الجنود الأتراك (العثمانيين) في نهجهم، وإن لم يفعل ذلك فسوف يتحمل المسؤولية ويتعرض للتقريع.

يُقال إن هذا الأمر عُمم باللغتين العربية والتركية، وعُلق في الأسواق ومكتب الجمارك.

الأربعاء، (18ذي الحجة /28 فبراير): وصلت بقارة بو سميط Boo Somait قادمةً من قطر، حيث استغرقت رحلتها أربعة أيام، ولم تأت بأنباء سوى تأكيد خبر انتقال سعود بن فيصل من معسكره. وهناك روايتان بشأن انتقاله؛ الأولى أن إلقاء القبض على راكان أثار قلقه، فأراد أن يتمركز في مكان خارج نطاق الاحتلال التركي؛ فقد كان راكان عونًا له، كما أن مصالحهما واحدة. وقد سبب له اعتقال راكان خوفًا من الحكومة. وتقول الرواية الثانية أن انتقاله كان بهدف الاقتراب من الأحساء، أملًا في مقابلة فريك باشا. يُقال إن أهالي قطر ليسوا مرتاحين للوجود التركي في تلك المنطقة، وأنهم أبلغوا محمد بن ثاني وابنه جاسمًا ضمنيًّا، لأنه كان لهما يد في إدخال الأتراك إلى قطر، وأنهما حريصان جدًّا بشأن الأتراك.

يتناقل أهل قطر حديثًا عن أن الأتراك سينتهزون أول فرصة لاحتجاز محمد بن ثاني وجاسم.

الخميس (19 ذي الحجة /29 فبراير): لوحظت السفينة أشور تجتاز العقير اليوم في طريقها إلى البصرة. ويُقال إن هذه السفينة تستعد لنقل راكان والسجناء الآخرين إلى البصرة.

ستُبحر سفينة بقارة إلى بوشهر اليوم، بقيادة النوخذة محمد.

لقد سجلت كل الأنباء التي سمعتها من تاريخ الحادي عشر حتى اليوم، وسوف أنقل لك كل ما يردني من أنباء حتى تاريخ مغادرتي.

Ref.: (Foreign Dept. Secret, Progs., 52-88, May 1872), p. 5.

1 March 1872

رقم (59)

1 مارس 1872م

وزارة الخارجية

من: اليمين المبجل إي. هاموند
وكيل وزير الدولة للشؤون الخارجية

إلى: السيد هرمان مريفال
وكيل وزير الخارجية في مكتب الهند

ردًّا على رسالتك المؤرخة في الرابع والعشرين من الشهر الماضي، مقترحًا حث حكومة الدولة العثمانية على قبول التحكيم في قضية المبعوث التركي المقتول في البحرين، من قبل حكومة صاحبة الجلالة أو القنصل الفرنسي في بغداد، فقد تلقيت تعليمات من إيرل جرانفيل بأن أحيل لك رسالة لورد إنفيلد المؤرخة في الثاني والعشرين من الشهر الماضي، وبأن أطلب منك إبلاغ دوق أرجيل بأن سيادته يرى أن من المستحسن انتظار ورود رد واضح من حكومة الدولة العثمانية قبل طرح المسألة مجددًا، لأن الحكومة التركية (العثمانية) تعهدت بأن تدرس عرض حكومة صاحبة الجلالة في التحكيم، بعد حصولها على تفاصيل وافية عن الحادثة.

Ref.: (Foreign Dept. Secret, Progs., 110-134, June, 1872), p.7.

3 March 1872

رقم (119)

رقم (30)

3 مارس 1872م- البحرين

من: الكابتن تشارلز جرانت

مساعد المقيم السياسي لصاحبة الجلالة البريطانية في الخليج الفارسي

إلى: المقدم لويس بيلي

المقيم السياسي لصاحبة الجلالة البريطانية في الخليج الفارسي

يُشرفني أن أقر باستلام رسالتك رقم (584-242)، مع النسخة المرفقة من برقية أرسلتها إلى حكومة بومباي في الخامس والعشرين من مارس.

2 – وبالإشارة إلى الفقرة(2) من الرسالة قيد الرد، سأكون ممتنًّا جدًّا إن زودتني ببعض التعليمات حول الشكل الذي ينبغي أن تتخذه الحماية البريطانية لمغاصات اللؤلؤ، وعن ماهية الإجراءات التي يجب اتخاذها، تجاه المراكب التي ترفع الراية التركية (العثمانية)، من أجل حماية مغاصات البحرين.

Ref.: (Foreign Dept. Secret, Progs., 52-88, May 1872), pp. 7-8.
5 March 1872

رقم (63)

رقم (1326)

5 مارس 1872م- حصن بومباي

من: السيد سي. جوني
سكرتير حكومة بومباي

إلى: السيد سي. يو. إيتشيسون
سكرتير حكومة الهند في وزاة الخارجية

إكمالًا لرسالتي رقم (1010) بتاريخ التاسع عشر من الشهر الماضي (فبراير 1872م)، تلقيت تعليمات بأن أحيل طيه، من أجل تقديمها لحكومة الهند، نسخة من رسالة أخرى (رقم 206-58 بتاريخ الثاني عشر منه) مع مرفقها، من المقيم السياسي لصاحبة الجلالة البريطانية في الخليج الفارسي؛ بخصوص مطالبة السلطات التركية لشيخ البحرين بأن يعيد مركبين يُقال إنهما تابعان للقطيف.

Ref.: (Foreign Dept. Secret, Progs., 52-88, May 1872), p. 8.

5 March 1872

رقم (65)

رقم (1829)

5 مارس 1872م - حصن بومباي

من: السيد سي. جوني
سكرتير حكومة بومباي

إلى: السيد سي. يو. إيتشيسون
سكرتير حكومة الهند في وزارة الخارجية

إكمالًا لرسالتي رقم (1232) بتاريخ التاسع والعشرين من الشهر الماضي، تلقيت تعليمات بأن أرفق، لعلم حكومة الهند، نسخة من رسالتين ومرفقاتهما، رقمي (207-59) و(209-61) بتاريخ الثاني عشر من الشهر نفسه، من المقيم السياسي لصاحبة الجلالة البريطانية في الخليج الفارسي، حول أحداث نجد فيما يتعلق بالحملة التركية إليها.

Ref.: (Foreign Dept. Secret, Progs., 52-88, May 1872), pp. 35-36.
6 March 1872

أنباء متفرقة
من 25 فبراير حتى 6 مارس 1872م

ترجمة تقرير إخباري أعده الميرزا أبو القاسم

5 مارس: وردت أنباء مفادها أن سعود بن فيصل أصبح على مسافة مسير يوم واحد من العقير، وأن تبادل الرسائل بينه وبين فريك باشا جارٍ باستمرار.

تلقى سعود رسالة من فريك باشا، جاء فيها:

«إذا كنت تريد أن تصبح إمام نجد، فإننا نسمح لك بذلك بعد تنفيذ الشروط الثلاثة التالية:

1. أن تدفع كل الأموال، التي أنفقتها الحكومة التركية على هذه الحملة، على دفعات.
2. أن تدفع الإتاوة السنوية التي كان والدك يدفعها.
3. أن ترسل اثنين من أبنائك إلى بغداد كضمانة لحسن نواياك، وعليك أن تعتبر نفسك دائمًا تابعًا للحكومة التركية، وألا تمارس أية سلطة في موانئ القطيف والعقير؛ إذ إن سلطتك تشمل الأحساء ونجد فقط».

وجاء في الرسالة أيضًا: «إذا لم تناسبك هذه الشروط، فاذهب إلى الأحساء وستمنحك الحكومة التركية كل بساتين النخيل والأراضي التي كانت لوالدك، بالإضافة إلى معاش شهري قدره ألف ريال».

ويُقال إن سعودًا أرسل ردًّا مفاده: «إذا كنت تقول الحقيقة، فأرسل ضابطًا برفقة أربعة خيّالة إلى «دحلج Deillugi»، وسوف أتحدث معه في هذا الشأن».

أرسل سعود بن فيصل رسولًا منذ يومين (5 مارس) ليُخبر الشيخ عيسى بالأنباء الواردة أعلاه. قال الرسول إنه إذا قام فريك باشا بإرسال ضابط لمقابلة سعود، فمن المحتمل أن يذهب إلى الأحساء، لكنه لن يذهب إلى «دحلج». وقال الرسول أيضًا إنه يوجد سفينتان تركيتان صغيرتان في ميناء العقير.

Ref.: (Foreign Dept. Secret, Progs., 52-88, May 1872), p. 35.
7 March 1872

رقم (23)

7 مارس 1872م- البحرين

من: الكابتن تشارلز جرانت
مساعد المقيم السياسي لصاحبة الجلالة البريطانية في الخليج الفارسي

إلى: المقدم لويس بيلي
المقيم السياسي لصاحبة الجلالة البريطانية في الخليج الفارسي

يُشرفني أن أرفق تقريرًا إخباريًا أعده الميرزا أبو القاسم، ومفادًا مترجمًا له. يبدو لي أن الأنباء الواردة في التقرير الإخباري صحيحة، من حيث إنها تعبر عن رغبة سعود بن فيصل في الحصول على الشروط من السلطات التركية (العثمانية).

2 – لم يجهز تقرير وكيل الأنباء في البحرين غلام حسين؛ إذ من المتوقع أن يُغادر إلى بوشهر غدًا على متن السفينة نيمبل، لكن يبدو أنه غير قادر على السفر، بسبب التعليمات التي أرسلتها (لويس بيلي) لكابتن السفينة «كوانج تونج Kwung tung».

Ref.: (Foreign Dept. Secret, Progs., 52-88, May 1872), p. 37.

7 March 1872

مفاد مترجم لرسالة

26 ذو الحجة1288هـ/ 7 مارس 1872م

تم استلامه في 11 مارس 1872م

من: الحاج غلام حسين، وكيل الأنباء في البحرين

إلى: المقيم في الخليج الفارسي

دُونت الأخبار المتعلقة بهذه الأنحاء، والتي أكدها عدة أشخاص، من العشرين من الشهر الحالي حتى تاريخه، في ورقة منفصلة، وأُرفقت مع هذه الرسالة.

وسوف أتبع نفس الأسلوب مستقبلًا، طيلة فترة وجودي هنا.

ذكرت في رسالتي المؤرخة في التاسع عشر من هذا الشهر أنني سأسافر إلى بوشهر على متن السفينة الحربية نيمبل.

وفي الرابع والعشرين من الشهر الحالي، تلقيت رسالة من الحاج أرسلها إليّ على متن السفينة «كوانج تونج»، طالبًا مني البقاء لعدة أيام أخرى، فتراجعت عن قرار السفر نزولًا عند رغبته. لكنني أشعر بتوعك صحي، ولن أبقى هنا بأي سبب من الأسباب.

Ref.: (Foreign Dept. Secret, Progs., 52-88, May 1872), pp. 37-41.
7 March 1872

مفاد مترجم لتقرير

الجمعة، 20 ذي الحجة 1288هـ/ 1 مارس 1872م: أبحر يوم أمس مركب من هنا متجهًا إلى بوشهر، فأرسلت لك بيد النوخذة محمد كل الأخبار التي سمعتها من عدة أشخاص.

التقيت اليوم بشخص يُدعى دومان Dooman، وصل أمس إلى المحرق، وجاء صبيحة اليوم إلى المنامة، وهو أحد أتباع سعود بن فيصل، وقد حمل رسالة لعبد العزيز بن سعود من والده.

قال دومان إنه غادر معسكر سعود في الحادي عشر من الشهر، وأن سعود كان حينها على وشك الانتقال من العريق إلى نواحي جريعة Jereeah، التي تقع جنوب مدينة الأحساء، وتبعد عنها مسير يومين. وقال إن الهدايا والرسالة التي أرسلها فريك باشا وصلت إلى سعود، وجاء في الرسالة ما مفاده أن:

«يتوجب على سعود التخلي عن فكرة حكم الأحساء والقطيف وجميع الموانئ على الساحل؛ لأنه تم تسجيل تلك المناطق في سجل مملكة السلطان، ولن تخضع لسيطرته بأي حال من الأحوال. لكن إذا تبين أنه جدير بالعمل تحت راية الحكومة، فقد حصل الباشا على تفويض بتعيينه مسؤولًا على نجد وتوابعها، ويمنحه السلطان السلطة على جميع القبائل العربية المقيمة في تلك الأنحاء. كما حصل الباشا على صلاحيات ليعيد إليه أي ممتلكات مخولًا بوراثتها في الأحساء أو القطيف؛ حيث ستُعفى تلك الممتلكات من الضرائب الحكومية بشكلٍ دائمٍ، كما أن الدولة ستمنحه راتبًا شهريًّا قدره 1000 دولار. وستُعتبر هذه الشروط سارية بعد ستة أشهر من قبوله لها، وبعد التأكد من أنه يعمل بإخلاص، وأنه تخلى تمامًا عن فكرة المعارضة. لكن إذا لم يوافق على ذلك، فيمكنه أن يستمر في التمرد إلى أن يتم إلقاء القبض عليه بالقوة؛ حيث سيتم التعامل معه حينها على النحو الذي يستحقه».

قال دومان إن سعود لن يوافق على تلك الشروط، ولن يثق بفريك باشا مطلقًا.

وقال أيضًا إن سعودًا وعبد الله قاما بحل خلافاتهما ضمنيًّا، ومن المحتمل أن يقوم سعود بعقد اجتماع مع عبد الله، وأن عبد الله يشعر بقلق شديد من الأتراك (العثمانيين)، وأن فريك باشا استدعى عبد الله عدة مرات، إلا أنه كان يعتذر عن الحضور، بحجة أنه مريض وبحجج أخرى، وأن ذرائعه تلك دفعت فريك باشا إلى الشك في نواياه، وأن عبد الله يُدرك ذلك. كان ذلك ما سمعته من دومان.

وصلت اليوم غونشة قادمةً من البصرة، وكان على متنها رجل تركي، يدعى سيد أحمد، وأسرته وخادمان. قال إنه كان كاتبًا لدى الحكومة، في أبي الخصيف Bul Khusseef أولًا، لكنه تلقى أوامر بالانتقال للإقامة في القطيف، وهو يعتزم المضي برفقة أسرته إلى هناك. وكان قد تلقى أوامر بالسفر على متن السفينة سنايب، لكنه استقل هذه السفينة لأن أسرته برفقته. وقال إن السفينة سنيب أقلت من البصرة كتيبة من الأتراك مع عتادهم، وسوف تنقلهم إلى القطيف، وأن سفينة بخارية صغيرة تلقت أوامر أيضًا بالذهاب إلى القطيف، من أجل نقل المؤن الحكومية والجنود من القطيف إلى العقير، بدلًا من السفينة ألوس Aloos، التي تعطل محركها، والتي ستقوم السفينة سنيب بجرها لتعيدها إلى البصرة. وقال أيضًا إن برقية أُرسلت من بغداد إلى البصرة، في الثاني عشر من هذا الشهر، مفادها أنه تقرر في اجتماع مجلس الحكومة في القسطنطينية أن البحرين تابعة لحكومة الدولة العثمانية فقط.

السبت، 21 ذي الحجة 1288هـ/ 2 مارس 1872م: وصل اليوم مركبان من القطيف، ويُقال إن السفينة سنيب ستصل القطيف في التاسع عشر من الشهر، وعلى متنها كتيبة من الجنود ومؤن حكومية، وأنها تجر سفينة بخارية صغيرة؛ غادرت إلى العقير فور وصولها إلى القطيف حاملة الجنود، وأن السفينة سنيب كانت تفرغ المؤن في القطيف.

ويُقال إن نظام العمل القسري أُلغي في القطيف، وأنه أُذيع على الملأ أنه تم إيقاف الحاكم علي بك وحقي أفندي Huk Affendi، المسؤول المالي، ومسؤولين تركيين آخرين بسبب اضطهادهم للمزارعين، وأن فريك باشا استدعاهم إلى الأحساء، وأن علي بك يحاول الحصول على روزنامة Razeenamah (وثيقة) من أهالي القطيف، وأنه كان قد دعا الوجهاء إلى مجلسه لهذه الغاية، وأن أهالي القطيف لم يرغبوا ضمنيًّا بمنحه تلك الوثيقة، لأنهم يعتبرون علي باشا على دراية بالاضطهاد الذي يتعرضون له، وأنه هو شخصيًّا يُمارس جزءًا من ذلك الاضطهاد عليهم، وما بقي يُمارس بإذن منه.

تعتزم الحكومة نقل ميناء القطيف من موقعه الحالي إلى مكان يقع بينه وبين سيهات Seyhot، بُغية إخلاء الموقع الحالي، وستبقى الحانات فقط. وقيل إن الأوامر صدرت أولًا بترميم المتاجر والشوارع، إلا أن تلك الأوامر أُلغيت، وأُصدر قرار بمنع تشييد الأبنية الجديدة، وأن الحكومة تعتبر ميناء القطيف غير صحيّ، بسبب الاكتظاظ والمساحة المحدودة، ولأن الهواء ملوث ويجلب الأمراض. لم يرحب أهالي القطيف بتلك القرارات، وسوف يعترضون قدر استطاعتهم على تنفيذها.

الأحد، 22 ذي الحجة 1288هـ/ 3 مارس 1872م: وصل مركبان من العقير، وكان على متنهما عدد من أهالي الأحساء، وكان على متنهما أيضًا حمولة من التمر. أخبرني رجل من بينهم، يُدعى أحمد بن

حسن، أنه غادر الأحساء في السابع عشر من الشهر الحالي، وأن الحكومة التركية وطدت وجودها في الأحساء وتوابعها، وأن الفلاحين راضون ويُمارسون مختلف أعمالهم بسلام وهدوء، وأن الشيء الوحيد الذي يشغل بالهم هو أن يتركهم الأتراك ويخضعوا مجددًا لحكم أبناء فيصل (بن تركي).

وقال إن فريك باشا حاول في مجلسه أن يقنع جميع وجهاء المنطقة بأن حكومة الأحساء لن تُسلّم مطلقًا لأبناء فيصل، لكن الأهالي لم يشعروا بالاطمئنان بالرغم من كل تلك التطمينات.

وذكر أحمد بن حسن أيضًا أن عبد الله بن فيصل متلهف جدًّا لإجراء تفاهم سلمي مع شقيقه سعودًا، وهو يراسله باستمرار في هذا الشأن، كي يتحدا في مواجهة الأتراك (العثمانيين)، لكن سعود لم يوافق، وهو يسعى للتوصل إلى اتفاق مع الأتراك، أملًا في استعادة الحكم.

وقال إن فريك باشا يذكر سعودًا بالخير وعبد الله بالسوء، كما أنه صرح مرارًا أنه لو أن عبد الله لم يكن في نجد، لكانت مسألة سعود انتهت، ووفرت الحكومة نفقات الاحتفاظ بالجنود. وقال إن فريك باشا منزعج ضمنيًّا من عبد الله، ويتهمه بأنه السبب وراء كل الاضطرابات التي تحدث في تلك الأنحاء.

وأكد أحمد بن حسن ورود أنباء إلى العقير، عندما كان هناك، عن وصول سعود إلى ينابيع دحلج Dehlej، التي تبعد مسير يوم عن العقير، وكذلك عن الأحساء. وقال إن برفقته حوالي 1500 شخص من الخيالة والمشاة، وأن سعودًا كان سيلتقي بفريك باشا، لو أن الأتراك لم يبقوا راكانًا أسيرًا حتى الآن، وأن تلك الحادثة أخرت لقاءهما. وقال إنه قد جرى تبادل رسائل بين فريك باشا وسعود بعد أسر راكان، وكان ذلك قبل يومين من مغادرة أحمد بن حسن من الأحساء. وكان رسول من سعود، يُدعى عبد الله بن جابر، قد وصل إلى هناك، حاملًا رسائل لفريك باشا، وقال الرسول إن عليه العودة عاجلًا.

الاثنين، 23 ذي الحجة 1288هـ/ 4 مارس 1872م: وصل مركب من مراكب أحمد بن خليفة الغتم قادمًا من العقير، وكان على متنه سعود بن صنيتان Saood bin Seveythaw؛ وهو من آل فيصل، وشقيق فهد بن صنيتان Fahed bin Seveyrgaw وفيصل تربطهم علاقة قرابة. وفهد هذا هو شيخ قبيلة شمر، التي خاضت معركة في الشهر الماضي مع عبد الله بن فيصل، بالقرب من الرياض؛ حيث هُزم عبد الله.

دعوت سعود بن صنيتان إلى منزلي، بُغية معرفة أخبار سعود بن فيصل، فعلمت منه أنه صلّى الظهر مع سعود البارحة في أم الحويزة Om Howeiz، التي تبعد فرسخين عن العقير. وقال إن لدى سعود حوالي ألفي جندي، كما أن عشرة آلاف رجل من عرب نجد وافقوا على الانضمام إليه، في مكان يبعد مسير يوم واحد عن الأحساء، ويُطلق على ذلك المكان اسم الربع Arboa، وذلك لوجود أربعة تلال متجاورة.

وقال سعود بن صنيتان إن جميع شيوخ العرب جاؤوا إلى سعود بن فيصل، بعد إلقاء القبض على راكان، وأبرموا اتفاقات جديدة معه، وغايتهم هي محاربة الأتراك (العثمانيين)، إذا لم يتم التوصل إلى اتفاقات مناسبة مع ابن سعود.

وقال أيضًا إن سعودًا أرسل رسالة إلى فريك باشا، في الحادي والعشرين من الشهر، بيد فيصل بن معيوف Fysul bin Muryef، كتبها بخط يده (أي سعود بن صنيتان)، مفادها أن سعودًا ترك معسكره كما وعد، وأنه موجود الآن في أم الحويزة، وأنه سيغادرها في الثاني والعشرين من الشهر، ليصل الربع في الرابع والعشرين منه، وسيحط رحاله هناك للقاء فريك باشا؛ فإن كان ينوي التوصل إلى اتفاق، بُغية ضمان السلم للجميع، فعليه أن يقابله هناك برفقة مئة أو مئتي فارس، وحينها ينبغي أن يوافق سعود على ما قد تطلبه الحكومة منه، لكن إن كان ينوي خلاف ذلك، فسيحدث ما يُقدره الله. ترك هذا الشخص سعودًا عندما كان على وشك التحرك من أم الحويزة، وقال إنه لم يبتعد في مركبه كثيرًا عن العقير، حتى رأى معسكر سعود وقد بدأ التحرك. وقال إنه متأكد أن عبد الله وسعودًا قد توصلا إلى اتفاق، وأنه إذا لم يذهب فريك باشا لمقابلة سعود، أو لم يتوصل إلى اتفاق معه، فإن قبائل العرب ستتوحد لتحارب الأتراك، مصممة على الانتصار أو الهلاك، لأنها لم تعد قادرة على تحمل ما تواجهه من صعوبات.

واستفسرت عن القتال الذي جرى في الشهر الماضي، فأخبرني ابن صنيتان أنه كان هو وشقيقه فهد يؤيدان سعودًا عندما نشب النزاع بين سعود وعبد الله، وأن سعودًا أعطاهما قيادة قبيلة شمر. وقال إنه كان هو وشقيقه فهد وخمسون رجلًا تقريبًا من قبيلته، بالإضافة إلى ما يقارب 800 رجل من قبيلة شمر، مخيّمين بالقرب من الأحساء، عندما هاجمهم عبد الله بن فيصل بغتةً، وأنهم تقاتلوا لأربع ساعات وانتصروا في النهاية، وأن عبد الله هُزم وخسر أربعمائة رجل من رجاله؛ من بينهم خمسة وعشرون شيخًا من ذوي الصيت في نجد، ومن بين هؤلاء محمد بن مكي بن سعود، وعلي بن مشاري، وهما من أبناء عمومة عبد الله. وقال إنهم أسروا ثلاثين شخصًا، إلا أن سعود بن فيصل أمر بإطلاق سراحهم، وأن سعودًا أصيب بجرح طفيف في تلك المعركة.

سألت ابن صنيتان ما الذي جاء به إلى البحرين، فقال إنه أتى لرؤية الشيوخ وعبد العزيز بن سعود، عازمًا على البقاء لفترة قصيرة.

علمت أن سعود بن صنيتان جلب معه حصانين نجديين، وأعطاهما لشيخين مع رسائل حملها لهما.

عاد الشيخان عيسى وأحمد بن علي من أشيقر Shikar البارحة، وغادر الشيخ عيسى اليوم متوجهًا إلى المحرق.

الثلاثاء، 24 ذي الحجة 1288هـ/ 5 مارس 1872م: وصل مركب اليوم من قطر، يقوده النوخذة عبد

الله بن محمد بن سري Abdookkah bin Mahomed bin Seree، وهو مواطن من دبي. قال إنه غادر قطر يوم الأحد في الثاني والعشرين من الشهر، وأن بقارة محمد بن ثاني وصلت إلى قطر في ذلك اليوم، وأن ممثل الأتراك في قطر أرسل رسولًا، يُدعى ابن جمعان Bin Jaman، على متن البقارة الخاصة به إلى الشيخ زايد بن خليفة في أبوظبي، وأنه كان يحمل رسائل لشيوخ عمان؛ سالم بن سلطان شيخ الشارقة، وراشد بن حميد شيخ عجمان، وسيف بن عبد الرحمن شيخ الحمرية، وحميد بن عبد الله شيخ رأس الخيمة، وحشر بن مكتوم شيخ دبي؛ مفادها أن عليهم جميعًا أن يعتبروا أنفسهم رعايا للحكومة التركية وعمالًا لها، وأنه عليهم أن يعتبروا الشيخ زايد بن خليفة زعيمهم، والرجوع إليه كمحكّم في جميع الأمور، والالتزام بقراره أو الأخذ بنصيحته، وذلك بموجب أوامر من مفوض تلك الدولة.

عاد ابن جمعان على متن تلك البقارة إلى قطر، حاملًا الردود على رسالة المفوض التركي؛ مفادها أن الشيوخ يوافقون على أن يعتبروا أنفسهم عمالًا للحكومة التركية، وعلى اعتبار زايد بن خليفة زعيمًا لهم، باستثناء حشر بن مكتوم شيخ دبي؛ فقد كتب ذلك الشيخ في رده أنه يوافق على اعتبار نفسه عاملًا للحكومة التركية، لكن لا يمكنه اعتبار زايد زعيمًا؛ لأن زايدًا عدوه ويسعى لتدمير منطقته.

قال النوخذة عبد الله أنه أُشيع فور وصول هذه البقارة إلى قطر أن زايد بن خليفة أرسل جنودًا إلى حصني البريمي وزنج Zunj، الذي يبعد مسير يوم واحد عن البريمي. يحتفظ محمد بن علي بن حمود النعيمي ومحبوب، من أتباع سعود بن فيصل، وشقيق محبوب بهذين الحصنين؛ حيث يحتل الأخير حصن زنج، ويحتل الشخصان المذكوران أولًا حصن البريمي نيابةً عن سعود بن فيصل.

يقود جنود زايد بن خليفة ابن عمه محمد بن سيف ومانع بن فيصل النعيمي. يُقال إن معركة وقعت خارج حصن زنج، هُزم فيها جنود سعود بن فيصل، وقتل منهم ستة وثلاثين رجلًا، وأن محبوبًا أصيب بجرح طفيف، وأن البقية فرّوا من الميدان واحتموا داخل الحصن. عمدت قبيلة زايد إلى محاصرة الحصن، فوجهوا رسالة إلى زايد مفادها أنهم سيستولون عليه قريبًا، وأن حامية حصن البريمي ستسلم الموقع من دون مقاومة، ما إن يسقط هذا الحصن.

وقال أيضًا إن هناك أنباء من البقارة بأن زايد بن خليفة خرج من أبوظبي إلى دبي على رأس سبعة آلاف رجل، وأنه يعسكر في منطقة تُسمى مشرف Mushreff، التي تبعد مسير ثلاثين ساعة عن دبي. ويُقال إن معظم الأهالي لا يميلون ضمنيًّا إلى ابن مكتوم؛ بل يفضلون زايد بن خليفة، وأن زايدًا عندما يتحرك للمرة الأولى، فإن دبي ستُصبح تحت سيطرته في وقت قصير جدًّا، فهو يؤجل مهاجمة دبي إلى أن يتلقى ردًّا من المفوض التركي في قطر، حيث كان قد وجه له رسالة في هذا الشأن، وقام المفوض بتوجيه رسالة إلى فريك باشا، ولايزال ينتظر الرد من الأحساء.

وعلمت من النوخذة عبد الله أيضًا أن جنديًّا تركيًّا أُرسل، فور عودة هذه البقارة من أبوظبي، إلى

العقير، فغادر قطر في اليوم الذي غادر فيه هو (النوخذة عبد الله). وقال إن محمد بن سيف، أحد مأموري أحمد أفندي، القنصل في بوشهر، وصل إلى قطر، عندما كان هو هناك، وقال إن الوالي أرسله من بغداد لمقابلة محمد بن ثاني. اندهش المفوض التركي مما سمعه من ذلك الرجل، وراح الجنود الأتراك في قطر يسخرون منه.

كان هذا ما سمعته من النوخذة عبد الله ومحمد بن سري.

الأربعاء، 25 ذي الحجة 1288هـ/ 6 مارس 1872م: وصلت سفينتان من قطر إحداهما بقارة والأخرى مشوه، وعلى متنهما عدد من أهالي الأحساء. كان أحدهم الحاج موسى بن حمد، حيث زارني في منزلي، وفيما يلي ما علمته منه حول أحداث نجد والأحساء:

عبد الله بن فيصل في الرياض، إلا أن القبائل العربية تنظر إليه بازدراء، وتفكر في كيفية إذلاله ودعم مصالح سعود. لم يؤد عبد الله صلاة الظهر جماعةً لجمعتين متتاليتين بحجة المرض.

تؤيد بعض الأطرف في نجد الحكومة التركية (العثمانية)، في حين تؤيد أطراف أخرى منح الإمامة لسعود، وبالرغم من ذلك فهم جميعًا لا يؤيدون عبد الله ضمنيًّا؛ فهو محتاط دائمًا منهم، ويُقال إن عبد الله وعددًا من مؤيديه يعيشون بقلق شديد في الرياض.

كلّف فريك باشا رفعت بك Ruffuth وضابطين تركيين آخرين بالذهاب برفقة مجموعة من الخيّالة في زيارة ودية إلى سعود، وهم ينتظرون نبأ وصول سعود إلى مكان محدد، كي يتحركوا من الأحساء، وهم يعتزمون أخذ الأقمشة والسيوف والطبنجات وغيرها كهدايا.

يتلهف فريك باشا لمقابلة سعود، وهو يبذل قصارى جهده لتحقيق غايته. تسود فكرة أنه يفكر في اعتقال سعود، وأنه إذا سنحت له الفرصة فلن يفوتها.

الثلاثاء، 26 ذي الحجة 1288هـ/ 7 مارس 1872م: وصلت اليوم مشوة مملوكة للسيد مجيد قادمةً من القطيف، فقابلت النوخذة وعلمت منه أن السفينة سنيب ماتزال في القطيف تفرّغ المؤن الحكومية، وأن قاضيًا وصل من القطيف على متنها؛ حيث سيكون قاضي الحكومة، ولن يقوم القضاة السابقون بإدارة شؤون القضاء في القطيف.

وقال إن علي بك تلقى أوامر بالبقاء في القطيف، وعدم الذهاب إلى الأحساء كما أُمر سابقًا، إلى أن يصل شبلي باشا Shebli Pasha من بغداد؛ إذ من المتوقع أن يُغادر البصرة بحلول نهاية الشهر، وهو ضابط تركي رفيع المستوى، تم تعيينه لمساعدة فريك باشا في إدارة شؤون تلك الأنحاء.

سمعت أن السفينة «كوانج تونج» ستُبحر من هذا الميناء إلى بوشهر غدًا، ولذلك سأنتهز الفرصة كي أرسل ما سمعته من أنباء من تاريخ العشرين من الشهر حتى اليوم.

Ref.: (Foreign Dept. Secret, Progs., 52-88, May 1872), pp. 28-29.

8 March 1872

رقم (90)

27 ذو الحجة 1288هـ/ 8 مارس 1871م

من: المقدم لويس بيلي

المقيم السياسي لصاحبة الجلالة البريطانية في الخليج الفارسي

إلى: الحاج عبد الرحمن

الوكيل البريطاني على ساحل العرب

استلمت رسالتك رقم (14) المؤرخة في الأول من ذي الحجة 1288هـ (11 فبراير 1872م).

إذا كان إبراهيم بن سلطان يتعامل بالطريقة التي وصفتها، فهو يُعتبر مذنبًا بمعاداة دول مستقلة، ساعيًا إلى إلحاق الضرر بها.

وكما أخبرتك منذ فترة مضت، بموجب تعليمات من الحكومة، لا تعتزم الحكومة التركية (العثمانية) التعرّض للشيوخ في شأن اتفاق الصلح مع الحكومة البريطانية، لكن هذه الحقيقة لن تبرئ ساحة إبراهيم بن سلطان بن صقر من إجراءاته العدوانية، ويمكنك إبلاغ شيوخ الساحل المهادن بذلك.

Ref.: (Foreign Dept. Secret, Progs., 52-88, May 1872), p. 28.

11 March 1872

رقم (76)

رقم (490-110)

11 مارس 1872م - بوشهر

من: المقدم لويس بيلي

المقيم السياسي لصاحبة الجلالة البريطانية في الخليج الفارسي

إلى: السيد سي. جوني

سكرتير حكومة بومباي في الإدارة السياسية

بالإشارة إلى رسالتي المشار إليها في الهامش (رقم 1277-375 المؤرخة في 26 نوفمبر 1871، الفقرات 7 و8 و9 و10) وإلى مراسلات سابقة، بخصوص الوجود التركي (العثماني) في قطر، يُشرفني أن أرفق مفادًا مترجمًا من رسالة وردتني من الوكيل البريطاني على ساحل العرب، بخصوص إجراءات شيخ الشارقة السابق.

2 – اسمحوا لي أن أرفق نسخة من ردي على رسالة الوكيل.

Ref.: (Foreign Dept. Secret, Progs., 52-88, May 1872), p. 29.

11 March 1872

رقم (111-491)

11 مارس 1872م - بوشهر

من: المقدم لويس بيلي

المقيم البريطاني في الخليج الفارسي

إلى: السيد سي. جوني

سكرتير حكومة بومباي

إكمالًا لرسالتي المشار إليها في الهامش (رقم 408-88 بتاريخ 26 فبراير 1872م) ومراسلات أخرى، بخصوص الحملة التركية (العثمانية) على نجد، يُشرفني أن أحيل إليك نسخة من تقرير إخباري (رقم 15 مورخة في 24 فبراير 1872م)، وردني من مساعد المقيم في البحرين.

Ref.: (Foreign Dept. Secret, Progs., 52-88, May 1872), p. 29.

11 March 1872

رقم (112-492)

11 مارس 1872م - بوشهر

من: المقدم لويس بيلي

المقيم السياسي لصاحبة الجلالة البريطانية في الخليج الفارسي

إلى: السيد سي. جوني

سكرتير حكومة بومباي

بالإشارة إلى رسالتي المشار إليها في الهامش (رقم 409-89 بتاريخ 26 فبراير 1872) ومرفقاتها، يُشرفني أن أرسل، لعلم اليمين المبجل الحاكم في المجلس، نسخة من الرسالة التي وجهتها إلى شيخ البحرين.

2 – واسمح لي أن أرفق مفادًا مترجمًا لرد الشيخ عليها؛ حيث أكد فيه مجددًا عزمه الكف عن التدخل في الشؤون التركية (العثمانية) الوهابية.

Ref.: (Foreign Dept. Secret, Progs., 52-88, May 1872), p. 30.

11 March 1872

رقم (113-493)

11 مارس 1872م- بوشهر

من: المقدم لويس بيلي

المقيم السياسي لصاحبة الجلالة البريطانية في الخليج الفارسي

إلى: السيد سي. جوني

سكرتير حكومة بومباي

إكمالًا لرسالتي المشار إليها في الهامش (رقم 409-89 بتاريخ 26 فبراير 1872م) ومراسلات سابقة، حول الشؤون التركية الوهابية (العثمانية)، يُشرفني أن أحيل مفادًا مترجمًا لتقرير وردني من وكيل الأنباء المحلي في البحرين.

Ref.: (Foreign Dept. Secret, Progs., 52-88, May 1872), p. 36.
14 March 1872

تقرير الخدمة اليومي
من 7 حتى 14 مارس 1872م

7 مارس: وصل مركب من القطيف، وذكر النوخذة أن السفينة سنيب راسية هناك، وقال إن الأتراك (العثمانيين) مازالوا يجهزون المدينة، وأنهم يعتزمون إنشاء حصن في قرية دارين Dharing. ويُقال إنهم سيشيدون بندرًا ومنازل من إجل إسكان التجار، الذين يقررون الإقامة تحت حماية الحكومة التركية. قدر النوخذة قوام القوات التركية في القطيف بأكثر من 600 جندي.

8 مارس: لا توجد أخبار.

9 مارس: وصل مركب من القطيف. قال النوخذة إن علي بك، القائد التركي، قد أعفى من الخدمة جميع العرب الذين كان قد وظفهم لدى الحكومة التركية. وقال النوخذة إن ثمانية عشر مركبًا أبحرت إلى العقير محملة بالمؤن، قبل يوم من إبحاره. وكانت السفينة سنيب حينها راسية في رأس تنورة.

10 مارس: لا توجد أخبار.

11 مارس: وصل مركب من القطيف، لم يحمل النوخذة أنباءً، لكنه قال إن سعودًا ينتقل من مكان إلى آخر، لكن يُعتقد أنه لا ينوي أن يخضع لسلطة فريك باشا بالذهاب إلى الأحساء.

12 مارس: لا توجد أخبار.

13 مارس: لا توجد أخبار.

14 مارس: لا توجد أخبار.

لا تصل مراكب من الموانئ الأخرى كوننا في شهر المحرم.

التوقيع/ الكابتن تشارلز جرانت

مساعد المقيم

Ref.: (Foreign Dept. Secret, Progs., 52-88, May 1872), p. 5.
15 March 1872

رقم (58)
رقم (23)
15 مارس 1872م
مكتب الهند- لندن

من: السير جيه. دبليو. كاي
سكرتير الإدارة السياسية والسرية

إلى: السيد سي. يو. إيتشيسون
سكرتير حكومة الهند في وزارة الخارجية

بالإشارة إلى رسالتي رقم (16) بتاريخ الثالث والعشرين من الشهر الماضي، تلقيت تعليمات من دوق أرجيل بأن أحيل، لعلم سعادة نائب الملكة في الهند، نسخة من رسالة (مؤرخة في الأول من الشهر الحالي) من وزارة الخارجية بخصوص قضية المبعوث التركي (العثماني) المقتول في البحرين.

Ref.: (Foreign Dept. Secret, Progs., 52-88, May 1872), p. 36.
15 March 1872

رقم (24)

15 مارس 1872م- البحرين

من: الكابتن تشارلز جرانت

مساعد المقيم السياسي لصاحبة الجلالة البريطانية في الخليج الفارسي

إلى: المقدم لويس بيلي

المقيم السياسي لصاحبة الجلالة البريطانية في الخليج الفارسي

يُشرفني أن أرفق تقريرًا بالأخبار، التي تمكنت من جمعها منذ السابع من الشهر الحالي. قلما تصل مراكب من موانئ أخرى، كوننا في شهر المحرم، ولم يكن لدى وكيل الأنباء في البحرين غلام حسين أنباء يرسلها في تقريره.

Ref.: (Foreign Dept. Secret, Progs., 52-88, May 1872), p. 12.

19 March 1872

رقم (67)

رقم (1670)

19 مارس 1872م - حصن بومباي

من: السيد سي. جوني

سكرتير حكومة بومباي

إلى: السيد سي. يو. إيتشيسون

سكرتير حكومة الهند في وزارة الخارجية

إكمالًا لرسالتي رقم (1329) بتاريخ الخامس من الشهر الحالي، تلقيت تعليمات بأن أحيل، لمعلومات حكومة الهند، النسخة المرفقة من الرسائل المشار إليها في الهامش (رسالة رقم 408-88 ورقم 409-89 بتاريخ 26 فبراير 1872م، مع المرفقات).

Ref.: (Foreign Dept. Secret, Progs., 52-88, May 1872), p. 18.

19 March 1872

رقم (69)

رقم (1671)

19 مارس 1872م - حصن بومباي

من: السيد سي. جوني

سكرتير حكومة بومباي

إلى: السيد سي. يو. إيتشيسون

سكرتير حكومة الهند في وزارة الخارجية

تلقيت أوامر بأن أرفق، لعلم حكومة الهند، نسخة من الرسالة رقم (407-87) المؤرخة في 26 فبراير 1872م، من المقيم السياسي لصاحبة الجلالة البريطانية في الخليج الفارسي، محيلًا نسخة من رسالة وردت من قائد السفينة الحربية «هيو روز»، بخصوص أحداث قطر.

Ref.: (Foreign Dept. Secret, Progs., 52-88, May 1872), p. 21.

19 March 1872

رقم (71)

رقم (1672)

19 مارس 1872م - حصن بومباي

من: السيد سي. جوني

سكرتير حكومة بومباي

إلى: السيد سي. يو. إيتشيسون

سكرتير حكومة الهند في وزارة الخارجية

بناءً على تعليمات الحكومة، يُشرفني أن أحيل، لعلم حكومة الهند، النسخة المرفقة لرسالة من المقيم السياسي لصاحبة الجلالة البريطانية في الخليج الفارسي، رقم (406-86) بتاريخ 26 فبراير الماضي، متطرقًا إلى مفاد مترجم لتقرير أنباء ورد من الوكيل البريطاني في البحرين.

Ref.: (Foreign Dept. Secret, Progs., 52-88, May 1872), pp. 42-43.
21 March 1872

رقم (86)

رقم (8)

21 مارس 1872م- بغداد

من: العقيد سي. هيربرت
الوكيل السياسي في المناطق العربية الخاضعة للحكم التركي

إلى: سعادة اليمين المبجل السير هنري إليوت
سفير صاحبة الجلالة في القسطنطينية

بالإشارة إلى رسالتي رقم (6) بتاريخ الرابع عشر من الشهر الماضي، يُشرفني أن أذكر أن الشيخ راكانًا، أحد شيوخ قبيلة العجمان، وثلاثين من أتباعه وصلوا من الأحساء كأسرى في التاسع عشر من الشهر الحالي، تحت إشراف الجنرال حمدي باشا، ويُقال إنه سيتم إرسالهم إلى القسطنطينية قريبًا.

يتناقل الأهالي روايات مختلفة عن حادثة إلقاء القبض على هذا الشيخ وأتباعه.

أول رواية سمعتها هي أنه جاء إلى الأحساء بناءً على جواز تنقل من الجنرال نافذ باشا، وتم إلقاء القبض عليه غدرًا.

وتقول رواية أخرى إنه تبين أنه يعمل جاسوسًا لصالح سعود، بعد أن جاء إلى الأحساء بموجب جواز تنقل، وبالتالي تم إلقاء القبض عليه.

وهناك رواية أخيرة تقول إنه تم إلقاء القبض عليه وعلى أتباعه خلال هجوم ليليّ على أحد المواقع في الأحساء.

لم تردني معلومات أخرى من نجد.

Ref.: (Foreign Dept. Secret, Progs., 110-134, June, 1872), p. 3.

21 March 1872

رقم (112)

رقم (26)

21 مارس 1872م- البحرين

من: الكابتن تشارلز جرانت

مساعد المقيم السياسي لصاحبة الجلالة البريطانية في الخليج الفارسي

إلى: المقدم لويس بيلي

المقيم السياسي لصاحبة الجلالة البريطانية في الخليج الفارسي

يُشرفني أن أرفق تقريرًا إخباريًا، أعده الميرزا أبو القاسم، ومفادًا مترجمًا لنفس التقرير.

2- لم تصل مراكب من الموانئ الأخرى حتى عشية الأمس، ولذلك لا يحتوي تقريري اليومي، منذ إرسال البريد الأخير في العاشر من الشهر الحالي، على مدخلات جديدة.

3- إن الأنباء الواردة في تقرير الميرزا في رأيي أكثر مصداقية من الأنباء الشائعة عمومًا هنا، لأن حاملها جاء من الأحساء بنفسه، ويُقال إنه تاجر محترم.

Ref.: (Foreign Dept. Secret, Progs., 110-134, June, 1872), p. 3.

U. D.

رقم (113)

مفاد مترجم لتقرير إخباري أعده الميرزا أبو القاسم

ذكر مسافر قادمًا من الأحساء أن سعود بن فيصل يبعد مسيرة نصف يوم عن الأحساء، وأنه أرسل مبعوثًا، يُدعى فيصل بن معيوف Fysul ben Mursuf، إلى فريك باشا، ومعه حصان وناقتين كهدية. قبل فريك باشا الهدية، وقال للمبعوث «ابق معي هنا، وسأرسل رفعت باشا Rufad Pasha إلى سعود، وعندما يعود سأسمح لك بالذهاب»، فوافق فيصل على طلبه، وبقي هناك، ووجه رسالة إلى سعود مفادها أن فريك باشا ينوي إرسال رفعت باشا لمقابلته في أبوحمانة Aboo Hamaneh. فدار سعود على البدو، ووجه لهم أوامر صارمة بعدم التعرض للقوافل أو نهبها؛ فالبدو يخشون التوغل كثيرًا في الأحساء، منذ أن استولى الأتراك عليها.

الكويت: تُفيد الأنباء بأن فريك باشا أرسل إلى عبد الله بن صباح، شيخ الكويت، طالبًا حضوره أو حضور شقيقه مبارك بن صباح إلى الأحساء، فاعتذر عبد الله بن صباح متذرعًا بالمرض.

قطر: لم تكن العلاقة جيدة بين أهالي قطر، والقوة الموجودة في قطر فتم تغييرها، واتفق الواصلون الأجداء معهم كثيرًا؛ فقد قامت القوة التركية بترميم حصن آل مسلم Al Mus-salum بالقرب من البدع، وتجري العروض العسكرية والتدريبات يوميًّا.

القطيف: تُرسل المؤن للقوات الموجودة في العقير يوميًّا من القطيف، وقد صدرت أوامر بعدم إجبار المراكب على القيام بأعمال النقل.

Ref.: (Foreign Dept. Secret, Progs., 52-88, May 1872), p. 42.

22 March 1872

رقم (85)

رقم (10)

22 مارس 1872م- بغداد

من: العقيد سي. هيربرت

الوكيل السياسي في المناطق العربية الخاضعة للحكم التركي

إلى: السيد سي. يو. إيتشيسون

سكرتير حكومة الهند في وزارة الخارجية

يشرفني أن أحيل طيه، من أجل تقديمها لسعادة اليمين المبجل النائب والحاكم العام في المجلس، نسخة من الرسالة رقم (8)، التي وجهتها في الحادي والعشرين من الشهر الحالي إلى سفير صاحبة الجلالة لدى حكومة الدولة العثمانية (الباب العالي).

Ref.: (Foreign Dept. Secret, Progs., 110-134, June, 1872), pp. 4-6.

23 March 1872

مفاد مترجم لتقرير يومي استلمه الحاج عبد النبي من الحاج غلام حسين، وكيل الأنباء في البحرين استُلم في بوشهر في 23 مارس 1872م

7 المحرم 1289هـ/ 17 مارس 1872م:

أبحرت البارحة غونشة حمد بن غرير Humud ben Ghereyr متجهةً إلى بوشهر، فأرسلت مع النوخذة الأنباء التي جمعتها في الفترة من 27 ذي الحجة/ 8 مارس 1872م إلى 6 محرم/ 16 مارس 1872م). وفيما يلي الأنباء التي سمعت بها منذ ذلك الحين:

وصل مركب شوعي بحريني قادمًا من العقير، فقابلت النوخذة وقال إنه غادر العقير الليلة الماضية.

وقال إن سعودًا وجيشه متمركزون بين العقير والأحساء، بالقرب من الساحل، وذكر أنه في الخامس من هذا الشهر وصل رجلان تركيّان (يُقال إن أحدهما فرنسي) إلى العقير قادمين من الأحساء، ولدى وصولهما أبحرا على متن مركب القطيف مع خمسة أشخاص آخرين، ومن ثم عادوا إلى العقير مساء اليوم نفسه.

وقال النوخذة إنه قابل نوخذة مركب القطيف، وسأله إلى أين كانت وجهته، ولِمَ عاد بسرعة، فقال إنه ذهب إلى دوحة سفير Dooah of Sefeyra، التي تبعد ميلان عن العقير، ورسا في الخليج على مسافة نصف ميل من اليابسة، قبالة معسكر سعود، حتى أصبحت كل الخيام في مرأى النظر، ويُمكن إحصاء عددها.

قام الرجلان التركيان، اللذان كانا على متن المركب، بمعاينة معسكر سعود باستخدام المناظير، وبالعين المجردة أيضًا لأن تحركاتهم كانت مرئية. وبقي الرجلان ثماني ساعات في دوحة سفير (8 محرم 1289هـ/ 18 مارس 1872م). وصلت غونشة سليمان بن غانم قادمةً من قطر، والتقيت بأحمد بن سيف، لكن لم يكن لديه أي أخبار.

قابلت النوخذة وسألته عمّا لديه من أخبار، فقال إنه تم وضع الراية التركية في قطر، وتم إعداد أوراق الحماية التركية فيها، وقال إن الأهالي قبلوا ذلك عن طيب خاطر. فقد حصل كل من لديه

عشر عائلات أو أكثر على راية تركية، عليهم رفعها أيام الجمعة، وتقوم المراكب أيضًا برفع الراية التركية أيام الجمعة.

علمت في اليوم الذي غادرت فيه قطر (16/6) أن زايد بن خليفة كان قد أرسل رسولًا إلى علي أغا، القائد التركي في قطر، وكان على الرسول أن يرافق الأتراك برًّا إلى الأحساء، لينقل رسائل لفريك باشا.

سألت النوخذة لأي غرض ذهب أحمد بن سيف إلى قطر، فقال إنه لا يعرف، لكن يُقال إن القنصل التركي في بوشهر أرسله لجلب لؤلؤتين من محمد بن ثاني، إلا أن محمد بن ثاني اعتذر متذرعًا أن موسم الغوص لم يحن بعد، وأنه سيحصل على اللؤلؤ المطلوب في موسم الغوص، ومن ثم سيرسله إليه. وتابع أحمد بن سيف طريقه إلى القطيف، على متن الغونشة التي جاء بواسطتها، ربما في مهمة مماثلة.

9 محرم 1289هـ/ 19 مارس 1872م:

وصل مركب من مراكب سعد بن عمير إلى العقير، وكان على متنه بعض أهالي الأحساء، فقابلت تاجر الأحساء محمد بن جعفر، فقال لي إن فيصل بن مرادف Fysul bin moraddef وصل إلى الأحساء، صبيحة الرابع من الشهر، مبعوثًا من سعود بن فيصل، وتوجه فور وصوله إلى زيارة فريك باشا، وعشية ذلك اليوم، خرج رفعت بك وفارسان من الأحساء لمقابلة سعود، وبقي فيصل بن مرادف في الأحساء. عاد رفعت بك إلى الأحساء في السابع من الشهر، بعدما التقى بسعود وتباحثا بشأن الاجتماع المقرر بين فريك باشا وسعود، لكن لم يتم التوصل إلى اتفاق، لأن سعودًا لم يوافق على عقد الاجتماع، إلا إذا جاء فريك باشا إلى معسكر بن سعود برفقة عشرة من فرسانه.

انزعج فريك باشا من سعود كثيرًا بعد عودة رفعت بك، وأذن لفيصل بن مرادف بالمغادرة، فتوجه في السابع من الشهر إلى معسكر سعود.

قال محمد بن جعفر إنه وصل الى العقير في الثامن من الشهر، في قافلة تتألف من ثلاثمئة جمل، يحملون البضائع والممتلكات الحكومية، ويحرسها مئة جندي تركي. وقال إنهم كانوا يلتقون بأتباع سعود، الخيالة والمشاة، منذ مغادرتهم الأحساء حتى وصولهم إلى العقير، لكنهم لم يعترضوا طريق القافلة، ولم يتعرض الحراس الأتراك لأتباع سعود.

قال إنه قابل في العقير بدويًّا Bedoo من معسكر سعود، كان قد غادر المعسكر في الثامن من الشهر، فقال إن سعودًا يعتزم الانتقال بمعسكره إلى جودة Joodah، الواقعة بين الرياض والأحساء، في التاسع من الشهر، وأنه اتفق مع عبد الله على الاجتماع في جودة في العشرين من الشهر الحالي. سيتضح أن الشقيقين قد توصلا إلى اتفاق مناسب بينهما، من خلال وساطة

شيوخ نجد؛ حيث وردت أنباء من عدة مصادر تُفيد بذلك. ومن المتوقع أن يُعقد الاجتماع في جودة، فإذا اتحد الشقيقان فعلًا، فلن يتمكن الأتراك (العثمانيين) من احتلال نجد بسهولة؛ لأن اتحادهما سيزيد من ثقة العرب.

10 محرم 1289هـ/ 20 مارس 1872م: لا توجد أخبار.

11 محرم 1289هـ/ 21 مارس 1872م:

زارني أحمد بن خليفة بن الغتم Ahmed ben Khuleefa ben Ayhthem، وهو وزير شيوخ هذه المنطقة، وقال خلال حديثنا إنه تلقى البارحة رسالة من سعود بن فيصل في دوحة سفير، وأنه توصل إلى اتفاق سلمي مع شقيقه عبد الله بفضل مساعي شيوخ نجد، وأنه يتوقع عودة فيصل من الأحساء، وأنه إذا وجد بعد عودته أن فريك باشا يرغب في الاتفاق معه، فإنه سيقابله ويتفق معه، لكن إن لم يكن الأمر كذلك، فإنه سينتقل فورًا إلى معسكره في جودة ويقابل هناك شقيقه عبد الله وشيوخ نجد، ليُعالج الأمر بمشيئة الله. وقال إنه كان قد وجه رسالة إلى سعود بن صنيتان Saood bin Seneythan، وطلب منه أن يسلمها له، ويخبره أن ينضم إلى سعود في أم بريمي[1] بأسرع وقت ممكن.

سعود بن صنيتان هو الشخص الذي أخبرتك في رسالة سابقة أنه وصل إلى البحرين.

وأحمد بن خليفة الغتم هو من ساعد سعود بن فيصل في الاستيلاء على الأحساء في العام الماضي.

هذا ما أخبرني أحمد بن الغتم أنه تلقاه خطيًا من سعود.

1 ربما المقصود البريم. (المحرر).

Ref.: (Foreign Dept. Secret, Progs., 110-134, June, 1872), p. 4.

24 March 1872

رقم (115)

رقم (27)

24 مارس 1872م- البحرين

من: الكابتن تشارلز جرانت

مساعد المقيم السياسي لصاحبة الجلالة البريطانية في الخليج الفارسي

إلى: المقدم لويس بيلي

المقيم السياسي لصاحبة الجلالة البريطانية في الخليج الفارسي

يُشرفني أن أرفق نسخة من تقرير الخدمة، الذي أعددته حتى الحادي والعشرين من الشهر الحالي، وهو التاريخ الذي أرسلت فيه آخر بريد.

Ref.: (Foreign Dept. Secret, Progs., 110-134, June, 1872), p. 4.
24 March 1872

تقرير خدمة
من 21 حتى 24 مارس 1872م
24 مارس 1872م - البحرين

23 مارس 1872م: وصل مركب من الكويت، وقال النوخذة إنه ينقل المؤن للقوات التركية (العثمانية) في العقير، ولم يكن لديه أنباء أخرى.

24 مارس: وصل مركب من القطيف. وذكر النوخذة أن السفينة سنيب عادت إلى البصرة من أجل جلب المؤن والذخائر للجيش (العثماني). يخشى أهالي سيهات Shaviat أن يقوم سعود بنهب المنطقة بعدما وصل إلى المنطقة؛ حيث إنه أصبح على بعد محطة واحدة من الكويت، فأرسلوا إلى علي بك طالبين مساعدته لحماية منطقتهم، فأرسل إليهم مئتي رجل. علم سعود بذلك فأرسل خيّالًا إلى عبد الرحيم شيخ سيهات، ليقول لهم ألا يقلقوا في هذا الشأن. وردت أنباء من نجد؛ قال النوخذة إن هناك أنباءً تُفيد بوجود مجاعة في نجد، لأن الأتراك في الأحساء منعوا المؤن، ولأن الجراد قضى على محاصيل الأرز القليلة، التي تمكن الأهالي من زراعتها.

وهناك قصة مروعة عن عبد أسود في الرياض، قُتل بتهمة خطف الأطفال وأكل لحمهم. لكن بما أن هذه القصة مشابهة للقصص، التي تنتشر في أي مكان يواجه القحط، فأنا شخصيًا لا أصدقها، ولكنها مع ذلك توضح مدى القحط والجوع الذي تعاني نجد منه.

التوقيع/ الكابتن تشارلز جرانت
مساعد المقيم

Ref.: (Foreign Dept. Secret, Progs., 52-88, May 1872), p. 35.

25 March 1872

رقم (80)

رقم (129-561)

25 مارس 1872م- بوشهر

من: المقدم لويس بيلي

المقيم السياسي لصاحبة الجلالة البريطانية في الخليج الفارسي

إلى: السيد سي. جوني

سكرتير حكومة بومباي في الإدارة السياسية

إكمالًا لرسالتي المشار إليها في الهامش (رقم 491-111 بتاريخ 11 مارس 1872) ومراسلات سابقة بخصوص الحملة التركية (العثمانية) على نجد، يُشرفني أن أُحيل نسخة من تقرير إخباري، وردني من مساعد المقيم في البحرين.

Ref.: (Foreign Dept. Secret, Progs., 52-88, May 1872), p. 36.
25 March 1872

رقم (81)

رقم (562-130)

25 مارس 1872م- بوشهر

من: المقدم لويس بيلي
المقيم السياسي لصاحبة الجلالة البريطانية في الخليج الفارسي

إلى: السيد سي. جوني
سكرتير حكومة بومباي في الإدارة السياسية

إكمالًا لرسالتي المشار إليها في الهامش (رقم 491-111 بتاريخ 11 مارس 1972م) ومراسلات سابقة، بخصوص الحملة التركية (العثمانية) على نجد، يُشرفني أن أرفق نسخة من تقرير إخباري (رقم 24 بتاريخ 15 مارس 1872)، وردني من مساعد المقيم في البحرين.

Ref.: (Foreign Dept. Secret, Progs., 52-88, May 1872), p. 37.

25 March 1872

رقم (82)

رقم (563-131)

25 مارس 1872م- بوشهر

من: المقدم لويس بيلي

المقيم السياسي لصاحبة الجلالة البريطانية في الخليج الفارسي

إلى: السيد سي. جوني

سكرتير حكومة بومباي في الإدارة السياسية

إكمالًا لرسالتي المشار إليها في الهامش (رقم 493-113 بتاريخ 11 مارس 1872) ومراسلات سابقة، حول الشؤون التركية الوهابية، يُشرفني أن أرسل مفادًا مترجمًا لتقرير وردني من وكيل الأنباء في البحرين.

Ref.: (Foreign Dept. Secret, Progs., 52-88, May 1872), p. 27.

29 March 1872

برقية رقم (73)

29 مارس 1872م

من: وزير الشؤون السياسية، بومباي، باريل Parell

إلى: وزير الخارجية في كلكتا

ورد ما يلي من المقدم بيلي «علمت بطريقة غير رسمية أن الأترك أرسلوا يطلبون المعدات، عازمين على تتبع مغاص اللؤلؤ في محيط مياه قطر والبحرين، ويُقال إن الأتراك (العثمانيين) يُرسلون تعزيزات إلى القطيف. لمّح تقرير محلي إلى التحالف بين سعود وعبد الله، لأن عرب نجد يرون أنه لم يعد بالإمكان تحمّل الحكم التركي.

Ref.: (Foreign Dept. Secret, Progs., 52-88, May 1872), p. 27.
U. D.

رقم (74)

من: وزير الشؤون السياسية في باريل

إلى: وزير الخارجية في كلكتا

أرسل المقدم بيلي برقية في الثلاثين من الشهر. جاء في رسالة سرية من سمو سعود أن شقيقه عبد الله طلب إجراء صلح معه، وأنه وافق على إبرام تسوية معه.

Ref.: (Foreign Dept. Secret, Progs., 110-134, June, 1872), pp. 6-7.
29 March 1872

رقم (118)
رقم (584-242)
29 مارس 1872م- بوشهر

من: المقدم لويس بيلي
المقيم السياسي لصاحبة الجلالة البريطانية في الخليج الفارسي

إلى: الكابتن تشارلز جرانت
مساعد المقيم السياسي في البحرين

يُشرفني أن أحيل، لعلمك، نسخة من برقية أرسلتها إلى حكومة بومباي، بخصوص المخططات التركية (العثمانية) في الخليج الفارسي.

2 – لا شك أنك ستلاحظ أن حدوث المضاعفات سيكون أمرًا مؤكدًا، إذا توقفنا عن مراقبة البحرين، وحماية مغاصات اللؤلؤ. وقد علمت من مصادر موثوقة أن السلطات التركية (العثمانية) ما زالت تترقب الفرصة للتدخل في (شؤون) البحرين.

Ref.: (Foreign Dept. Secret, Progs., 52-88, May 1872), p. 6.
30 March 1872

برقية

30 مارس 1872م

من: السيد رمبولد

علمت من حكومة الدولة العثمانية أن حادثة مقتل مبعوث الأحساء في طريقها إلى التسوية بين مدحت باشا والسلطات البحرينية. لا ترى حكومة الدولة العثمانية جدوى من التحكيم في هذه الظروف.

رقم (1111P)

7 مايو 1872م – فورت ويليام

صُدقت من قبل وزارة الخارجية

أحيلت نسخة (بصورة سرية) إلى حكومة بومباي، من أجل نقلها إلى المقيم السياسي لصاحبة الجلالة البريطانية في الخليج الفارسي والوكيل السياسي في المناطق العربية الخاضعة للحكم التركي (العثماني).

Ref.: (Foreign Dept. Secret, Progs., 110-134, June, 1872), p. 3.

30 March 1872

رقم (111)

رقم (616-145)

30 مارس 1872م- بوشهر

من: المقدم لويس بيلي

المقيم السياسي لصاحبة الجلالة البريطانية في الخليج الفارسي

إلى: السيد سي. جوني

سكرتير حكومة بومباي

إكمالًا لرسالتي المشار إليها في الهامش (رقم 561-129 بتاريخ 25 مارس 1872م)، حول الحملة التركية على نجد، يُشرفني أن أحيل نسخة من التقرير الإخباري رقم (26) بتاريخ 21 مارس 1872م، الذي وردني من مساعد المقيم في البحرين.

Ref.: (Foreign Dept. Secret, Progs., 110-134, June, 1872), p. 4.

30 March 1872

رقم (114)

رقم (146-617)

30 مارس 1872م- بوشهر

من: المقدم لويس بيلي

المقيم السياسي لصاحبة الجلالة البريطانية في الخليج الفارسي

إلى: السيد سي. جوني

سكرتير حكومة بومباي

إكمالًا لرسالتي المشار إليها في الهامش (رقم 562-130 بتاريخ 25 مارس 1872م) ومراسلات سابقة بخصوص الحملة التركية (العثمانية) على نجد، يُشرفني أن أرسل نسخة من تقرير إخباري (يحمل رقم 27 مؤرخة في 24 مارس 1872م)، وردني من مساعد المقيم في البحرين.

Ref.: (Foreign Dept. Secret, Progs., 110-134, June, 1872), p. 4.

30 March 1872

رقم (116)

رقم (618-147)

30 مارس 1872م- بوشهر

من: المقدم لويس بيلي

المقيم السياسي لصاحبة الجلالة البريطانية في الخليج الفارسي

إلى: السيد سي. جوني

سكرتير حكومة بومباي

إكمالًا لرسالتي المشار إليها في الهامش (رقم 563-131 بتاريخ 25 مارس 1872م) ولمراسلات سابقة، بخصوص الشؤون التركية الوهابية، يُشرفني أن أُحيل مفادًا مترجمًا لتقرير وردني من وكيل الأخبار في البحرين.

Ref.: (Foreign Dept. Secret, Progs., 52-88, May 1872), p. 6.

1April 1872

رقم (61)

سري

1 أبريل 1872م

وزارة الخارجية

من: اليمين المبجل إي. هاموند

وكيل وزير الدولة للشؤون الخارجية

إلى: السيد هرمان مريفال

وكيل وزير الخارجية في مكتب الهند

بالإشارة إلى رسالتك المؤرخة في الرابع والعشرين من الشهر الماضي، تلقيت تعليمات من إيرل جرانفيل بأن أحيل إليك، من أجل تقديمها لوكيل وزير الدولة لشؤون الهند، النسخة المرفقة من برقية (مؤرخة في 30 مارس من السيد رمبولد)، والتي وردت مشفرة من القائم بأعمال صاحبة الجلالة في القسطنطينية، مصرحًا أنه علم من حكومة الدولة العثمانية أن حادثة مقتل مبعوث الأحساء في طريقها إلى التسوية.

Ref.: (Foreign Dept. Secret, Progs., 52-88, May 1872), p. 28.

3 April 1872

رقم (75)

رقم (1965)

3 أبريل 1872م - حصن بومباي

من: السيد سي. جوني

سكرتير حكومة بومباي

إلى: السيد سي. يو إيتشيسون

سكرتير حكومة بومباي

إكمالًا للرسائل المحالة في رسالتي رقم (1670) المؤرخة في التاسع عشر من الشهر الماضي، فقد تلقيت تعليمات بأن أرفق، لعلم حكومة الهند، نسخة من الرسائل المشار إليها في الهامش (رقم 490-110 و491-111، و492-112 و493-113 مع مرفقاتها) من المقيم السياسي لصاحبة الجلالة البريطانية في الخليج الفارسي، بخصوص أحداث البحرين ونجد ذات الصلة بالتحرك التركي (العثماني) في الخليج.

Ref.: (Foreign Dept. Secret, Progs., 110-134, June, 1872), pp. 7-9.
4 April 1872

رقم (120)
تقرير إخباري يومي
من 25 مارس حتى 4 أبريل 1872م

25 مارس 1872م: وردت أنباء من القطيف والعقير تفيد بأن سعود عندما اقترب من القطيف، تحركت قبيلة بني هاجر إلى هناك للترحيب به. طلب سعود من قبيلة العجمان أن تهاجمهم ليلًا، ففعلوا ذلك وسرقوا أنعامهم كلها. فذهب شيخ العقير، ابن السلامة Ben-i-salameh، إلى سعود بن فيصل، وعندما عاد أخبر أتباعه بأن عبد الله بن فيصل ومحمد بن فيصل وابن رشيد شيخ جبل شمر كانوا قد التقوا بسعود. أصبح هناك الكثير من المؤيدين لسعود (من البدو)؛ فقد اتحد الإخوة الثلاثة، وهم ينتظرون ليروا ما سيفعله فريك باشا، فإن قدم شروطًا جيدة، فسيقبلون بها، وإن لم يفعل فسوف يهاجمونه في الأحساء. وصلت كتيبة من الجنود إلى العقير، وكانت قد جاءت بحرًا من القطيف؛ يُقال في العقير إن حربًا وقعت بين الأتراك والفرس، وأن الفرس كانوا سيهاجمون بغداد.

27 مارس: وصل مركب من القطيف؛ يُقال إن علي بك زجّ شيخ سيهات عبد الرحيم في السجن، بحجة أنه ذهب إلى سعود، وتحالف بشكل ما معه. ماتزال تتردد أنباء في القطيف بأن سعودًا وشقيقيه اتحدوا مجددًا ضد الأتراك، ويُقال إنهم حشدوا قوة قوامها أربعون ألف شخص، ويقال إن سعودًا أصبح على مقربة من القطيف على رأس عشرين ألفًا منهم، وأن عبد الله وصل على رأس قوة مماثلة إلى دوداح doodah، وهي منطقة بالقرب من الأحساء، ويقولون إن الأشقاء عزموا على شن هجوم على الأتراك في القطيف والأحساء.

البحرين: غادر حوالي خمسة وعشرين مركبًا إلى العقير، كالمعتاد، لانتظار قوافل الحجاج القادمة من مكة، وقد تأخرت القافلة عشرة أيام حتى الآن، وذلك لأن الحجاج على أغلب الظن يخشون السفر في ظل الظروف الحالية التي تمر بها البلاد.

28 مارس 1872م: وصل مركب من البدع، وقال النوخذة إن الأتراك يقيمون علاقة طيبة مع الأهالي، وأن جميع مراكب صيد اللؤلؤ جاهزة للإبحار، وأنه سينبغي على كل مركب رفع الراية التركية (العثمانية)، وأن عمليات الصيد ستبدأ خلال عشرة أيام.

30 مارس 1872م: أفاد نوخذة أحد مراكب الشيخ عيسى Eysan، الذي اقترب من العقير، أنه عندما أنزل سعود بن صنيتان Saood bin Sanaitan، الذي كان في زياردة لشيخ البحرين، صعد ضابط سفينة تركية صغيرة على متن مركبه، وسأله إلى من تعود ملكية المركب، فأجابه بأنه أحد مراكب تجار البحرين، فسأله الضابط من يقل على متن المركب، فأجابه بأنه يقل بعض التجار الذين سينزلون هنا، فسأله الضابط لِمَ نزلوا إلى اليابسة هناك وليس في العقير نفسها، فأجابه قائلًا إنه سمع بأن بغلة تحطمت هناك، وأنه كان يبحث عن حطامها. بدا أن الضابط ارتاح لأمره وتركه وشأنه. قال النوخذة إنه نزل إلى اليابسة، بعد إنزال سعود بن صنيتان، وبقي هناك بضعة أيام، فجاءه رجل يحمل رسالة إلى الشيخ عيسى من سعود بن فيصل، ونقله بمركبه إلى هنا.

أفاد حامل الرسالة بأن محمد بن فيصل التحق مؤخرًا بشقيقه سعود برفقة شيخ وجيه من الرياض لم يُعرف اسمه، وقد اتفقوا على الالتقاء في جودة بالقرب من الأحساء (تبعد عنها مسير نصف يوم تقريبًا).

وقال الرسول إن سعودًا أصبح قويًّا جدًّا بعد أن انضم إليه البدو جميعًا.

القطيف: وردت أنباء بالبريد مفادها أن فريك باشا كان قد قبض على خمسة وعشرين تاجرًا من الأحساء، بحجة أنهم يتخابرون مع سعود وعبد الله بن فيصل، واحتجز علي بك بعض الأشخاص في القطيف لنفس السبب.

31 مارس: وصل اليوم التاجر البحريني محمد بن صالح بن شيدا Mahomed bin saleh bin shida قادمًا من الأحساء، وقال إن فريك باشا انزعج جدًّا لدى سماعه من مصدر موثوق أن عبد الله بن فيصل غادر الرياض برفقة رجال نجديين ليلتحقوا بسعود، فلم يأذن لفيصل بن مرادف، الرسول الذي جاءه من سعود، بمغادرة الأحساء، إلا أنه أرسل بعض الطعام لسعود كهدية. يُقال إن لدى فريك باشا الكثير من المخبرين الذين يراقبون ما يجري عن كثب، وبالتالي يتم القبض على أي شخص يُشتبه بتعاونه مع أبناء فيصل، إلا أنه يُحافظ على علاقات جيدة مع أهالي المنطقة. يُقال إنه لدى سعود وعبد الله الكثير من المؤيدين. وقد وجه قضاة الوهابيين المقيمون في نجد رسالة إلى القضاة في الأحساء؛ قالوا فيها: «نعلم أنكم لا تتصرفون وفق تعاليم دينكم، فقد أصبحتم مرتدين بموافقتكم على تنفيذ أوامر الكفار، فأنتم لستم مسلمين.» ويتفق بعض قضاة الأحساء مع إخوانهم في نجد، ويقول آخرون إنه لا يسعهم فعل شيء لأن الأتراك أقوياء جدًّا. وقد قال ناصر بن مبارك لفريك باشا في يوم من الأيام: «تلقيت رسالة من البحرين، جاء فيها أن الحكومة البريطانية قد حددت دخلًا لابن سعود الذي يقيم في البحرين»، فأثار ذلك غضب فريك باشا، ورد قائلًا: «إذا كنت تريد ذلك، فمن الأفضل لك الذهاب إلى البحرين لعل الحكومة البريطانية تمنحك دخلًا مثله». قام فريك باشا بتوقيف القوافل التي تمر من الأحساء.

2 أبريل 1872م: قال رجل من قطر إن شيخ أبوظبي زايد بن خليفة وجّه رسالة إلى فريك باشا، وأن حامل الرسالة عاد حاملًا الجواب، وهو ينتظر المركب في قطر. قال المبعوث إن فريك باشا عامله بلباقة، وأهداه سيفًا وملابس والقليل من المال. وقال إن فريك باشا كتب في رده أنه يعتزم السفر إلى مسقط حالما يُصبح لديه متسع من الوقت، وأنه حصل على التعزيزات من بغداد. يُقال إن الأتراك سيعزلون محمد بن ثاني من منصبه نهائيًّا، وأنهم استولوا على السلطة كليًّا في البدع. ذكر نوخذة مركب من البصرة أنه وقعت صدامات عنيفة بين القوات الحكومية والأهالي، بسبب محاولة الحكومة إجبار الرجال على الانضمام للجيش.

ملاحظات: يبدو أن الأنباء الواردة أعلاه، على الرغم من تناقضها في عدة جوانب، والتي ينبغي التعامل معها بحذر، تؤكد إلى حدٍّ ما اتحاد الشقيقين ضد عدوهما المشترك، ورغبة الأهالي عمومًا في طرد الأتراك (العثمانيين) من بلادهم.

وإذا كان أبناء فيصل لديهم قوة كبيرة فعلًا، وإن تحركوا بسرعة قبل انتشار الشكوك فيما بين القبائل مجددًا، فأعتقد أنهم قد يوجهون ضربة للأتراك، وسيكون وضع فريك باشا في الأحساء حرجًا.

وإذا كان ينبغي على المراكب القادمة من القطيف والعقير رفع الراية التركية فعلًا، فمن المرجح حدوث مشاكل في مغاصات اللؤلؤ.

وصل مركب من القطيف للتو، حاملًا أنباء تُفيد بأن كتيبة قوامها ثمانيمئة جندي وصلت من البصرة، ومن المتوقع وصول كتائب أخرى في غضون يوم أو يومين.

التوقيع/ سي. جرانت

Ref.: (Foreign Dept. Secret, Progs., 52-88, May 1872), p. 6.

5 Apr. 1872

رقم (60)

رقم (34)

5 أبريل 1872م

مكتب الهند- لندن

من: السيد جيه. آر. ملفيل Melville

مساعد سكرتير الإدارة السياسية والسرية

إلى: السيد سي. يو. إيتشيسون

سكرتير حكومة الهند في وزارة الخارجية

بالإشارة إلى رسالتي رقم (23) بتاريخ 15 مارس 1872، تلقيت تعليمات من دوق أرجيل بأن أحيل، لعلم سعادة نائب الملكة في الهند، نسخة من الرسالة المؤرخة في الأول من الشهر الحالي من وزارة الخارجية، مع الرسائل المرفقة بخصوص حادثة مقتل مبعوث الأحساء على يدي شيخ البحرين.

Ref.: (Foreign Dept. Secret, Progs., 110-134, June, 1872), p. 9.

5 April 1872

رقم (122)

أنباء متفرقة نقلها إلى المقيمية الحاج عبد النبي في 5 أبريل 1872م

القطيف، 16 محرم / 28 مارس: وصلت سفينة غونشة والسفينة البخارية سنيب إلى رأس تنورة قادمتين من البصرة، وكانت تحملان على متنهما عددًا من الجنود الأتراك وسبعين حصانًا، بقيادة قوشاب باشا Kushao Pash وطاهر أفندي مير عليّ Meer Allayee.

وفي 19 محرم/ 29 مارس: أبلغ سعود بن صنيتان الشيخ عيسى بأنه قابل سعود بن فيصل عند ينابيع حُبيل Hubeyl، وهو المكان الذي يُعسكر سموه فيه، وأن سموه أرسل قبيلة بني هذال Beni Haddal لمهاجمة الصليح Suleyh، المعادية لسعود، فتغلبوا عليها ونهبوا ممتلكاتها. وقال إنه أرسل بني مسامح Beni Musameh ضد بني هاجر، المعروفة بآل محمد، فتغلبوا عليها.

يتوقع سموه أن ينضم إليه عمه جلوي Jelowee وشقيقه محمد من عبد الله.

في 21 محرم: وردت أنباء مفادها أن عبد الله بن فيصل رفع راية خارج الرياض، وأعلن أنه يعدّ للحرب وأن شيوخ بني شمر، عنيزة Ameyzeh وبن قنيطة Bin Kennetta والشيخ قبعين Kobtin يؤيدون عبد الله، وأنهم يعتزمون مرافقة عبد الله من أجل الانضمام إلى سعود في حبيل.

Ref.: (Foreign Dept. Secret, Progs., 52-88, May 1872), p. 34.
10 April 1872

رقم (77)

رقم (2140)

10 أبريل 1872م - حصن بومباي

من: السيد سي. جوني
سكرتير حكومة بومباي

إلى: السيد سي. يو. إيتشيسون
سكرتير حكومة الهند في وزارة الخارجية

بالإشارة إلى الرسائل الواردة في تقرير السيد ليبور واين Lepoer wyne رقم (613P) ورسالته رقم (620P) بتاريخ الثالث عشر من الشهر الماضي، حول سياسة حكومة الدولة العثمانية في الخليج الفارسي، وحول الحملة على نجد، فقد تلقيت تعليمات بإرسال الملاحظات التالية:

2 – لم يُعِرْ سعادة الحاكم في المجلس أهمية لتأكيدات الحكومة التركية، كما جاء في تلك الرسائل، لأننا لا نملك معلومات عن القبائل التي سيعتبرونها مستقلة في الخليج الفارسي، أو عمّا يعتبرونه حدود مملكة نجد. ولذلك يرى سعادته في المجلس أن من الضروري الحصول فورًا على بيان ما يوضح مطالب الأتراك (العثمانيين).

Ref.: (Foreign Dept. Secret, Progs., 110-134, June, 1872), p. 13.
10 April 1872

رقم (130)

أُرسلت الأنباء التالية إلى الحاج عبد النبي، بتاريخ 1 صفر 1289هـ (الموافق 10 أبريل 1872م)، من البصرة

يُقال إن سعود بن فيصل وصل إلى مكان يبعد سفر يومين عن الكويت، وترافقه قبائل العجمان والدواسر والمرة، وعدد من أهالي نجد وقبائل أخرى، ويعتزم التحرك إلى البصرة.

2 – تحرك عبد الله بن فيصل برفقة أهالي نجد باتجاه الأحساء.

3 – أسر محمد بن فيصل ثلاثين خيّالًا من القوات التركية (العثمانية) بين العقير والقطيف، وتابع طريقه إلى قطر.

ملاحظة: ورد النبآن الأول والثاني من القطيف بتاريخ 15 صفر 1289هـ (الموافق 24 أبريل 1872م).

مفاد مترجم طبق الأصل،،،

التوقيع/ جي. لوكاس
المترجم

Ref.: (Foreign Dept. Secret, Progs., 52-88, May 1872), p. 42.

11 April 1872

برقية رقم (83)

11 أبريل 1872م

من: وزير الخارجية في لندن

إلى: نائب الملكة في كلكتا

رسالة معتمدة Recommandée: أفادت وزارة الخارجية بأن حادثة مقتل مبعوث الأحساء قيد التسوية بين السلطات البحرينية وحكومة الدولة العثمانية، وبالتالي لا ترى جدوى من التحكيم. أخبر بيلي بذلك.

Ref.: (Foreign Dept. Secret, Progs., 110-134, June, 1872), p. 6.
13 April 1872

رقم (117)
رقم (647-155)
13 أبريل 1872م
على متن السفينة «كوانج تونج»- مسقط

من: المقدم لويس بيلي
المقيم السياسي لصاحبة الجلالة البريطانية في الخليج الفارسي

إلى: السيد سي. جوني
سكرتير حكومة بومباي

بالإشارة إلى برقيتي المؤرخة في الخامس والعشرين من الشهر الماضي، بخصوص الإجراءات التركية (العثمانية) في الخليج الفارسي، يُشرفني أن أرفق نسخة من الرسالة المشار إليها في الهامش (رقم 30 بتاريخ 3 أبريل 1872م)، والتي وردتني من مساعد المقيم في بوشهر، ونسخة من تقرير إخباري أعده نفس الموظف.

2 – أود أن ألفت انتباه الحكومة بتواضع إلى مسألة حماية مغاصات اللؤلؤ من ناحية احتمال تدخل الأتراك هناك.

3 – أرى أن البحرين، ومغاصات اللؤلؤ، تتطلب حراسة دقيقة خلال موسم الغوص، وآمل عدم تجاهل الإجراءات التي اتخذتها لهذا الغرض، لأنني أخشى من حدوث مضاعفات لا تُحمد عقباها، إذا لم ترسل سفينة حربية لمراقبة مغاصات اللؤلؤ والبحرين. (انظر نسخ المراسلات التي جرى تبادلها بيني وبين كبار المسؤولين).

ملاحظة: استلمت رسالة مساعد المقيم وأنا في مسقط؛ حيث كانت سفينة البريد على وشك المغادرة، ولذلك لم يكن لديّ متسع من الوقت لذكر المزيد من الملاحظات.

Ref.: (Foreign Dept. Secret, Progs., 110-134, June, 1872), p. 9.

13 April 1872

رقم (121)

رقم (648-156)

13 أبريل 1872م- مسقط

من: المقدم لويس بيلي

المقيم السياسي لصاحبة الجلالة البريطانية في الخليج الفارسي

إلى: السيد سي. جرانت

سكرتير حكومة الهند

إكمالًا لرسالتي المشار إليها في الهامش (رقم 147-618 بتاريخ 30 مارس 1872م) والمراسلات الأخرى بخصوص الشؤون التركية - الوهابية، يُشرفني أن أرسل مفادًا مترجمًا لتقرير وردني من وكيل الأخبار في البحرين.

Ref.: (Foreign Dept. Secret, Progs., 110-134, June, 1872), p. 10.
15 April 1872

رقم (125)
رقم (32)
15 أبريل 1872م - البحرين

من: الكابتن سي. جرانت
مساعد المقيم في الخليج الفارسي

إلى: المقدم لويس بيلي
المقيم السياسي لصاحبة الجلالة البريطانية في الخليج الفارسي

يُشرفني أن أرسل بواسطة مركب محلي الأنباء التي تمكنت من جمعها منذ إرسال البريد الأخير في الثالث من الشهر الحالي.

Ref.: (Foreign Dept. Secret, Progs., 110-134, June, 1872), pp. 10-12.
15 April 1872

رقم (126)
تقرير إخباري يومي
من 3-15 أبريل 1872م

3 أبريل: وصل رجل من الأحساء، وقال إن عبد الله بن فيصل وجه رسالة إلى فريك باشا، قال فيها إنه تصالح مع شقيقه سعود، فاستاء فريك باشا وقال «أنا قلق»، ولم يرسل ردًّا، وإنما أمر بإيقاف القافلة في الأحساء؛ يتمركز عبد الله على رأس قواته من البدو في جودة Juda بالقرب من الأحساء.

القطيف: وردت أنباء مفادها أن سعود بن فيصل وجه رسالة إلى سعود بن مدهي بن نصر الله Saood bin Medhi bin Nusroolla في القطيف، قائلًا: «سأعطيك ما تريده، فلماذا تُساعد الكفار ضدي؟» فقام ابن نصر الله بتسليم الرسالة إلى علي بك، فأمر علي بإلقاء الرسول الذي أتى بها في السجن. وصل رسول منذ يومين من سعود في القطيف، حاملًا رسائل لشيخ سيهات Sairhat عبد الرحيم، ولأشخاص آخرين يعملون لدى الأتراك. استولى علي بك على جميع الرسائل، وقد جاء فيها: « تلقيت رسائلك التي ذكرت فيها أنك لن تعارضني. يسرني ذلك وسوف آتي إليك في غضون أيام».

وعندما اطلع علي بك عليها، قام بصرف بعض الرجال الذين جندهم سابقًا، وسجن آخرين. احتشد رجال القطيف وقدموا عريضة لعلي بك مفادها أن سعودًا أصبح مع رجاله من البدو بالقرب من القطيف، وأنه لا يوجد ضمانة بأنه لن يُهاجم القطيف في ليلة ما ويقتلهم جميعًا، وطلبوا منه الإرسال في طلب التعزيزات من أجل حمايتهم، لأنهم لن يقاتلوا البدو. فقال لهم «لا تقلقوا». قال التاجر الذي نقل الأخبار سالفة الذكر أن محمد بن فيصل وعبد الرحمن، الشيخ الجليل من الرياض، وسعودًا متواجدون في الملّة Mullah بالقرب من القطيف على رأس قوة كبيرة من البدو، وأن عبد الله موجود في جودة على رأس قبيلتي بني هاجر والدواسر. وقال إن قبيلتي المرة والعجمان رافقتا سعودًا، وأن الأشقاء مضطرون إلى إبقاء قواتهم منفصلة، بسبب العداء بين القبائل، مع أن تحالف الشقيقين يبدو صادقًا بما يكفي لتوحيد القبائل ضد الأتراك. ووفق الخطة التي رسماها، سيقوم عبد الله بمهاجة الأحساء، في حين سيقوم سعود بمهاجمة القطيف.

6 أبريل: وصل مركب من القطيف، قال النوخذة أن علي بك أرسل جاسوسًا لمعرفة قوام جيش سعود، ولما عاد قال إنه يقدِّر قوامه بحوالي اثني عشر ألفًا، وهم معسكرون في مكان يبعد مسير ثلاث ساعات من القطيف. وقال الجاسوس إن سعودًا ينتظر وصول مزيدٍ من الرجال قبل مهاجمة الأتراك (العثمانيين)، لأن رجاله يهابون نيران الأسلحة. قام سعود في أحد الليالي بمهاجمة سيهات وسرقة بعض الحيوانات، لكن لم يحدث أي قتال. وقام سعود بنشر أفراد قواته (البالغ عددهم 1600 فردًا) بين القرى المحيطة بالقطيف، واحتفظ هناك بثلاثمئة فرد فقط. أرسل سعود إلى فريك باشا يطلب التعزيزات؛ يعيش أهالي القطيف والقرى المحيطة حالة قلق شديدة، ويتوقعون يوميًّا أن يتعرضوا لهجوم من قوات سعود.

8 أبريل: وصل مركب من القطيف؛ ذكر النوخذة أن السفينة أشور وصلت إلى القطيف وعلى متنها 800 جندي، كتعزيزات للحامية التركية. وإن كان ذلك صحيحًا، فقد يبلغ عدد أفراد القوة التركية هناك حوالي 2200 جندي.

9 أبريل: ذكر نوخذة مركب وصل من القطيف أن علي بك أرسل خمسة خيالة إلى قبيلة بني هاجر، بهدف الحصول على علف لماشيته. أضاع الرجال طريقهم وذهبوا خطأً إلى كرسام بن حوطان Kirsam bin Huttun، شيخ قبيلة المرة، الذي ما إن رآهم أمر رجاله بقتلهم، فنفذوا أمره، واستولوا على أسلحتهم وخيولهم. قال النوخذة إن أهالي القطيف يعيشون حالة ذعر، وأن التجارة شبه متوقفة. تلقت الكتيبة التركية المتمركزة في بنعيم Benaim (قرية قرب معسكر سعود) الأوامر من علي بك بإطلاق قذيفة مدفع، إذا لاحظت أي تحرك من جانب الأعداء، وعندها سيتحرك لمساندتهم بكامل قواته.

10 أبريل: وصل مركب من القطيف؛ قال النوخذة إن فريك باشا أرسل رسولًا إلى مبارك بن صباح، ليطلب منه إرسال ألف بدويّ إلى الأحساء، وعندما علمت قبيلتا الصبيغ El Subaigh وبني هاجر بتحرك ابن سعود نحو القطيف، فرّتا من المكان وتوجهتا إلى الكويت. فتبعهما سعود وقال لهما إنه سيهاجمهما ما لم تنضما إليه.

11 أبريل: وردت أنباء من القطيف مفادها أن السفينة سنيب نقلت البارحة 600 جندي من القطيف إلى البصرة، وأن السفينة أشور نقلت الطعام والمؤن إلى العقير. يُقال إن سعودًا سلب البدو حوالي مئتي رأس من الماشية، وأنه اجتاز القطيف من الجهة الشمالية.

12 أبريل: أرسل علي بك جاسوسًا لتقصي تحركات سعود، فاكتشف أنه قرر الذهاب إلى الكويت خلف القبيلتين اللتين فرتا من القطيف. تلقى علي بك رسالة من فريك باشا يطلب فيها منه ألا يقلق من تحركات سعود.

13 أبريل: وردت رسالة من الكويت؛ جاء فيها: «أصبح سعود على مقربة من هذا المكان، ونخشى أن يشن هجومًا علينا؛ خرج مبارك بن صباح مع البدو لمقابلته ومعرفة ما يريده». تفيد الأنباء في الكويت من الأحساء أن فريك باشا بدأ بإعداد قائمة بسكان الأحساء، وبعدد المنازل وثروة أصحابها، بغية وضع خطة نظامية للضرائب. يُقال إن عبد الله بن فيصل موجود في الرياض، التي تمر قوافل المؤن بينها وبين الأحساء بانتظام. قال رسول من سعود بن فيصل، الذي هو موجود في البحرين منذ بضعة أيام، إن عبد الله بن فيصل لم يُغادر الرياض، إلا أن شقيقه محمد بن فيصل التحق بسعود. وقال إن الشقيقين يتواصلان باستمرار مع فريك باشا، إلا أنهما اتحدا ضد الأتراك، لكنهما ينتظران لمعرفة الشروط.

ملاحظات حول الأنباء من 3 حتى 15 أبريل:

كل هذه الأنباء غير موثوقة وغير مقنعة على ما يبدو. يبدو أن عبد الله بن فيصل، الذي ورد سرًّا أنه متواجد في الأحساء من جهة القطيف على رأس قوة كبيرة، بقي في نجد ولم يُحرك ساكنًا. ويبدو أن سعود بن فيصل يهدر الوقت والطاقة في نزاعات بسيطة مع مختلف القبائل، بدلًا من مهاجمة الأتراك في القطيف.

التوقيع/ الكابتن سي. جرانت

مساعد المقيم في الخليج الفارسي

ملاحظة: بسبب تأخر السفينة المحلية، التي كان من المفترض أن تنقل هذه الرسالة، أنتهز هذه الفرصة لأضيف إلى التقرير الأنباء اليومية لغاية هذا التاريخ.

التقرير اليومي عن 15 و16 و17 و18 أبريل: هبت خلال هذه الأيام رياح شديدة، فلم تصل أية مراكب أو تغادر من هذا المكان خلال الفترة المذكورة.

19 أبريل: أخبرني عبد الله بن رجب أنه ذهب إلى المحرق؛ حيث سمع إشاعات تتردد أن سعود بن فيصل استولى على الكويت ونهب ما فيها.

20 أبريل: قال مسافر من القطيف إن سعود بن فيصل هاجم قبائل بني خالد وبني هاجر والصهلة El Shaleh، فهزمها ونهب ممتلكاتها. عادت القبائل المهزومة إلى القطيف، وتحرك سعود باتجاه الكويت. وقال نفس المصدر إن علي بك، القائد التركي في القطيف، ينتظر وصول كتيبتين من التعزيزات من البصرة.

التوقيع/ الكابتن سي. جرانت

مساعد المقيم في الخليج الفارسي

Ref.: (Foreign Dept. Secret, Progs., 52-88, May 1872), p. 34.

23 April 1872

رقم (78)

رقم (990P)

23 أبريل 1872م- فورت ويليام

من: السيد سي. يو. إيتشيسون

سكرتير حكومة الهند في وزارة الخارجية

إلى: السيد سي. جوني

سكرتير حكومة بومباي

ردًّا على رسالتك رقم (P2140) بتاريخ العاشر من الشهر الحالي، تلقيت تعليمات بأن أصرح أن سعادة الحاكم العام في المجلس يعتبر التأكيدات التي قدمتها الحكومة التركية مرارًا، وذلك أنها لا تعتزم فرض سيادتها على البحرين أو مسقط أو القبائل المستقلة على ساحل الخليج الفارسي، هي تأكيدات مريحة، وأن سعادته في المجلس لا يرى أنه من المُستحسن طلب بيان ما يوضح مطالب الحكومة التركية (العثمانية)؛ حيث إن ذلك لن يُفضي إلى نتائج إيجابية.

Ref.: (Foreign Dept. Secret, Progs., 110-134, June, 1872), p. 3.
27 April 1872

رقم (110)
رقم (2497)
27 أبريل 1872م- حصن بومباي

من: السيد سي. جوني
سكرتير حكومة بومباي

إلى: السيد سي. يو. إيتشيسون
سكرتير حكومة الهند في وزارة الخارجية

إكمالًا للمراسلات التي أحلتها في رسالتي رقم (2220) بتاريخ الخامس عشر من الشهر الحالي، فقد تلقيت أوامر بأن أرسل طيه نسخة، من أجل تقديمها إلى حكومة الهند، من الرسائل المشار إليها في الهامش (الرسالة رقم 616-145، ورقم 617-146 ورقم 618-147 بتاريخ 30 مارس 1872، مع المرفقات) وكذلك الرسائل (رقم 647-155 ورقم 647-156 بتاريخ 13 أبريل 1872 مع المرفقات)، والتي وردت من المقيم السياسي لصاحبة الجلالة البريطانية في الخليج الفارسي، حول أحداث البحرين ذات الصلة بالحملة التركية (العثمانية) على نجد.

Ref.: (Foreign Dept. Secret, Progs., 110-134, June, 1872), p. 12.
27 April 1872

رقم (127)

رقم (33)

27 أبريل 1872م - البحرين

من: الكابتن سي. جرانت
مساعد المقيم في الخليج الفارسي

إلى: المقدم لويس بيلي
المقيم السياسي لصاحبة الجلالة البريطانية في الخليج الفارسي

يُشرفني أن أرسل على متن سفينة صاحبة الجلالة لينكس نسخة من تقرير الأنباء، التي تمكنت من تدوينها في يومياتي منذ إرسال البريد الأخير على متن المركب المحلي في الحادي والعشرين من الشهر الحالي.

Ref.: (Foreign Dept. Secret, Progs., 110-134, June, 1872), pp. 12-13.
27 April 1872

موجز تقرير إخباري
من 23 حتى 27 أبريل 1872م

23 أبريل: وصل اليوم من البحرين مبعوث من سعود بن فيصل، حاملًا رسالتين؛ الأولى للشيخ عيسى، والثانية للشيخ أحمد. قال المبعوث إن سعودًا هاجم بعض قبائل البدو، وأن عشيرة آل محمد من قبيلة بني هاجر انضمت إليه، ويُقال إن قوامها 300 رجلٍ. وقد هاجرت بقية القبائل إلى الكويت بعد المعركة، فلحق بها سعود حتى الكويت، ثم أرسل لهم رسولًا قائلًا: «إذا لم تأتوا إليّ سأقاتلكم جميعًا»، فردت أنها تريد معرفة الشروط، فتعهد سعود بنسيان الماضي إذا التحقوا به، ففعلوا ذلك. وفيما يلي أسماء تلك القبائل: الصبّاح مؤلفة من 500 رجل، السهول El Shool مؤلفة من 200 رجل، بني عمور Beni Umur مؤلفة من 200 رجل. انضمت القبائل المذكورة كلها إلى سعود، واتفقت معه.

أرسل سعود عددًا من الجمال إلى الكويت؛ كي يُعيدها الحاكم محملة بالمؤن، وبما أن حاكم الكويت كان ضعيفًا، أرسل المؤن له، معتقدًا أن سعودًا سيقوم بنهب المكان إن لم يرسلها، وعندها سيتضور أتباعه جوعًا. غادر سعود الكويت بعد أن تلقى المؤن، وزحف إلى القطيف، فعسكر في جزيرة عمير Ameer، ومنها وجه رسائل إلى شقيقيه في البحرين.

25 أبريل: وصل رجل بحريني قادمًا من الأحساء، وقال إنه يُقيم فيها منذ ستة أشهر، وكان يرى فريك باشا باستمرار. كان ناصر بن مبارك وعدد من رجال قبيلة العبد الله يعيشون عند فريك باشا، ويتلقون معاشًا من الحكومة التركية. اشتكى ناصر بن مبارك للحكومة التركية أنه لا يستولي حتى على نصف البحرين، التي يدّعي أنها تابعة له، فقام فريك باشا بإحالة شكواه إلى القسطنطينية. وكان ناصر بن مبارك يسأله مرارًا عمّا إذا كان قد تلقى ردًّا، وكان الباشا يرد «ليس بعد، لعله يصل مع السفينة التالية إن شاء الله، وإذا تلقيت أوامر بمساعدتك على استعادة ملكك، أو أن أقوم أنا بالاستيلاء عليها، فإنني سأتحرك فورًا».

التوقيع/ الكابتن سي. جرانت
مساعد المقيم في الخليج الفارسي

Ref.: (Foreign Dept. Secret, Progs., 52-88, May 1872), p. 42.
1 May 1872

رقم (84)
رقم (1072P)
1 مايو 1872م – فورت ويليام

من: السيد سي. يو. إيتشيسون
سكرتير حكومة الهند في وزارة الخارجية

إلى: السيد سي. جوني
سكرتير حكومة بومباي

إكمالًا للمراسلات المتعلقة بمقتل مبعوث الحكومة التركية في البحرين، والمنتهية برسالتي رقم (615P) المؤرخة في 13 مارس 1872م، والموجهة إليك، فقد تلقيت تعليمات بأن أحيل، لعلم حكومة بومباي ومن أجل إرسالها إلى المقيم في الخليج الفارسي، نسخة من برقية بتاريخ الحادي عشر من الشهر الماضي، من وزير الخارجية، مفادها أن القضية المتنازع عليها قيد التسوية بين السلطات البحرينية وحكومة الدولة العثمانية، وبالتالي ليس من الضروري اللجوء إلى تحكيم القضية لدى الحكومة البريطانية.

2 – وبموجب هذا القرار، أود أن أشير إلى أنه ينبغي توجيه تعليمات إلى المقدم بيلي بعدم الاعتراض على تسوية المسألة مباشرة بين ممثلي تركيا والبحرين، طالما أن تواصل الأتراك مع البحرين يجري بطريقة سلمية. لكن استخدام أساليب التهديد أو ظهور أي مظهر من مظاهر الضغط في البحرين، مثل وجود السفن التركية الحربية، سيُعتبر مبررًا لاستخدام حكومة الهند حقها في التدخل، وفق المادة (3) من معاهدة البحرين في عام 1861م.

3 – ستصدر وزارة البحرية تعليمات لتأمين وجود سفينة حربية في البحرين، خلال سير عملية المفاوضات، تحسبًا لقيام الأتراك (العثمانيين) بأي هجوم ضد الجزيرة.

رقم (1073P)

أُحيلت نسخة إلى وزارة (البحرية) الحربية، فيما يتعلق بالفقرة رقم (3)، مع طلب إلى الإدارة بإصدار أوامر مبكرة لضمان وجود سفينة حربية في البحرين، عندما يرى المقيم السياسي لصاحبة الجلالة البريطانية في الخليج الفارسي أن ذلك ضروريٌّ.

Ref.: (Foreign Dept. Secret, Progs., 110-134, June, 1872), p. 14.

1 May 1872

رقم (133)

1 مايو 1872م- البحرين

تقرير أنباء من 25 حتى 30 أبريل 1872م

29 أبريل: وصل نوخذة مركب قادم من القطيف، وقال إن السفينة سنيب وصلت من البصرة وعلى متنها كتيبة من الجند. يُقال إن سعودًا طلب المؤن مرة ثانية من أهالي الكويت، لكن شيخ الكويت رفض طلبه، وأرسل رسولًا إلى فريك باشا يطلب النصح والمساعدة. فطلب فريك باشا منه عدم إعطائه المؤن، وشن هجومًا عليه. وعندما تلقى الشيخ هذا الأمر، قام بجمع كل ما يُمكنه من البدو من قبائل المياشة El Meeasha، والعنزة El Aneesir، والمناصير El Manasir. وكان يعرف أن سعودًا بحاجة شديدة للطعام، فاتفق مع القبائل، التي كان سعود قد أجبرها مؤخرًا على خدمته، بأن يتخلوا عن سعود عندما يهاجمه وينضموا إليه. يُقال إن الخطة نجحت نجاحًا باهرًا، ويُقال إن سعودًا أصبح مطاردًا حاليًا مع خمسين فرد فقط من أتباعه. ويُقال إن قواته تكبدت خسائر كبيرة.

ملاحظات: وردت الأنباء أعلاه من مصادر متنوعة، وأعتقد أنه حدثت مناوشات بين الطرفين، فألحق رجال الكويت هزيمة بسعود وقواته، لكن فيما عدا ذلك، لا يبدو أن الأنباء موثوقة أكثر من الأنباء المتداولة هنا عمومًا.

التوقيع/ الكابتن سي. جرانت

مساعد المقيم

Ref.: (Foreign Dept. Secret, Progs., 110-134, June, 1872), p. 10.
6 May 1872

رقم (124)
رقم (692-176)
6 مايو 1872م- بوشهر

من: المقدم لويس بيلي
المقيم السياسي لصاحبة الجلالة البريطانية في الخليج الفارسي

إلى: السيد سي. جوني
سكرتير حكومة بومباي في الإدارة السياسية

إكمالًا لرسالتي المشار إليها في الهامش (رقم 647-155 بتاريخ 13 أبريل 1872م) ولمراسلات سابقة، بخصوص الحملة التركية (العثمانية) على نجد، يشرفني أن أرسل نسخًا من تقريرين (رقم 32 بتاريخ 15 أبريل 1872م، ورقم 33 بتاريخ 27 أبريل 1872م)، تلقيتهما من مساعد المقيم في البحرين.

Ref.: (Foreign Dept. Secret, Progs., 110-134, June, 1872), p. 13.

6 May 1872

رقم (129)

رقم (693-177)

6 مايو 1872م- بوشهر

من: المقدم لويس بيلي

المقيم السياسي لصاحبة الجلالة البريطانية في الخليج الفارسي

إلى: السيد سي. جوني

سكرتير حكومة بومباي في الإدارة السرية

إكمالًا لرسالتي المشار إليها في الهامش (رقم 648-156 بتاريخ 13 أبريل 1872م) ولمراسلات سابقة، بخصوص الشؤون التركية الوهابية، يُشرفني أن أرفق مفادًا مترجمًا لموجز من الأنباء، ورد من وكيل الأخبار في البحرين.

2 – أكدت التقارير الواردة مؤخرًا من القطيف الأنباء المتعلقة بتحركات سعود وعبد الله.

Ref.: (Foreign Dept. Secret, Progs., 52-88, May 1872), p. 44.
10 May 1872

رقم (87)

رقم (30)

10 مايو 1872م- فورت ويليام

من: حكومة الهند

إلى: سمو دوق أرجيل
وزير الدولة لشؤون الهند

بالإشارة إلى الرسائل المشار إليها في الهامش (رقم 7 بتاريخ 2 فبراير 1872م، ورقم 8 بتاريخ 9 فبراير 1872م، ورقم 16 بتاريخ 23 فبراير 1872م، ورقم 23 بتاريخ 15 مارس 1872م) الواردة من سكرتير الإدارة السياسية والسرية، وإكمالًا لرسالتنا السرية رقم (15) بتاريخ 15 مارس 1872م، بخصوص إجراءات السلطات التركية (العثمانية)، فيما يتعلق بالبحرين ونجد، يُشرفنا أن نحيل، لعلم حكومة صاحبة الجلالة، مجموعة أخرى من الرسائل حول نفس الموضوع، كما هو موضح في قائمة المحتويات المرفقة.

Ref.: (Foreign Dept. Secret, Progs., 52-88, May 1872), pp. 44-45.
10 May 1872

رقم (88)
قائمة محتويات رسالة موجهة إلى وزير الدولة لشؤون الهند
رقم (30) بتاريخ 10 مايو 1872م

رقم (1) إلى وزير الدولة لشؤون الهند رقم 30 بتاريخ 10 مايو 1872م
محيلًا نسخة من الرسائل المذكورة أدناه.

رقم (2) قائمة المحتويات.

رقم (3) من الوكيل السياسي في المناطق العربية الخاضعة للحكم التركي، رقم (5) بتاريخ 16 فبراير 1872م.
يُحيل نسخة من رسالة موجهة إلى سفير صاحبة الجلالة في القسطنطينية، مقدمًا مزيدًا من المعلومات بخصوص الحملة التركية (العثمانية) على نجد.

رقم (4) من حكومة بومباي رقم (1326) بتاريخ 5 مارس 1872م
يُحيل نسخة من رسالة المقيم السياسي لصاحبة الجلالة البريطانية في الخليج الفارسي، بخصوص مطالبة الأتراك (العثمانيين) شيخ البحرين بتسليمهم مركبين، يُزعم أنهما تابعين للقطيف.

رقم (5) من حكومة بومباي رقم (1329) بتاريخ 5 مارس 1872م
تحمل أنباءً من نجد.

رقم (6) من حكومة بومباي رقم (1670) بتاريخ 19 مارس 1872م
تحمل أنباء أخرى حول الوضع في البحرين وحول الحملة التركية (العثمانية) على نجد.

رقم (7) من حكومة بومباي رقم (1671) بتاريخ 19 مارس 1872م
بخصوص الوضع في البحرين وقطر.

رقم (8) من حكومة بومباي رقم (1672) بتاريخ 19 مارس 1872م
بخصوص الوضع في البحرين وقطر.

رقم (9) برقية من السكرتير السياسي في بومباي بتاريخ 29 مارس 1872م

تحمل رسالة من المقدم بيلي مفادها أن الأتراك (العثمانيين) يعتزمون تتبع مغاصات اللؤلؤ في المنطقة المجاورة للبحرين وقطر.

رقم (10) برقية من السكرتير السياسي في بومباي بتاريخ 31 مارس 1872م

تفيد بإجراء مصالحة بين سعود وعبد الله.

رقم (11) من حكومة بومباي رقم (1965) بتاريخ 3 أبريل 1872م

بخصوص أحداث نجد والبحرين.

رقم (12) من حكومة بومباي رقم (2140) بتاريخ 10 أبريل 1872م

تقدم وجهات نظرها (حكومة بومباي) تجاه سياسة حكومة الدولة العثمانية في الخليج الفارسي.

رقم (13) إلى حكومة بومباي رقم (990P) بتاريخ 23 أبريل 1872م

تفيد، ردًّا على الرسالة أعلاه، أن من غير المناسب الاستعلام من الحكومة التركية (العثمانية).

رقم (14) من حكومة بومباي رقم (2220) بتاريخ 15 أبريل 1872م

تحيل رسائل أخرى، من المقيم السياسي لصاحبة الجلالة البريطانية في الخليج الفارسي، حول أحداث نجد والبحرين.

رقم (15) برقية من وزير الخارجية بتاريخ 11 أبريل 1872م

يُشير إلى أن وزارة الخارجية لا ترى جدوى من التحكيم بين البحرين والأتراك (العثمانيين).

رقم (16) إلى سكرتير حكومة بومباي رقم (1072P) بتاريخ 1 مايو 1872م

أحيلت نسخة إلى الإدارة (البحرية) العسكرية في الموجز رقم (1073P) بتاريخ 1 مايو 1872م.

يُحيل النسخة المشار إليها أعلاه، مع التنويه إلى المقدم بيلي بعدم الاعتراض على تسوية القضايا، وإلى الاحتفاظ بسفينة حربية في البحرين خلال عملية التفاوض.

رقم (17) من الوكيل السياسي في المناطق العربية الخاضعة للحكم التركي بتاريخ 22 مارس 1872م

يُحيل نسخة من رسالة وجهها إلى سفير صاحبة الجلالة لدى حكومة الدولة العثمانية، حول إلقاء القبض على الشيخ راكان وثلاثين من أتباعه.

Ref.: (Foreign Dept. Secret, Progs., 110-134, June, 1872), p. 2.

10 May 1872

الحملة التركية على نجد

قائمة الرسائل

من رقم (110) حتى رقم (122): من حكومة بومباي رقم (2497) بتاريخ 27 أبريل 1872م، إكمالًا للرسالة رقم (2220) بتاريخ 15 أبريل 1872م، يحيل نسخة من رسائل أخرى من المقيم السياسي لصاحبة الجلالة البريطانية في الخليج الفارسي، بخصوص أحداث البحرين فيما يتعلق بالموضوع أعلاه.

من رقم (123) حتى رقم (130): من حكومة بومباي، رقم (3068) بتاريخ 27 مايو 1872م، يُحيل نسخة من رسائل أخرى حول نفس الموضوع؛ أرفقت بالرسائل أعلاه.

من رقم (131) حتى رقم (133): من حكومة بومباي، رقم (3308) بتاريخ 5 يونيو 1872م، رسائل أخرى حول نفس الموضوع؛ أرفقت بالرسائل أعلاه.

رقم (134): إلى وزير الخارجية رقم (41) بتاريخ 24 يونيو 1872م، يُحيل نسخة من الرسالة أعلاه إكمالًا للرسالة رقم (30) بتاريخ 10 مايو 1872م.

Ref.: (Foreign Dept. Secret, Progs., 110-134, June, 1872), p. 14.

15 May 1872

رقم (132)

رقم (754-194)

18 مايو 1872م- بوشهر

من: المقيم لويس بيلي

إلى المقيم السياسي لصاحبة الجلالة البريطانية في الخليج الفارسي

إلى: السيد سي. جوني

سكرتير حكومة بومباي في الإدارة السياسية

إكمالًا لرسالتي المشار إليها في الهامش (رقم 692-176 بتاريخ 6 مايو 1872م) ولرسائل سابقة، حول الحملة التركية (العثمانية) على نجد، يشرفني أن أرسل نسخة من تقرير الأنباء اليومي، الذي وردني من مساعد المقيم في البحرين.

Ref.: (Foreign Dept. Secret, Progs., 110-134, June, 1872), p. 10.

27 May 1872

رقم (123)

رقم (3068)

27 مايو 1872م- حصن بومباي

من: السيد سي. جوني

سكرتير حكومة بومباي في الإدارة السياسية

إلى: سي. يو. إيتشيسون

سكرتير حكومة الهند في وزارة الخارجية

بالإشارة إلى رسالتي رقم (24979 بتاريخ 27 أبريل 1872م، بخصوص الحملة التركية (العثمانية) على نجد، تلقيت تعليمات بأن أحيل نسخة من الرسائل المرفقة ومرفقاتها، من المقيم السياسي لصاحبة الجلالة البريطانية في الخليج الفارسي رقمي (692-176) و(693-177) بتاريخ 6 مايو 1872م، من أجل تقديمها لحكومة الهند.

Ref.: (Foreign Dept. Secret, Progs., 110-134, June, 1872), p. 14.

5 June 1872

رقم (131)

رقم (3308)

5 يونيو 1872م- حصن بومباي

من: السيد سي. جوني

سكرتير حكومة بومباي في الإدارة السياسية

إلى: السيد سي. يو. إيتشيسون

سكرتير حكومة الهند في وزارة الخارجية

لدى الحاكم العام

إكمالًا للرسائل التي أرفقتها في رسالتي رقم (3068) بتاريخ السابع والعشرين من الشهر الماضي، تلقيت أوامر بأن أرسل، لعلم حكومة الهند، نسخة من الرسالة رقم (754-194) المؤرخة في الثامن عشر منه مع مرفقاتها، الواردة من المقيم السياسي لصاحبة الجلالة البريطانية في الخليج الفارسي، حول موضوع الحملة التركية (العثمانية) على نجد.

Ref.: (Foreign Dept. Secret, Progs., 110-134, June, 1872), p. 14.

24 June 1872

رقم (134)

رقم (41)

24 يونيو 1872م- سيملا

من: حكومة الهند

إلى: سمو دوق أرجيل

وزير الدولة لشؤون الهند

إكمالًا لرسالتنا رقم (30) المؤرخة في 10 مايو 1872م، يُشرفنا أن نُحيل، لعلم حكومة صاحبة الجلالة، نسخة من الرسائل المشار إليها في الهامش (من حكومة بومباي رقم (2497) بتاريخ 27 أبريل 1872م. من حكومة الهند رقم (3068) بتاريخ 27 مايو 1872م. من حكومة الهند رقم (3308) بتاريخ 5 يونيو 1872م) بخصوص الحملة التركية (العثمانية) على نجد.

Ref.: (Foreign Dept. Secret, Progs., 110-134, June, 1872), pp. 15-16.
U. D.

الحملة على نجد

نحيل في هذه الرسالة نسخًا من رسائل (رقم 2497 بتاريخ 27 أبريل 1872م من حكومة بومباي) من المقدم بيلي بخصوص الحملة على نجد، وقد وضعت إشارة على الفقرة التي تحتوي معلومات مهمة. تجدون حول هذه التقارير الإخبارية برقية من المقدم بيلي (المرفق رقم 10 في الرسالة رقم 30 بتاريخ 10 مايو 1872م إلى وزير الخارجية)؛ يُخبر الحكومة عن أرجحية إجراء مصالحة بين عبد الله وسعود. أشار الكابتن جرانت، مساعد المقيم، إلى ذلك النبأ بأنه متناقض من جوانب عدة، وينبغي توخي الحذر منه.

ويبدو أنه يشير إلى حقيقة أن الشقيقين قد اتحدا ضد عدوهما المشترك، وأن الأهالي عمومًا يرغبون بطرد الأتراك (العثمانيين).

وذكر أنه إذا كان لدى الشقيقين قوة كبيرة، كما ذُكر، وتحركا بسرعة فإن وضع فريك باشا في الأحساء سيكون حرجًا.

ويبدو أن هناك نقطة تستدعي إصدار أوامر بشأنها، فقد ذكر مساعد المقيم في يومياته بتاريخ 28 مارس أنه تقرر أن ترفع مراكب صيد اللؤلؤ القادمة من القطيف والعقير الراية التركية خلال الموسم الحالي (المصدر الوحيد لهذا التصريح هو نوخذة المركب المحلي. **(التوقيع/ سي. يو. إيه).**

لفت المقدم بيلي في رسالته رقم (647-155) بتاريخ 13 أبريل (الصفحة 4) انتباه حكومة بومباي إلى مسألة حماية مغاصات اللؤلؤ من التدخل، وأعرب عن أمله في عدم تجاهل الإجراءات التي اتخذها، لأنه يخشى حدوث مضاعفات مزعجة إذا لم تتواجد سفينة حربية لحماية البحرين ومغاصات اللؤلؤ. قمنا بتوجيه رسالة في الأول من مايو إلى الإدارة العسكرية (انظر المرفق رقم 16 لرسالة.. ورد خطأ ب) طالبين بقاء سفينة حربية في البحرين طالما أن المقدم بيلي يرى وجودها ضروريًا. لو تطلعنا حكومة الهند على الإجراءات التي اتخذتها لحماية مغاصات اللؤلؤ، ويبدو أن من المستحسن لفت انتباهها إلى رسالة المقدم، وسؤالها عن ذلك.

التوقيع/ بيه. دي. أتش

لا داعي لإصدار أوامر في الوقت الحاضر. لا تتوفر لدينا سفينة لنرسلها إلى البحرين في الوقت الملائم، ولا يوجد ما يدل على حدوث أية مشاكل. جرى استدعاء مدحت باشا، ربما بسبب إجراءاته التعسفية، وربما تنتهي الأمور على خير الآن.

التوقيع/ سي. يو. إيه

التوقيع/ إن

Ref.: (Foreign Dept. Political, Part A, Progs., 61-62, December 1872), p. 5.
19 Sep. 1872

رقم (62)
رقم (1543 / 419)
19 سبتمبر 1872م

من: المقيم السياسي لصاحبة الجلالة البريطانية
في الخليج الفارسي

إلى: سكرتير حكومة بومباي

قد يذكر صاحب الفخامة الحاكم في المجلس أني كنت قد أشرت في رسالتي المشار إليها في الهامش (رقم 276/1026 المؤرخة في 12 سبتمبر 1872م) التي كتبتها عند قيام تركيا باحتلال قطر، إلى أن الإجراءات التي تم اتخاذها سابقًا بشأن السيادة على قطر، يجب العمل بموجبها لإنهاء هذه الاضطرابات.

2 - وقد طلبت مني الحكومة أن أقدم مقترحاتي بشأن مسألة السيادة على قطر (رسالة سكرتيري ويدربورن Wedderborne إلى سكرتير حكومة الهند رقم 5147 المؤرخة في 26 أكتوبر 1871م، التي أرسلت إليّ مع رسالة التغطية رقم 5148).

3 - وبناءً على ذلك، حصلت على بعض المذكرات في هذا الخصوص وكتبت ملاحظاتي، ولكن في الوقت الحاضر، تغيّر موقف السلطات التركية في الساحل العربي، ويبدو أن هناك الآن احتمالًا معقولًا لعودة القوات التركية (العثمانية).

4 - ولو عادت القوات التركية، قد تستعيد قطر حالتها السياسية السابقة، وقد يتأجل الحديث عن السيادة وعلاقتها بالأتراك.

5 - في ظل هذه الظروف، أرجو بكل احترام أن تأذن لي بتأجيل تقديم تقريري الخاص بمسألة السيادة، إلى أن تكشف الأيام عن نتائج المحادثات الجارية بين صاحب السمو بن سعود والسلطات التركية (العثمانية).

6 - مسألة السيادة على قطر مسألة معقدة، وما لم تجبرنا تصرفات الحكومة التركية على الخوض فيها، ربما ظلت في حالة لا يخشى منها أن تلزم حكومتنا بإعلان قرار أو رأي رسمي.

ملحوظة: سوف ترسل نسخة إلى مكتب الهند.

Ref.: (Foreign Dept. Political, Part A, Progs., 61-62, December 1872), p. 5.
19 Oct. 1872

رقم (61)

رقم (6025)

19 أكتوبر 1872م- حصن بومباي

من: سكرتير حكومة بومباي

إلى: سكرتير حكومة الهند، إدارة الشؤون الخارجية في بومباي، والحاكم العام.

بالإشارة إلى الفقرة الرابعة من رسالة هذه الوكالة رقم (5147) بتاريخ 26 أكتوبر الماضي، فقد تلقيت تعليمات بأن أحيل لعلم حكومة الهند النسخة المرفقة من الرسالة رقم (1543-419) بتاريخ التاسع عشر من الشهر الماضي (19 سبتمبر 1872م) من المقيم السياسي لصاحبة الجلالة البريطانية في الخليج الفارسي، وبأن أصرح بأن الحكومة وافقت، في ظل الظروف التي شرحها المقيم السياسي، على تأجيل تقديم التقرير اللازم فيما يخص مسألة السيادة على قطر.

Ref.: (Foreign Dept. Political, Part A, Progs., 61-62, December 1872), p. 4.

26 Oct. 1872

حكومة الهند
1872
وزارة الخارجية
سياسي (A)
ديسمبر
الأرقام (61-62)
السيادة على قطر
قائمة الوثائق

رقمي (61) و(62): رقم (6025) بتاريخ 19 أكتوبر 1872م من إدارة الشؤون السياسية في بومباي. بالإشارة إلى الفقرة الرابعة من رسالة بومباي رقم (5147) بتاريخ 26 أكتوبر 1872م، يحيل نسخة من رسالة من المقيم السياسي لصاحبة الجلالة البريطانية في الخليج الفارسي حول الموضوع أعلاه.

مرفق الرسالة أعلاه.

لا أوامر.

Ref.: (Foreign Dept. Political, Part A, Progs., 61-62, December 1872), p. 7.
27 Nov. 1872

السيادة على قطر
27 نوفمبر 1872م

يُرجى مراجعة كيه. دبليو.، تقارير، سياسي (A)، ديسمبر 1871م، رقمي (187-189).

أحالت حكومة بومباي مؤخرًا رسالة أخرى تحتوي آراء العقيد بيلي حول مسألة السيادة على منطقة قطر؛ فقد أشار العقيد بيلي إلى التغير في وضع السلطة التركية على الساحل العربي، وإلى احتمال انسحاب القوات التركية (العثمانية).

فقد قال إنه «إذا انسحبت تلك القوات، فقد تعود قطر إلى الوضع السياسي، الذي كانت عليه سابقًا، وقد تُصبح مسألة السيادة فيما يخص الأتراك ملغية من تلقاء نفسها».

وبالتالي طلب الإذن بتأجيل أي قرار، يتعلق بمسألة السيادة، إلى أن تتضح نتيجة المفاوضات الحالية بين ابن سعود والسلطات التركية (العثمانية).

إن المسألة معقدة، وقد تبقى معلقة؛ فلا تضطر الحكومة إلى الإعلان عن رأيها رسميًّا، إلا إذا جرى تحريكها بسبب الإجراءات التركية.

وعليه وافقت حكومة بومباي على تأجيل المسألة.

التوقيع/ سي. إي. بي.

Ref.: (Foreign Dept. POLITICAL. A, Progs, 411-428, December 1873), p. 10.
16 Aug. 1873

رقم (412)

رقم (37)

16 أغسطس 1873م - البحرين

من: المساعد الأول للمقيم السياسي في الخليج الفارسي - البحرين.

إلى: المقيم السياسي لصاحبة الجلالة البريطانية في الخليج الفارسي - بوشهر

بالإشارة إلى رسالتكم رقم (928 – 324) المؤرخة في 4 من الشهر الجاري، يُشرفني أن أبلغ عنايتكم بأن التقرير الذي مفاده أن هنالك كتيبة تركية تحركت من القطيف إلى العقير، لم يكن صحيحًا، أما الحقيقة فهي أن مجموعة تتكون من أقل من مائة رجل تم إنزالها في القطيف بغرض مصاحبة حسين أفندي في رحلته إلى الزبارة، التي توجد في البر الرئيسي على بُعد حوالي عشرين ميلًا من الطرف الجنوبي لجزيرة البحرين.

2- للحصول على المعلومات الخاصة بمهمة حسين أفندي في الزبارة، وأحوال القبائل في تلك المنطقة، أود بكل احترام أن أحيلكم إلى المستندات المرفقة مع هذه الرسالة، والمشار إليها في الهامش، وإلى ترجمة نص التقرير الذي أعده كاتب المقيمية ميرزا أبو القاسم. وإلى ملخص المناقشات التي أجريتها مع الشيخ عيسى.

3- فيما يختص بعدالة الدعوى الخاصة بالسيادة على قبيلة النعيم، والتي رفعها الشيخ عيسى، فإني لا أملك الأدلة التي تُمكنني من إبداء وجهة نظري، ولكن من واقع المعلومات السماعية التي نمت إلى علمي، بإمكاني القول إن أي نفوذ كان يُسبغه عليهم شيخ البحرين في السنوات الماضية كان اسميًّا ليس إلا، هذا إن كان له نفوذ أصلا.

4- للحصول على معلومات موثوق بها بشأن ما يُقال عن الحملة التركية المزمعة ضد عمان، أرسلت عبدالكريم، متعهد الحكومة إلى قطر، وقد عاد اليوم، وقد أرفقت لكم مع هذه الرسالة ترجمة لبعض أجزاء التقرير الذي أرسله لي، وفي رأيي فإن هذا التقرير لا يُضيف شيئًا إلى المعلومات التي كانت بحوزتنا، وما هو إلاّ مجرد ثرثرة مقاهي؛ فما كان ينبغي له أن يستقي معلوماته من مجلس محمد بن ثاني.

Ref.: (Foreign Dept. POLITICAL. A, Progs, 411-428, December 1873), pp. 10-11.
16 Aug. 1873

رقم (413)
ترجمة لتقرير الكاتب
16 أغسطس 1873م

القبائل المستوطنة في الزبارة هي كما يلي:

1- الكبسة Chibisa، الذين كانوا يُقيمون في خور حسان مؤخرًا، وهم يملكون حوالي 25 من مراكب الصيد.

2- المنانعةْ Manamaneh، الذين كانوا يُقيمون مؤخرًا في منطقة أبو ظلوف Aboo Zuroof، وهم يملكون حوالي ثمانية مراكب.

3- السادة Sadeh، وكانوا يُقيمون قبل ذلك في الرويس، وهم يملكون حوالي خمسة مراكب.

4- الحميدات Hamadat، وكانوا يقيمون مؤخرًا في الجميل، وهم يملكون حوالي سبعة مراكب.

5- النعيم Naim، وهم بدو، ويمتلكون قطعان ماشية يتم رعيها في المناطق المجاورة لمدينة الزبارة.

شيخ قبيلة الكبسة هو عيسى بن خليفة، وشيخ قبيلة النعيم هو ناصر بن جبر.

الكبسة كانوا يقيمون في خور حسان حتى انتقلوا منها قبل شهرين إلى الزبارة، والسبب في ذلك هو صداقتهم مع قبيلة النعيم، وكانت مواشيهم ترعى مع مواشي النعيم، ولما علموا أن الشيخ ابن ثاني وقبيلة بني هاجر يعتزمون مهاجمة الزبارة، وافق الشيخان المشار إليهما أعلاه على العيش معًا في الزبارة للتعاون ضد أي هجوم، ودعوا كذلك قبيلة المنانعة إلى المجيء من أبو ظلوف للإقامة معهم في الزبارة، كما دعوا كذلك قبيلة السادة المقيمة في الرويس وقبيلة الحميدات المقيمة في الجميل.

قبيلة النعيم يُقيمون في الزبارة، ويرعون قطعان ماشيتهم في المراعي المحيطة بمنطقتهم.

الكبسة كانوا يقيمون في البدع قبل عدة سنوات، ونشبت بينهم وبين قبيلة عريعر Urair معركة فغادروا البدع واستقروا في خور حسان.

أطلعت شيخ البحرين على البيان الموجز للقبائل التي تقيم حاليًا في الزبارة، وأقرّ بصحته.

التوقيع/ الرائد تشارلز جرانت
المساعد الأول للمقيم

Ref.: (Foreign Dept. POLITICAL. A, Progs, 411-428, December 1873), p. 11.

16 Aug. 1873

رقم (414)

ملخص للمحادثات

16 أغسطس 1873م

التي جرت بين الرائد جرانت، المساعد الأول للمقيم

والشيخ عيسى بن علي، شيخ البحرين

قال الشيخ: إن ناصر بن جبر جاء إليه يوم أمس قادمًا من الزبارة، وأبلغه بأن هناك سفينة تركية جاءت إلى الزبارة، وبها مسؤول تركي هو حسين أفندي الذي أرسل في طلبه بعد نزوله إلى المدينة، وعندما ذهب ناصر بن جبر لمقابلة حسين أفندي سأله (حسين أفندي) عن السبب في عدم إقراره بالسيادة التركية، فأجابه قائلًا بأنه من أتباع البحرين، وإذا ما كان له أي رأي في تلك المسألة فإن عليه مخاطبة شيخ البحرين.

والآن جاءني ناصر بن جبر طلبًا لمشورتي. والقبائل التي ذهبت إلى الزبارة ذهبت إليها بموافقتي؛ حيث إن هناك اتفاقية أبرمت بيننا، وهم أتباعي.

وإن شقيقي الأصغر عبد الله بن علي، يقيم في قلعة المرير المجاورة للزبارة.

قال المسؤول التركي حسين أفندي، إنه سيذهب إلى العقير ليعود خلال 10 أيام إلى الزبارة.

والآن أود التعرف على رأيك بخصوص الرد الذي ينبغي عليّ أن أقدمه لناصر بن جبر، وهل تعتقد أنه ينبغي عليّ أن أسلمه العلم البحريني ؟

قال الرائد جرانت: هل توجد مستندات تثبت أن قبيلة النعيم تابعة لكم؟

فأجاب الشيخ: نعم عندما كنت شيخًا للبحرين، أقرّ ناصر بن جبر في حضور العقيد بيلي بأنه من أتباعي، وأن هنالك اتفاقية في هذا الشأن.

قال الرائد جرانت: إنه ليس لديه سجلات خاصة بهذه المسألة يمكن الرجوع إليها، لذا فليس بإمكاني إعطائكم الرد إلى أن أتلقى التعليمات من بوشهر، ولكن أرى أنه يُستحسن أن ترسل رسالة إلى المقيم، وأن ترسلها لي لإرسالها له.

Ref.: (Foreign Dept. POLITICAL. A, Progs, 411-428, December 1873), pp. 12-14.

16 Aug. 1873

رقم (417)

ترجمة موجزة للتقرير

16 أغسطس 1873م

الذي أرسله عبدالكريم متعهد الحكومة في البحرين

وصلت إلى قطر في 20 جمادى الآخرة، وعند وصولي علمت أن هنالك سفينة بخارية تركية غادرت المنطقة قبل أربعة أيام، وكان بها مسؤول اسمه حسين آغا بومباشي (Beem Bashi).

وكان معه ما يقل عن مائة جندي، وبرفقته شخص اسمه حسين أفندي، ويُقال إنهم ذهبوا إلى الزبارة لإبلاغ شيخ تلك المنطقة ناصر بن جبر بما يلي:

«إذا ما اخترت التبعية لحكمنا، وأرسلت أحد أتباعك معنا إلى فريك باشا، فإن هذا خير لك، وإذا لم توافق على ما قلناه لك، فسوف ترى ما سيحدث لك».

وقد علمت بهذا في مجلس محمد بن ثاني، كذلك علمت بأن السفينة نفسها ستتوجه إلى عُمان بعد شهر من تاريخ عودتها، كما علمت بأن هناك رسائل قد أرسلت إلى كل من: أبوظبي، والشارقة، ودبي (واللّه يعلم ما إذا كان ذلك صحيحًا أم لا).

الجزء الآخر من التقرير يتعلق بحادثة نهب أحد البانيان المقيمين في قطر، لكن هذه الحادثة لا علاقة لها بمجيء عبدالكريم إلى قطر.

التوقيع/ الرائد تشارلز جرانت

المساعد الأول للمقيم

Ref.: (Foreign Dept. POLITICAL. A, Progs, 411-428, December 1873), p.12.
17 Aug. 1873

رقم (416)
ترجمة لنص الرسالة
23 جمادى الآخرة 1290هـ/ 17 أغسطس 1873م

من: الشيخ عيسى بن خليفة، شيخ البحرين

إلى المقيم في بوشهر

عندما كان العقيد بيلي في البحرين في عام 1286هـ، حضر لمقابلتي ناصر بن جبر شيخ قبيلة النعيم مع أفراد قبيلته وأتباعه في حضور العقيد بيلي، حضر كذلك عيسى بن خليفة، شيخ قبيلة الكبسة مع أفراد من قبيلته، وذهبوا للإقامة في الزبارة.

وفي ذلك الوقت ذهبت سفينة تركية إلى تلك المنطقة، وذهب يوسف أفندي الذي كان يستقل تلك السفينة، لمقابلة عيسى بن خليفة شيخ الكبسة في الزبارة، وقال إننا نرغب في أن نوقع اتفاقية مع الحكومة التركية (أي أن يضعوا أنفسهم تحت العلم التركي)، فأبلغه عيسى بن خليفة بأنه قد عقد اتفاقًا مع شيخ البحرين، وبعد ذلك توجهت السفينة إلى العقير ومنها ستعود إلى قطر فسوف تتوقف في الزبارة لمدة قصيرة.

الآن وصل عيسى بن خليفة إلى البحرين، وطلب حمايته من الأتراك، وقد أبلغت الرائد جرانت بطلبه، فقال إنه يجب إبلاغ العقيد روس بذلك؛ حيث إن الأمر يهمه.

Ref.: (Foreign Dept. POLITICAL. A, Progs, 411-428, December 1873), pp. 11-12.
28 Aug. 1873

رقم (415)
رقم (1074 - 366)
28 أغسطس 1873م - بوشهر

من: المقيم السياسي بالوكالة لصاحبة الجلالة البريطانية في الخليج الفارسي

إلى: المساعد الأول للمقيم السياسي في الخليج الفارسي - البحرين

يُشرفني أن أفيدكم بتسلمي لرسالتكم رقم (37) المؤرخة في 16 أغسطس ومرفقاتها.

2- مرفق بهذه الرسالة ترجمة للرسالة التي تلقيتها من شيخ البحرين على المركب نفسه، وأرجو التكرم بإرسال الرسالة المرفقة التي كتبتها ردًّا على رسالته، وقد تركتها مفتوحة لإطلاعكم عليها.

3- فيما يختص بالمسألة التي طلب الشيخ رأيكم بشأنها، والتي أشرت إليه بالاتصال بي بخصوصها، أي الطلب الذي قدمته بعض القبائل، خاصة قبيلة النعيم التي تقيم في البر الرئيسي، لحمايتهم من الحكومة التركية، أود ملاحظة أنه بالرغم من أنه يبدو أن مسألة السيادة على قطر لم تحسم رسميًّا مطلقًا، فإن هنالك حقيقة هي أن السلطات التركية (العثمانية) في نجد تمارس نفوذًا ما على مجمل الساحل القطري، وإلى حدود العديد.

4- في ظل هذه الظروف، يبدو لي أن الشيخ عيسى لا يملك القوة اللازمة لحماية القبائل المقيمة في قطر، وبالطبع يجب ألا يتوقع تدخل الحكومة البريطانية في مسألة تعد حقوقه فيها أمرًا مشكوكًا فيه، ولم يحسم بعد.

5- وبينما يُلاحظ أن للحكومة التركية نفوذًا ما على الساحل القطري، فمن المحتمل أن تقرر القبائل المتحالفة مع البحرين ما إذا كانت ترغب في البقاء حيث هم الآن، أو أن تنتقل إلى جزيرة البحرين للانضمام إلى العلم البحريني في حالة موافقة الشيخ لهم على ذلك.

6- عمومًا، فإن الأمر متروك للشيخ لكي يُقرر بشأن ماهية الإجراء المناسب له، وأن يرد بناءً على ذلك على طلب شيخ قبيلة النعيم.

7- عادة ما كان العقيد بيلي يوصي شيخ البحرين بأن يلتزم الحياد المطلق في ظل هذه الظروف،

وأن ينأى بنفسه عن أي نزاعات أو حروب أو تعقيدات مسرحها البر الرئيسي، وأن يتجنب كذلك أي تدخل في شؤون الحكومة التركية أو الوهابيين أو غيرهما، لكي لا يمثل ذلك اعتداءً على أي جهة، خاصة الحكومة التركية، وليس بوسع الشيخ أن يفعل سوى التصرف وفقًا لما هو مبيّن أعلاه.

8- ما تقدم هو رأيي، الذي أرجو أن تنقله إلى الشيخ ردًّا على طلبه للمشورة.

9- في حال خشيتك أن الشيخ على وشك أن يورط نفسه في إجراء مخالف لهذه السياسات، فيُستحسن أن تُثنيه عن ذلك بالقول الحسن، وأن تطلب التعليمات بالخصوص إذا لزم الأمر ذلك.

Ref.: (Foreign Dept. POLITICAL. A, Progs, 411-428, December 1873), p.14.
28 Aug. 1873

رقم (418)

3 رجب 1290هـ/ 28 أغسطس 1873م

من: المقيم السياسي بالوكالة لصاحبة الجلالة البريطانية في الخليج الفارسي

إلى: شيخ البحرين

تسلمت رسالتكم الودية في 25 جمادى الآخرة 1290هـ الموافق 17 أغسطس 1873م، وعلمت منها بوصول الشيخ عيسى بن خليفة شيخ قبيلة الكبسة إلى البحرين، وأنك قلت إن الرائد جرانت قد بعث هو أيضًا رسالة، وقال إنك قد استشرته في المسألة، ولقد أبلغت ذلك المسؤول بوجهة نظري بشأن الإجراء الأفضل لكم اتباعه، وقد طلبت منه الآن أن يبلغك بذلك.

أنا واثق أنك ستوافقني الرأي بأن مثل هذه المسائل تستلزم أن تُعالج بحذر وتروّ.

الرائد جرانت سيواصل تقديم نصائحه الودية لكم.

نتمنى الرفاهية والاستقرار لكم ولحكومتكم.

Ref.: (Foreign Dept. POLITICAL. A, Progs, 411-428, December 1873), p.14.

28 Aug. 1873

Ref.: (Foreign Dept. POLITICAL. Part, A, Progs., 105-108, December 1873), pp. 7-8.
29 Aug. 1873

رقم (106)

5 رجب 1290هـ/ 29 أغسطس 1873م- دبي

من: شيخ دبي

إلى: المساعد الأول للمقيم

وددت أن أحضر لمقابلتك، ولكني لم أتمكن من ذلك بسبب مرضي بالحُمّى. أنا أعلم أن ساحل عمان يخضع لحماية الحكومة الإنجليزية، ونحن نتمتع بالأمن لهذا السبب.

قبل عدة أيام ذهب مركب لؤلؤ تابع لبعض أتباعي إلى البدع لشراء مؤن مقابل لؤلؤ، وذهب بحارته إلى البر وهم يحملون كيس لؤلؤ صغير بغرض البيع. قال رجلان من الجنود الأتراك لنوخذة المركب «ماذا لديك؟» فأجابهم «لؤلؤ للبيع»، قالوا له «أرنا إياه» فعرض عليهم النوخذة اللؤلؤ، وسألوه «ما هو سعره؟» قال 850 قيران. عندئذ أخذ أحد الجنديين اللؤلؤ وحاول الهرب فأمسك به النوخذة، وعندما أمسك به، جاء أتراك آخرون وضربوه، وأراد النوخذة أن يذهب إلى بوشهر ليقدم شكواه، ولكن اعترض الغواصون؛ لأن ذلك موسم الغوص، وأن كثيرًا من الوقت سيضيع. الآن كتبت لكم لأبلغكم بالأمر، فإن تدخلت نيابة عنا فحسنًا، وإن لم تتدخل فإنني قادر على أن آخذ حقوقي من أهالي قطر. أبلغتكم بذلك وسأنتظر الرد لمدة شهر واحد وبدءًا من تاريخ اليوم.

بفضل الله وأفضال الحكومة البريطانية؛ فإن كافة الموانئ أصبحت مفتوحة للجميع، ولكن هؤلاء الناس بدؤوا الاعتداء علينا؛ أحلت إليكم هذه المسألة لأننا طرف في اتفاقية مبرمة مع الحكومة. اسم النوخذة سيف بن خلفان، وقد تم نهبه في يوم 2 جمادى الثاني.

هنالك مركب آخر ملك لأحد أتباعي ذهب إلى البدع، وذهب بحارته إلى البر ومعهم لؤلؤة واحدة، سألهم أحد الأتراك عمّا لديهم، فأجابوا لؤلؤة، فسألهم عن السعر قالوا 150 دولارًا وكان وزن اللؤلؤة (18) hubha، فقال التركي إن قيمتها 100 قيران، فطلب صاحبها أن تعاد إليه فوضعها التركي في فمه وجرى، فأوقفه النوخذة، ولكن التركي دفعه، وعلى الرغم من أنه كان ينادي على الناس، لم يقدم له أحد المساعدة. اسم النوخذة ثاني بن محمد.

هنالك مركب آخر باسم نوخذته سيف بن موقيب Mukkeeb ذهب إلى البدع، وسأل تركي نوخذته

ماذا لديك، فقال له لؤلؤة للبيع زنة (3) چاو Chow، وسعرها (40) ريالًا؛ فقال التركي إن قيمتها (30) ريالًا، ولم يتفقا، فوضع التركي اللؤلؤة في فمه، وضرب النوخذة.

هذه الأشياء صعبة للغاية، وليس بإمكاني البقاء صامتًا، فإن لم ترغب الحكومة في بسط الأمن في البحر، أخبروني، كي أرعى شؤوني بنفسي.

مرفق رسالة تتعلق بشكوى سابقة ضد أهالي جارك Chaarack.

Ref.: (Foreign Dept. POLITICAL. A, Progs., 411-428, December 1873), p.16.
2 Sep. 1873

رقم (422)
ترجمة لإفادة الشيخ عيسى بن خليفة
التي قدمها في يوم 9 رجب 1290هـ/ 2 سبتمبر 1873م

قبيلة النعيم وأتباعها كانوا من أتباعي منذ القدم، وكانوا في قطر، ويدفعون لي الجزية إلى ثلاث سنوات خلت، ودفعوا لي مبلغ سنة واحدة عن طريق الرائد الراحل سميث، وبعد ذلك تمرد القطريون وشيخهم محمد بن ثاني، وانتقلوا لحماية طرف آخر، ولكن قبيلة النعيم وأتباعها ظلوا تابعين لي وواصلوا دفع الجزية.

منطقة الزبارة تابعة للبحرين، وهي تابعة للعتوب.

بعد الاطلاع على المعاهدة سيتبين لكم أن الزبارة تابعة لتلك الجزيرة.

أرجو أن يطلع الصاحب Sahib[1] على سجلات العقيد بيلي؛ حيث سيتعرف على ما هو مطلوب مني، وإذا لم يتبين لكم شيئ، أرجو أن يبلغني بما ينبغي أن أتخذه من إجراءات، سواء أكان ينبغي أن أتخلى عن قبيلة النعيم، أم أن أسمح لهم بالإقامة حيث هم الآن.

1 المقصود المقيم السياسي لصاحبة الجلالة البريطانية في الخليج الفارسي؛ حيث كان يُشار له محليًا باسم «الصاحب» (المحرر).

Ref.: (Foreign Dept. POLITICAL. A, Progs, 411-428, December 1873), p. 4.

4 Sep. 1873

حكومة الهند
إدارة الشؤون الخارجية
1873م
سياسي (A)
ديسمبر
الأرقام (411-428)
أحداث البحرين، التحركات التركية على الساحل العربي
قائمة الوثائق

الأرقام (411-419): رقم (1115-135) بتاريخ 4 سبتمبر 1873م من القائم بأعمال المقيم السياسي لصاحبة الجلالة البريطانية في الخليج الفارسي: يحيل نسخة من مراسلات تتعلق بموضوع السيادة التركية (العثمانية) على مناطق وقبائل البر الرئيسي للجزيرة العربية قبالة البحرين، ويقدم ملاحظات في ذات الشأن.

مرفقات بالرسالة أعلاه (أُحيلت إلى العقيد بيلي، في الملف رقم (2324P) بتاريخ 3 أكتوبر 1873م، من أجل تقديم ملاحظاته).

رقم (420): بتاريخ 27 أكتوبر 1873م من العقيد لويس بيلي، ناصر أباد، يُقدم ملاحظات واقتراحات حول الموضوع أعلاه، ردًّا على رقم (2324P) بتاريخ 3 أكتوبر 1873م.

الأرقام (421-424): رقم (1191-147) بتاريخ 19 سبتمبر 1873م من القائم بأعمال المقيم السياسي لصاحبة الجلالة البريطانية في الخليج الفارسي: بالإشارة إلى رسالته رقم (1115-135) بتاريخ 4 سبتمبر 1873م، يُحيل مفادًا مترجمًا لبيان قدمه شيخ البحرين بخصوص ادعائه بحق السيادة على بعض القبائل والمناطق على ساحل قطر.

مرفقات بالرسالة أعلاة (أُحيلت إلى العقيد بيلي في الملف رقم (2552P) بتاريخ 2 أكتوبر 1873م).

رقم (425): بتاريخ 9 نوفمبر 1873م من العقيد بيلي: يعيد الوثائق التي تمت إحالتها في الملف رقم (2552P) بتاريخ 27 أكتوبر 1873م، ويُصرح بأنه لا يرى أن من الضروري تقديم مزيدٍ من الاقتراحات حول هذا الموضوع، كونه قدم سابقًا ملاحظاته حول العلاقات القائمة بين البحرين وقطر.

رقم (426): رقم (2829P) بتاريخ 17 ديسمبر 1873م إلى القائم بأعمال المقيم السياسي لصاحبة الجلالة البريطانية في الخليج الفارسي: يقر باستلام الرسائل المشار إليها، ويُحيل الأوامر المتعلقة بالموضوع المشار إليه فيها؛ أي العلاقات بين البحرين والقبائل على ساحل قطر.

رقم (427): رقم (224) بتاريخ 26 ديسمبر 1873م إلى وزير الخارجية: يحيل نسخة من الرسائل السابقة.

رقم (428): ملخص المحتويات.

Ref.: (Foreign Dept. POLITICAL. A, Progs, 411-428, December 1873), Pp. 9-10.
4 Sep. 1873

رقم (411)

رقم (1115 - 135)

4 سبتمبر 1873م - بوشهر

من: المقيم السياسي بالوكالة لصاحبة الجلالة البريطانية في الخليج الفارسي

إلى: سكرتير حكومة الهند
إدارة الشؤون الخارجية

يشرفني أن أرفق مع هذه الرسالة، نسخًا من المراسلات المشار إليها في الهامش، (رسالة الرائد جرانت رقم 37 المؤرخة في 16 أغسطس 1873 ومرفقاتها، والرد الذي أرسلته تحت رقم 1074-366 بتاريخ 28 أغسطس 1873، والرسالة التي تلقيتها من شيخ البحرين بتاريخ 23 جمادى الأولى 1290هـ الموافق 17 أغسطس 1873، والرد الذي أرسلته تحت رقم 418 بتاريخ 3 رجب 1290هـ الموافق 28 أغسطس 1873)، لعناية صاحب السعادة نائب الملك والحاكم العام في المجلس.

2- أرجو أن يكون مضمون الرد الذي أرسلته إلى شيخ البحرين، متوافقًا مع وجهة نظر الحكومة.

3- مسألة السيادة والحقوق الإقطاعية على المناطق والقبائل المستوطنة في البر الرئيسي للجزيرة العربية قبالة جزيرة البحرين، هي مسألة معقدة ومن المحتمل أن الحكومة ترى صعوبة أو عدم ملاءمة التدخل فيها.

4- على أية حال، فإن تواجد الأتراك (العثمانيين) في ذلك الساحل، أمر يجب إثارته مرة أخرى على ضوء التحركات التي علمنا بها الآن.

5- الرسم الكروكي المصغّر لذلك الجزء من الساحل، قد يُسهم في فهم التقرير الذي كتبته، علمًا بأن العلامات الحمراء تبين مواقع تمركز القوات التركية.

6- يُلاحظ وجود رأس أو بروز ممتد يدعى في إجماله باسم قطر Guttur أو قطر Katr، ومعظم هذا الجزء من هذه الأرض أرض صحراوية، ولكنْ به مراعٍ تكفي لعدد ضئيل من قطعان قبائل البدو. وفي الساحل توجد قرى الصيد كالزبارة وخور حسان والبدع وغيرها وأهمها البدع، والساحل بأكمله يُدعى الساحل القطري والسكان يزيد عددهم تارة وينخفض تارة أخرى.

7- لم يسبق أن استقر الأمر على مسألة السيادة على قطر، وبالطبع فإنها أرض متنازع عليها بين عمان من جهة والسلطات الوهابية من جهة أخرى، وبعد ذلك استوطن فيها العتوب ودان لهم حكم البحرين، وكانوا يتناوبون على دفع الزكاة إلى الأمير الوهابي، الذي نصّب حاكمًا من جانبه على البدع.

8- بعد الاحتلال التركي (العثماني) للأحساء، سقط مجمل خط الساحل حتى العديد في أيدي الحكومة التركية، وقد أرغم الشيوخ كلهم أو تم حثهم على الخضوع للعلم التركي. والبدع أصبحت تحت سيطرتهم عمليًّا، والآن توجد قوات تركية ترابط هناك.

9- في شهر أكتوبر 1871، طلبت حكومة بومباي من العقيد بيلي أن يكتب تقريرًا عن مسألة السيادة على قطر، ولكن العقيد بيلي طلب أن يتم إرجاء المسألة لاحتمال انسحاب الأتراك من نجد.

10- ما تقدّم هو إيجاز للوضع الراهن في قطر، ولا يبدو في الوقت الحاضر أن هناك ما يستوجب الشكوى من تحركات السلطات التركية.

11- دون شك فإن أي تحرك للأتراك إلى الشرق من مواقعهم الحالية، سيعد اعتداءً على الأراضي العمانية وسوف يؤثر على الشيوخ أطراف اتفاقية السلام.

ملاحظة:

أرسلت نسخًا إلى حكومة بومباي، ومكتب الهند مباشرة.

رقم (2324P)

3 أكتوبر 1873م- سيملا

صادقت عليها إدارة الشؤون الخارجية

أُحيلت إلى العقيد لويس بيلي، مع طلب تزويد حكومة الهند بأية ملاحظات يود تقديمها.

Ref.: (Foreign Dept. POLITICAL. A, Progs., 411-428, December 1873), p.16.
11 Sep. 1873

رقم (423)

رقم (44)

11 سبتمبر 1873م

من: المساعد الأول للمقيم في الخليج الفارسي

إلى: المقيم السياسي بالوكالة لصاحبة الجلالة البريطانية في الخليج الفارسي

بالإشارة إلى إفادة الشيخ عيسى، شيخ البحرين، المؤرخة في 9 رجب 1290هـ الموافق 2 سبتمبر 1873م، والتي ادعى من خلالها أن قبيلة النعيم تابعة للبحرين، والتي أُرسلت إليّ لإبداء الرأي، يُشرفني أن أبلغكم بأنني، وبعد الاطلاع على المعاهدات المشار إليها في الهامش (معاهدات إيتشيسون Aitchison، المجلد 7، المعاهدة رقم 72 و 73) قد توصلت إلى الاستنتاجات التالية:

أولًا: لم ترد في المعاهدات أية إشارة خاصة بقبيلة النعيم أو الزبارة، وعلى الرغم من أن المادة (1) من الاتفاقية رقم (72)، اشتملت على إشارة للمناطق التابعة للبحرين، لكنها لم تبين ماهية هذه المناطق.

ثانيًا: من واقع ما نما إلى علمنا من معلومات خلال فترة وجودي في البحرين، بإمكاني القول بأنه في السنوات السابقة كانت قبيلة النعيم والعديد من القبائل المقيمة في قطر، أتباعًا للبحرين بصورة أو بأخرى، ولكن يبدو أن قدر نفوذ حكام البحرين على قطر كان متباينًا طبقًا لتباين قدرة هؤلاء الحكام على فرض نفوذهم، فإذا ما كان شيخ البحرين قويًّا، كانت القبائل تدين له بالولاء، وإذا ما كان ضعيفًا، كانوا ينكرون سيادته عليهم.

رقم (2552P)

27 أكتوبر 1873م- سيملا

أُحيلت إلى المقدم لويس بيلي بواسطة إدارة الشؤون الخارجية مرفقة بالمذكرة رقم (2342P) بتاريخ الثالث من الشهر الحالي.

Ref.: (Foreign Dept. POLITICAL. Part, A, Progs., 105-108, December 1873), p.8.
13 Sep. 1873

رقم (107)

رقم (433)

20 رجب 1290هـ/ 13 سبتمبر 1873م

من: المقيم السياسي لصاحبة الجلالة البريطانية في الخليج الفارسي

إلى: شيخ دبي

عرض عليّ الرائد جرانت رسالتك المقدمة إليه، التي تضمنت شكوى بالنيابة عن نواخذة مراكب تتعلق بأعمال النهب، التي ارتكبت ضدهم في قطر. كما ذكرت فإن الحكومة البريطانية ملتزمة بالمحافظة على الأمن في البحر، وذلك سينفذ بحذافيره؛ حيث سيتضح للجميع من هو الذي يسعى للإخلال بشروط السلام.

ولكن لم تتعهد الحكومة البريطانية مطلقًا، ولن تتعهد بالتدخل في أحداث البر، والأشياء التي ذكرتها حدثت في البر، وعلاوة على ذلك، من الواضح أن السرقات التي حدثت تمت على يد جنود أتراك غير منضبطين، وليسوا خاضعين لسيطرة الشيوخ العرب في قطر.

ومن المعروف تمامًا أنهم أيضًا يتحملون الكثير من المضايقات دون أن يتمكنوا من إيقافها.

لذا، فمن الأفضل لكم أن تُحذِّروا أتباعكم من مغبة النزول في أماكن، قد يتعرضوا فيها لسوء المعاملة على يد أناس لا يستطيع الشيوخ السيطرة عليهم.

أرجو أن تكون بصحة جيدة، وأن تبلغني بأحوالك على الدوام.

Ref.: (Foreign Dept. POLITICAL. A, Progs., 411-428, December 1873), p.16.
18 Sep. 1873

رقم (424)
رقم (1178 - 389)
18 سبتمبر 1873م - بوشهر

من: المقيم السياسي بالوكالة لصاحبة الجلالة البريطانية في الخليج الفارسي

إلى: المساعد الأول للمقيم السياسي في الخليج الفارسي - بوشهر

بالإشارة إلى إفادة شيخ البحرين المؤرخة في 2 من الشهر الجاري، وتقريركم بخصوصها رقم (44) المؤرخ في يوم 11 سبتمبر 1873م، يُشرفني أن أطلب منكم أن تقوموا في الوقت الحاضر، بإعداد الرد على أي استفسارات أخرى للشيخ عيسى بشأن هذه المسألة، طبقًا لما هو مبيّن في رسالتي إليكم رقم (1074-366)، المؤرخة في 28 من الشهر الماضي.

Ref.: (Foreign Dept. POLITICAL. A, Progs., 411-428, December 1873), p.15.
19 Sep. 1873

رقم (421)
رقم (1191 - 147)
19 سبتمبر 1873م - بوشهر

من: المقيم السياسي بالوكالة لصاحبة الجلالة البريطانية
في الخليج الفارسي

إلى: سكرتير حكومة الهند
إدارة الشؤون الخارجية

بالإشارة إلى رسالتي رقم (1115 – 135)، المؤرخة في 4 من الشهر الجاري ومرفقاتها، والتي تتعلق بدعوى شيخ البحرين بشأن السيادة على بعض القبائل والأماكن في الساحل القطري، يُشرفني أن أرفق لكم مع هذه الرسالة نسخة من ترجمة نص الإفادة التي قدمها الشيخ بشأن هذه المسألة.

2- كذلك أرجو أن ترسل لنا نسخة من تقرير مساعد المقيم، ونسخة من الرد الذي أرسلته أنا.

Ref.: (Foreign Dept. POLITICAL. Part, A, Progs., 105-108, December 1873), p. 4.
19 Sep. 1873

1873
حكومة الهند
إدارة الشؤون الخارجية
سياسي (A)
ديسمبر
الأرقام (105-108)
الجنود الأتراك (العثمانيين) يعترضون رعايا دبي في قطر
قائمة الوثائق

الأرقام (105-107): رقم (1190-146) بتاريخ 19 سبتمبر 1873م، من القائم بأعمال المقيم السياسي لصاحبة الجلالة البريطانية في الخليج الفارسي لدى صاحبة الجلالة البريطانية:

يُحيل ترجمة رسالة من شيخ دبي، اشتكى فيها من تعرض رعاياه لبعض عمليات السلب على أيدي الجنود الأتراك (العثمانيين) في قطر، وتوعده بالانتقام، ويطلب تزويده بالتعليمات حول ما إذا كان ينبغي تقديم الدعم للشيخ، في حال لم يتمكن رعاياه من الحصول على تعويضات من المسؤولين الأتراك المحليين.

مرفق الرسالة أعلاه.

رقم (108): رقم (2631P) بتاريخ 31 أكتوبر 1873م إلى القائم بأعمال المقيم السياسي لصاحبة الجلالة البريطانية في الخليج الفارسي لدى صاحبة الجلالة البريطانية:

ردًّا على الرسالة أعلاه، يوافق فيها على رده المرسل إلى الشيخ في هذا الشأن، ويطلب إبلاغ الوكيل السياسي في المناطق العربية التابعة للنفوذ التركي بالوقائع؛ إذ ليس بإمكان السلطات المحلية دفع التعويضات.

Ref.: (Foreign Dept. POLITICAL. Part, A, Progs., 105-108, December 1873), p. 7.
19 Sep. 1873

رقم (105)

رقم (146/1190)

19 سبتمبر 1873م - بوشهر

من: المقيم السياسي بالوكالة لصاحبة الجلالة البريطانية
في الخليج الفارسي

إلى: سكرتير حكومة الهند
الإدارة الخارجية

يُشرفني أن أقدم لكم ترجمة لرسالة من الشيخ حشر بن مكتوم، شيخ دبي، التي يشكو فيها من عمليات نهب حدثت ضد رعاياه في قطر من قِبَل الجنود الأتراك، وهدد بالثأر.

2- مرفق مع هذه الرسالة ردي على الشيخ حشر؛ من المحتمل أن يُلحّ شيخ دبي في سبيل الحصول على رد بشأن كيفية حصوله على التعويضات، وفي تلك الحالة، أرى أن نطلب منه أن يُقدم المتضررين من عمليات النهب شكاواهم إلى السلطات المحلية في المكان الذي حدث فيه النهب.

3- ومع ذلك، سيكون من دواعي سروري أن أحصل على تعليمات الحكومة بشأن ماهية المساعدة التي يمكن تقديمها إلى شيخ دبي، في حال عجز رعاياه عن الحصول على الإنصاف على يد الضباط الأتراك بالمنطقة.

Ref.: (Foreign Dept. POLITICAL. Part, A, Progs., 105-108, December 1873), p.5.
21 Oct. 1873

(C. R. No. 6974)

الجنود الأتراك (العثمانيين) يعترضون رعايا دبي في قطر

أحال العقيد روس نسخة من رسالة من شيخ دبي، اشتكى فيها الأخير من تعرض رعاياه في قطر لبعض عمليات السلب على أيدي الجنود الأتراك (العثمانيين) وتوعده بالانتقام.

رد العقيد روس على رسالة الشيخ في 13 سبتمبر (1873م) بما مفاده أن الحكومة البريطانية لم تتعهد بالتدخل برًّا، وإنما تعهدت بالحفاظ على أمن البحر وستفعل ذلك، فضلًا عن أن عمليات السلب حصلت على ما يبدو على أيدي جنود أتراك متمردين، لا يُمكن للشيوخ العرب في قطر السيطرة عليهم. ونصح الشيخ بتحذير أتباعه من الرسو في المواقع، التي تعرضوا فيها للمعاملة السيئة على أيدي أشخاص لا يُمكن للشيوخ السيطرة عليهم.

وإذا أصر الشيخ، كما هو متوقع، بالمطالبة برد حول كيفية الحصول على التعويضات، فإن العقيد روس يعتزم أن يقترح عليه أن يقوم الأشخاص الذين تعرضوا للسلب بإحالة شكاواهم إلى السلطات المحلية في المنطقة، التي وقعت فيها عمليات السلب.

وطلب تزويده بالتعليمات حول ما إذا كان ينبغي تقديم الدعم للشيخ، إذا لم يتمكن رعاياه من تحصيل حقوقهم على أيدي المسؤولين الأتراك (العثمانيين) المحليين.

التوقيع/ سي. إيه. بي.
1873/10/20م

صاحب السعادة

الرد المشار إليه مناسب تمامًا، ويمكن الموافقة عليه. وإذا لم يكن بإمكان الشيوخ المحليين دفع التعويضات، فقد يقوم العقيد روس بإبلاغ العقيد هربرت بالحادثة؛ كي يعرضها على الباشا في بغداد.

التوقيع/ سي. يو. إيه
1873/10/21م

Ref.: (Foreign Dept. POLITICAL. A, Progs., 411-428, December 1873), p.15.

27 Oct. 1873

رقم (420)

27 أكتوبر 1873م- نصر أباد

من : العقيد لويس بيلي

إلى : سكرتير حكومة الهند

إدارة الشؤون الخارجية

يُشرفني أن أفيدكم بتسلمي لمذكرة مكتبكم رقم (2342P) المؤرخة في 3 من الشهر الجاري، والتي ورد فيها طلبكم؛ بشأن تزويدكم بأية معلومات قد تكون بحوزتي، وتتعلق ببعض ما ورد في رسالة المقيم بالوكالة في الخليج الفارسي، والخاصة بالعلاقات القائمة أو المزمع إقامتها بين البحرين وقطر والحكومة التركية (العثمانية).

2- إن هذه المسألة كانت قائمة منذ زمن بعيد، وفي بعض جوانبها معقدة ومُربكة، وقد طلبت مني حكومة بومباي أن أكتب عنها تقريرًا، وكان ذلك قبل عامين، ولكني طلبت في حينه أن يتم إرجاء النظر في هذه المسألة لعموميتها؛ حيث إن ذلك قد يستوجب إجراء محادثات لا نرغب فيها بيننا وبين المسؤولين الأتراك.

3- حسب علمي فإن الأوضاع السياسية في مناطق الساحل العربي للخليج الفارسي لاتزال كما هي دون تغيير حتى الآن، ولذا فإنني لاأزال أرى ضرورة أن نتجنب بقدر الإمكان الخوض في مسائل السيادة على المناطق، وهي مسألة لا أرى أن لها أهمية في الوقت الحاضر.

4- سبق أن أشرنا في العديد من المناسبات، إلى تأكيدات حكومة الباب العالي الكتابية، التي مفادها أنها لا ترغب في التدخل في استقلال شيوخنا المتصالحين، وبالطبع فإن هذا التصريح العام هو الأقيم لمصالحنا عن أيّة إيضاحات أخرى.

5- عاجلًا أم آجلًا سيحدث أحد احتمالين؛ فإما أن يتواصل العدوان التركي على مناطق شبه الجزيرة العربية على الدوام، وإما أن يتم التخلي عنه، وفي رأيي فإن ذلك سيكون الوقت الذي سنتمكن فيه من التعامل بأقصى درجة من الفاعلية مع مسائل الحدود والسيادة.

6- في الوقت الحاضر، وفيما يختص بدعاوى البحرين بشأن السيادة على قطر، أرى أنه ينبغي أن

تلتزم البحرين بالترتيبات، التي كنت قد أعددتها في شهر نوفمبر 1869، وأنه يجب الإقرار بحقوق البحرين في استخدام مراعٍ معينة ومناطق أخرى في الساحل القطري، ولكن يجب ألاّ ينظر إلى هذه الحكومة بأنها تفوّض البحرين باستخدام الوسائل البحرية لإخضاع أي من موانئ قطر.

7- وفيما يختص بمنطقة العديد، فإنني أرى احتمال أن تكون تابعة لأبوظبي، ولكني سأترك هذه المسألة في طي النسيان إلى أن نتأكد من حقيقة أهداف ونوايا الحكومة التركية، المتمثلة في السعي الدؤوب لاحتلال المناطق الساحلية لشبه الجزيرة العربية، فإذا ما كان ذلك الاحتلال هو مجرد هواية لحكومة الباب العالي، فإن ذلك قد لا يتم؛ حيث إن ذلك هو عادة العديد من الحمقى الشرقيين، ولكن إذا ما أصبح الاحتلال التركي لشبه الجزيرة العربية جزءًا من خطة متفق عليها بين تركيا وروسيا، فإن المسألة ستكون جدًّا خطيرة؛ حيث إن ذلك سيعني أنه سيكون لهم نفوذ طاغ في البحر الأحمر، وفي خليج عُمان، وفي الخليج الفارسي.

أعدنا لكم المستندات المطلوبة.

Ref.: (Foreign Dept. POLITICAL. Part, A, Progs., 105-108, December 1873), p.8.
30 Oct. 1873

رقم (2631P)
رقم (108)
30 أكتوبر 1873م- سيملا

من: وكيل حكومة الهند في إدارة الشؤون السياسية

إلى: المكلف بمهام المقيم السياسي لصاحبة الجلالة البريطانية في الخليج الفارسي

ردًّا على رسالتك رقم (1190-146) المؤرخة في التاسع عشر من الشهر الماضي، فقد تلقيت تعليمات بأن أصرح بأن سعادة النائب والحاكم العام في المجلس يوافق على مضمون الرد الذي تعتزم إرساله إلى شيخ دبي، حول موضوع الشكوى التي قدمها بشأن بعض عمليات النهب، التي تعرض لها رعاياه في قطر على يد الجنود الأتراك (العثمانيين).

2- إذا لم يكن بإمكان الشيوخ المحليين دفع التعويضات فيما يتعلق بعمليات النهب، فمن الممكن إبلاغ الوكيل السياسي في المناطق العربية التابعة للنفوذ التركي بالوقائع، كي يعرضها على الحاكم العام في بغداد.

Ref.: (Foreign Dept. POLITICAL. A, Progs., 411-428, December 1873), p.17.
9 Nov. 1873

رقم (425)

9 نوفمبر 1873م – معسكر أجرا Agra

من: المقدم لويس بيلي

إلى: سكرتير حكومة الهند
إدارة الشؤون الخارجية

سبق أن تشرفت بتقديم ملاحظاتي عن العلاقات القائمة بين البحرين وقطر، استجابة للطلب الذي ورد في مذكرة مكتبكم رقم (2342P) المؤرخة في 3 من الشهر الماضي، ولذا، فإنني أرى أنه لا ضرورة لتقديم أي مقترحات أخرى في هذا الخصوص.

أود أن أرد لكم مع هذه الرسالة، المستندات التي أرسلت مع الوثيقة رقم (2552P) بتاريخ 27 أكتوبر 1873م.

Ref.: (Foreign Dept. POLITICAL. A, Progs, 411-428, December 1873), pp. 6-8.
2 Dec. 1873

أحداث البحرين

التحركات التركية على الساحل العربي

أفاد الرائد جرانت، مساعد المقيم السياسي الأول، في السادس عشر من أغسطس، أن الشائعة التي انتشرت حول تقدم كتيبة تركية من القطيف إلى العقير ليست صحيحة، والحقيقة هي أن مفرزة لا يزيد عدد أفرادها عن 100 جندي انطلقت من القطيف لترافق الضابط التركي حسين أفندي إلى الزبارة، على البر الرئيسي، التي تبعد حوالي 20 ميلًا عن منطقة جنوب البحرين.

وجه الرائد جرانت رسالة إلى العقيد روس مفادها أنه لا يمكنه تكوين فكرة حول الادعاء الذي قدمه شيخ البحرين بحق السيادة على قبيلة النعيم، إلا أنه استنتج من خلال معلومات شفهية أن جُلّ ما مارسته البحرين من سلطة في السنوات الأخيرة على تلك القبيلة هي مجرد سلطة اسمية، هذا إن كانت قد مارست سلطتها عليها أصلًا.

ومن أجل الحصول على معلومات حول الحملة التركية المزعومة على عمان، أرسل الرائد جرانت رسولًا إلى قطر، فأخبره بأن هناك شائعة بأن حسين أفندي توجه إلى الزبارة؛ بهدف إقناع شيخ قبيلة النعيم بقبول التبعية التركية. وقال الرائد جرانت إن ذلك كان مجرد قال وقيل ولا جديد فيه، كما أنه نصح شيخ البحرين بالرجوع إلى العقيد روس بشأن مطالبة قبائل النعيم بحمياتها من الحكومة التركية (العثمانية).

فقال العقيد روس للرائد جرانت إن السلطات التركية في نجد قد عززت نفوذها على ساحل قطر وصولًا إلى حدود العديد، مع أن مسألة السيادة على قطر لم تحسم رسميًّا على ما يبدو. وأضاف أنه يعتقد أن شيخ البحرين لا يملك القوة لحماية القبائل المقيمة في قطر، في حال أراد فعل ذلك، وأنه لا يتوقع من الحكومة أن تتدخل في المنطقة؛ حيث إن الحقوق المتعلقة بها غير مؤكدة. يمكن للشيوخ المتحالفين مع البحرين أن يختاروا بين البقاء في مكانهم أو الانتقال إلى البحرين ليبقوا على حياد تام، في ظل الظروف القائمة، حتى ينأوا بأنفسهم عن جميع المشاكل مع الأتراك (العثمانيين) والوهابيين وغيرهم على البر الرئيسي، وأنه ينبغي على الشيوخ أن يتصرفوا دائمًا على ذلك النحو.

طلب العقيد روس من الرائد جرانت أن يتواصل مع شيخ البحرين فيما يخص طلبه بالحصول على المشورة، وأن يقنعه بعدم العمل خلافًا للنصيحة.

وجّه العقيد روس رسالة إلى الحكومة أعرب فيها عن اعتقاده بأن الحكومة لن تعتبر الخوض في هذه المسألة أمرًا مجديًا أو مناسبًا، لأن مسألة السيادة والحقوق الإقطاعية على المناطق والقبائل في البر الرئيسي للجزيرة العربية قبالة البحرين مسألة معقدة، وقال في هذا الصدد:

«لم يُبت بعد في مسألة السيادة على قطر عمومًا، وربما تكون منطقة متنازعًا عليها بين عمان من جهة، والقوة الوهابية من جهة أخرى. يُقال إن شيخ أبوظبي مارس سابقًا سلطته في قطر، ثم استقر العتوب هناك وسادوا في البحرين، وكان عليهم بالمقابل أن يدفعوا ضريبة العشر للأمير الوهابي، الذي أسس حكمًا خاصًّا به في البدع. ومنذ احتلال الأحساء على يد الأتراك، خضع كامل الساحل الشرقي وصولًا إلى العديد للنفوذ التركي، وأُجبر الشيوخ أو أُقنِعوا عمومًا بقبول الراية التركية (العثمانية)، فاحتُلت البدع فعليًّا، ولاتزال جماعة من الجنود الأتراك متمركزة فيها حاليًا».

وتابع حديثه قائلًا إن العقيد بيلي حصل في أكتوبر من عام 1871 على إذن من حكومة بومباي بتأجيل تقديم التقرير حول مسألة السيادة على قطر، لأنه كان هناك احتمال بأن ينسحب الأتراك من نجد.

واعتقد أن الأوضاع الحالية في قطر قد لا تعطي مبررًا لتقديم شكوى ضد السلطات التركية، إلا أن تحركهم شرقًا أبعد من موقعهم الحالي، سيُعدّ حتمًا انتهاكًا لمنطقة عمان، وبالتالي سينعكس ذلك على شيوخ الساحل المهادن.

أُرسلت هذه الوثائق إلى العقيد بيلي ليُبدي ملاحظاته عليها، فقال إن هذه المسألة قديمة ومحيرة نوعًا ما، وتمسك برأيه الذي أعرب عنه منذ سنتين، نظرًا لعدم تبدل الوضع السياسي على الساحل العربي للخليج الفارسي منذ ذلك الحين؛ وذلك أن علينا في الوقت الحاضر تجنب، قدر الإمكان، طرح مسألة السيادة الإقليمية للنقاش. وأشار إلى تأكيدات حكومة الباب العالي العثمانية الخطية المتكررة بأنها لا تنوي المساس باستقلال شيوخ الساحل المهادن؛ وهو تصريح عام أكثر أهمية من تقديم تفسير مفصل.

سيحين وقت التعامل بشكل فعّال مع مسألتي الحدود والسيادة عندما يتخذ العدوان التركي شكله الدائم أو عندما يتوقف نهائيًّا.

ويرى أنه ينبغي على البحرين الالتزام بالاتفاقيات المبرمة في سنة 1869م، وعلى الرغم من أنها تتمتع ببعض حقوق الرعي وغيرها على ساحل قطر، إلا أنه لا ينبغي اعتبار ذلك على أنه يمكنها الإبحار بهدف السيطرة على أي ميناء في قطر. ومع ذلك لا ينبغي التطرق إلى مسألة تبعية العديد إلى حين تتضح نية الحكومة التركية في سعيها لاحتلال الساحل العربي، وربما تصبح المسألة معقدة جدًّا، إذا تبين أن احتلالها للعديد جزء من مخطط بين تركيا وروسيا؛ إذ إن ذلك يعني بسط النفوذ في البحر الأحمر وفي خليجي عمان وفارس.

وفي تلك الأثناء، قدم العقيد روس وثائق أخرى. وقد أكد شيخ البحرين في الثاني من سبتمبر مجددًا تبعية قبيلة النعيم المقيمة في الزبارة له بموجب المعاهدة، وسأل عمّا إذا كان ينبغي عليه التخلي عنها أو تركها على ما هي عليه.

راجع الرائد جرانت المعاهدات (المجلد 7، رقمي 72 و73)، والذي توصل إلى الاستنتاجات الآتية:

«لا توجد إشارة خاصة في المعاهدات إلى النعيم أو الزبارة، مع أنه ورد في المادة الأولى من رقم 72 ذكر توابع البحرين، إلا أنه لم يرد ذكر تلك التوابع بالاسم».

«وأود أن أقول، نظرًا لما سمعته خلال إقامتي في البحرين، إن قبيلة النعيم كانت منذ بضع سنوات تدين بالولاء هي ومن معها للبحرين، إلا أن حجم السلطة التي مارسها حكام البحرين عليهم قد تفاوت على ما يبدو تبعًا لما يتمتع به أولئك الحكام من قدرة على استعمال القوة للإقناع؛ فإذا كان شيخ البحرين قويًّا اعترفوا بسيادته، والعكس صحيح».

طلب العقيد روس من الرائد جرانت أن يسترشد برسالته السابقة.

أحلنا الوثائق الأخيرة مجددًا إلى العقيد بيلي، لكن لم يكن لديه ما يضيفه على موقفه الذي أعرب عنه أعلاه.

وبات بإمكاننا الآن اعتماد رسائل العقيد روس، المؤرخة في 28 أغسطس، الموجهة إلى شيخ البحرين والرائد جرانت.

التوقيع/ سي. إي. بي.
1873/11/27م

يُمكن اعتماد رسالة العقيد روس المؤرخة في 28 أغسطس، ويُمكن تزويده بنسخة من رسالة العقيد بيلي المؤرخة في 27 أكتوبر؛ وإخباره بأن سعادته في المجلس يؤيد الآراء الواردة فيها، وأنه من المستحسن أن يمتنع شيخ البحرين عن التدخل في المشاكل التي تحدث في البر الرئيسي.

التوقيع/ سي. يو. إيه
1873-12-2م

Ref.: (Foreign Dept. POLITICAL. Part, A, Progs., 105-108, December 1873), p. 17.
17 Dec. 1873

رقم (2829P)
17 ديسمبر 1873م

من : سكرتير حكومة الهند - إدارة الشؤون السياسية

إلى : المقيم السياسي بالوكالة لصاحبة الجلالة البريطانية في الخليج الفارسي

بناءً على التعليمات التي تلقيتها بالخصوص، أود إفادتكم بتسلمي لرسائلكم المشار إليها في الهامش (رقم 1115-135 بتاريخ 4 سبتمبر 1873م، رقم 1191-174 بتاريخ 9 سبتمبر 1873م)، والتي تتعلق بالعلاقات بين البحرين وقبائل الساحل القطري.

2- أفيدكم بأن سعادة نائب الملك والنائب العام في المجلس؛ قد وافق على مضمون رسائلكم المؤرخة في 28 أغسطس الماضي، والمعنونة للرائد جرانت وشيخ البحرين، وقد أرسلنا لكم نسخًا من تلك الرسائل مع أولى رسائلكم التي أشرنا إلى تسلمها أعلى هذه الرسالة.

3- طلبنا من العقيد بيلي أن يُبلغ الحكومة بأية ملاحظات؛ قد يحصل عليها بشأن المسائل التي وردت في رسائلكم، وسأرسل نسخة من ردّه المؤرخ في 27 أكتوبر الماضي.

لقد وافق صاحب السعادة في المجلس على وجهة نظر العقيد بيلي، ورأى أنه يُستحسن أن ينأى شيخ البحرين بنفسه عن التدخل في مشكلات البر الرئيسي، ما أمكنه ذلك.

Ref.: (Foreign Dept. POLITICAL. Part, A, Progs., 105-108, December 1873), p. 17.
26 Dec. 1873

رقم(427)

رقم (224)

26 ديسمبر 1873م- فورت ويليام

من: حكومة الهند

إلى: وزير الدولة لشؤون الهند

إكمالًا لرسالتنا رقم (202) بتاريخ الحادي والعشرين من الشهر الماضي، يُشرفنا أن نُحيل، لعلم حكومة صاحبة الجلالة، نسخة من الوثائق المشار إليها في ملخص المحتويات المرفق حول العلاقات بين البحرين والقبائل على ساحل قطر.

2- وقد أبلغنا المكلف بأعمال المقيم السياسي لصاحبة الجلالة البريطانية في الخليج الفارسي ضرورة امتناع شيخ البحرين قدر المستطاع عن التدخل في المشاكل في البر الرئيسي.

Ref.: (Foreign Dept. POLITICAL. Part, A, Progs., 105-108, December 1873), Pp. 17-18. 26 Dec. 1873

رقم (428)

ملخص محتويات رسالة رقم (224)

26 ديسمبر 1873م

إلى: وزير الدولة لشؤون الهند

1– رقم (224) بتاريخ 26 ديسمبر 1873م إلى وزير الدولة لشؤون الهند لدى صاحبة الجلالة:

يُحيل نسخًا من الوثائق المذكورة أدناه.

2– ملخص المحتويات

3– رقم (1115-135) بتاريخ 4 سبتمبر 1873م من القائم بأعمال المقيم السياسي لصاحبة الجلالة البريطانية في الخليج الفارسي لدى صاحبة الجلالة البريطانية: يُحيل نسخة من مراسلات حول موضوع السيادة التركية على مناطق وقبائل البر الرئيسي في شبه الجزيرة العربية قبالة البحرين، ويُقدم ملاحظاته في هذا الشأن.

4 – من العقيد لويس بيلي، نصر أباد Nusseerabad، 27 أكتوبر 1873م: ردًّا على الرسالة رقم (2342P) بتاريخ 3 أكتوبر 1873م، يُقدم ملاحظاته واقتراحاته حول الموضوع أعلاه.

5– رقم (1191-147) بتاريخ 19 سبتمبر 1873م من القائم بأعمال المقيم السياسي لصاحبة الجلالة البريطانية في الخليج الفارسي لدى صاحبة الجلالة: (أُحيلت إلى العقيد بيلي في الملخص رقم (2552P) بتاريخ 27 أكتوبر 1873م) بالإشارة إلى رسالته (العقيد بيلي) رقم (1115-135) بتاريخ 4 سبتمبر 1873م، يُحيل مفادًا مترجمًا لتصريح أدلى به شيخ البحرين حول حقه في السيادة على بعض المناطق والقبائل على ساحل قطر.

6– من العقيد لويس بيلي، في 9 نوفمبر 1873م: يُعيد الوثائق التي أُحيلت مرفقة بالملخص رقم (2552P) بتاريخ 27 أكتوبر 1873م، مشيرًا إلى أنه لا يرى ضرورة لتقديم أي اقتراح حول هذا الموضوع؛ لأنه قدم سابقًا ملاحظاته حول العلاقات القائمة بين البحرين وقطر.

7– رقم (2829P) بتاريخ 17 ديسمبر 1873م إلى القائم بأعمال المقيم السياسي لصاحبة الجلالة البريطانية في الخليج الفارسي لدى صاحبة الجلالة البريطانية: يُقر باستلام الرسائل المشار إليها، وينقل الأوامر الواردة فيها حول ذات الموضوع؛ أي العلاقات بين البحرين والقبائل على ساحل قطر.

Ref.: (Foreign Dept. POLITICAL. A, Progs., Nos. 171-199, Nov. 1874), p. 10.
12 April 1874

ترجمة عريضة موجهة إلى الصدر الأعظم بتاريخ 25 صفر 1291هـ، (12 أبريل 1874)، من قبل ناصر مبارك، سلمان خليفة، مبارك بن علي، وحانو خليفة، من شيوخ القبائل في جزيرة البحرين

إلى ذروة السعادة، بعد الأخبار السارة بتعيين ف. ألتيس V. Altesse في أعلى منصب بالباب العالي، وهو منصب الصدر الأعظم، ننتهز هذه المناسبة المواتية للتعبير عن كل الارتياح الذي نشعر به، وكذلك التمنيات الحارة التي نتوجه بها إلى الله، من أجل صحة وسعادة وازدهار جلالة السلطان ملكنا المعظم، وكذلك لإنجاح جهود سموكم.

لا داعي للتذكر هنا أن جزيرة البحرين ومحيطها جزء من الدولة العثمانية، التي يدافع عنها ويحكمها السلطان خليفة المسلمين، الذي يُذكر اسمه المجيد باستمرار في صلواتنا في المساجد، وفي الابتهالات والدعوات، وكذلك في جميع دور العبادة الأخرى. لا نتوقف أبدًا عن الاعتراف بأننا رعاياه المتواضعون، تمامًا كما أنه لشرف لنا أن نعترف بالإسلام التي نشعر بالفخر والتقديس له، لذا فمن حسن الحظ أن نكون رعاياه في دولة بلا نهاية، أكثر من لا شيء، نعلنها بصوت عالٍ، الأمر الذي يربطنا بالحكومة البريطانية، أو يَجعلنا نعتمد عليها؛ واقتناعا منا بأن هذه الحكومة ليس لها الحق في أن تمارس علينا أية سلطة، فإننا ندرك أن صاحب الجلالة الإمبراطوري، السلطان وحده له الحق المطلق في معاقبتنا إذا قمنا بأي تصرف على عكس إرادته الإمبراطورية. إنه لأمر مؤسف للغاية أن نرى الوكيل البريطاني هنا يسمح لنفسه بطردنا من أرضنا الأصلية في المناطق المجاورة، وإبعادنا إلى الهند، وأن يقوم محمد بن خليفة، ومحمد بن عبد الله بن خليفة، الذين هم من الرجال الأكثر احترامًا في قبائلنا بمصادرة ممتلكاتنا. بما أن مثل هذه الأعمال غير عادلة بشكل مفرط، وتتعارض مع كل الأسباب، فإننا نطلب بتواضع وتكرار من سموك بسط الجميل علينا، والتأكد من عودتنا إلى أرستقراطيتنا، وكذلك الذين طردوا إلى الهند، وإعادة بضائعنا التي صودرت في البحرين إلينا. علاوة على ذلك، نحن قيد أية أوامر من سموك[1].

1 هذه الوثيقة وردت في الملف باللغة الفرنسية (المحرر).

Ref.: (Foreign Dept. POLITICAL. A, Progs., Nos. 171-199, Nov. 1874), p. 10.
24 June 1874

24 يونيو 1874م- الباب العالي

قلم معالي عارف باشا
إلى صاحب المعالي موسى
السيد السفير

برسالة مستجيبة بتاريخ 8 مايو 1873م أبلغت إدارتي برسالة من اللورد جرانفيل (اللورد جرانفيل إلى موسى باشا في 30 أبريل 1873م) تتعارض مع الأنباء التي وصلت إليكم عن محاولة السلطات البريطانية ممارسة أعمال السيادة على جزيرة البحرين.

كنا نرغب في أن نؤكد ذلك، لكن للأسف هذا ليس صحيحًا، ولكن استمرت تعديات السلطات البريطانية على البحرين، ونأسف أن نلاحظ أنها تنمو أكثر فأكثر، مما يثير الاستياء الكبير بين السكان، الذين تصل شكاواهم إلى الباب العالي، ومرفق ترجمتها، والتي أرسلها بعض شيوخ البحرين إلى الصدر الأعظم، وتوضح المعاملة التي تقوم بها السلطات البريطانية تجاه سكان الجزر المذكورة.

فيما يتعلق بتوسلات الملتمسين، وأخذ وجهة النظر القائلة بأن الباب العالي منذ البداية أبقى في مسألة البحرين فيما يتعلق بالأفعال والادعاءات، التي تتعارض مع حقوق سيد هذه الجزيرة، وقد وجهت إلى الصدر الأعظم لأجل اتخاذ المزيد من المراسلات مع الحكومة البريطانية؛ للحصول على تعويض عن الشكاوَى المنصوص عليها في الالتماس، وفي نفس الوقت ضمان عدم تكرار مثل هذه التعديات مرة أخرى[1].

1 هذه الوثيقة وردت في الملف باللغة الفرنسية (المحرر).

Ref.: (Foreign Dept. POLITICAL. A, Progs., Nos. 171-199, Nov. 1874), p.9.

July. 1874

رقم (172)

يوليو 1874م

وزارة الخارجية- لندن

من: وكيل وزير الدولة للشؤون الخارجية

إلى: وكيل وزير الدولة لشؤون الهند

تلقيت تعليمات من إيرل ديربي بأن أرسل لك النسخة المرفقة من رسالة من وزير الشؤون الخارجية التركي (العثماني)، مرفقًا نسخة من عريضة قدمها بعض شيوخ البحرين، مطالبين بحماية حكومة الباب العالي من الوكيل القنصل البريطاني، ومن المفترض أنهم يقصدون الوكيل السياسي في الخليج الفارسي.

وأرفق كذلك نسخة من رسالة وجهها سيادته إلى سفير صاحبة الجلالة، مقدمًا معلومات حول محادثة أجراها مع السفير التركي حول الموضوع. وأود أن أطلب منك، عند تقديم هذه الوثائق للماركيز سالزبوري، أن تحث سيادته على إجراء تحقيق لمعرفة حقيقة الأمر.

Ref.: (Foreign Dept. POLITICAL. A, Progs., Nos. 171-199, Nov. 1874), p. 13.
10 July 1874

رقم (174)

ترجمة لنص التقرير

25 جمادى الأولى 1291هـ/10 يوليو 1874م - بوشهر

من: محمد بن ثاني - قطر

إلى: المقيم البريطاني في الخليج الفارسي

تسلّمت رسالتكم المؤرخة في 26 ربيع الثاني 1291هـ، وأود إفادتكم بأنه إذا ما قدم لكم أي شخص تقريرًا بشأننا، فإنه غير صحيح مطلقًا؛ حيث إننا لا نخالف تعليمات الحكومة البريطانية مطلقًا، وأرجو ألاّ تشك فينا، فإن مثلكم لا يلتفت لمثل هذه التقارير البتّة.

وأنت تعلم تمامًا بأننا كنا على الدوام نرى أن واجبنا يحتم الالتزام بتعليمات الحكومة من أولها إلى آخرها.

Ref.: (Foreign Dept. POLITICAL. A, Progs., Nos. 171-199, Nov. 1874), p. 14.
12 July 1874

رقم (175)
ترجمة لنص الرسالة
21 جمادى الأولى 1291هـ/ 12 يوليو 1874م – بوشهر

من: محمد بن سعيد البوكوارة - قطر

إلى: المقيم البريطاني في الخليج الفارسي

فيما يتعلق بالأخبار، فإننا لم نتلق في هذه الأيام ما يستحق الذكر، وكل شيء هنا على ما يرام.

تسلّمت رسالتكم المؤرخة في 26 ربيع الثاني، في 17 جمادى الأولى، وفيما يختص بالشؤون البحرية والتحركات والإجراءات المضادة التي ذكرتها، يسرني للغاية أن أعلم باهتمامكم البالغ بهذه المسألة، ولن تجدني أتصرف بطريقة مخالفة لما قلته لك مطلقًا.

أرجو أن تُبلغني بأحوالك على الدوام.

Ref.: (Foreign Dept. POLITICAL. A, Progs., Nos. 171-199, Nov. 1874), p. 9.
22 July 1874

رقم (82)
وزارة الخارجية
22 يوليو 1874م

من: وزير الدولة للشؤون الخارجية

إلى: فخامة السير إتش. إليوت

ترك السفير التركي بحوزتي النسخة المرفقة من رسالة عارف باشا، مع نسخة من عريضة وجهها بعض شيوخ البحرين إلى حكومة الباب العالي، يشتكون فيها من إجراءات القنصل البريطاني، يُعتقد أنهم يقصدون الوكيل السياسي في الخليج الفارسي، ويطالبون بحماية السلطان الذي يدينون له بالولاء.

فقلت في الرد إن حكومة صاحبة الجلالة تنفي ممارسة أية حقوق سيادية على البحرين، لأنها تعتبرها مستقلة. وبالنسبة لادعاءات ارتكاب القنصل البريطاني أعمال عنف، فلم أفهم ما المقصود بذلك، واعتقدت أن هناك خطأ ما، لكني تعهدت بالتحقق من الأمر.

وعليه نقلت رسالة عارف باشا إلى مكتب الهند، طالبًا إجراء تحقيق في هذا الشأن.

Ref.: (Foreign Dept. POLITICAL. A, Progs., Nos. 171-199, Nov. 1874), p. 14.

6 Aug. 1874

رقم (176)

رقم (109)

ترجمة لنص الرسالة

6 أغسطس 1874م - بوشهر

من: أحمد عبد الرسول - البحرين

إلى: المقيم البريطاني في الخليج الفارسي

أبلغنا القادمون من قطر بأن أتباع قبيلة بني هاجر الذين غادروا قطر قبل تسعة أيام قد توجهوا إلى العقير، وقالوا إنهم قد طلبوا من محمد بن ثاني أن يتم تزويدهم ببعض المراكب لنقلهم إلى البحرين، فرفض الأخير وأبلغهم بأنه ليس بإمكانه ذلك.

وفي ذلك الوقت كانت هنالك سفينتان بحريتان راسيتان في قطر، وطلبوا من محمد بن ثاني أن يسمح لهم بأخذ هاتين السفينتين، ولكنه لم يوافق، وقال نوخذة السفينتين المذكورتين أن محمد بن ثاني قد أبلغهم بضرورة توخي الحذر عند مغادرتهم لقطر، لكي لا يقتربوا من البر خشية أن يغتنم بنو هاجر، الذين قد يكونون بقرب الساحل، الفرصة لمهاجتهم.

Ref.: (Foreign Dept. POLITICAL. A, Progs., Nos. 171-199, Nov. 1874), p. 4.

7 Aug. 1874

حكومة الهند

1874م

إدارة الشؤون السياسية

سياسي (A)

نوفمبر

الأرقام (171-199)

أحداث البحرين

قائمة الوثائق

الرقمان (171 و172): رقم (21) بتاريخ 7 أغسطس 1874م من وزير الدولة لشؤون الهند، يُحيل لأخذ العلم نسخة من المراسلات التي جرى تبادلها مع وزارة الخارجية حول العريضة، التي قدمها بعض شيوخ البحرين، مُطالبين بحماية حكومة الدولة العثمانية من الإجراءات، التي يتخذها المقيم البريطاني في الخليج الفارسي هناك، ويطلب تزويده بأية ملاحظات قد تود حكومة الهند إبداءها في هذا الشأن.

الأرقام (173-186): رقم (1000-205) بتاريخ 3 سبتمبر 1874م من المقيم السياسي لصاحبة الجلالة البريطانية في الخليج الفارسي، يُقدم لأخذ العلم تقريرًا حول أحداث البحرين، ويذكر بعض التفاصيل بخصوص ناصر بن مبارك، الذي أشار إليه في رسالتيه رقمي (685-145) و(763-157) بتاريخ 20 مايو و 12 يونيو الماضيين. ويبلغ عن تحركات بعض البدو العرب من قبيلة بني هاجر على ساحل قطر.

الأرقام (187-196): رقم (1039-209) بتاريخ 12 سبتمبر 1874م من المقيم السياسي لصاحبة الجلالة البريطانية في الخليج الفارسي، يُقدم تقريرًا حول أحداث البحرين إكمالًا للرسالة السابقة المشار إليها أعلاه.

رقم (197): رقم (2300P) بتاريخ 21 أكتوبر 1874م إلى المقيم السياسي لصاحبة الجلالة البريطانية في الخليج الفارسي، يُقدم ملاحظات ويصدر أوامر بخصوص الرسائل أعلاه.

رقم (198): رقم (191) بتاريخ 23 أكتوبر 1874م إلى وزير الخارجية، يُقر باستلام الرسالة رقم (21) المؤرخة في 7 أغسطس 1874م، ويُقدم ملاحظات حول عريضة بعض شيوخ البحرين، ويُحيل مراسلات حول إجراءات قبيلة بني هاجر بالقرب من البحرين.

رقم (199): ملخص المحتويات.

Ref.: (Foreign Dept. POLITICAL. A, Progs., Nos. 171-199, Nov. 1874), p. 9.

7 Aug. 1874

رقم (171)

رقم (21)

7 أغسطس 1874م

مكتب الهند - لندن

من: وزير الدولة لشؤون الهند

إلى: حكومة الهند

أُحيل لعلم سعادتكم نسخة من رسالة مؤرخة في يوليو 1874م من وزارة الخارجية، مع المراسلات المرفقة بخصوص عريضة قدمها بعض شيوخ البحرين، مطالبين بحماية حكومة الدولة العثمانية من إجراءات المقيم البريطاني في الخليج الفارسي. سيتضح أن شخصًا واحدًا على الأقل من مقدمي العريضة، وهو ناصر بن مبارك، كان زعيم إحدى الجماعات في اضطرابات سنة 1869م، وأن موضوع العريضة يُشير إلى أحداث تلك السنة. ولكن قبل إعداد رد مفصل على طلب إيرل ديربي بخصوص وقائع الحادثة، يسرني أن أحصل على أية ملاحظات تودون تقديمها في هذا الشأن.

Ref.: (Foreign Dept. POLITICAL. A, Progs., Nos. 171-199, Nov. 1874), p. 11.
7 Aug. 1874

7 أغسطس 1874م

من: وكيل وزير الدولة لشؤون الهند

إلى: وكيل وزير الدولة للشؤون الخارجية

بالإشارة إلى رسالتك المؤرخة في شهر يوليو الماضي، مقترحًا إجراء تحقيق حول ما جاء في عريضة قدمها بعض شيوخ البحرين، مطالبين بحماية حكومة الدولة العثمانية من إجراءات المقيم البريطاني في الخليج الفارسي، فقد تلقيت تعليمات من الماركيز سالزبوري بأن أذكر أنه أحال المسألة إلى حكومة الهند، وسوف يوجه إليك رسالة في هذا الشأن تعرفك برأيه.

مع ذلك، يرى اللورد سالزبوري أن من المناسب أن نُخبر الوزير التركي أن ادعاء مقدمي العريضة بأن البحرين خاضعة لسيادة حكومة الدولة العثمانية،هو ادعاء رفضته حكومة صاحبة الجلالة رفضًا قطعيًّا، ولاتزال ترفض الإقرار به.

Ref.: (Foreign Dept. POLITICAL. A, Progs., Nos. 171-199, Nov. 1874), pp. 14-15.
8 Aug. 1874

رقم (177)

رقم (110)

ترجمة لنص الرسالة

8 أغسطس 1874م- بوشهر

من: أحمد عبد الرسول - البحرين

إلى: المقيم البريطاني في الخليج الفارسي

علمت أن الشيخ عيسى، شيخ البحرين، قد تأكد من أن بني هاجر سيهاجمونه من ناحية البدع؛ حيث إنه علم بأنهم يعبرون الساحل بغرض الاستيلاء على سفنه لاستخدامها في مهاجمة البحرين، وإذا تمكنوا من ذلك فإنهم سيستخدمونها في الحصول على سفن أخري.

تلقى الشيخ عيسى وآخرون العديد من الرسائل من قطر، وكذلك أرسل البانيان في قطر رسائل إلى نظرائهم في البحرين، أكدوا من خلالها المعلومات التي وردت على لسان نواخذة المراكب التي تُبحر من البحرين وإليها.

يُقال إن بني هاجر، الذين ملّوا العيش في البدع، قد جاءوا إلى محمد بن ثاني وطلبوا منه أن يزودهم بالمؤن، وأنه أدهشهم برفض طلبهم، وعندما طلبوا منه أن يقوم بتزويدهم بالمراكب للتوجه إلى البحرين، وأنهم لا يرغبون في الإقامة في البحرين أو حكمها، وأن هدفهم ببساطة هو نهبها وقتل سكانها والتوجه بعد ذلك إلى الساحل الغربي، أو أن يُقتلوا هم، فأجابهم بأنه لن يفعل شيئًا كهذا.

قال القادمون من قطر إن هنالك مركبين تابعين للبحرين راسيين في ميناء البدع، وعندما أشار إليهما بنو هاجر، رفض محمد بن ثاني أن يمكنهم من الاستيلاء عليهما، وبعد أن تم تحذير الشيخ عيسى من خلال الرسائل المباشرة والاتصالات الشفوية عبر أولئك القادمين من قطر، أمر بتجهيز مركب مشوة Mussoowah، وزودها بعشرة من المقاتلين المسلّحين، وأمرهم بالتوجه إلى غرب البحرين، بحيث تحذر مراكب بني هاجر من الاقتراب من الجزيرة، وأمر كذلك بتجهيز جالبوت Jollyboat وزودها بعشرة رجال مسلحين بالبنادق، وبرفقتهم سعيد بن عمير Saaed bin Aamer

مسؤول البازار، وأمره بالتوجه إلى العقير لإبلاغ المراكب التابعة للبحرين بضرورة توخي الحذر من بني هاجر، خشية أن يستولوا على مراكبهم ويستخدموها في الذهاب إلى البحرين، وبعدما أبلغهم بتلك التحذيرات عادت المراكب إلى البحرين، وكذلك فعلت مركب المشوة من دون أن تصادف أي شخص.

إلى جانب هذه المراكب، جاءت مركب بوم Boom (مركب محلي Native Vessel) تابعة لأهالي الكويت، وكانت قادمة من العقير إلى العقارية Agaria، وكانت تحمل ثلاثين من عرب قبيلتي العجمان والمُرّة، وجاء معهم كذلك مركب آخر يحمل 35 شخصًا، وبذلك يكون الإجمالي حوالي 70 شخصًا، (حوالي مائة منهم تخلفوا في العقير Ojair).

لدى مغادرة هذه القبائل للعقير، حذرهم شيخ تلك المنطقة من مغبة العبور للبحرين كي لا يُصاب شيخها بالذعر، ولما لم يتقبلوا نصيحته تحدث معهم بكلمات حادة وعندئذ هجموا عليه، ففر منهم ودخل غرفته وأغلق عليه الباب.

المائة شخص المذكورون أعلاه تمكنوا بصورة أو بأخرى، طبقًا للمعلومات التي نمت إلى علمنا، من الوصول للبحرين، وعلى الرغم من اعتراض نوخذة «المشوة» على نزولهم، فإن السبعين رجلًا قد نزلوا، فانزعج الشيخ عيسى أيمّا انزعاج لنزولهم؛ حيث كان يتوجب عليه إطعامهم، وإلى جانب هؤلاء كان هنالك حوالي أربعمائة (400) من العرب الآخرين متواجدين في البحرين من قبل، وطبقًا للمعلومات التي حصلنا عليها، فإن هؤلاء العرب هم طلائع جيش ناصر بن مبارك المقيم في الأحساء لغزو البحرين والغموض يكتنف أمرهم.

بعد أن تلقى البانيان رسائل نظرائهم في قطر، أصابهم الانزعاج وجاءوا للشيخ عيسى، واستأذنوه لكي يسمح لهم بأخذ ممتلكاتهم والمغادرة، فأجابهم بأنه يخشى أن تتسبب مغادرتهم في انزعاج السكان، وأن تواجه الحكومة نوعًا من الفوضى، وأكد لهم قائلًا إنه يتوجب عليهم أن لا يخشوا شيئًا أو ضررًا يتعلق بأنفسهم وممتلكاتهم ما دام موجودًا، وبعدما اقتنعوا بمبرراته تخلوا عن نواياهم.

اليوم جاء من قطر راشد بن جبر شيخ قبيلة النعيم برفقة 80 رجلًا من أتباعه، وذلك بعد علمهم بمخططات قبيلة بني هاجر لمهاجمة البحرين، وسُرّ الشيخ عيسى لمشاهدة راشد؛ حيث إن قبيلة النعيم من حلفائه، وقد أبرمت معه اتفاقية، فأصبح يثق بهم تمامًا.

علمت أن الشيخ عيسى يرغب في إرسال شقيقه خالد إلى قبيلة النعيم في قلعة المرير، التابعة لوالده كما يقول.

وجهز كذلك مركبه البتيل «سمحة Samhar»؛ كي يُرسل عليها شقيقه الشيخ أحمد مع ثمانين رجلًا من أتباعه المسلحين للإبحار حول البحرين للتصدي لبني هاجر.

وعندما وصلت سفينة الحكومة البخارية «ماي فرير»، ذهب النقيب جوثري لزيارة الشيخ عيسى في منزله، فطلب الأخير من النقيب جوثري أن يُبحر في يوم 14 أغسطس من البحرين إلى البدع و Doubah[1]؛ ليأخذ الشيخ أحمد على السفينة البخارية معه، وذلك كي يُعلِم الناس جميعًا أن هنالك سفينة بخارية حكومية في ذلك الجزء من البحر، ووافق النقيب على طلبه بشرط ألا ينزل الشيخ أحمد في البدع، وقد وافق الشيخ على ذلك، وطبقًا لإفادة النقيب فإن تلك الرحلة ستستغرق ثلاثة أيام.

عندما تجمع البدو وأتباع قبيلة النعيم في البحرين، استدعى الشيخ عيسى شيوخهم، وأبلغهم بأنه ليس بحاجة إلى مجيئهم إلى البحرين، لأن عدوه ليس في البحرين بل في البر الرئيسي، فإذا ما ذهبوا لمهاجمة عدوه في الخارج، وجاء بعضهم بأخبار الانتصار، فإنه سيكافئهم بالهدايا بكل سرور، أو بكلمات أخرى فإنه سيكافئهم بصورة مجزية، وذلك لن يتم بمبلغ يقل عن 3000 قيران.

النقيب جوثري يعتزم الإبحار حول البحرين في حالة تمكنه من الحصول على مرشد مناسب، وقد وعده الشيخ عيسى بتوفير المرشد.

1 لعل المقصود الدويحة. (المحرر).

Ref.: (Foreign Dept. POLITICAL. A, Progs., Nos. 171-199, Nov. 1874), p.15.

8 Aug. 1874

رقم (178)

رقم (111)

ترجمة لنص الرسالة

8 أغسطس 1874م- بوشهر

من: آغا أحمد كاتب الأخبار في البحرين

إلى: المقيم البريطاني

علمت من خلفان بن راشد السودان المقيم في البدع، والذي جاء من قطر، ما يلي:

سلمان بن أحمد، ابن عم ناصر بن مبارك المقيم في قطر مع حمد بن عبد الله، طلب استئجار مركبي البقارة لنقل ثلاثة أشخاص إلى دبي، ولكنني أشك في أن هنالك أمرًا ما في ذلك؛ حيث إن العرب لا يستأجرون مركب بقارة لنقل ثلاثة أشخاص، وأعتقد أنهم يعتزمون نقل بني هاجر في البقارة، ومن ثم الاستيلاء عليها بالقوة والإبحار بها وإثارة الفوضى، سواء من خلال نهب السفن التي قد تصادفهم أم من خلال استخدامها للذهاب إلى البحرين.

يُقال إن بعض بني هاجر مازال في قطر مع حمد بن عبد الله وسلمان بن أحمد آل عبد الله، وعلمت أن بني هاجر لدى مغادرتهم قطر، عرجوا على خور شقيق بغرض الاستيلاء على بعض المراكب.

جاسم بن محمد بن ثاني وصل إلى قطر قادمًا من لنجة، وهو يقدّم المؤن والعون لبني هاجر وإلّا لما ظلوا بالقرب من البدع.

Ref.: (Foreign Dept. POLITICAL. A, Progs., Nos. 171-199, Nov. 1874), p. 16.
9 Aug. 1874

رقم (179)

رقم (112)

ترجمة لنص الرسالة

9 أغسطس 1874م- بوشهر

من: آغا أحمد، كاتب الأخبار في البحرين

إلى: المقيم في بوشهر

وردت أخبار من الأحساء بأنه يُقال هناك إن سعود بن فيصل وشقيقه عبد الله بن فيصل قد اتفقا على أن يبقى سعود في الرياض وأن يبقى شقيقه عبد الله في القصيم.

يُقال إن مبعوثًا من قبل سعود جاء إلى الأحساء لمقابلة قبيلة العجمان، وأنه يرغب في نقل تلك القبيلة إلى منطقته.

علمنا من الأحساء أن ناصر بن مبارك يوجد هناك، وأنه قلق وينتظر الرد على رسالته من بوشهر؛ حيث إن الرد قد تأخر.

«بركة Burgeeah»[1] موجود في الأحساء، واستدان مبالغ من المال من الأهالي لأنه أصبح محتاجًا، وقد أقرضه الناس، وهو يخشى سعودًا أيضًا.

1 هو بركة بن عريعر، متصرف الأحساء (1874-1875م)، وقيل إن اسمه بزيع بن عريعر أيضًا. (المحرر).

Ref.: (Foreign Dept. POLITICAL. A, Progs., Nos. 171-199, Nov. 1874), p.16.

11 Aug. 1874

رقم (180)

رقم (113)

ترجمة لنص الرسالة

11 أغسطس 1874م- بوشهر

من: آغا أحمد، كاتب الأخبار في البحرين

إلى: المقيم في بوشهر

علمت من القادمين من قطر بأن بني هاجر، الذين ذهبوا من البدع إلى الشمال Shumal قد عادوا الآن إلى مناطقهم السابقة، وأنهم دأبوا على مطالبة جاسم ووالده بتزويدهم بالمراكب، وأنهم يرغبون في العبور إلى البحرين، وسألوا جاسمًا عن السبب في امتناعه عن تزويدهم بالمراكب اللازمة لنقلهم إلى البحرين، فأجابهم قائلًا بأنه لا يستطيع ذلك، وعندئذ قالوا له: إن مسألة تزويدنا بمراكبكم أولًا لا تهمنا، وإذا ما تمكّنا من الحصول على مركب واحد فقط، فسوف نذهب للمغاصات ونستولي على المراكب لاستخدامها في مهاجمة البحرين.

وفي اليوم التالي ليوم إجراء هذه المحادثات، كان مركب «بقارة» يرسو في قطر فهجم عليه فجأة عشرة من رجال بني هاجر، وعندما صاح أصحاب البقارة طلبًا للنجدة، تركوها وهربوا. وقد أبلغ محمد بن ثاني مجمل المقيمين بألّا يزودوا بني هاجر بأي مركب؛ هذا، وقد دأب بنو هاجر على ارتكاب عمليات النهب، إلى درجة أنهم نهبوا من منزل المسؤول التركي بعض جوالات الأرز.

بانيان قطر أرسلوا لنظرائهم في البحرين رسائل لإبلاغهم بضرورة توخي الحذر تجاه بني هاجر، لاحتمال مهاجمتهم للبحرين بمجرد امتلاكهم للمراكب.

أصبح واضحًا أن جاسم بن محمد بن ثاني قد نأى بنفسه عن بني هاجر، ولكن لايزال يحتفظ بشيء من العلاقات معهم.

حمد بن عبد الله وسلمان بن أحمد في قطر، ويتبادلان الرسائل من دون انقطاع مع ناصر بن مبارك، وكذلك هناك مراسلات متبادلة بين ناصر بن مبارك وجاسم بن ثاني، وعندما جاء قادمًا من لنجة، جاء مبعوث يحمل رسائل له، فأرسله على الفور، وبعث الردود على تلك الرسائل.

Ref.: (Foreign Dept. POLITICAL. A, Progs., Nos. 171-199, Nov. 1874), pp. 17-18.
14 Aug. 1874

رقم (184)
رقم (38)
14 أغسطس 1874م – البحرين

من: الضابط قائد سفينة صاحبة الجلالة «ماي فرير»

إلى: المقيم السياسي لصاحبة الجلالة البريطانية في الخليج الفارسي

اغتنمت فرصة إرسال هذه الرسالة لكم عن طريق مركب البغلة، التي ستغادر اليوم إلى بوشهر لإبلاغكم بما يلي:

وصلنا إلى الجزيرة في صبيحة يوم 12 (أغسطس 1874م) ووجدنا الناس في حالة ذعر من خشية التعرض لهجوم من أتباع قبيلة بني هاجر المقيمين في البدع.

جاء مائة رجل من العقير والقطيف إلى البحرين خلال الأيام العشرة الأخيرة في مجموعات صغيرة مستخدمين في ذلك مراكب كويتية، لأن مراكب البحرين كان يُحظر عليها نقل الناس إلى الجزيرة (قبيلة العجمان).

قبل ثلاثة أيام استقدم راشد بن جبر خمسين رجلًا من الزبارة، وكانوا من أتباع قبيلة النعيم وجاءوا من تلقاء أنفسهم، ولكنهم قالوا بأنهم جاءوا لمناصرة الشيخ في حال التعرض لهجوم من قبيلة بني هاجر، إلّا أن الشيخ يرى أن الاحتمال الأرجح هو أنهم سيغتنمون فرصة الفوضى التي ستحدث لنهب المنطقة.

قمت بحث البانيان على التروي في مسألة نقل بضائعهم إلى المراكب؛ حيث إن نتيجة ذلك هي بث المزيد من الذعر، وأبلغتهم بأن ينتظروا لعدة أيام إلى أن أتأكد من الأمر بنفسي، وأبلغتهم بأني سأبقى هنا في الوقت الحاضر إلى نهاية الشهر (أنا بحاجة لسفينة حربية هنا) وطلبت من الشيخ أن يُرسل شقيقه معي كي نتوجه اليوم إلى البدع وخور شقيق لتحذير بني هاجر من مغبة التواجد في البحر، ولتحذير أصحاب مراكب الغوص على اللؤلؤ كذلك من عاقبة قيامهم بتسليم مراكبهم إلى بني هاجر.

لن أسمح للشيخ أحمد بالنزول في البدع أو غيرها، لكني سأسمح للسكان بالمجيء لمقابلته.

الشيخ لديه مائتا رجل في حال استعداد، ولكن إذا ما حدثت معركة فإن ما أخشاه هو أن من سيخوضون المعركة أقل من مائة منهم.

وقد جهّز إحدى سفنه الضخمة من نوع البتيل للإبحار، وأبدى رغبته في إرسالها معنا، ولكني أرى أن يتم الإبقاء عليها في البحرين في الوقت الحاضر.

Ref.: (Foreign Dept. POLITICAL. A, Progs., Nos. 171-199, Nov. 1874), p.16.
15 Aug. 1874

رقم (181)

رقم (115)

ترجمة لنص الرسالة

15 أغسطس 1874م- بوشهر

من: آغا أحمد، كاتب الأخبار في البحرين

إلى: المقيم في بوشهر

علمت من القادمين من الأحساء، أن «بركة» متصرف تلك المنطقة قد أمر باعتقال 15 من كبار السن، ويُقال إن السبب في ذلك هو علمه بأنهم من أنصار سعود بن فيصل، وأنهم يتبادلون الرسائل معه سرًّا.

علمت أن سعودًا موجود في الرياض، وأنه يُزمع مهاجمة الأحساء، وقد حشد العرب لهذا الغرض.

وصل قاضٍ من الأحساء مع قافلة هربًا من «بركة».

يُقال إن مناجي Menajee ابن عم «بركة» وصل إلى القطيف قادمًا من الأحساء، وإنه يعمل مندوبًا لتحصيل الإيرادات لصالح «بركة» في القطيف، وهو يقيم الآن في الدمام.

علمنا من القطيف بأن السفينة التي كانت ترابط في رأس تنورة غادرت إلى البصرة، وأن هنالك سفينة أخرى ستحل محلها.

في يوم 21 أغسطس وصلت القافلة قادمة من الأحساء، ويُقال إن ناصر بن مبارك موجود الآن في الأحساء، ولكنه يهم بالمغادرة، ولكن لم تُعرف وجهته.

Ref.: (Foreign Dept. POLITICAL. A, Progs., Nos. 171-199, Nov. 1874), p.17.
23 Aug. 1874

رقم (183)

ترجمة لنص الرسالة

10 رجب 1291هـ / 23 أغسطس 1874م

من: الشيخ عيسى بن علي، شيخ البحرين

إلى: المقيم في الخليج الفارسي

تسلّمت رسالتكم المؤرخة في يوم 6 من الشهر الجاري، وبناءً على طلبكم لأخبار هذه المناطق، أفيدكم بأني وآخرين نتلقى رسائل وأخبارًا شفهية من الأهالي القادمين من قطر على الدوام، وجميعهم أكدوا أن حمد بن عبد الله وأربعمائة من أتباع قبيلة بني هاجر قد احتشدوا حول جاسم بن ثاني في الدوحة التابعة لقطر، وأنهم يعتزمون التوجه للبحرين، وإذا تمكنوا من الحصول على مركب واحد، فإنهم لن يجدوا صعوبة في الاستيلاء على مراكب أخرى في عرض البحر، وسبق لهم أن استأجروا مركبًا تابعًا لعمان، ولكن نوخذتها تلقى تحذيرًا بألّا يعطيهم مركبه فأحجم عن ذلك. وهم لايزالون في طلب المركب، ويوجد بعضهم في خور شقيق، وعندما جاءت سفينة الحكومة إلى هذه المنطقة، وقابلت النقيب جوثري وأبلغته بهذه الأخبار، توصلنا إلى نتيجة مفادها أنه يستحسن أن يتم إرسال سفينة جيدة إلى البدع، وتلك المناطق بغرض إرهاب العدو.

أرسلت شقيقي الشيخ أحمد معه، وعندما وصلوا إلى البدع وبقوا فيها يومًا وليلة، لم يحضر أحد من اليابسة لزيارة السفينة، فطلبوا من شقيق الشيخ أحمد أن يذهب للبر، ولكنه لم يوافق على ذلك، وعندئذ عادت السفينة إلى البحرين بسلام.

بالطبع سيُبلغك النقيب بما علم من البانيان المقيمين في قطر.

الشيخ أحمد يُبلغكم السلام.

Ref.: (Foreign Dept. POLITICAL. A, Progs., Nos. 171-199, Nov. 1874), p.17.

24 Aug. 1874

رقم (182)

رقم (120)

ترجمة لنص الرسالة

24 أغسطس 1874م- بوشهر

من: آغا أحمد، كاتب الأخبار في البحرين

إلى: المقيم في بوشهر

علمت أن البانيان المقيمين في البدع أبلغوا البانيان المقيمين في البحرين، بأنه لدى مغادرة السفينة «ماي فرير» للبدع، أرسل جاسم بن محمد بن ثاني رجلًا مع أحد الأتراك لإبلاغ البانيان بأن وجودهم في البدع لا فائدة منه.

أجاب البانيان حسنًا، وأبلغوه بأن لهم مستحقات في البدع لدى رويتس بن سام Bin Sam's Royts، وأنهم سيغادرون حالما يحصلون على حقوقهم.

علم محمد بن ثاني بهذه الأحداث، وأبلغ البانيان أنه سوف يسوي الأمر مع ابنه جاسم، وعليهم أن يواصلوا أعمالهم.

يقول البانيان المقيمون في البحرين بأن غرض جاسم هو رغبته في طردهم من المنطقة لكي يتولى هو تجارة المنطقة.

يقول أتباع قبيلة النعيم القادمون من قطر، إن مبعوث قبيلة النعيم، الذي جاء لمقابلة شيخهم راشد بن جبر، قد أبلغ بأنه عندما علم أتباع قبيلة النعيم المقيمون في الدوحة بأن راشدًا قد ذهب مع 80 من أتباع قبيلة النعيم إلى البحرين، أصبحوا مسرورين وسعداء، ولذا فإنه لن يدخر وسعًا في التعجيل بالعودة إلى قطر.

راشد يعتزم الآن الاستعداد لمغادرة البحرين مع أتباعه.

الشيخ خالد، شقيق الشيخ علي، الذي اقترح الذهاب إلى قطر للعيش مع قبيلة النعيم قد تخلى عن رغبته.

Ref.: (Foreign Dept. POLITICAL. A, Progs., Nos. 171-199, Nov. 1874), pp. 20-21.
24 Aug. 1874

رقم (186)

رقم (84)

24 أغسطس 1874م - البحرين

من: الضابط قائد سفينة صاحبة الجلالة «هيو روز»

إلى: المقيم السياسي لصاحبة الجلالة البريطانية في الخليج الفارسي - بوشهر

أود إفادتكم بوصول السفينة التي هي تحت إمرتي إلى هذا الميناء بسلام في ظهيرة يوم 23 من الشهر الجاري (أغسطس 1874م).

نظرًا لوجود السفينة «ماي فرير» في الميناء، قمت بتسليم النقيب جوثري رسالتكم المعنونة له، وفي مساء ذلك اليوم ذهبت لمقابلة الشيخ عيسى، وتحادثنا عن الأوضاع الراهنة هنا.

يبدو أنه قد أصبح الآن واثقًا من أن لا شيء يتهدد المنطقة؛ فإن مجرد حقيقة أن هناك سفينة مسلحة ترابط هنا سيكون كافيًا لمنع الهجوم، وكان واثقًا من ذلك، إلى درجة أنه عندما سألته عن مدى الحاجة إلى استخدام مركب حراسة لاعتراض وتفتيش مراكب البقارة التي قد تصل إلى الميناء ليلًا، أجاب بأنه لا يرى ضرورة لذلك.

الإفادة التي أدلى بها بشأن بني هاجر، هي أن هنالك حوالي 300 رجل من أتباع حمد بن عبد الله وسلمان بن أحمد يحتشدون الآن في البدع، وأنهم طلبوا من محمد بن ثاني ومحمد بن سعيد البوكوارة أن يتم تزويدهم بمراكب لنقلهم إلى هنا، ولم يوافق شيخ قطر على طلبهم، لخشيته من انتقامنا من مراكبه إن فعل ذلك، ولكن ابنه جاسم بن محمد، وبالرغم من تصريحه المُعلن عن عدم موافقته على خطتهم للنزول في البحرين، كان قد أشار لهم بأن يتوجهوا عن طريق البر إلى العقير؛ حيث يمكنهم الانطلاق من هناك لتحقيق هدفهم بسهولة، نظرًا لوجود العديد من المراكب في ذلك الميناء.

بنو هاجر ينتظرون الدعم من ناصر بن مبارك الموجود الآن في الأحساء، ولكنه لم يتعرف على عدد أتباعه.

وهو يعتقد أن الغزو سيقتصر على مسألة النهب فحسب، وإذا ما نجح فإنهم سيعودون إلى البر الرئيسي فورًا.

وهذا يتوافق مع المعلومات التي تلقيتها من وكيل الأخبار هنا، وأنا أرى أن الخطر الفعلي قد تم تضخيمه بصورة كبيرة بسبب مخاوف الناس، وأن البانيان يتحملون جزءًا من مسؤولية إثارة الهلع.

عرضت على الشيخ عيسى، إن كان يرى ملاءمة لذلك، أن أذهب إلى العقير لإظهار السفينة، وأن أعود إن أمكن من الناحية الشرقية للجزيرة، وأن أجري محادثات مع شيخ الأحساء، لكي أطلب منه بذل ما في وسعه في سبيل منع نزول الناس في المنطقة الساحلية التابعة له. عمومًا، فيما يختص بهذه المسألة، فإن الأمر متروك لكم لكي تقرروا ما إذا كان ينبغي إرسال التعليمات له عن طريق السلطات في بغداد أم لا.

أنا لا أتوقع حدوث أي متاعب، وعلى ثقة من أن موسم الغوص سينتهي بسلام، فالشيخ عيسى سيتمكن من التحكم في الأمور بنفسه، وإلى ذلك الحين، سنكون بحاجة إلى تواجد سفينة واحدة فقط.

سأداوم على إبلاغك عن مستجدات الأمور كلما سنحت الفرصة.

Ref.: (Foreign Dept. POLITICAL. A, Progs., Nos. 171-199, Nov. 1874), pp. 18-20.
25 Aug. 1874

رقم (185)
رقم (44)
25 أغسطس 1874م - البحرين

من: الضابط قائد سفينة صاحبة الجلالة «ماي فرير»

إلى: المقيم السياسي لصاحبة الجلالة البريطانية في الخليج الفارسي

نظرًا لعلمي بأن الرسالة التي كُنت قد أرسلتها لكم عن طريق مركب البغلة بتاريخ 14 أغسطس، لم تصلكم في الوقت المناسب فأتلقى ردكم عن طريق باخرة البريد التي وصلت إلى هذه المنطقة في يوم 20، فقد رأيت أن يتم إطلاعكم بالأحداث منذ وصولها لأول مرة.

البحرين 12 أغسطس: وصلنا إلى هذه المنطقة في تمام الساعة العاشرة صباحًا ووجدنا المنطقة في حال قلق، وقابلت الشيخ في تمام الساعة الرابعة بعد الظهر، فأبلغني بأنه تلقى رسائل، (أطلعني عليها)، من البدع.

يقول بنو هاجر إنهم لا يعتزمون احتلال البحرين في حال نجاح هجومهم على تلك المنطقة، ولكنهم سيكتفون بالغزو وحمل كل ما قد يستطيعون وضع أيديهم عليه من ممتلكات.

أعلن شيخ البدع أنه لن يسمح لهم باستخدام المراكب، ولكنا نعتقد أنه لا يُمانع في حصولهم على مراكب باستخدام الحد الأدنى من القوة، وبصورة لا تجعله عُرضة للمساءلة.

تتمثل خطة بني هاجر في الحصول على مركب واحد ليذهبوا به إلى منطقة المغاصات، (وكلهم مسلحون)، لكي يجبروا بعض مراكب الغوص على اللؤلؤ الكبيرة على اتباعهم إلى منطقة تم الاتفاق عليها سلفًا.

وهذه هي الطريقة التي استخدمها بنجاح محمد بن خليفة وناصر بن مبارك في عام 1869م؛ حيث تمكنوا من النزول، وقتلوا الشيخ عليًّا، ونهبوا البحرين.

وصل راشد بن جبر قادمًا من الزبارة بصحبة خمسين من أتباع قبيلة النعيم في يوم 10 (أغسطس 1874م)، بحجة تقديم العون لشيخ البحرين. كذلك، في خلال الأيام العشرة الماضية وصل حوالي مائة من أتباع قبيلة العجمان من العقير والقطيف على مراكب تابعة للكويت، وكان مجيئهم على

دفعات تتكون من عشرة أو اثني عشر شخصًا، وقالوا إنهم جاءوا طلبًا للعون. وقد تخوف الشيخ منهم لاعتقاده أنهم جاءوا للنهب في حال حدوث فوضى.

منعت مراكب البحرين من نقل الناس إلى الجزيرة.

أمر الشيخ بتجهيز أحد أكبر مراكبه، وأعدّ مائتي مقاتل، ولكنه يخشى مغبة منع مراكب اللؤلؤ من الإبحار، وذلك لاعتقاده، وكان محقًّا في ذلك، أن منعهم من الغوص في الموسم سيحرمهم من توفير الأغذية لأنفسهم في فصل الشتاء، وبعد انقضاء موسم الغوص، ستزول مخاوفه من بني هاجر؛ حيث سيعود مجمل أتباعه إلى الجزيرة.

بعد الدراسة المتأنية، عرضت على الشيخ أن أصطحب شقيقه الشيخ أحمد إلى البدع والمناطق المحيطة، عبر رأس ركن وإلى العقير إذا لزم، ولن أسمح له بالنزول، ولكني سأمكّنه من إبلاغ الجميع أنه على السفينة، وأن يتصل بنفسه بالمراكب التي تبحر في عرض البحر، وأن يبلغهم أنه سيلاحق أي مركب في البحر في حال وجود بني هاجر عليها، وإذا ما لزم الأمر سأتوقف في البحرين لمدة عشرة أيام، وأتوقف في البدع عند مغادرتي الأخيرة لهذه المنطقة.

وقد طلب أن أمهله بعض الوقت للتفكير في مسألة إرسال شقيقه، ورأيت أن الإجراء الأفضل هو إبلاغ بني هاجر أني هنا، وهنالك حقيقة واحدة أكيدة، وهي أنهم إذا ما نزلوا حال وجودي في الميناء فليس باستطاعتي عمل أي شيء، ولكن إذا صادفتهم في البحر فبإمكاني توقيفهم.

في اليوم التالي لوصولنا، جاء لمقابلتي وفد من التجار البانيان بالمدينة؛ حيث طلبوا مني أن أبقى في البحرين وقرؤوا عليّ رسالة تلقوها من نظرائهم البانيان في البدع، وكانت تتعلق بتهديدات الغزو، وإبلاغهم أن محمد بن ثاني رفض إعطاءهم (بني هاجر) مراكب، ولكنهم هددوا بالاستيلاء على مركب بالقوة والإبحار به للاستيلاء على مراكب أخرى. وأبلغوني كذلك بأنهم قابلوا الشيخ لكي يستأذنوه في مسألة نقل بضائعهم على المراكب، وأنهم جهزوا حوالي خمسة أو ستة مراكب دونجي dondey أو بغلة بالقرب من الشاطئ لهذا الغرض، وأن الشيخ قال لهم: ما مت أنا حيًّا فإن أحدًا لن يمسّهم بسوء، واستحلفهم باللّه ألاّ ينقلوا بضائعهم إلى المراكب؛ حيث إن ذلك سيسيء إلى سمعة الجزيرة، ويسهم في خرابها، وطلبوا مني أن أخاطب الشيخ بشأن إمكانية الموافقة لهم على نقل بضائعهم إلى المراكب دون أن تبحر بها؛ فقد سبق أن تعرضوا للاعتداء على يد بني هاجر، وذلك يكفي.

أبلغتهم بأني سآخذ شقيق الشيخ في جولة إبحار على امتداد الساحل، وأن الأفضل لهم أن يظلوا في أماكنهم كما لو لم يكن هنالك شيء؛ حيث إني كنت متأكدًا أنهم عند شروعهم في نقل بضائعهم سيواجهون المتاعب من قبل أتباع قبيلة العجمان المقيمين في الجزيرة في ذلك الحين،

وأنه يُستحسن أن يظلوا هادئين مهما كانت الظروف لحين عودتي، وبعد ذلك سأكون قد تأكدت بنفسي من كيفية سير الأحداث.

أخذت معي الشيخ أحمد مع خمسة من أتباعه، وعبد الكريم والمتعهد للترجمة وأحد من التجار البانيان، والأخير للاتصال بالرعايا البريطانيين في البر، لكي لا يقول إني قد أنزلت عربًا في أي منطقة من الساحل، وتوجهنا إلى البدع في تمام الساعة الرابعة بعد العصر من يوم 14؛ حيث وصلنا في تمام الساعة الثامنة من صباح يوم 16 (أغسطس 1874م).

أرسلت البانياني إلى البر، وعاد في تمام الساعة الخامسة بعد الظهر، بصحبة ثلاثة من التجار البانيان المقيمين في البدع، وكذلك مبعوث من عبد الله بن ثاني Abdool bin thanee لمقابلة الشيخ أحمد.

المعلومات التي تلقيناها من البانيان لدى دخول السفينة للميناء أحدثت شيئًا من الفوضى بالمدينة، وأرسلنا البانيان للتحري عن المسألة، ولكن لم نتلق أية إجابة.

بعد ذلك جاء القائد التركي لمقابلة محمد بن ثاني في منزله، وأبلغهم بألّا ينزعجوا؛ فما عليهم سوى قول ما يريدون، وأنه سيكتب لهم كلمات قليلة على قطعة ورق، (وبيّن لهم حجمها برأس أصبعه)، وعليهم إرسالها إلى النقيب، وأنه سيرفع المرساة ويُبحر فورًا، بعد ذلك شكره ابن ثاني وأبلغه أن يعود إلى منزله وألّا يزعج نفسه؛ حيث إنه قد تولّى المسألة.

الأتراك لديهم ثلاثون رجلًا هنا؛ معظمهم جنود عرب.

قدم البانيان شكوى مفادها أن محمد بن ثاني فرض عليهم ضريبة، قدرها سبعون دولارًا (2-3-5-7 عل كل منهم)، وأبلغهم ابن ثاني أن تحصيلها سيتم لمصلحة الحكومة التركية، وأنهم سيدفعون حصتهم إلى جانب حصة أتباعه، وذهب هباء حديثهم عن إعفائهم من الضرائب طبقًا لاتفاق سابق، وقال لهم إن لم توافقوا على ذلك، فبإمكانكم أن تغادروا، ولكن ماداموا مقيمين، فإن عليهم دفع نصيبهم.

في البدع، أتباع قبيلة بني هاجر	300
في خور شقيق، أتباع قبيلة بني هاجر	050
في الوكرة، أتباع قبيلة بني هاجر	050
في البدع، قبائل أخرى على استعداد للمساعدة في الغزو	400

قبل عدة أيام؛ استأجر سلمان بن أحمد مركبًا لنقلهم إلى خور العديد، وقال إنه سينقل عشرة أو خمسة عشر من البدو إلى تلك المنطقة في وقت لاحق، وعندما علم محمد بن سعيد البوكوارة

بهذا، أرسل في طلب نوخذة المركب، وأشار عليه بألّا ينقل هؤلاء الركاب؛ حيث إنهم كاذبون، وإن هدفهم الحقيقي هو الاستيلاء على المراكب في عرض البحر.

بعد سماعهم لهذه الإفادة، ذهب بنو هاجر إلى جاسم بن ثاني، وطلبوا منه أن يزودهم بمركب لاستخدامه في الاستيلاء على بعض المراكب، وأخذه إلى خور شقيق، على أن يذهب بنو هاجر في الوقت نفسه إلى تلك المنطقة لمقابلة المراكب، وأبلغهم بأن يلتزموا الهدوء حتى يوم 25 من هذا الشهر؛ فحينئذ يمكنه أن يعطيهم المركب.

علم محمد بن سعيد بذلك، وأبلغ محمد بن ثاني بتصرفات ابنه، وأبلغه في الوقت نفسه، أنه سيستبق ذهابه للبحرين بافتعال معركة لمحاربتي والتخلص مني ومن محمد بن سعيد وأتباعه.

أنت أيضًا تعلم تمامًا مثلي، أن تعليمات السركار[1] تحتم عدم ذهابنا للبحرين أو تقديم العون لأي شخص ليذهب إليها.

نحن ليس بمقدورنا محاربة الإنجليز في البحر، ونحن نكسب عيشنا من البحر، وبإمكانهم منعنا من ذلك إذا ما قمنا بتصرفات خاطئة.

محمد بن ثاني أبلغ البوكوارة أن ما قاله ابنه جاسم، عن محمد بن سعيد، كان في لحظة اندفاع وتحمس، وكان بهدف فرض الأمن في المنطقة، وليس المقصود فصيلًا ما؛ ففي مثل هذه الحالات، عند مجيء سفن الإنجليز إلى هذه المنطقة بسبب حصول بني هاجر على مراكب من البدع، فإن مدافعهم لن تميّز بين المذنب والبريء.

أبلغت البانيان أنه في حال استجوابهم عند عودتهم، يستطيعون القول بأني علمت بتحركات بني هاجر، وأني على استعداد لمنازلتهم في البحر إذا ما صادفتهم فيه، وأني لن أجد صعوبة تُذكر في توقيف مراكبهم.

تم تبادل الرسائل الكتابية والشفهية بين محمد بن ثاني والشيخ أحمد، واقترحا أن يحضر الشيخ أحمد إلى البر، ولم أوافق على ذلك، ولم أر أن هنالك ضرورة لإجراء محادثات بيني وبين ابن ثاني، وبعد أن بقيت في البدع لمدة أربع وعشرين ساعة، عدت إلى البحرين، ووصلت إليها في صباح يوم 19 (أغسطس 1874م)، وقمت بجولة بمحاذاة الساحل في مياهٍ عمقها يتراوح بين 3 و4 قامات، حتى وصلت إلى الزبارة، وكنت أبحر بسرعة أربع عُقد في الساعة وأتوقف في المساء، لكي تعلم مراكب اللؤلؤ ومجمل المدن الساحلية أن السفينة توجد بالساحل، وأن حركتها البطيئة يتضح منها عدم العجلة، بل مراقبة شيء ما.

1 السركار هو المقيم السياسي البريطاني في الخليج العربي. (المحرر).

Ref.: (Foreign Dept. POLITICAL. A, Progs., Nos. 171-199, Nov. 1874), p. 31.
25 Aug. 1874

رقم (195)

رقم (85)

25 أغسطس 1874م - البحرين

من: الضابط قائد سفينة صاحبة الجلالة «هيو روز»

إلى: شيخ الأحساء

علمت أن هنالك بعض الأشرار من قبيلة بني هاجر المقيمين الآن في قطر، تحت إمرة حمد بن عبد اللّه وسلمان بن حمد، يعتزمون القيام بحملات سلب ونهب ضد سكان البحرين، وإنهم يرغبون في الحصول على مراكب لنقلهم، انطلاقًا من ميناء العقير، لذا أرجو بكل احترام أن تقوم بإبلاغهم اعتراضك على مثل هذه الأفعال، وأن تُحذّر أصحاب المراكب في العقير من مغبة الموافقة على استخدام مراكبهم لمثل هذا الغرض، وأن تحذرهم كذلك من احتمال تعرضهم لمكائد بني هاجر.

تمّ إبلاغ المسألة للمقيم، وسوف أرسل له نسخة من هذا الطلب.

Ref.: (Foreign Dept. POLITICAL. A, Progs., Nos. 171-199, Nov. 1874), pp. 24-26.
2 Sep. 1874

رقم (188)

رقم (85)

2 سبتمبر 1874م - البحرين

من: قائد سفينة صاحبة الجلالة «هيو روز»

إلى: المقيم السياسي لصاحبة الجلالة البريطانية في الخليج الفارسي

يشرفني أن أقدم لكم الملخص التالي للإجراءات التي تم اتخاذها هنا بعد أن أرسلت لكم رسالتي الأخيرة في يوم 24 من الشهر الماضي؛ بدءًا من ذلك التاريخ وحتى يوم 29 من الشهر، كانت الأحوال هادئة في كافة المناطق، ولم تتلق البحرين أية معلومات عن تحركات بني هاجر.

في حوالي الساعة السابعة والنصف من مساء يوم 29، وصل إلى هذه المنطقة ثلاثة رجال قادمين من ساحل قطر، وأفادوا بأن ثلاثمائة من أتباع القبيلة أعلاه، تمكنوا من الاستيلاء على ستة مراكب في البدع وتوجهوا إلى خور شقيق في طريقهم إلى البحرين.

وعندما علمت بذلك، توجهت على الفور لمقابلة الشيخ عيسى، وعلمت منه أن ميرزا أبا القاسم أبلغه بذلك، كذلك وجدت أن البانيان وعددًا من رواة الأخبار الذين قابلتهم كانوا شغوفين بتحري الدقة عند تناولهم لتلك الأخبار.

المعلومات التي تلقيتها من الشيخ عيسى كانت مطابقة لما ذكرته أعلاه، وبعد ذلك قمت بتقديم المقترحات التالية التي وافق عليها الشيخ وتعهد بمساعدتي في تنفيذها.

أولًا: أن يقوم على الفور بإرسال مراكب لحماية المحرّق.

ثانيًا: أن أتوجه خلال الليل إلى ناحية رأس ركن في سفينة صاحبة الجلالة التي ستكون تحت إمرتي، (إن أمكن)، لاعتراض المراكب، وأن يرسل الشيخ معي ممثلًا له ومرشدًا، والذين جلبوا الأخبار، والذين سبق أن شاهدوا المراكب وبإمكانهم التعرف عليها.

ثالثًا: أن تتم إضاءة العوامات الإرشادية ليلًا للإرشاد إلى المسار المؤدي للميناء.

الشيخ ما كان يرى ضرورة لبقاء مركب مسلح في الميناء، ولكني على الرغم من ذلك كنت أخالفه

الرأي؛ فقد كنت أرى ضرورة لذلك، لكي أتمكّن من إرسال السيد كتبيرت الضابط الأول في السفينة، مع بعض جنود البحرية والبحارة، ومدفع للقذائف عيار 6 أرطال من نوع ويتويرث Whitworth على سفينة البغلة بدري Badrie إلى قبالة ميناء لنجة، لتبقى هناك خلال مدة غيابي، مع تزويدها بالتعليمات التي تقضي بأن تقوم بتقديم الدعم اللازم للشيخ عيسى، والرعايا البريطانيين.

وحيث إن الشيخ عيسى كان يرى أن بني هاجر سيبدؤون التحركات من البحرين بغتة، طلبت منه أن يعمل على تجهيز مراكب صغيرة لمقابلتي في الطرف الجنوبي لفشت الديبل، لإبلاغي عما إذا كان هنالك مراكب مريبة مرت خلال الليل، لكي أعود إلى البحرين على الفور في تلك الحالة.

في تمام الساعة الثالثة مساءً، أبحرت بالقرب من الطرف الجنوبي لفشت الديبل متجهًا إلى رأس ركن، وعندما وصلنا إلى مشارف «قطعة جرادة»، لفت انتباهي أحد المخبرين إلى وجود مركبين في مكان متاخم للشعاب، فتوجهنا نحوهما، وأحدهما رفع الشراع وذلك قطعًا لتجنبنا، فأطلقنا النار ناحيتها وجئنا بها لكي نصعد إليها ووجدنا أنها سفينة تجارية مسالمة.

بعد ذلك أبحرنا باتجاه ساحل قطر، وعندما وصلنا إلى قبالة خور حسان شاهدنا مركبًا يُبحر حول رأس ركن، وبعد أن شاهدونا قاموا على الفور بتغيير اتجاههم وجنحوا بمركبهم لشاطئ الرويس، وشاهدت بوضوح شخصين يقفزان من جانب المركب ويتوجهان إلى البر، عندئذ وجّهت مركب المدفعية إلى ناحيتهم، وأطلقت طلقة في اتجاههم، فانطلق جزء من البحارة إلى ناحيتنا في مركبهم الصغير، وصعدوا إلى سفينتنا.

في أول الأمر قال أتباع الشيخ كلهم إن ذلك المركب من ضمن المراكب التي نحن نلاحقها، لذا فقد أرسلت الضابط الثاني في السفينة لجلب بقية البحارة إلى السفينة قبل أن ندمِّر المركب، ولكن قبل أن يتم ذلك، غيَّر ممثل الشيخ رأيه، لذا فقد منحناهم مَزِيَّة الشك وأخلينا سبيلهم ليعودوا إلى سفينتهم، وبعد ذلك أبحرنا بمحاذاة الساحل إلى «فويرط»؛ حيث أبلغنا ركاب مركب صيد أن هنالك ثلاثة مراكب يستقلها بنو هاجر في تلك المنطقة، وقد تبين أن تلك المعلومات لم تكن صائبة، وألقينا المراسي عند حلول الليل، ولكوني متأكدًا أنه لا توجد سفن قد تمكنت من تجاوزنا إلى ناحية البحرين، رأيت من الأجدى أن نواصل الإبحار في اليوم التالي للبحث في خور الذخيرة وخور شقيق، ولكن لم نجد أي مركب، وفي منطقة خور شقيق علمنا أن بني هاجر علموا بأمر مدافعنا في مختلف مناطق شبه الجزيرة، فتركوا المراكب واستأنفوا رحلتهم بالجمال لمهاجمة الزبارة.

أعيدت المراكب التي أخلاها بنو هاجر إلى البدع بمجرد مغادرتهم لها؛ أي إلى المنطقة التي أخذت منها، ولم أكن أرى ضرورة لتعقبهم لأكثر من ذلك، لعلمي أن بني هاجر قد أجبروا بحارتها على التخلي عنها، وبعث ميرزا أبو القاسم رسالة احتجاج إلى شيخ البدع وعدنا نحن إلى البحرين، حيث وصلنا إليها في صبيحة اليوم الأول من الشهر الجاري.

انخفضت حدّة التوتر إلى حد كبير، وذلك على الرغم من أن الأنشطة التجارية كانت لاتزال متوقفة، وأن العديد من المسلحين كانوا يجوبون الطرق، وأمر الشيخ بإعادة بعض مراكب اللؤلؤ.

مساء يوم أمس تلقينا من الزبارة أنباء مفادها أن بني هاجر أصبحوا على وشك مهاجمة الزبارة، وسأذهب إليها اليوم بناءً على طلب الشيخ عيسى لعرض السفينة، وسأوافيكم بتفاصيل الرحلة بعد عودتي.

Ref.: (Foreign Dept. POLITICAL. A, Progs., Nos. 171-199, Nov. 1874), p. 28.
2 Sep. 1874

رقم (191)
ترجمة لنص الرسالة رقم (123)
2 سبتمبر 1874م- بوشهر

من: آغا أحمد عبدالرسول، كاتب الأخبار في البحرين

إلى: المقيم في بوشهر

أفاد القادمون من قطر بأن أتباع قبيلة بني هاجر، ومعهم حمد بن عبد الله، وسلمان بن أحمد، وبعض أتباع قبيلة المُرَّة مع الأمير الذي عيّنه بزيع في قطر، ومتصرِّف الأحساء وأتباعه الثلاثون، ويبلغ عددهم الإجمالي حوالي 500 رجل، قد وصلوا إلى خور شقيق، وقد جاء بعضهم عن طريق البحر، والبعض الآخر عن طريق البر، ويُقال إنهم تلقوا الدعم من جاسم بن ثاني.

وفي خور شقيق شاهدوا مركب المشوة التابعة لعبدالكريم، المقيم في بوشهر، والذي يقيم الآن في البحرين، وتعقبوها واستولوا عليها، ونهبوا منها ما يزيد عن ألفي دولار والأشياء الخاصة بمحمد بن ثاني، وتمورًا وأقمشة خاصة بالبانيان وأهالي البحرين.

وبعد ذلك توجهت المشوة إلى ناحية البدع، ولكن عندما شاهد بنو هاجر السفينة الحكومية «ماي فرير»، غيّروا وجهتهم إلى خور شقيق، ونزلوا فيها وهربوا إلى البر الرئيسي.

أعيد المبلغ المنهوب، وكان يزيد على ألفي دولار إلى جاسم، على يد بني هاجر.

يُقال أيضًا إن جاسم بن ثاني قد أبلغ بني هاجر أنه عليهم أن يهاجموا الخارجين عن طاعته في الزبارة، أو أن يتوصلوا معهم إلى اتفاق، وقد ذهب بنو هاجر الآن لمهاجمتهم في الزبارة.

الرسائل التي تلقاها بانيان البحرين من البانيان المقيمين في قطر، جاء فيها أن جاسم بن ثاني والأمير الذي عينه «بزيع» قد أبلغوهم بضرورة مغادرة البدع، وأن مفاتيح محلاتهم التجارية أخذت منهم، وقد وافق البانيان على المغادرة بعد الحصول على إقرار كتابي مفاده أن تبقى بضائعهم التي توجد في السوق في مكانها دون أن يمسها أحد، ولكن ذلك لم يجد قبولًا، كذلك نصحوا بانيان البحرين بأن ينقلوا ممتلكاتهم إلى المراكب، نظرًا لتأكدهم من مهاجمة بني هاجر للبحرين.

Ref.: (Foreign Dept. POLITICAL. A, Progs., Nos. 171-199, Nov. 1874), pp. 28-29.
2 Sep. 1874

رقم (192)
ترجمة لنص الرسالة رقم (122)
2 سبتمبر 1874م- بوشهر

من: أحمد عبدالرسول، وكيل الأخبار في البحرين

إلى: المقيم في بوشهر

أفيدكم بأني كنت قد أبلغتكم في رسالتي رقم (121) أن الشيخ عيسى كان بصدد إرسال إحدى سفنه وعليها بعض أتباعه لدعم أهالي الزبارة، وفي ذلك الوقت علمنا أن بني هاجر قد وصلوا إلى خور شقيق، لذا فقد أرسل الشيخ عيسى مركبًا لاستدعاء أتباعه من الغواصين على اللؤلؤ للعودة إلى البحرين، وقد جاء معظمهم.

علمت أن 80 رجلًا من أتباع قبيلتي النعيم والكبسة استقلوا مركبين؛ هما سمكان Somkan وجلوة Jalwa، برفقة الشيخ أحمد بن علي وخالد بن علي، بغرض النزول في الزبارة، وأن إرسال هذين المركبين قد تم بناءً على التعليمات التي أصدرها الشيخ عيسى، للحيلولة دون قيام بني هاجر بالاستيلاء على مراكب قبيلة الكبسة والقبائل الأخرى، تمهيدًا لغزو البحرين، ولكن عندما يعلم بنو هاجر بالاستعدادات التي كانت تجرى للدفاع عن الجزيرة، فإنهم بالطبع سيفقدون حماستهم ويتخلون عن مخططهم.

السفينة «هيو روز» ذهبت إلى الزبارة اليوم، ووصلت إلى وجهتها في المساء.

تمكن بنو هاجر، بالتعاون مع حليف (أو شريك) لبزيع، من احتلال قلعة الزبارة والتغلب على المدافعين، وعندما اقتربت السفينة «هيو روز» وأطلقت نيرانها بعد وصول بني هاجر، فرّوا للحاق برفاقهم الذين كانوا يحاصرون قلعة أخرى هي قلعة المرير، وتواصلوا فيما بينهم خلال الليل بأكمله، وعند الفجر اقتربت السفينة «هيو روز» من منطقة الإنزال في اللحظة التي أوشك فيها المحاصرون على الاستسلام نظرًا لقلة عددهم، وقد أزعج اقتراب السفينة الإنجليزية بني هاجر إلى درجة أنهم فروا نحو المناطق الداخلية.

يُقال إن نائب بزيع (بزيع هو شيخ الأحساء كما أعتقد) وشيوخ بني هاجر كانوا قد أرسلوا رسائل إلى

أهالي الزبارة قبل قيامهم بمهاجمة القلاع، وكان مفادها أنهم سَيَسْلَمون في حال عدم المقاومة، وأن الغرض من مجيئهم للمنطقة هو تيسير عملياتهم ضد البحرين، وقد مزّق أهالي الزبارة تلك الرسالة وأسروا حاملها.

السفينة «هيو روز» عادت إلى البحرين في يوم 4 سبتمبر.

قيل إن الشيخ أحمد في منطقة لا تبعد كثيرًا عن مكان يقع في شرق البحرين، في انتظار أن يتم استدعاؤه، وقد عاد إلى البحرين في يوم 6، وقد علمت أنه عندما وصلت التعزيزات لحامية المرير، انطلقوا للأمام وتعقبوا بني هاجر الهاربين لمدة ثلاث ساعات، وعندما تمكنوا منهم في آخر الأمر، نشبت معركة بينهم، وقتل خمسة وعشرون رجلًا من العدو، وجرح العديد منهم، كما قُتِلَ ثلاثة من أتباع نائب «بزيع»، وعندما التمس بنو هاجر السلام أجيب طلبهم، وبعد أن حملوا موتاهم وجرحاهم على الجمال، غادروا دون أن يتعرض لهم أحد، وغنم أهالي الزبارة اثني عشر جملًا ومبلغًا ضئيلًا من النقود، وجُرح ثلاثة منهم. ومن المحتمل أن يكون بنو هاجر قد رحلوا باتجاه البدع.

Ref.: (Foreign Dept. POLITICAL. A, Progs., Nos. 171-199, Nov. 1874), pp. 12-13.
3 Sep. 1874

رقم (1006 - 205)

3 سبتمبر 1874م - بوشهر

من: المقيم السياسي لصاحبة الجلالة البريطانية في الخليج الفارسي

إلى: سكرتير حكومة الهند - إدارة الشؤون الخارجية

يُشرفني أن أقدم لعناية صاحب السعادة نائب الملكة والحاكم العام للهند في المجلس، التقرير التالي بشأن البحرين.

2- في رسالتيّ رقم (685 – 145) و(763–157) المؤرختين في 29 مايو و12 يونيو الماضيين (1874م)، سبق أن كتبت لكم بشأن المخاوف التي نشأت من جراء التحركات العدائية ضد البحرين من قبل ناصر بن مبارك، والرسالة التي أرسلها لي بصورة غير مباشرة.

3- في رسالتي المؤرخة في 12 يونيو، كنت قد أبلغتكم بوجهة نظري المتمثلة في أنه، وبالرغم من كونه من المستحسن، أن يخصص شيخ البحرين بعض المال لناصر بن مبارك بشرط أن يقيم خارج البحرين، فإن هذا الأمر متروك لذلك الشيخ، كما أبلغتكم أني قد امتنعت عن تبادل أية مراسلات مع ناصر في هذا الصدد.

4- عندما كنت في طريقي إلى مسقط في شهر يونيو الماضي، تمكنت من مقابلة الشيخ عيسى، واغتنمت تلك الفرصة لإبلاغه بالرسالة التي تلقيتها من ناصر، وعلمت أن الشيخ لم يتلق أي مقترحات مماثلة من أقاربه، وأنه يعارض إجراء أية تسوية مع ناصر، وقد أوضحت للشيخ أني قد ذكرت له تلك الملابسات لمجرد العلم لا غير.

5- تبيّن لنا أن ما يُقال عن تحركات ناصر باتجاه ساحل البحر هي شائعات لا أساس لها من الصحة، والشيخ لايزال مقيمًا في الأحساء.

6- بعد إكمال مهمتي التي توجهت من أجلها إلى مسقط، عدت إلى الخليج الفارسي على السفينة «ماي فرير»، وذهبت أولًا إلى ساحل القراصنة، وإلى البحرين بعد ذلك؛ حيث قابلت شيخ الجزيرة مرّة ثانية في 5 أغسطس.

7- في هذه المناسبة، وجدت أن هناك توترًا بسبب التحركات النشطة لبعض البدو العرب أتباع

قبيلة بني هاجر في مناطق الساحل القطري، وأن هنالك مخاوف من أن تتمكن مجموعة من هؤلاء البدو من الحصول على مراكب تمهيدًا لغزو الجزيرة.

سبق لي أن أرسلت رسائل إلى كبار الشيوخ بمناطق الساحل القطري، وهم محمد بن ثاني شيخ البدع، ومحمد بن سعيد البوكوارة، وجاسم بن محمد بن ثاني؛ حيث حذرتهم من مغبة استخدام المراكب التابعة لمناطقهم في أعمال القرصنة، وكانت الردود التي تلقيتها مُرضية، ويبدو أن شيخ البدع قد تصرّف بفعالية، وكان وسيلة لمنع بني هاجر من الحصول على مراكبك في تلك المنطقة. شيخ البحرين لم تكن لديه مخاوف في وقت زيارتي، وأبلغته بضرورة توخي الحذر بنفسه، وتعهدت له بزيارة السفن الحكومية لمنطقته من حين لآخر.

8- بعد وصولي إلى بوشهر، أرسلت السفينة «ماي فرير» في طريق عودتها إلى مسقط، وأبلغت النقيب جوثري بضرورة التوقف في البحرين والبقاء فيها لمدة خمسة أيام، وأن يتوجه بعد ذلك إلى مسقط ما لم يكن هناك ما يستوجب بقاءه في البحرين لمدة أطول.

9- بعد وصول النقيب جوثري إلى البحرين في 12 أغسطس، وجد أن الذعر قد أصاب أوساط التجار بكافة فئاتهم وكذلك الآخرون، وذلك لخشيتهم من التعرض لهجوم من قِبَل بني هاجر، وبناءً على ذلك؛ من المرجح أن يكون قد قرر البقاء في البحرين في انتظار تعليمات أخرى، وقد أبلغ عن الأوضاع السائدة والإجراءات التي اتخذها لتخفيف حِدّة التوتر، وتعزيز مساعي الشيخ في سبيل منع حدوث الغزو المعتزم.

10- بعد تسلّم تقرير النقيب «جوثري» بشأن الأوضاع المضطربة، أرسلت السفينة «هيو روز» إلى البحرين.

11- من واقع مختلف التقارير التي وردت إلينا، يبدو أن ما يلي هو حقيقة المسألة:

تجمع حوالي (300) أو (400) من أتباع قبيلة بني هاجر في مناطق الساحل القطري، وسعوا بهمة في سبيل الحصول على مراكب لاستخدامها في القرصنة ضد البحرين، وكان مع هؤلاء البدو اثنان من أقارب ناصر بن مبارك؛ هما حمد بن عبد الله (عمه)، وسلمان بن أحمد (ابن عمه)، ولكن يبدو أن الهجوم المزمع كان بغرض نهب البحرين، وليس بغرض احتلالها بشكل دائم.

جاء بعض العرب في مجموعات صغيرة للغاية من مناطق البر الرئيسي إلى البحرين، بزعم تقديم العون للشيخ عيسى، ولكن من المرجح أن ينضم العديد من هؤلاء إلى الهجوم.

عرب قطر، محمد بن ثاني ومحمد بن سعيد، سعيا في سبيل منع حدوث القرصنة المزمعة، ومنعا أتباع قبيلة بني هاجر من الحصول على المراكب، وعلى الرغم من ذلك فإن هنالك شكوكًا في أن

جاسم بن محمد نجل شيخ البدع، كان يناصر البدو سرًّا. مرفق مع هذه الرسالة نسخ من التقارير المشار إليها في الهامش.

12 - لاشك في أن ظهور السفينة «ماي فرير» في الوقت المناسب، والإجراءات الحاسمة الفعّالة التي اتخذها النقيب جوثري لدعم الشيخ، كان لها أثر كبير، وأود أن أوصي باستحسان تصرف هذا الضابط لدى الحكومة.

13 - من واقع التقرير الذي أرسله النقيب كامبل Campbell، قائد السفينة «هيو روز»، بتاريخ 24 أغسطس، يبدو أن مخاوف الشيخ عيسى من الهجوم قد تلاشت، وأنا على ثقة أن التقارير التالية ستؤكد ذلك.

14 - السفينة «هيو روز» ستبقى في الوقت الحاضر في البحرين، وقد وجهت قائد تلك السفينة بضرورة الامتناع عن إجراء أي اتصالات مع الحكام الأتراك (العثمانيين)، وألاّ يغادر المياه البحرينية، بقدر ما كان ذلك متوافقًا مع مهمة التصدي للقرصنة على الوجه المناسب.

15 - كبير ضباط البحرية أجرى هو الآخر الترتيبات الملائمة لزيارة سفينة حربية للبحرين في وقت قريب.

Ref.: (Foreign Dept. POLITICAL. A, Progs., Nos. 171-199, Nov. 1874), pp. 27-28.
5sep. 1874

رقم (190)
ملخص للتقرير
الذي تلقيناه من وكيل الأخبار في البحرين
في يوم 5 سبتمبر 1874م

29 أغسطس 1874م:

وصل مركب من خور شقيق، وجاء بأخبار مفادها أنه قبل خمسة أيام وصل إلى خور شقيق بعض أتباع قبيلة بني هاجر مع شيوخهم ناصر بن خالد، وبني شهوان Shahamam Beni ، وكان يصحبهم حمد بن عبد الله (أحد أقرباء ناصر بن مبارك) وسلمان بن أحمد؛ حيث جاء بعضهم عن طريق البر، والبعض الآخر عن طريق البحر، مستخدمين في ذلك ثلاثة مراكب؛ اثنان منهم فارسيان، والثالث تابع لأحد سكان الدوحة، التي تقع في ساحل قطر.

يعتقد أن هذه التحركات كانت بإيعاز من جاسم بن محمد بن ثاني وأتباعه، وأنه قد زودهم بالمال والتمور وما إلى ذلك، وقد تمكنوا أثناء رحلتهم من نهب مركب بحريني كان يتجه إلى البدع ويحمل 400 ريالًا كانت خاصة بجاسم بن محمد بن ثاني، وكان عددهم 300، ولكن لم يكونوا جميعًا من بني هاجر؛ حيث إن بعض أتباع القبائل الأخرى كانوا يرافقونهم.

هذه الأخبار أحدثت ذعرًا شديدًا في البحرين في أثناء ليلة يوم 29 أغسطس، وأطلقت نيران البنادق لحشد أهالي البحرين، وتم استدعاء ثلاثمائة رجل تقريبًا للدفاع عن الجزيرة.

في يوم 30 أغسطس، توجه مركب المدفعية التابعة لصاحبة الجلالة «هيو روز» للإبحار بالقرب من منطقة خور شقيق، وتم اتخاذ الإجراءات اللازمة للحيلولة دون مباغتة الجزيرة في خلال مدة تغيب تلك السفينة، وتجمع حوالي 800 مقاتل حول الشيخ عيسى بن علي، وأعلنوا عن استعدادهم للقتال حتى الموت دفاعًا عنه.

كذلك كان يوجد في الجزيرة عبد الرحمن بن فيصل مع 25 من النجديين، وقد تم تحرير هذا الرجل من قِبَل الحكومة التركية، وهو الآن في طريقه إلى الرياض للانضمام إلى شقيقه سعود.

في يوم 1 سبتمبر عادت السفينة «هيو روز» من رحلتها، وأعلنت أنها لم تصادف أيًّا من أتباع

بني هاجر في منطقة خور شقيق، ويبدو أن بني هاجر كانوا يستقلون مركبًا، ولكن عندما شاهدوا السفينة «ماي فرير»، التي غادرت البحرين إلى خور شقيق والبدع في يوم 28 أغسطس، تركوا المركب وهربوا إلى المناطق الداخلية، بينما أبحر بها البحارة الذين تركوا بها.

علمنا أن الزبارة أصبحت محاصرة من قِبَل بني هاجر، وأن شيخ قبيلة النعيم الذي كان في البحرين، طلب من الشيخ عيسى تقديم الدعم اللازم، نظرًا إلى أن حامية الزبارة تتألف من عدد قليل للغاية من الرجال، وقد يضطرون إلى الاستسلام؛ حيث سيتمكن بنو هاجر من الاستيلاء بسهولة على مراكب أتباع قبيلة الكبسة Al-Chebeysa التي يوجد العديد منها في الزبارة، تمهيدًا لاستخدامها في الذهاب للبحرين، وقد تعهد الشيخ بتقديم الدعم، وشرع في ذلك بناءً على هذا التعهد.

تواجد سفينة صاحبة الجلالة «هيو روز» في البحرين أصبح ضرورة مهمة لبث الثقة وحفظ الأمن.

الشيخ منع أتباعه من مغادرة الجزيرة، وأصبح يترقب وصول السفينة الحربية بمزيد من القلق.

Ref.: (Foreign Dept. POLITICAL. A, Progs., Nos. 171-199, Nov. 1874), pp. 26-27.
7 Sep. 1874

رقم (189)

رقم (85)

7 سبتمبر 1874م - البحرين

من: الضابط قائد سفينة المدفعية «هيو روز» التابعة لصاحبة الجلالة

إلى: المقيم السياسي لصاحبة الجلالة في الخليج الفارسي

بعد أن أرسلت لكم تقريري الأخير المؤرخ في 2 من الشهر الجاري، توجهت على الفور إلى الزبارة، ووصلت إلى مشارف ذلك الميناء في الساعة السابعة والنصف مساء اليوم نفسه، وأرسيت السفينة لقضاء الليل، وفي فجر اليوم التالي رفعنا المراسي وتوجهنا بالسفينة قرب الشاطئ أمام القلعة ما أمكن ذلك، وألقينا المراسي مرة أخرى في الساعة السادسة والنصف صباحًا، وأرسلنا مركبًا لمحادثة الموجودين بالقلعة، ولكن علمنا باستحالة ذلك؛ حيث إن بني هاجر قد حشدوا ما بين350 و400 مقاتل في المنطقة التي تقع بين القلعة الكبرى والصغرى بمحاذاة الشاطئ، وكانوا يتناوشون مع الموجودين بالقلعة الكبرى في ذلك الحين، وبعد عودة المركب ذهبنا إلى «المقر العام» للتدريب وأطلقنا دفعتين من القذائف من كل مدفع، ومن الواضح أن ذلك قد أدى إلى إحداث الأثر المتوقع، أي تخويف بني هاجر؛ حيث إنهم تراجعوا لعدة أميال نحو الداخل، وأرسلت مركبًا إلى الشاطئ للمرة الثانية، وعندما شاهده أتباع قبيلة النعيم من القلعة جاء اثنان من أعيانهم للسفينة وقدموا الإفادة التالية:

في يوم الثلاثاء الموافق 1 سبتمبر (1874م)، احتشد حوالي 400 من مقاتلي قبيلة بني هاجر أمام القلعة الصغيرة، بناءً على أوامر استدعاء كتابية سابقة أرسلها لهم ناصر بن جبر بن سالم، وكيل «بزيع» في البدع (وهو مَنْ كان يرافقهم مع 30 من الرعايا الأتراك)، ونجل عبد الله بن أحمد، لإبلاغهم بأن لهم الخيار في مسألة التخلي عن قبيلة النعيم، ولكن قمنا بتمزيق الرسالة ولم نرد عليها.

أرسل بنو هاجر فرسانهم للإغارة على مواشينا، ولكن تغلبنا عليهم ولم يجروا محاولة أخرى لمهاجمتنا خلال تلك الليلة؛ بل عبروا إلى الناحية الشمالية للمدينة، وأحرقوا قرية صغيرة صادفتهم.

يوم أمس الموافق 2 سبتمبر؛ هاجموا القلعة الكبرى بمجمل قواتهم باستخدام ثلاثة فرق فتم طردهم من ثلاثة مواقع مختلفة، ولا أعرف خسائرهم، ولكن قتل مِنا واحد وجرح ثلاثة.

في حوالي الساعة السابعة مساءً؛ تمكنوا من الاستيلاء على القلعة الصغرى المخصصة لحماية منطقة النزول من المراكب، والمراكب التي قد تكون راسية بالشاطئ، ولكن عندما علموا بأمر مدفعيتكم التي أطلقت في المساء، (وكانت تلك هي المرّة الأولى التي علمنا فيها بوجود سفينة في الجوار)، تركوا القلعة، ولكن بعد أن أخذوا منها كل الأشياء القيّمة وأحد السجناء، وبعد أن تمكنوا من تدمير خزان المياه والأبواب.

في صبيحة هذا اليوم الموافق 3 سبتمبر هاجمونا مرة أخرى، وكنا في حال قتال إلى أن أطلقت السفينة مدافعها؛ حيث تقهقروا إلى قلعة أخرى تبعد بمقدار تسعة أميال تقريبًا نحو الداخل.

وبعد ذلك قالوا إنه لولا وصول مركب المدفعية في ذلك الوقت؛ فإنهم كانوا يتوقعون أن يتم إخراجهم من القلعة وأن يقطعوا إربًا في تلك الليلة.

بعد هذه المقابلة أنزلتهم إلى الشاطئ مرة أخرى، وتعهدت لهم بالإبقاء على السفينة لحين وصول مواطنيهم، (متوقع في أية لحظة)، من مغاصات اللؤلؤ؛ حيث إنهم سيتمكنون كما قالوا من الدفاع عن أنفسهم. في تمام الساعة الثانية بعد الظهر؛ جاء قادمًا من منطقة المغاصات عن طريق البحرين مركب البتيل التابع لأحمد النعيمي وعليها 40 رجلًا، وذلك بعد سماعهم بالأحداث هناك، وأنزلت ركابها الذين ذهبوا إلى القلعة.

عند المغيب وصل 38 مركبًا، (مع الشيخ أحمد، شيخ البحرين)، وكان معظمها تابعًا لقبيلة النعيم والمناطق المجاورة لهم، وفي مساء ذلك اليوم جاء الشيخ أحمد إلى السفينة، ومن خلال المحادثات التي جرت بيننا، علمت منه أنه كانت ترافقهم مراكب تابعة لموانئ أخرى عند مجيئهم، وأوصيته بشدة بألّا يسمح لأي شخص بالنزول أو المشاركة في القتال سوى المنتمين إلى المنطقة نفسها، وقد وافق على ذلك تمامًا وتعهد بأن يرسل، حالما استطاع ذلك ودون أن يمثل ذلك اعتداءً، المراكب موضع التساؤل لممارسة أعمالها مرة أخرى.

في صباح اليوم التالي توجهت مجمل المراكب التابعة للمنطقة لإنزال الرجال، وعلمنا من البر أن بني هاجر لايزالون بالقلعة التي ذكرناها آنفًا.

مجمل سكان المنطقة وصلوا إليها، ولهذا لم أعد أرى ضرورة للإبقاء على مركب المدفعية لمدة أطول، لذا توجهت في الساعة التاسعة والنصف صباحًا إلى البحرين ووصلت إليها عند غروب شمس اليوم نفسه.

تخلّف الشيخ أحمد لتمكين المراكب من المغادرة وجلب أخبار أي أحداث قد تستجد.

وصل (الشيخ أحمد) إلى البحرين في مساء يوم 6 (سبتمبر 1874م) وأخبرنا بالمعركة التي حدثت وهُزِمَ فيها بنو هاجر وفقدوا فيها 24 قتيلًا بينما لم يُعرف عدد الجرحى، وأسر فيها اثنان على يد أتباع قبيلة النعيم.

وبعد ذلك تقهقروا من منطقة مجاورة للزبارة إلى منطقة تقع على الساحل القطري، ولكن لم نتلق حتى الآن أي أخبار عن مكان تواجدهم الفعلي.

يرجى الاطلاع على مرفق هذه الرسالة، وهو رسالة تلقيتها من جاسم بن ثاني في البدع، علمًا بأن محتواها وتواجد الأتراك مع بني هاجر، لم يدع لدي مجالًا للشك في أن هدفهم من مهاجمة الزبارة هو تأمين منطقة يُمكن الانطلاق منها بسهولة لمهاجمة البحرين.

ختامًا، أود أن أضيف قائلًا إنه في خلال فترة رسو السفينة بالقرب من الزبارة، كنا نراقب الشاطئ مراقبة وثيقة تحسبًا لظهور أي مراكب يُحتمل أنها ترفع العلم التركي، ولكني واثق أن شيئًا من هذا لم يحدث.

Ref.: (Foreign Dept. Political, Part A, Progs., Nos. 344-346, May 1875), p.5.
9 Sep. 1874

ترجمة لنص رسالة

بدون تاريخ

تم استلامها في يوم 9 سبتمبر 1874م

من: بطي بن خادم بن نهيان
شيخ العديد

إلى: المقيم في بوشهر

أود إفادتكم بأن زايدًا، شيخ أبوظبي، قال: «سوف أذهب إلى العديد عن طريق البحر، ولا أكترث بالمقيم أو غيره». يرجى أن ترسل له رسالة؛ حيث إن إقامتنا في منطقة العديد كانت بمشيئة الله أولًا، ثم بناء على تعليماتكم، وأنت تعلم أننا قد أحجمنا عن ارتكاب أي أفعال قد تعرض أمن البحار للخطر، ولكن زايدًا ليس كذلك، لذا فإنني على ثقة أنك ستوجه له رسالة، تأمره من خلالها بعدم التدخل في شؤوني وشؤون أتباعي؛ حيث إنك تعلم أننا كلنا نخضع لله كما نخضع لكم.

Ref.: (Foreign Dept. Political. A, Progs., Nos. 171-199, Nov. 1874), pp. 21-24.
12 Sep. 1874

رقم (187)
رقم (1039 - 209) لعام 1874م
12 سبتمبر 1874م - بوشهر

من: المقيم السياسي لصاحبة الجلالة البريطانية في الخليج الفارسي

إلى: سكرتير حكومة الهند - إدارة الشؤون الخارجية

التقرير التالي إلحاق لرسالتي رقم (1006 – 205) المؤرخة في 3 سبتمبر 1874م بشأن الأوضاع في البحرين.

2- في الفقرة (13) من الرسالة أعلاه، قلت استنادًا على تقرير قائد السفينة «هيو روز» المؤرخ في 24 أغسطس، إنه يبدو أن الشيخ عيسى، شيخ البحرين، لم يعد متخوفًا من التعرض لهجوم من البر الرئيسي.

3- عمومًا، في 29 أغسطس، تلقت البحرين معلومات مفادها أن بني هاجر قد تحركوا مرة أخرى ونجحوا في الحصول على ثلاثة مراكب في البدع، استقلها بعض أتباع بني هاجر للذهاب إلى خور شقيق، ومن المعتقد أن خطة البدو تتضمن العبور للبحرين ومباغتتها بهجوم.

4- ساد الذعر مرّة أخرى في البحرين، وتم تجميع عدد من الناس لأغراض الدفاع.

5- بعد أن تلقى النقيب كامبل، قائد سفينة صاحبة الجلالة «هيو روز» التقرير الذي مفاده أن بني هاجر قد استقلوا المراكب، قام على الفور بمقابلة الشيخ عيسى، وبعد أن اتفقا على اتخاذ الإجراءات اللازمة لمنع مباغتة مدينة المنامة بهجوم خلال مدة غيابه، توجه في يوم 30 للإبحار بالقرب من خور شقيق، وبعد أن وصل إليها، تبيّن له أن بني هاجر أخلوا المراكب وتوجهوا عن طريق البر إلى قلعة الزبارة.

6- النقيب كامبل رأى أنه لا ضرورة لتعقب المراكب، لتأكده من أن بني هاجر قد أخذوها عنوة.

7- من واقع تقارير أخرى، اتضح أن المراكب قد تم الحصول عليها في البدع أو في منطقة مجاورة لها، واثنان منها كانا من المراكب الفارسية، والثالث تابع للدوحة المجاورة للبدع.

8- في المنطقة التي تقع بين البدع وخور شقيق، صادف بنو هاجر مركبًا كان قادمًا من البحرين ويحمل بهارات وأشياءً أخرى،فهاجموه.

9- تفيد بعض التقارير أن السبب في ترك بني هاجر للمراكب بالقرب من خور شقيق هو الظهور المفاجئ للسفينة «ماي فرير»، علمًا بأن تلك السفينة كانت قد غادرت البحرين في 28 أغسطس، وكانت تُبحر بمحاذاة الساحل العربي.

10- تأكد لنا أن جاسم بن محمد بن ثاني، نجل شيخ البدع، كان موافقًا على تحركات بني هاجر ولكن ذلك لم يثبت بعد، والشيء الذي يبعث على الدهشة، هو أن المبالغ التي نهبت من مركب بحريني كانت خاصة بجاسم هذا نفسه، وأشار إلى هذه الحادثة بكونها دليلًا على عدم تورطه في إجراءات القرصنة، ومن ناحية أخرى، يُقال إن ذلك المبلغ أو معظمه، أعيد إلى جاسم، وإن ذلك دليل على علاقاته الودية مع بني هاجر.

11- السفينة «هيو روز» عادت إلى البحرين في 1 سبتمبر، وتم إبلاغ قائدها بأن بني هاجر أصبحوا على وشك مهاجمة الزبارة عن طريق البر، وكان من المعتقد أن احتلال هذه المنطقة سيمكن بني هاجر من تنفيذ مخططهم تجاه البحرين؛ حيث إن ذلك سيمكنهم من الحصول على العديد من المراكب كما سيُصبح بمقدورهم عبور القناة في خلال عدة ساعات، وبناءً على ذلك قرر النقيب كامبل أن يظهر السفينة «هيو روز» قبالة ذلك الميناء.

12- تمكّن أتباع قبيلة النعيم من احتلال الزبارة، وهم حلفاء لشيخ البحرين وتابعون له إلى حد ما، ولم تتحدد بعد لمن السيادة على مجمل هذا الساحل، ولكن شيوخ البحرين كانوا يرون أن الزبارة هي إقطاعية تابعة للبحرين، وبناءً على ذلك سمح الشيخ عيسى لمجموعة من أتباع قبيلة النعيم جاءوا لمناصرته، بالعودة لنجدة أقرانهم في الزبارة، وقد صحبَ الشيخ أحمد شقيق الشيخ، مجموعة حلفاء النعيم هذه إلى الزبارة، ولكنه لم ينزل فيها.

13- في يوم 2 سبتمبر (1874م) أرسيت السفينة «هيو روز» بالقرب من الزبارة في المساء، وكان ظهورها هناك لحماية المنطقة من الاحتلال في المقام الأول، ولأن بني هاجر كانوا موقنين أن أعمال القرصنة التي ارتكبوها مؤخرًا ستجعلهم عرضة للمساءلة من قِبَل أية قوة متحضرة، فإنهم توقفوا عن ممارسة تلك الأعمال على الفور، ولكي يزيد من ارتباكهم استعرض النقيب كامبل قواته في عرض لإطلاق النار، وقد أدى ذلك إلى انسحاب بني هاجر إلى منطقة داخلية أبعد، وبهذا الإجراء تمكّن النقيب كامبل، ودون أن يتدخل فعليًّا، من صرف الخطر عن المنطقة، وقد أدى ذلك التهديد اللحظي لبني هاجر، إلى تمكّن بقية أتباع قبيلة النعيم من الوصول لنجدة رفاقهم أتباع قبيلتهم، وبعد ذلك عادت السفينة «هيو روز» إلى البحرين.

14- بعد ذلك تلقت البحرين أنباءً مفادها أن قبيلة النعيم قامت بعد تعزيز قواتها بمهاجمة بني هاجر، وهناك قتلى.

15- المعلومات أعلاه هي خلاصة التقارير التي تلقيناها من قائد السفينة «هيو روز»، ومن الوكيل المحلي في البحرين، وقد أرفقنا لكم مع هذه الرسالة نسخًا من تلك التقارير المشار إليها في الهامش (أ) رسالة من النقيب كامبل رقم 85 بتاريخ 2 سبتمبر 1874م، (ب) رسالة من النقيب كامبل رقم89 بتاريخ 7 سبتمبر 1874م، (جـ) ملخص للأخبار التي تلقيناها من وكيل الأخبار في البحرين، (د) تقرير كاتب الأخبار المؤرخ في 2 سبتمبر 1874م، و(هـ) تقرير كاتب الأخبار المؤرخ في 2 سبتمبر 1874م).

16- فيما يختص بالتحركات العدائية الخطرة لبدو بني هاجر، يبدو أن الحقائق الأساسية هي كما ورد في الفقرة (11) من رسالتي رقم (1006 – 205).

17- الغرض والغاية التي كان يرتجيها هؤلاء هي مهاجمة البحرين، وفي الوقت نفسه فإن أعضاء الفرع المنافس لعائلة شيوخ البحرين وهم آل عبد الله، كان من الطبيعي أن يعملوا لكونهم أعداء ألدّاء للشيخ عيسى، على تقديم الدعم والتوجيه لأعمال السلب والنهب على أمل أن تعم الفوضى في البحرين فيتمكنوا من تدمير الحكام الحاليين والاستيلاء على مناصبهم.

18- يبدو أن هنالك ينابيع أعمق تعمل على التحريض على إثارة هذه النزعات ضد البحرين، والمساعي المعلنة للسلطات التركية في سبيل الحصول على موطئ قدم في البحرين، قد أحبطت نتيجة للدعم الذي تم تقديمه للشيخ حاكم الجزر، ولا ينبغي أن نفترض أن هذه السلطات كانت تنظر بعين الرضا إلى الشيخ، ولا أنهم سيأسفون لخلعه على يد فرع العائلة المنافس، فمن المحتمل أن يكون قادة ذلك العمل موالين لمصالح تركيا (الدولة العثمانية)، ولربما ذهبوا إلى أبعد من هذا الحد بإعلان ولائهم للحكومة التركية، ونحن نشك في أن «بزيع»، حاكم الأحساء العربي الحالي، قد أرسل تعليمات تآمرية، الغرض منها تحقيق الأهداف التي عجزت حكومة الباب العالي عن تحقيقها بالوسائل المباشرة بشأن البحرين، وكنت قد أجريت التحريات اللازمة بشأن هذه المسألة قبل حدوث الاضطرابات الأخيرة، ولكني لم أتلق أي تقارير تؤكد شكوكي بشأن هذه المكائد.

19- علمنا من مصدرين مستقلين بأن عميل الحكومة التركية «بزيع» كان يدعم أعمال بني هاجر، وقد أكّد جاسم بن محمد بن ثاني بصورة جليّة في رسائل موجهة للنقيب كامبل، وإلى وكيل الأخبار في البحرين، أن وكيل بزيع في البدع كان يخطط ويُحرِّض بني هاجر على ارتكاب أفعالهم العدوانية الشريرة، كذلك تم إبلاغ النقيب كامبل في الزبارة بأن هذا الشخص، واسمه ناصر بن جبر بن سالم، رافق تلك القبيلة عند توجهها إلى الزبارة.

نظرًا للطبيعة العدائية لبني هاجر، قد يكون من المستحسن مساءلة الحكومة التركية (العثمانية) عن دور هذا الوكيل في تنفيذ الأعمال العدائية وأعمال القرصنة التي حدثت.

20- بموجب اتفاقية عام 1861م المبرمة مع شيوخ البحرين، تعهدت الحكومة البريطانية بتقديم العون إلى الشيخ، لحماية مناطقه من الهجمات البحرية التي قد تشن عليه من قِبَل شيوخ وقبائل الخليج الفارسي، لذا فقد أصبح واجبنا يحتم أن نقوم بما يلي:

أولًا: أن نمنع بقدر الإمكان أي شيخ أو قبيلة من اغتنام الفرصة أو التخطيط لتنفيذ مثل هذه الأعمال العدائية.

ثانيًا: في حال العثور على أية حملة بحرية مثل هذه من قِبَل أية سفينة حربية بريطانية، يجب أن تقوم تلك السفينة باستخدام القوة حيالها.

21- ضمن الإجراءات الوقائية التي ينبغي اتخاذها، كنا نعتمد على الدعم الذي نجده من مختلف شيوخ القبائل العربية في الساحل القطري، في سبيل منع اللصوص العرب أو القراصنة من الحصول على مراكب أو أخذها عنوة، وقد أبلغنا شيوخ القبائل هؤلاء بأنهم سيكونون عرضة للمساءلة عند حدوث ذلك في مناطقهم الساحلية القريبة.

22- وقد دأب هؤلاء الشيوخ بما فيهم شيوخ البدع، ولايزالون يقرّون بمسؤوليتهم، وقد جرت العادة على التعامل معهم مباشرة في هذا الشأن، ولم نتلق اعتراضًا على ذلك من أية منطقة.

23- موقع ميناء البدع يُعد غريبًا إلى حد ما، من ناحية وضعها السياسي؛ فإن الشيخ الكبير محمد بن ثاني يستخدم العلم العربي، بينما وضع ابنه جاسم نفسه تحت الحماية التركية، كما يُوجد حرّاس من الجنود الأتراك في البدع، ولكن على أية حال، لم يُعلن حتى الآن حسب علمي، أن السلطات التركية أصبحت تتولى حكم تلك المناطق، والسبب في ذلك غالبًا هو أنهم ليسوا على استعداد لتحمل مسؤولية الأنشطة البحرية التي يقوم بها شيوخ وأهالي البدع، وفي الوقت نفسه، فإن جاسم بن محمد، وفقًا لكل الاحتمالات، لولا والده، مهيأ إذا ما تعرّض لضغوط بالتهرب من المسؤولية المباشرة بزعم أنه خاضع للسلطات التركية، لذا أعتقد أن الوقت قد حان للنظر في مسألة ما إذا كان ينبغي مطالبة الحكومة التركية بتحديد الأجزاء الساحلية التي تدخل في نطاق مسؤوليتهم.

24- ربما أدت هزيمة بني هاجر إلى وضع حد لمساعيهم تجاه البحرين في هذا الموسم، وقد يتوقفون عن ممارسة أنشطتهم حتى العام القادم.

كذلك فقد تم استدعاء مراكب البحرين، والشيخ أصبح يمتلك العدد اللازم من الرجال للتصدي لبني هاجر إن كان يثق بهم.

25- ولكن ما إذا كانت أعمال الفوضى قد تتوقف لمدة أطول أو أقصر، فإني لست متأكدًا من ذلك، ولكني أرى أن الأحوال في البحرين بصفة عامة لا تجعلنا نأمل في استقرار الحكم الحالي استقرارًا تامًا.

26- الأخطار التي أود الإشارة إليها هي:

أولًا: آل عبد الله المعادون، كانوا ولايزالون، يتحينون الفرص، ويجدون الدعم في الخفاء من السلطات التركية، الأكثر حِقدًا على الحاكم الحالي والتي لديها وسائل؛ منها اللصوص البدو الذين هم على أُهْبة الاستعداد للغزو، والذين يعتقد أن لهم نفوذًا في البحرين نفسها.

ثانيًا: عجز الشيخ عيسى خلال مدة حكمه وحتى الآن، عن توطيد حكمه من خلال اجتذاب كبار الشيوخ والقبائل الكبرى لصالحه واسترضاء أتباعه، ولكونه محاطًا بالأعداء في الخارج، فإنه يبدو أن الشيخ عيسى لم يبق له سوى عدد قليل من ذوي النفوذ الذين يثق بهم.

27- على كل حال؛ نأمل أن تكون الأزمة الحالية قد انجلت، وأود بكل احترام أن أبلغ الحكومة بالأنشطة الحماسية الفعّالة للنقيب إيه. كامبل، قائد سفينة المدفعية لصاحبة الجلالة «هيو روز»، التي أسهمت تحركاتها أيما إسهام في إبعاد الخطر عن البحرين.

حاشيـة:

في الفقرة (14) من رسالتي رقم (1006 – 205) المشار إليها أعلاه، ذكرت أني أصدرت تعليماتي إلى قائد سفينة صاحبة الجلالة «هيو روز»، بضرورة تجنب الاتصال بالحكام الأتراك، ولكن مع ذلك، وقبل أن يتسلم تعليماتي هذه، علم النقيب كامبل أن هنالك أخطارًا جمة تتهدد المنطقة لحصول بني هاجر على مراكب في ميناء العقير التركي أو بالقرب منه، فخاطب الحاكم «بزيع» لحثه على الحيلولة دون حدوث ذلك.

مرفق بهذه الرسالة ترجمة لهذه الرسالة.

كما أوضحت لكم في رسالتي البرقية المؤرخة في يوم 5 من الشهر الجاري والتي أرسلتها لكم، يبدو لي أنه يستحسن أن تصدر بغداد للحكّام الأتراك المختصين، التعليمات التي تقضي بالتعاون في سبيل منع العرب من القيام بحملات قرصنة انطلاقًا من الموانئ التركية.

ملاحظـــة:

أرسلت نسخًا إلى حكومة بومباي ومكتب الهند مباشرة.

Ref.: (Foreign Dept. Political, Part A, Progs., Nos. 344-346, May 1875), pp. 5-6.
15 Sep. 1874

رقم (434)

3 شعبان 1291هـ/ 15 سبتمبر 1874م

من: العقيد إي. سي. روس
المقيم السياسي لصاحبة الجلالة البريطانية في الخليج الفارسي

إلى: بطي بن خادم بن نهيان
شيخ العديد

تسلمت رسالتكم غير المؤرخة.

لم أتلق أية معلومات تتعلق بنوايا الشيخ زايد لمهاجمتكم عن طريق البحر، كذلك فإنه لم يتلق أي تصريح في هذا الصدد، وسيكون من الأفضل لكما حث أتباعكما على عدم مخالفة قوانين البحار.

Ref.: (Foreign Dept. POLITICAL, PART A, Progs., Nos. 59-67, September 1875), p. 6.
24 Sep. 1874

رقم (60)
رقم (451)
12 شعبان 1291هـ/ 24 سبتمبر 1874م

من: المقدم إي. سي. روس
المقيم السياسي لصاحبة الجلالة البريطانية
في الخليج الفارسي

إلى: محمد بن ثاني
شيخ البدع

بالإشارة إلى حادثة نهب مركب عبدالكريم على يد العرب الذين جاءوا من مينائكم، أرجو أن تفيدني عمّا إذا كنت قد تمكنت من الحصول على مبلغ التعويض المقرر في مقابل المبلغ المنهوب، أو أنك بصدد الشروع في ذلك، وسأكون شاكرًا لقيامكم باتخاذ الإجراء والرد عليّ مباشرة، وهذا متوقع منكم.

يمكن التأكد من مقدار الخسائر من عبد الكريم أو من آغا أحمد في البحرين.

Ref.: (Foreign Dept. POLITICAL. A, Progs., Nos. 200-206, Nov. 1874), p.5.
5 Oct. 1874

رقم (202)

رقم (1239)

5 أكتوبر 1874م- حصن بومباي

من: سكرتير حكومة بومباي في الإدارة البحرية

إلى: سكرتير حكومة الهند في إدارة الجيش

تلقيت تعليمات بأن أصرح، مع الإقرار باستلام مذكرتك رقم (51) المؤرخة في 21 سبتمبر 1874م، لعلم حكومة الهند، بأنه تم توجيه رسالة إلى الأدميرال، القائد العام للقوات، طُلب منه فيها وضع سفينة حربية في البحرين، لتعمل مؤقتًا بإمرة المقيم السياسي لصاحبة الجلالة البريطانية في الخليج الفارسي.

رقم (59- سياسي)

26 أكتوبر 1874م- فورت ويليام

صادقت عليها الإدارة البحرية

أُحيلت نسخة من الرسالة السابقة إلى إدارة الشؤون الخارجية، بخصوص المذكرة رقم (2155AP) بتاريخ الأول من أكتوبر 1874م.

Ref.: (Foreign Dept. POLITICAL. A, Progs., Nos. 200-206, Nov. 1874), p.7.
8 Oct. 1874

رقم (206)
ملخص للتقرير الذي تلقيناه من كاتب الأخبار في البحرين

5 أكتوبر

علمنا بأن السفينة التركية «الإسكندرية» قد جاءت من القطيف إلى قطر لإجراء التحريات المتعلقة بالأحداث الأخيرة، وعلمنا بأنهم وجهوا اللوم لجاسم بن ثاني لموافقته مع بني هاجر، ورد عليهم قائلًا بأنه كان يعمل وفقًا لتعليمات «بزيع» (حاكم الأحساء) الذي أرسل إليه رسالة عن طريق أحد شيوخ بني هاجر، طلب منه من خلالها أن يقدِّم العون لبني هاجر، وألاّ يكون متحفظًا، وقد قدم جاسم تلك الرسالة للأتراك، فأخذوها معهم مع رسائل أخرى.

أجرى الأتراك (العثمانيين) التحريات المتعلقة بحادثة القرصنة البحرية وتحركات القوات، فأجابهم قائلًا: إن «بزيع» هو من أمر بإجراء تلك التحركات، وأن سفينة واحدة فقط تعرضت للنهب في البحر، وكانت تحمل ممتلكاته، وأنه طلب من القراصنة أن يعيدوا إليه ممتلكاته، وبعد ذلك سألوا الأمير (وكيل بزيع في البدع) عن تحركات القوات، فقدم لهم التعليمات التي تلقاها من «بزيع»، والتي مفادها أنه ينبغي عليه أن يُحسن معاملة أتباع قبيلة النعيم إذا ما دفعوا الجزية، وإلاّ فإنه يجب قتالهم.

بعد ذلك توجه الأتراك إلى محمد بن سعيد، وأجروا تحرياتهم مع كل أعيان المنطقة.

بنو هاجر هم الآن في حال هدوء تام؛ حيث إن تصرفاتهم كانت مثار مناقشات مطوّلة بينهم وبين جاسم وآخرين.

في يوم 6 أكتوبر علمنا من القادمين من القطيف بأن السفينة (العثمانية) «الإسكندرية» قد عادت إلى تلك المنطقة.

في يوم 7 تلقينا تقريرًا مفاده أن ناصر بن مبارك، عاد إلى الدوحة بصحبة (50) من أتباعه، ولكن في رسالة لاحقة جاء أن العدد (9) رجال فقط.

8 أكتوبـر

تنتشر شائعات مفادها أن «بزيعًا» قد أرسل ناصر بن مبارك إلى قطر لمقابلة أتباع قبيلة النعيم، ولكن لم يرد في التقرير أي تأكيد لنواياه، بينما يقول البعض إن ناصر بن مبارك سيتوجه إلى الدمام.

Ref.: (Foreign Dept. POLITICAL. A, Progs., Nos. 200-206, Nov. 1874), pp.5-6.
10 Oct. 1874

رقم (203)

رقم (1159 - 235)

10 أكتوبر 1874م - بوشهر

من: المقدم إي. سي. روس
المقيم السياسي لصاحبة الجلالة البريطانية في الخليج الفارسي

إلى: السيد سي. يو. إيتشيسون
سكرتير حكومة الهند - إدارة الشؤون الخارجية

يُشرفني أن أرفق لكم مع هذه الرسالة ملخصًا للتقرير الذي تلقيناه من البحرين بعد أن أرسلت لكم رسالتي رقم (1039 – 209) المؤرخة في يوم 12 سبتمبر الماضي.

2- يبدو أن تراجع قبيلة بني هاجر في خلافها مع قبيلة النعيم، قد حال دون قيامهم بإجراء أي تحركات عدائية في الوقت الحاضر.

3- الأمن مستتب في مجمل أنحاء البحرين؛ حيث ترابط سفينة صاحبة الجلالة «ماجبي».

4- نود إفادتكم بأننا علمنا أن سبعة رجال من بني هاجر قد أصبحوا محتجزين بأمر من جاسم، نجل محمد بن ثاني، شيخ البدع، وذلك على خلفية قيامهم بالاستيلاء على بعض محتويات مركب بحريني، وقد أثبت لكم في رسالتي المشار إليها أعلاه (الفقرة 8) الملابسات التي صاحبت تلك الحادثة. سأكون في انتظار تعليماتكم بشأن الإجراءات التي ينبغي على شيخ البدع اتباعها في هذا الصدد.

ملحوظة: تمت إحالة نسخ من الرسائل أعلاه إلى حكومة بومباي ومكتب الهند.

Ref.: (Foreign Dept. POLITICAL. A, Progs., Nos. 171-199, Nov. 1874),P. p. 5-8.
15 Oct. 1874

سياسي (A)
نوفمبر 1874م
الأرقام (171-199)
شكاوى بعض شيوخ البحرين

فيما يلي ملخص هذه الوثائق:

في الثاني عشر من أبريل الماضي، أرسل ناصر مبارك، وسلمان خليفة، ومبارك بن علي، وحانو خليفة Hanu Khalifeh عريضة إلى الصدر الأعظم العثماني، ملقبين أنفسهم بشيوخ البحرين (من وزير الخارجية، رقم 21 بتاريخ 7 أغسطس 1874م).

وقد جاء في العريضة، من بين ما جاء فيها، «أنه لا داعي للتذكير بحقيقة أن جزيرة البحرين ومحيطها تشكل جزءًا من الإمبراطورية العثمانية، في ظل حماية وحكم السلطان المعظم...الخ. ونحن نُعلن صراحة أنه لا توجد أية علاقة تربطنا بالحكومة البريطانية، التي أُجبرنا على الخضوع لنفوذها، ونحن مقتنعون بأن تلك الحكومة لا تملك الحق في ممارسة سلطة كيديّة علينا. ونقر أن جلالة السلطان المعظم وحده هو من يملك الحق المطلق لمحاسبتنا، في حال تصرفنا بما يُخالف إرادة جلالته. يؤسفنا جدًّا أن نعرف أن القنصل البريطاني يُحاول طردنا من موطننا إلى مناطق مجاورة، وأنه قام بنفي محمد بن خليفة ومحمود بن عبد الله بن خليفة، اللذين لهما قدرهما بين أكثر أفراد قبائلنا احترامًا، إلى الهند وصادر ممتلكاتهما.

«ولكون هذه الإجراءات غير عادلة وغير منطقية البتة، فنحن نرجو من سموك بتواضع أن تتخذ الترتيبات التي تمكننا من العودة إلى بلادنا، وتمكن الأشخاص المنفيين في الهند من العودة أيضًا، وإعادة الممتلكات المصادرة في البحرين لنا».

تولى عارف باشا مسألة العريضة كما لو أن الموضوع، الذي أشارت إليه، موضوع جديد تمامًا، ومثالٌ صارخٌ على الإجراءات التعسفية التي تمارسها السلطات البريطانية. وفي 24 يونيو، وجه رسالة إلى موسى باشا Musurs pasha لافتًا انتباهه إلى مذكرة اللورد جرانفيل بتاريخ 30 أبريل 1873م إلى السفير التركي (العثماني)، التي جرى فيها دحض الشائعات التي تقول إن السلطات

البريطانية حاولت فرض سلطتها على البحرين، كما ورد فيها كذلك أنه جرى تبديد تلك المحاولات بسبب انتهاكات البريطانيين، التي كانت تثير استياءً شديدًا بين أبناء الجزر. وفيما يلي نص الرسالة:

«بطلب من كاتبي المذكرات، وتحديدًا لموقفي من وجهة النظر التي تبنتها حكومة الدولة العثمانية منذ البداية بخصوص البحرين، فيما يتعلق بالإجراءات والادعاءات التي لا تنسجم مع حقوق شيخنا على تلك الجزيرة، أرجو من فخامتك أن تتخذ إجراءات جديدة من أجل الحصول على التعويضات من الحكومة البريطانية على المظالم المذكورة أدناه، وأن تعمل في الوقت نفسه على وضع حد للظروف التي أدت إلى وقوعها».

نقل موسى باشا مفاد تلك الرسالة إلى اللورد ديربي، الذي رد بما مفاده أن حكومة صاحبة الجلالة نفت ممارسة أي حقوق سيادية على البحرين، وأنها تعتبرها مستقلة، وأنه يعتقد أن هناك خطأً ما بالنسبة لما يُشاع عن حدوث أعمال عنف على يد القنصل البريطاني، إلا أنه سيتحقق من الأمر.

وفي وقت لاحق، أُحيلت الرسالة إلى مكتب الهند، فجاء رده أنه سيستفر من حكومة الهند في هذا الشأن، إلا أن الماركيز سالزبوري يرى أن من المناسب إبلاغَ المبعوث التركي (العثماني) أن ادعاء مقدمي العريضة بأن البحرين خاضعة لسياة حكومة الدولة العثمانية، هو ادعاء رفضته حكومة صاحبة الجلالة دائمًا، ولاتزال ترفض قبوله.

أرسل وزير الخارجية الرسالة إلى حكومتنا، مشيرًا إلى أن واحدًا على الأقل من مقدمي العريضة (ناصر بن مبارك) كان أحد القادة في اضطرابات سنة 1869م، وأن موضوع العريضة يُشير إلى أحداث تلك السنة. ويسر وزير الخارجية، قبل توجيه رد مفصل، أن يطلع على ما لدى فخامته من ملاحظات حول هذه الحادثة.

من المفترض أنه لا داعي لمناقشة مسألة استقلال البحرين؛ فقد أشار وزير الخارجية أن حكومة صاحبة الجلالة تراعي هذه النقطة دائمًا، إلا أن التنازل الوحيد المقدم كان ذلك المشار إليه في تقارير S. H. لسنة 1869م، الأرقام (35) و(36) و(58) و(59)، وهو أنه ينبغي على المقيم السياسي لصاحبة الجلالة البريطانية في الخليج الفارسي أن يبلّغ المفوض البريطاني في طهران، من أجل إحاطة الحكومة الفارسية علمًا، عندما يكون على وشك زيارة شيخ البحرين لتبرير إخلاله بالتزاماته.

ومن الواضح تمامًا، فيما يخص العريضة ومقدميها، أن الأحداث التي تشكل موضوع الشكوى هي تلك التي ترتبط باضطرابات سنة 1869م. وقد استُعرضت الظروف التي رافقت تلك الأحداث في رسالة هذه الحكومة رقم (1607)– (S.I. رقم 302 لسنة 1869م) بتاريخ 14 نوفمبر 1869م إلى حكومة بومباي، وأُرسلت نسخة منها إلى وزير الخارجية مرفقة برسالتنا رقم (24) بتاريخ 16 نوفمبر 1869م.

كان ناصر بن مبارك أحد الزعماء المتورطين في هجوم القرصنة على البحرين، ومن المحتمل أن يكون الأشخاص الأخرون (مع أنني لم أجد أسماءهم)، الذين اشتركوا في العريضة، أتباعه الذين هربوا معه إلى منطقة الأمير الوهابي، (انظر الفقرة الثالثة من رسالة وزير الخارجية رقم 42 (S. I. رقم 402 لسنة 1869م) بتاريخ 14 ديسمبر 1869م)، محمد بن خليفة ومحمد بن عبد الله هما الشخصان اللذان ورد نبأ القبض عليهما في الفقرة الثانية من نفس الرسالة؛ فالأول هو شقيق الشيخ علي بن خليفة، الذي قُتل في هجوم القرصنة، والثاني هو أحد القراصنة الأساسيين، بالإضافة إلى كونه زعيم يتصف بأنه شخص خطير ومدبر للمكائد بشكل غير عادي، (انظر الحاشية في الصفحة 2 من S.I. رقم 291 لسنة 1869م)، (S.I. رقم 302 لعام 1869م).

على أية حال، لم تكن إجراءات السلطات البريطانية متصلة بأي شكل من الأشكال بادعاء السيادة على البحرين، وإنما اتُخذت تلك الإجراءات للحفاظ على الأمن البحري في الخليج، ولمنع وقوع اعتداء قرصاني يهدد حياة أحد حلفاء الحكومة البريطانية ومنطقته، وفقًا لما نصت عليه المعاهدات. لم تبد هذه الحكومة رغبة شديدة في التدخل في شؤون البحرين، وتبين المراسلات المذكورة في الهامش (سياسي A، يوليو 1874م، الأرقام 174-180) أن حكومة الهند أخبرت المقيم السياسي، في الرسالة رقم (1450P) المؤرخة في 7 يوليو 1874م، بخصوص حادثة وقعت مؤخرًا عندما هدد ناصر بن مبارك بإثارة اضطرابات جديدة، أنه من المستحسن جدًّا أن يتعلم شيخ البحرين الاعتماد على وسائله الخاصة للحفاظ على مركزه، ومع ذلك لا بد من مراعاة مطالبته بالحصول على دعم الحكومة البريطانية، بموجب شروط معاهدة 1861م، على النحو الواجب. فقد حددت المادة الثانية من تلك المعاهدة التزامات الشيخ؛ حيث تكون متوقفة على «دعم الحكومة البريطانية في الحفاظ على أمن ممتلكاتي من أي اعتداءات (بحرية) مماثلة يشنها شيوخ هذا الخليج وقبائله» (صفحة 265، المجلد 2، معاهدات ومواثيق)، وبالتالي فإن الإجراء الذي اتخذته السلطات البريطانية في سنة 1869م كان طبقًا للالتزامات الناشئة عن المعاهدة. وسيُلاحظ من خلال المراسلات المشار إليها أعلاه أن مقدم العريضة الأساسي، ناصر بن مبارك، قد طلب تدخل السلطات البريطانية وديًّا؛ كي تؤمن له معونة ما أو وسيلة دعم من شيخ البحرين.

التوقيع/ أف. إتش.

1874/9/17م

أُعدت مسودة دقيقة لرسالة توضيحية إلى وزير الخارجية من أجل الحصول على موافقته عليها.

التوقيع/ سي. يو. إيه.

1874/9/18م

تبين هذه الوثائق، التي كان من المتوقع ورودها في تلغراف الخامس والخامس عشر من سبتمبر، أن خطر الهجوم القرصاني كان قائمًا منذ رسالة المقيم المؤرخة في 3 سبتمبر. أعتقد أنه يتوجب علينا أن ننتظر ورود كامل تفاصيل تلك الأحداث، التي ذكر المقيم في برقيته المؤرخة في الخامس عشر منه أنها أُرسلت بالبريد، وبما أن ناصر بن مبارك وأقاربه متورطون في تلك الأعمال الشائنة، فأعتقد أنه يتوجب علينا أن نؤجل الرسالة (مسودتها في الملف ذي الصلة) المقرر توجيهها إلى وزير الخارجية، إلى أن نتمكن من عرض كامل القضية على الحكومة في الوطن (رقم 1006-205 بتاريخ 3 سبتمبر 1874 من المقيم السياسي لصاحبة الجلالة البريطانية في الخليج الفارسي).

التوقيع/ أف. إتش.
25-9-1874م

انتظر.

التوقيع/ سي. يو. إيه.
1874/9/25م

تتضمن برقية الخامس عشر من سبتمبر، التي اطلع فخامته عليها، الأحداث المذكورة بالتفصيل في تلك الوثائق (رقم 1039-209) بتاريخ 12 سبتمبر 1874م من المقيم السياسي لصاحبة الجلالة البريطانية في الخليج الفارسي).

لم نتلق برقية من العقيد روس منذ الخامس عشر من سبتمبر، وبالتالي نفترض، على أية حال، أن الهدوء يعم المكان في الوقت الحاضر. تعتبر الفقرة الثامنة عشرة وما يليها في برقية العقيد روس الحالية فقرات مهمة؛ حيث صرح فيها أن وكيل الحكومة التركية (العثمانية) وافق على تحركات بني هاجر تلك، إن لم يكن قد حرضهم على تنفيذها. يرى العقيد روس أن من المستحسن الاستفسار من الحكومة التركية حول الدور الذي لعبه ذلك الوكيل (في البدع) في الأعمال العدائية والقرصانية المشار إليها، ويرى أن هناك مبررات للاعتقاد بأن السلطات التركية قد تولت حكم البدع (محددة في الخريطة المعدة)، ولا بد من النظر في مسألة مطالبة الحكومة التركية بأن تذكر بوضوح أجزاء الساحل التي تعهدت بتحمل مسؤوليتها.

قد لا يكون ذلك ضروريًّا، لأنه جرى إبلاغ وزير الخارجية، في الثاني والعشرين من سبتمبر الماضي، أن مفوض صاحبة الجلالة في القسطنطينية سيُبلغ حكومة الدولة العثمانية بأنه يتوجب على حكومة السلطان كبح جماح تلك القبائل، إذا كانت خاضعة لسلطة الأتراك (العثمانيين) (رقم 173 بتاريخ 22 سبتمبر 1874م من إدارة الشؤون الخارجية).

ما من شك أن منشأ تلك الأعمال القرصانية هو المصدر نفسه، لأن بعض شيوخ البحرين قدموا

عريضة للسلطات التركية ضد التدخل البريطاني في شؤون البحرين، وهي العريضة التي أحالها وزير الخارجية للحصول على ملاحظات حكومة الهند بشأنها؛ (انظر الملف ذا الصلة). يبدو أن الشيوخ الناقمين يدبرون لشن هجوم على البحرين من جهة، وأنهم من جهة أخرى يسعون لشل حركة الحكومة البريطانية من خلال تقديم العرائض للسلطات التركية ضد التدخل البريطاني، وبالتالي ينبغي إصدار تعليمات بشأن النقاط الآتية:

1 – ما هو الرد الذي ينبغي إرساله إلى العقيد روس بخصوص رسالتيه رقم (1006-205) بتاريخ 3 سبتمبر ورقم (1039-209) بتاريخ 21 سبتمبر، حول تلك الاضطرابات؟ أشار العقيد روس بشكل خاص إلى جهود الكابتن كامبل، قبطان السفينة «هيو روز»، الفعّالة والحيوية (الفقرة 27 من رسالة المقيم السياسي رقم 1039-209 بتاريخ 12 سبتمبر).

2 – وبلفت انتباه وزير الخارجية إلى تلك الرسائل، إكمالًا للرسالة رقم (173) بتاريخ الثاني والعشرين من سبتمبر الماضي، هل ينبغي ذكر شيء بخصوص رسائل العقيد روس المقترح توجيهها إلى الحكومة التركية (العثمانية)؟

3 – بخصوص الرسالة المقرر توجيهها إلى وزير الخارجية حول الملف ذي الصلة.

من الجدير بالذكر أن الرائد مايلز، الوكيل السياسي في مسقط، صرح في العاشر من سبتمبر الماضي، (عندما قدم تقريره حول أحداث عمان)، أن السفينة الحربية التركية «مظفّر Moozuffer» وصلت إلى مسقط قادمةً من القسطنطينية، وعلى متنها الأميرال رستم باشا؛ حيث قيل إنه جرى تكليفه في مهمة خاصة تتمثل في تقديم التقارير حول الأحداث في المناطق العربية الخاضعة للنفوذ التركي، أذكر هذا لأن الموضوع متصل بشكل غير مباشر بنوايا السلطات التركية (العثمانية) في الخليج.

التوقيع/ أف. سي. دي.
1874/10/10م

مسودة للموافقة عليها.

التوقيع/ سي. يو. إيه.
1874/10/15م
التوقيع/ إن.
1874/10/15م

Ref.: (Foreign Dept. POLITICAL. A, Progs., Nos. 200-206, Nov. 1874), p.7.
17 Oct. 1874

رقم (205)

رقم (1192 - 242)

17 أكتوبر 1874م - بوشهر

من: المقدم إي. سي. روس
المقيم السياسي لصاحبة الجلالة البريطانية في الخليج الفارسي

إلى: السيد/ سي. يو. إيتشيسون
سكرتير حكومة الهند - إدارة الشؤون الخارجية

يُشرفني أن أرفق مع هذه الرسالة لعناية سعادة نائب الملكة والحاكم العام للهند في المجلس، ملخصًا لأحدث تقرير تلقيناه من البحرين.

2- نود إفادتكم بأن سفينة المدفعية التركية «الإسكندرية» قامت بزيارة إلى قطر، ومن الواضح أن ذلك بغرض إجراء التحقيق في الأحداث الأخيرة، وتصرفات قبيلة بني هاجر، ويبدو أن المسؤولين الأتراك قد ألقوا بمسؤولية تلك الأعمال على عاتق شيوخ البدع ووكيل حاكم الأحساء.

3- يُقال إن ناصر مبارك، عاد من الأحساء إلى المنطقة الساحلية، وسيُصبح تواجده هناك مصدرَ قلق آخر للبحرين.

4- على كل حال، فإن غواصي اللؤلؤ، كانوا قد عادوا إلى البحرين في حينه، وبذلك سيكون لدى شيخ الجزر العدد الكافي من المقاتلين لصد الهجوم، ولاتزال هناك ضرورة للإبقاء على سفينة حربية هناك، وقد أبلغت كبير ضباط البحرية بهذه المسألة.

حاشيـة:

أُرسلت نسخ من الرسالة أعلاه إلى حكومة بومباي ومكتب الهند.

Ref.: (Foreign Dept. POLITICAL. A, Progs., Nos. 200-206, Nov. 1874), p. 4.
19 Oct. 1874

1874م
حكومة الهند
إدارة الشؤون الخارجية
سياسي (A)
نوفمبر
الأرقام (200-206)
تحركات قبيلة بني هاجر ضد البحرين
قائمة الوثائق

رقم (200) رسالة رقم (6064) المؤرخة في 19 أكتوبر 1874م من السكرتير إلى حكومة بومباي، بالإشارة إلى الفقرة (27) من رسالة المقيم السياسي لصاحبة الجلالة البريطانية في الخليج الفارسي، يقترح أن يُعرب فخامة النائب عن موافقته على الإجراءات الفعّالة، والموفقة التي اتخذها الكابتن كامبل، قبطان السفينة الحربية «هيو روز» لمواجهة تحركات قبيلة بني هاجر ضد البحرين.

رقم (201) رسالة رقم (2365P) المؤرخة في 2 نوفمبر 1874م إلى سكرتير حكومة بومباي، يقترح في الرد الإعراب عن الموافقة على الإجراءات التي اتخذها الكابتن كامبل، قائد السفينة «هيو روز»، ويُحيل نسخة من رسالة إلى المقيم السياسي لصاحبة الجلالة البريطانية في الخليج الفارسي، يُعرب فيها عن الموافقة على إجراءات الكابتن كامبل.

رقم (202) رسالة رقم (59) المؤرخة في 26 أكتوبر 1874م من الإدارة البحرية، بالإشارة إلى رسالة وزارة الخارجية رقم (2155AP) المؤرخة في الأول من الشهر الحالي، يُحيل نسخة من رسالة من حكومة بومباي، ذاكرًا أنه جرى التواصل مع الأدميرال، كي يعمل على تمركز سفينة حربية في البحرين، لتعمل مؤقتًا بإمرة المقيم السياسي لصاحبة الجلالة البريطانية في الخليج الفارسي.

رقم (203) رسالة رقم (235-1159) المؤرخة في 10 أكتوبر 1874م من المقيم السياسي لصاحبة

الجلالة البريطانية في الخليج الفارسي، يُحيل ملخص الأنباء الواردة من كاتب الأخبار البحرين. لم تُقدم قبيلة بني هاجر على أي أعمال عدائية بعد هزيمتها على يد قبيلة النعيم، والهدوء يعمّ البحرين. ألقى جاسم بن محمد بن ثاني، شيخ البدع، القبض على سبعة أشخاص من بني هاجر؛ بسبب نهب مركب من مراكب البحرين.

رقم (204) مرفق الرسالة أعلاه.

رقم (205) رسالة رقم (1192-242) المؤرخة في 17 أكتوبر 1874م من المقيم السياسي لصاحبة الجلالة البريطانية في الخليج الفارسي، يُقدم لأخذ العلم ملخص أنباء تلقاه من كاتب الأخبار في البحرين، بخصوص تحركات قبيلة بني هاجر وإجراءات ناصر بن مبارك. ويُضيف إن ضرورات وجود سفينة حربية في البحرين لاتزال قائمة.

رقم (206) مرفق الرسالة أعلاه.

Ref.: (Foreign Dept. POLITICAL. A, Progs., Nos. 200-206, Nov. 1874), p.5.
19 Oct. 1874

رقم (200)
رقم (6064)
19 أكتوبر 1874م - حصن بومباي

من: سكرتير حكومة بومباي

إلى: سكرتير حكومة الهند، إدارة الشؤون الخارجية

بالإشارة إلى الفقرة (27) من الرسالة رقم (1039-209) بتاريخ الثاني عشر من الشهر الماضي، من المقيم في الخليج الفارسي إلى حكومة الهند، فقد تلقيت تعليمات بأن أقترح على فخامة النائب والحاكم العام في المجلس أن يُعرب عن موافقته على الإجراءات الفعّالة والموفقة التي اتخذها الكابتن كامبل، قائد السفينة الحربية «هيو روز»، لمواجهة تحركات قبيلة بني هاجر ضد البَحرين.

Ref.: (Foreign Dept. POLITICAL. A, Progs., Nos. 171-199, Nov. 1874), p.31.
21 Oct. 1874

رقم (197)
رقم (P2300)
21 أكتوبر 1874م – فورت ويليام

من: سكرتير حكومة الهند - إدارة الشؤون الخارجية

إلى: المقيم السياسي لصاحبة الجلالة البريطانية في الخليج الفارسي

بناءً على توجيهات صاحب السعادة نائب الملكة والحاكم العام في المجلس، أفيدكم بتسلمي لرسالتيكم رقم (1006) المؤرخة في 3 سبتمبر، ورقم (1039) المؤرخة في 12 سبتمبر، بشأن الأحوال في البحرين.

2- هاتان الرسالتان تم تحريرهما بشأن الهجوم المحتمل على البحرين من قِبَل قبيلة بني هاجر، والذي وردت الإشارة إليه في رسالتكم البرقية المؤرخة في 5 سبتمبر.

رسالتي البرقية المؤرخة في 13 سبتمبر تضمنت التعليمات التي تقضي بقيامكم باتخاذ الإجراءات اللازمة للدفاع عن البحرين، من أي اعتداء قد يقوم به أي من الشيوخ أو القبائل في الخليج الفارسي.

لقد كان من دواعي سرور صاحب السعادة في المجلس، علمه بأن المخاطر قد زالت في الوقت الحاضر دون أن نضطر لاستخدام القوة، وأود إفادتكم بأنه قد أبدى موافقته على الإجراءات التي اتخذتها أنت وتلك التي اتخذها النقيب كامبل، قائد السفينة «هيو روز»، والنقيب جوثري قائد السفينة «ماي فرير».

3- نظرًا للأوضاع الراهنة، يُستحسن أن تمتنع عن إجراء أي اتصالات مع المسؤولين الأتراك في المنطقة بشأن البحرين، ولكن في حالات الضرورة، وفي ظل الظروف القائمة حاليًا، يمكن إجراء الاتصالات بفعالية أكثر من خلال سفير صاحبة الجلالة في القسطنطينية، بعد الحصول على موافقة وزير الشؤون الخارجية.

التدخل في شؤون البحرين وفي شؤون الشيوخ العرب في الساحل، يجب أن ينحصر بقدر الإمكان في مسألة حماية المصالح المشروعة للرعايا البريطانيين، وحماية حقوقنا المكتسبة وفقًا للاتفاقية، وتنفيذ التزاماتنا المتضمنة في الاتفاقية.

وعندما يتحقق ذلك يُستحسن أن نقوم باتخاذ الإجراءات اللازمة لتصحيح الأوضاع، وما عدا ذلك فإن الأفضل أن نقصر التدخل على الحد الأدنى.

Ref.: (Foreign Dept. POLITICAL. A, Progs., Nos. 171-199, Nov. 1874), pp. 31-32.
23 Oct. 1874

رقم (198)
رقم (191) لعام 1874م
حكومة الهند
الإدارة الخارجية - الإدارة السياسية
23 أكتوبر 1874م – فورت ويليام

إلى: فخامة الماركيز سالزبوري

وزير خارجية صاحبة الجلالة البريطانية لشؤون الهند

سيدي الماركيز،

يُشرفنا أن نُفيد فخامتكم بتسلّمنا لرسالتكم رقم (21) المؤرخة في 7 أغسطس 1874م، والتي أرفق بها إلينا للعلم والإفادة، نسخة من الطلب الذي قدمه بعض شيوخ البحرين للسلطات التركية (العثمانية)، والذي طلبوا من خلاله الخضوع لحماية الحكومة التركية، والتمسوا من خلاله أن تتم الموافقة لهم للعودة إلى البحرين، وأن يتم النظر في أمر إطلاق سراح محمد بن خليفة ومحمد بن عبد الله المعتقلين الآن في الهند.

2- يبدو أن دعاوى مقدمي الالتماسات كانت ذات علاقة بالإجراءات التي اتخذها المقيم في الخليج الفارسي بشأن الاضطرابات التي حدثت في عام 1869م، وبإمكانكم الاطلاع على الملابسات التي صاحبت تلك الاضطرابات في رسالتنا رقم (24) المؤرخة في 16 نوفمبر 1869م والرسائل اللاحقة.

3- مقدم الطلب، ناصر بن مبارك كان أحد الأشخاص الرئيسيين ذوي العلاقة بحادثة مهاجمة البحرين في عام 1869م، وقد تمكّن من الفرار بعد حدوث الاضطرابات مع أتباعه إلى أراضي الأمير الوهابي، ونحن لا نملك معلومات كافية عن مقدمي الالتماسات الثلاثة الآخرين وهم: سلمان بن خليفة، ومبارك بن علي، وحمد بن خليفة، ولكن من المحتمل أن يكونوا من أتباع الفرع المنفي من العائلة الحاكمة في البحرين، أو من أتباع فرع عبد الله عضو العائلة الحاكمة في البحرين، الذي كان يعتزم مؤخرًا بالتعاون مع قبيلة بني هاجر تهديد الجزيرة.

محمد بن خليفة ومحمد بن عبد الله اللذان أشار إليهما مقدمو الالتماس، هما اللذان تم إبلاغ

خبر اعتقالهما إلى حكومة صاحبة الجلالة في الفقرة (12) من رسالتنا رقم (42) المؤرخة في 14 ديسمبر 1869م، وأولهما هو شقيق الشيخ علي بن خليفة، الذي قُتل في الهجوم على البحرين عام 1869م، والثاني ليس فقط واحدًا من القادة الأساسيين لذلك الهجوم، بل إنه رجل مكائد ومخاطر لا يُشق له غبار.

4- منذ مدة قصيرة، وعندما تبيّن لنا أن اضطرابات جديدة قد تحدث على يد ناصر بن مبارك، أبلغنا المقيم السياسي لصاحبة الجلالة البريطانية في الخليج الفارسي (إلى المقيم السياسي 450P بتاريخ 1 يوليو 1874م) بأننا نرى أن هنالك ضرورة قصوى لأن يقتنع شيخ البحرين بالاعتماد على موارده الذاتية للمحافظة على منصبه، وذلك على الرغم من أننا قد بذلنا الاهتمام اللازم بمطالبته بالدعم من الحكومة البريطانية بموجب اتفاقية عام 1861م، والتي كنا ملتزمين من خلالها بحماية البحرين في ظروف معينة، من الهجمات التي قد تُشن عليها من البحر بواسطة شيوخ القبائل في الخليج الفارسي.

5- الرسالة المرفقة ستبيّن لكم أن البحرين كانت معرضة لخطر الهجوم مؤخرًا، على يد بعض أتباع قبيلة بني هاجر بتحريض من بعض المنفيين البحرينيين كما يبدو، وهم الذين دأبوا على تقديم الالتماسات إلى حكومة الباب العالي السامية.

في رسالتنا رقم (173) المؤرخة في 22 سبتمبر، كنا قد اقترحنا أن يتم النظر في إمكانية أن تكون تلك القبيلة تحت سيطرة حكومة السلطان في حال خضوعها للحكومة التركية، وفي الوقت نفسه فإننا قد أبلغنا المقيم في الخليج الفارسي بأن يتخذ إجراءات فعّالة لحماية الجزيرة من الهجمات، ولكن مع الحد الأدنى من التدخل في شوون البحرين وفي شؤون الشيوخ العرب بالمناطق الساحلية، وذلك لحماية المصالح المشروعة للرعايا البريطانيين، والمحافظة على الحقوق المكتسبة لنا بواسطة الاتفاقية والالتزام بتعهداتنا المقررة بموجب الاتفاقية.

6- لا نرى أننا بحاجة إلى تذكير فخامتكم بأنه وبينما لم نطالب بأي قدر من السيادة على البحرين، فإننا لا نقر بأي دعاوى كتلك التي وردت في رسالة عارف Arifi باشا إلى موسى Musurus باشا، بتاريخ 24 يونيو، والتي أرفقت في رسالتكم مع الإفادة بتسلمها، وأن أي اعترافات أو إفادات من قِبَل ناصر بن مبارك ومقدمي الالتماسات معه، والذين هم متمردون ضد حكومة البحرين ومنفيون من الجزيرة، لن تؤثر على مسألة وضع البحرين وعلاقاتنا معها بموجب المعاهدة.

Ref.: (Foreign Dept. POLITICAL, A, Progs., Nos. 298-333, Feb. 1875), pp. 4-5.
31 Oct. 1874

حكومة الهند

1875م

إدارة الشؤون الخارجية

سياسي (A)

فبراير

الأرقام (298-333)

أحداث البحرين وتحركات الأتراك (العثمانيين) في نجد

قائمة الرسائل:

رقم (298) رقم (2C.O-1263.) مؤرخة في 31 أكتوبر 1874م من المقيم السياسي في الخليج الفارسي: يُحيل، بخصوص الموضوع أعلاه، ترجمة رسالة وردت من ناصر بن مبارك بشأن البحرين.

رقم (299) مرفق الرسالة أعلاه.

رقم (300) رقم (3615P) مؤرخة في 30 نوفمبر 1875م إلى المقيم السياسي في الخليج الفارسي: ردًّا على الرسالة أعلاه، يؤيد الإنذار الذي وجهه إلى ناصر بن مبارك آل خليفة بخصوص الأعمال العدائية ضد البحرين. (أُرسلت نسخة إلى حكومة الهند في الملف رقم 2616P بتاريخ 30 نوفمبر 1874م).

رقم (301) رقم (1281-207) مؤرخة في 10 نوفمبر 1874م من المقيم السياسي في الخليج الفارسي: يُقدِّم تقريرٌ بخصوص أحداث البحرين.

رقم (302) رقم (2722P) مؤرخة في 10 ديسمبر 1874م إلى المقيم السياسي في الخليج الفارسي: يتلقى أوامر بخصوص الرسالة أعلاه.

رقم (303) رقم (2723P) مؤرخة في 10 ديسمبر 1874م إلى المقيم السياسي في الخليج الفارسي: يتلقى أوامر بخصوص الرسالة أعلاه (أُرسلت نسخة إلى حكومة بومباي في الملف رقم 2724P بتاريخ 10 ديسمبر 1874م).

رقم (304) رقم (222) مؤرخة في 18 ديسمبر 1874م إلى وزير الدولة لشؤون الهند: بالإشارة إلى مراسلات سابقة، يُحيل نسخة من الرسائل المشار إليها أعلاه.

رقم (305) ملخص المحتويات.

رقم (306) رقم (1338-284) مؤرخة في 28 نوفمبر 1874م من المقيم السياسي في الخليج الفارسي: يُحيل موجز أنباء، أرسلها المراسل السري، بخصوص تحركات القوات التركية في نجد.

رقم (307) مرفق الرسالة أعلاه.

رقم (308) رقم (1380-288) مؤرخة في 5 ديسمبر 1874م من المقيم السياسي في الخليج الفارسي: يُحيل نسخة من رسالة إخبارية من وكيل الأخبار في البحرين بخصوص هجوم ناصر بن مبارك المتوقع على الزبارة بدعم من شيوخ قطر.

رقم (309) مرفق الرسالة أعلاه.

رقم (310) رقم (1381-289) مؤرخة في 5 ديسمبر 1874م من المقيم السياسي في الخليج الفارسي: يُقدم ترجمة رسائل إخبارية من البحرين بخصوص الأحداث في تلك المنطقة.

رقم (311) مرفق الرسالة أعلاه.

رقم (312) رقم (1382-290) مؤرخة في 5 ديسمبر 1874م من المقيم السياسي في الخليج الفارسي: يُحيل ترجمة رسالة تلقاها من الأمير الوهابي عبد الرحمن بن فيصل بخصوص إجراءاته في نجد.

رقم (313) مرفق الرسالة أعلاه.

رقم (314) رقم (261-262P) مؤرخة في 26 يناير 1875م إلى المقيم السياسي في الخليج الفارسي: يوافق في الرد على قراراه بعدم الرد على رسالة عبد الرحمن، ويطلب منه التوقف عن تبادل المراسلات معه. (أُحيلت نسخة إلى حكومة بومباي).

رقم (315) رقم (1428-302) مؤرخة في 19 ديسمبر 1875م من المقيم السياسي في الخليج الفارسي: يُحيل رسائل إخبارية من المراسل السري في البحرين بخصوص تطور الأحداث في نجد.

رقم (316) مرفق الرسالة أعلاه.

رقم (317) رقم (1429-303) مؤرخة في 19 ديسمبر 1874م من المقيم السياسي في الخليج الفارسي: يُحيل ترجمة رسالة تلقاها من شيخ البحرين بخصوص مخاوفه بشأن نوايا ناصر بن مبارك،

المتواجد في القطيف. ويذكر أنه سيرتب لإرسال السفينة «ماجبي» إلى البحرين، لأن السفينة «نيمبل» غادرت البحرين متجهة إلى بوشهر، دون أن تحل أية سفينة أخرى محلها.

رقم (318) مرفق الرسالة أعلاه.

رقم (319) رقم (1430-304) مؤرخة في 19 ديسمبر 1874م من المقيم السياسي في الخليج الفارسي: يُحيل نسخة من مراسلات، جرى تبادلها مع الوكيل السياسي في المناطق العربية الخاضعة للحكم التركي (العثماني)، بخصوص الأحداث الأخيرة في البحرين ومحيطها، والسيادة على الزبارة، وتحركات قبيلة بني هاجر، ووجود ناصر بن مبارك على الساحل.

رقم (320) مرفق الرسالة أعلاه

رقم (321) رقم (1427-301) مؤرخة في 19 ديسمبر 1874م من المقيم السياسي في الخليج الفارسي: بالإشارة إلى برقية وزارة الشؤون الخارجية بتاريخ 10 ديسمبر 1874م، يصرح أنه وجه رسالة إلى شيخ البحرين لينقل له قرار الحكومة بأنها «لن تضمن الحماية لشيخ البحرين في حال تورط في الأحداث الحاصلة على البر الرئيسي».

رقم (322) مرفق الرسالة أعلاه.

رقم (323) رقم (1433-306) مؤرخة في 19 ديسمبر 1874م من المقيم السياسي في الخليج الفارسي: يُحيل نسخة من وثائق تبين أن شيخ البحرين متمسك بحق ملكية حصن الزبارة، ويصرح أن الشيخ سيستمر حتمًا في دعم توطين قبيلة النعيم هناك، ما لم يُمنع من ذلك بشكل صريح.

رقم (324) مرفق الرسالة أعلاه.

رقم (325) رقم (260P-269) مؤرخة في 26 يناير 1875م إلى المقيم السياسي في الخليج الفارسي: يُقدم ملاحظات حول رسالتيه رقمي (1437-301) و(1433-306) المؤرختين في 19 ديسمبر (1874م)، بخصوص الأحداث في البحرين، ويسأل عمّا إذا كان الأمر يستدعي إرسال تعليمات أخرى. (أُحيلت نسخة إلى حكومة بومباي).

رقم (326) رقم (71) مؤرخة في 16 ديسمبر 1874م من القنصل العام لصاحبة الجلالة البريطانية في بغداد إلى سفير صاحبة الجلالة في القسطنطينية: إكمالًا لرسالته رقم (69) بتاريخ 1 ديسمبر 1874م، حول الأحداث في نجد، يذكر أنه لم يتلق منذ ذلك الحين أية معلومات موثوقة من تلك المنطقة.

رقم (327) رقم (1467-321) مؤرخة في 31 ديسمبر 1874م من المقيم السياسي في الخليج الفارسي: يُحيل ترجمة رسائل إخبارية، وردته من البحرين، لغاية 26 ديسمبر 1874، تطرقت بشكل أساسي إلى احتلال القوات التركية للأحساء مجددًا، وفرار عبد الرحمن بن فيصل.

رقم (328) مرفق الرسالة أعلاه.

رقم (329) رقم (17-5) مؤرخة في 9 يناير 1875م من المقيم السياسي في الخليج الفارسي: يُحيل معلومات بخصوص هزيمة الأمير الوهابي عبد الرحمن (بن فيصل) على يد القوات التركية (العثمانية).

رقم (330) مرفق الرسالة أعلاه

رقم (331) رقم (75) مؤرخة في 29 ديسمبر 1875م نسخة من رسالة من المكلف بمهام القنصل العام في بغداد إلى سفير صاحبة الجلالة في القسطنطينية: يُعلن هزيمة عبد الرحمن بن فيصل، واستسلامه.

رقم (332) رقم (30) مؤرخة في 5 فبراير 1875م إلى وزير الدولة لشؤون الهند، إكمالًا للرسالة **رقم (222)** بتاريخ الثامن عشر من ديسمبر الماضي: يُحيل نسخًا من الرسائل السابقة.

رقم (333) ملخص المحتويات.

Ref.: (Foreign Dept. POLITICAL. A, Progs., Nos. 171-199, Nov. 1874), pp. 32-33.
Oct. 1874

رقم (199)
مقتطف من محتويات الرسالة رقم (191)
أكتوبر 1874 م

إلى: وزير صاحبة الجلالة لشؤون الهند

رقم (1) رقم (191) مؤرخة في أكتوبر 1874م إلى وزير صاحبة الجلالة لشؤون الهند، أُحيلت فيها نسخ من الوثائق المذكورة أدناه.

رقم (2) ملخص المحتويات.

رقم (3) رسالة رقم (685-145) مؤرخة في 29 مايو 1874م من المقيم السياسي لصاحبة الجلالة البريطانية في الخليج الفارسي (الوكيل السياسي، يوليو 1874م، الأرقام 174-178)، يُحيل رسالة وردت من شيخ البحرين، معربًا عن مخاوفه بشأن تحركات ناصر بن مبارك، زعيم المجموعة المنافسة من شيوخ البحرين، ونواياه.

رقم (4) رسالة رقم (763-157) مؤرخة في 12 يونيو 1874م من المقيم السياسي لصاحبة الجلالة البريطانية في الخليج الفارسي (سياسي A، يوليو 1874م، رقم 179)، إكمالًا للرسالة أعلاه، يذكر الظروف المرتبطة بطلب قدمه ناصر بن مبارك للمقيم السياسي في الخليج الفارسي، متوسلًا أن يتوسط له لدى شيخ البحرين، كي يُعطيه حصة من إنتاج النخيل في البحرين.

رقم (5) رسالة رقم (1450P) مؤرخة في 7 يوليو 1874م إلى المقيم السياسي لصاحبة الجلالة البريطانية في الخليج الفارسي (أُحيلت نسخة إلى حكومة بومباي في السجل رقم 1451P بتاريخ 7 يوليو 1874م)، (الوكيل السياسي، يوليو 1874م، رقم 180)، يُقر باستلام الرسائل المذكورة أعلاه، ويُصادق على تقريره. ويتفق معه في ما صرح به، وذلك أنه من المُستحسن جدًّا أن يتعلم شيخ البحرين الاعتماد على وسائله الخاصة للحفاظ على مركزه.

رقم (6) رسالة رقم (1006-205) مؤرخة في 3 سبتمبر 1874م من المقيم السياسي لصاحبة الجلالة البريطانية في الخليج الفارسي، يُقدم تقريرًا حول أحداث البحرين لأخذ العلم، ويذكر تفاصيل

حول ناصر بن مبارك، الذي أشار إليه في رسالتيه المؤرختين في 29 مايو و 12 يونيو الماضيين. ويتحدث عن تحركات عدد من عرب قبيلة بني هاجر على ساحل قطر.

رقم (7) رقم (1039-209) مؤرخة في 12 سبتمبر 1874م من المقيم السياسي لصاحبة الجلالة البريطانية في الخليج الفارسي، إكمالًا للرسالة أعلاه، يُحيل تقريرًا آخر حول أحداث البحرين، وحول تحركات عرب قبيلة بني هاجر.

رقم (8) رقم (2300P) مؤرخة في 21 أكتوبر 1874م إلى المقيم السياسي لصاحبة الجلالة البريطانية في الخليج الفارسي، يُرسل ملاحظات وأوامر حول الرسائل السابقة.

ملاحظة: لم تُرسل نسخ من الرسائل المدرجة تحت الأرقام (3) و(4) و(5) في هذا الملخص، وهي تتوفر في مجلد التقارير، كما هو مشار بجانب تلك الأرقام.

Ref.: (Foreign Dept. POLITICAL, A, Progs., Nos. 298-333, Feb. 1875), p.10.
Oct. 1874

رقم (299)
ترجمة لمضمون رسالة
رمضان 1291هـ/ أكتوبر 1874م

من: ناصر بن مبارك - قطر

إلى: المقدم إي. س. روس
المقيم السياسي لصاحبة الجلالة البريطانية في الخليج الفارسي- بوشهر

ليكن معلومًا لديك أننا كنا بعيدين عن البحرين خلال الأعوام الستة الماضية, ولا نملك حقوقنا الكاملة في ذلك المكان.

أنت تعلم أن البحرين لنا كلّنا.

ما حدث في الماضي كان سببه محمد بن خليفة, وعلي بن خليفة.

في ذلك الوقت أردنا البقاء بمعزل عنهما؛ ذلك عندما وقعت الأحداث بين الشيخ محمد والشيخ علي.

إنني مقتنع أن حكومة السركار[1] Sirkar عادلة.

أعلم أنه إذا حصلنا حقوقنا الكاملة من دون مشاكل فسيكون ذلك أمرًا جيدًا.

نرجو من الحكومة ألا تمنعنا من الحصول على حقوقنا الكاملة بما أنها عادلة ومنصفة.

إنني باتنظار ردك على هذه الرسالة ومهما كان الذي تراه مناسبًا.

1 السركار: الاسم الذي كان يُطلقه أهل الخليج على المقيم السياسي البريطاني في الخليج العربي. (المحرر).

Ref.: (Foreign Dept. POLITICAL. A, Progs., Nos. 200-206, Nov. 1874), p.5.
2 Nov. 1874

رقم (201)
رقم (2365P)
2 نوفمبر 1874م – فورت ويليام

من: المكلف بمهام وكيل حكومة الهند في إدارة الشؤون الخارجية

إلى: سكرتير حكومة بومباي

بالإشارة إلى رسالتك رقم (6064) بتاريخ التاسع عشر من الشهر الماضي، مقترحًا أن يقوم فخامة النائب والحاكم العام في المجلس بالإعراب عن موافقته على الإجراءات التي اتبعها الكابتن كامبل، قائد السفينة الحربية «هيو روز» لمواجهة تحركات قبيلة بني هاجر ضد البحرين، فقد تلقيت تعليمات بأن أحيل، لعلم حكومة بومباي، نسخة من الرسالة رقم (2300P) بتاريخ الحادي والعشرين من الشهر الماضي إلى المقيم السياسي لصاحبة الجلالة البريطانية في الخليج الفارسي، والتي سيتضح من خلالها أن حكومة الهند وافقت على إجراءات الكابتن كامبل.

Ref.: (Foreign Dept. POLITICAL, A, Progs., Nos. 354-365, May. 1875), p. 7.
3 Nov. 1874

مقتطف من برقية
3 نوفمبر 1874م

من: حاكم عام (والي) ولاية بغداد

إلى: الصدر الأعظم

رفضت قبيلة النعيم، التابعة لقضاء قطر Kou'ter (نجد)، دفع الرسوم المفروضة عليها، وبعد أن ثارت ضد السلطات الإمبراطورية، كان على الأخيرة أن تتولى تأديب هذه القبيلة بمساعدة بني هاجر، لكن هذا المشروع أصيب بالشلل، بسبب التشجيع والتعزيزات التي تصل من شيوخ البحرين.

أسهم الطراد الإنجليزي الموجود في البحرين بدوره في تشجيع تمرد قبيلة النعيم بمهاجمة بني هاجر les Hadjir وقتلهم 22 شخصًا. استعار هذا الحادث المؤسف طابعًا خطيرًا بشكلٍ خاص من النظام الذي نظمه شيوخ البحرين، الذين قاموا بإصلاح حصن الزبارة fortin de Zibaré، لتوطين قبائل النعيم وKerisnig هناك، بهدف ارتكاب أعمال الاعتداء، والسكان الذين تعرضوا للضرر تمردوا. هذه الحقائق التي نقلها والي نجد، والتي أكدتها تصريحات الرائد سعيد أفندي، مساعد المعسكر، لا يمكن تبريرها بأية طريقة أخرى، لأن قبيلة بني هاجر تعيش في المنطقة العربية، وسكان جزر البحرين لا علاقة لهم بها، وبالتالي؛ فإن التدخل التعسفي وغير القانوني، للطراد الإنجليزي لا يمكن تفسيره[1].

1 وردت هذه الوثيقة باللغة الفرنسية. (المحرر).

Ref.: (Foreign Dept. POLITICAL, A, Progs., Nos. 298-333, Feb. 1875), p.11.

10 Nov. 1874

رقم (301)

رقم (267/1281)

على متن السفينة هيو روز - قبالة لنجة

10 نوفمبر 1874م

من: المقدم إي.سي. روس

المقيم السياسي لصاحبة الجلالة البريطانية في الخليج الفارسي

إلى: سكرتير الحكومة التركية

وزارة الخارجية

بعد أن غادرت بوشهر على متن سفينة المقيمية الحربية «هيو روز» في الثاني من الشهر الحالي، ذهبت إلى البحرين؛ حيث مكثت هناك من الرابع حتى السابع من الشهر، ويُشرفني الآن أن أقدم التقرير التالي لسعادة نائب الملكة والحاكم العام للهند في المجلس عن أوضاع تلك المشيخة والمنطقة المجاورة.

2- تأكدت شخصيًّا من أن قلق الشيخ عيسى الأساسي هو بسبب وجود قريبه ناصر بن مبارك على الساحل القطري، إنه يخشى من أن يتم تقديم المساعدة لذلك الشيخ من قبل شيوخ البدع وأهالي قطر عمومًا في تولّي العمليات، بُغية مهاجمة البحرين في يومٍ ما. إن الشيخ عيسى، في حديثه المسهب لحكومته عن الخطر من تقارب ناصر بن مبارك، عبر لي عن رغبته بأن أتخذ إجراءات تمنع شيخ قطر من إيوائه أو مساعدته في أي عمليات ضد الزبارة Zobarah برًّا أو بحرًا.

أخبرت الشيخ أنني لا أستطيع التدخل إلا من أجل قمع التحركات بحرًا، إن كون شيخ البحرين قلق من شن هجوم على حلفائه، وبما أنه يعتبر الذين يحتفظون بحصن الزبارة من رعاياه، جعله يطلب السماح له بتعزيز حامية ذلك المكان الذي يعتبره تابعًا للبحرين.

3- إن ردّي للشيخ كان بمعنى أنني سأقدم له النصح كما في السابق، وقدر الإمكان، كي يتجنب العداءات على البر الرئيسي، وأنه فيما يخص مساعدة الزبارة فإنني لن أتدخل بإرسال التعزيزات

كإجراء دفاعي محض، لكن الأمر يعود للشيخ نفسه، كي يُقرر الحاجة إلى الإجراء أو منفعته. وكذلك حذرته كي يمتنع بدقة عن المشاركة في عمليات تشترك فيها الحكومة التركية (العثمانية).

4- أما بخصوص الرسالة التي وُجهت للشيخ عيسى من قبل الحاكم في القطيف حول التحدث مع المذكور أولًا بخصوص الموضوع (أعني رسالتي رقم 262/1265 المؤرخة في 31 أكتوبر 1874م) وجدت أنه يكره إرسال رد خطي، بما أنه أخبر الرسول الذي أحضرها شفهيًّا، أنه قد أحال الرسالة إلى الممثل البريطاني، وأنه أراد أن يتجنب التراسل مع المسؤولين الأتراك. ونتيجة لذلك بقيت الرسالة دون جواب.

5- لقد وصلت شائعات من نجد إلى البحرين تُفيد أنه تم تهديد الأحساء من قبل عبد الرحمن بن فيصل، الذي انضم إليه عدد كبير من قبائل البدو، وأن موقف الحامية التركية كان حرجًا. مع ذلك؛ هذه التقارير بحاجة إلى الإثبات.

ملحوظة: أحيلت نسخ مباشرة إلى حكومة بومباي ومكتب الهند.

Ref.: (Foreign Dept. POLITICAL, A, Progs., Nos. 298-333, Feb. 1875), p.14.
18 Nov. 1874

رقم (307)
مفاد مترجم من خلاصة رسالة نُقلت من قبل وكيل أخبار المقيمية
18 نوفمبر 1874م

فيما يتعلق بالأحداث الحالية في الأحساء، لقد جاء رسول من ذلك المكان إلى شيخ البصرة جالبًا رسائل تفيد بما يلي: تقاتل بزيع والقوة الصغيرة المرافقة له مع عبد الرحمن، وقتل من كلا الطرفين العديد من الرجال، وقد استغرق الرسول عشرة أيام كي يصل من الأحساء، وقد تم إرسال الأخبار المذكورة أعلاه ببرقية إلى والي بغداد، الذي أرسل برقية إلى الفاو Fao تفيد أن السفينتين نجد ومظفر Muzaffur، واللتان أرسل فريك باشا Freek Basha على متنهما من القسطنطينية للاستفسار عن الأوضاع في هذه المناطق، يجب أن تؤجِّلا بدء الرحلة إلى حين وصول القوات من بغداد، في الوقت الذي يتوجب على الجميع الذهاب سويّةً إلى الأحساء، ويقوم فريك باشا للاستفسار، وأنه على عبد الله الصباح Abdulla al Sabah برفقة قوة من البدو أن يركبوا على متن السفينة نجد.

أرسل والي بغداد برقية إلى حكومته للحصول على إذنٍ ببدء التحرك ضد البحرين، زاعمًا أن أهالي تلك الجزيرة كانوا سبب كل الأذى (الذي وقع في ذلك المكان) وأن الإنجليز كانوا يقدِّمون لهم المساعدة، ولم يحصل الوالي حتى الآن على إذن أو جواب على رسالته. وصل ناصر باشا الثلاثاء الماضي إلى البصرة قادمًا من سوق الشيوخ Soof Sheyookh، وذهب بعد وصوله مباشرةً إلى مكتب البرق وظلّ يناقش الوالي. في الساعة العاشرة صباحًا ذهب (ناصر باشا) وهاشم شلبي Hassim Chulabee إلى سفينة فريك باشا وتحدثا معه ثم تابعا إلى ماهولا Mahoola. تم الاتفاق أنه عندما تصل القوات يجب على ناصر باشا مرافقتها في السفينة؛ سوف تأتي أربعة أفواجٍ من بغداد. أما مزيد باشا Mazeed Basha ابن ناصر باشا فسوف ينطلق مع 2000 من خيالة المنتفق Muntafij إلى الأحساء. ويُشاع أن سعودًا قد جمع كل البدو التابعين له سويةً ويتقدم إلى الأحساء، وأن عبد الرحمن قد استولى على كل مدن الأحساء باستثناء حصن الهفوف؛ فمازال بزيع والقوة المرافقة له صامدين فيه.

سوف تُغادر كل السفن التركية (العثمانية) إلى القطيف، ومن هناك يتوجب على القوات الذهاب إلى الأحساء (برًّا) وبما أنهم لا يملكون الذخيرة فإنهم سيضطرون للانتظارفي القطيف.

Ref.: (Foreign Dept. POLITICAL, A, Progs., Nos. 298-333, Feb. 1875), p.15.

18 Nov. 1874

رقم (309)

رقم (164)

18 نوفمبر 1874م

من: وكيل الأخبار في البحرين

سمعت أن ناصر بن مبارك وجاسم بن ثاني قد تسلما مؤخرًا من الأحساء رسائل من بزيع يطلب منهما أن يؤجلا مهاجمة أهالي الزبارة في الوقت الحاضر، وأن سفينة تركية ستصل قريبًا إلى الزبارة؛ عندها سيتم شن حملة برية من قطر ضد الزبارة، وستقوم السفينة بالمهاجمة بحرًا، وبذلك سيخضع أهالي الزبارة لنفوذ السلطان عبد العزيز، وبزيع وأولئك الذين قد يفوضهم كي يمثلوه.

Ref.: (Foreign Dept. POLITICAL, A, Progs., Nos. 354-365, May. 1875), p. 6.

18 Nov. 1874

18 نوفمبر 1874م- ثرابيا

من: السيد إيه. سانديسون

إلى: فخامة السير إتش. إليوت

سفير صاحبة الجلالة في القسطنطينية

طلبت من الصدر الأعظم، تنفيذًا للأوامر التي تلقيتها منك، أن يُخبرني، لعلم سفارة صاحبة الجلالة، عن حقيقة نبأ إرسال مجموعة من القوات التركية (العثمانية) مؤخرًا من البصرة إلى نجد، وعن أسباب اتخاذ إجراء كهذا. فقال سيادته في الرد إنها أُرسلت بسبب التحركات العدائية من قبيلة عربية وتمردها المسلح على حكم الشيخ عبد الله، وأن الهدف الأساس من إرسال القوات كان منع توسع دائرة الاضطرابات السائدة. وأضاف أن الباب العالي تلقى برقية مفادها أن البحرينيين لعبوا دورًا فاعلًا في مواجهة الأعمال العدائية ضد عبد الله، وكذلك دعم السفينة الحربية البريطانية، التي فتحت النار على مجموعة من أتباع سعود على الساحل. وبعد ذلك التصريح، قال سعادته إنه لا يسعه إلا أن يُشير إلى أنه كان هناك تدخل بريطاني مباشر وواضح في شؤون نجد الداخلية.

ملاحظة: يُشرفني أن أرفق طيه ترجمة فحوى البرقيات المشار إليها أعلاه.

Ref.: (Foreign Dept. POLITICAL, A, Progs., Nos. 298-333, Feb. 1875), p.16.

21 Nov. 1874

رقم (313)

10 شوال 1291هـ/ 21 نوفمبر 1874م

من: عبد الرحمن بن فيصل

الأمير الوهابي

إلى: العقيد روس

المقيم السياسي لصاحبة الجلالة البريطانية في الخليج الفارسي

نستسمح كي نُخبرك مرة أخرى أننا غادرنا من بغداد إلى الأحساء عندما تم إلغاء الحكم المباشر للحكومة التركية (العثمانية) من هذه المناطق النجديّة، واكتشفنا أن بزيع آل عريعر Buzee Areer قد اضطهد رعاياه؛ حيث إنه تصرف على نحو غير شرعي، وجعل نفسه مكروهًا من الجميع. وبما أن منطقة نجد والمناطق المحيطة بها هي من بين المناطق التابعة للحكومة التركية، وبما أن الناس فيها رعايا مطيعون للحكم ذاته وكنا دائمًا مستعدين لتأدية الخدمات الجيدة لتلك الحكومة التي تربطنا بها علاقات قرابة مختلفة وأكثر حميميةً، وسرنا أن (ندرك) الثقة التي وُضعت فينا من قبل أولئك الرعايا، ولقمع كل أعمال الشغب.

لذلك حررناهم من استبداد بزيع وأتباعه وجعلناهم آمنين وأخضعنا المدن.

آملين بذلك القيام بما يُفيد السلطة السامية، وساعين لراحة السلطان. نحن قادرون على حماية هؤلاء الأهالي والحفاظ على الهدوء.

وبما أن سعادتك شخصٌ ذو نفوذ وتفوّق؛ فقد أطلعناك على هذه الأمور طالبين الإرشاد منك فيما يخصنا. نرجو أن تتذكرنا دائمًا.

Ref.: (Foreign Dept. POLITICAL, A, Progs., Nos. 298-333, Feb. 1875), p.15.
25 Nov. 1874

رقم (311)
رقم (165)
25 نوفمبر 1874م

من: وكيل الأخبار في البحرين

علمت من الشيخ فهد أنه قد تسلّم رسالة للتو من عبد الله بن سلمان Abdullah bin Sulaman المقيم في دارين Dareen، التي صرح فيها أن أهالي القطيف خائفون بسبب قلة عددهم وأنهم قد أرسلوا ثلاث سفن إلى قطر للحصول على المساعدة من ناصر بن مبارك وجماعته من بني هاجر. إن السفينة نجد في القطيف، لكن يوجد على متنها مئتا جندي فقط. هناك سفينتان أخريان ستأتيان بمئتي رجل في كل واحدة. لقد أُنزلت القوات الموجودة على متن السفينة نجد.

Ref.: (Foreign Dept. POLITICAL, A, Progs., Nos. 298-333, Feb. 1875), p.22.

27 Nov. 1874

برقية

27 نوفمبر 1874م

من: سفير صاحب السمو في القسطنطينية– ثيرابيا Therapia

إلى: القنصل العام في بغداد

ثيربيا - 27 نوفمبر 1874م. لقد استلمت الحكومة التركية برقية من والي بغداد يصرّح فيها أنه بعد أن تمردت قبيلة النعيم في نجد، كان على السلطات الملكية اتخاذ إجراءات ضدهم بمساعدة قبيلة الهواجر Hadjir. تم تعطيل المشروع من خلال التعزيزات المرسلة إلى القبيلة المشاغبة من قبل شيخ البحرين، وأُعلن أن السفينة الحربية البريطانية قد ساعدت قبيلة النعيم من خلال مهاجمة قبيلة الهواجر وقتل 22 رجلًا، يُقال أيضًا إن شيوخ البحرين قد رمموا حصن الزبارة بُغية إعادة قبيلتي النعيم وKemimi إليه، وكي تحرّض السكان الخاضعين على التمرد. لقد اعتُبر الإجراء غير مبرر، كون بني هاجر يقطنون جزيرة العرب؛ إذ لا علاقة لسكان جزيرة البحرين بها. حاول التأكد من كل الوقائع، وأخبرني بأي عمل تقوم به السفينة البريطانية.

Ref.: (Foreign Dept. POLITICAL, A, Progs., Nos. 354-365, May. 1875), p. 6.

27 Nov. 1874

رقم (316)

27 نوفمبر 1874م – ثرابيا Therpia

من: فخامة السير إتش. إليوت

سفير صاحبة الجلالة في القسطنطينية

إلى: إيرل دربي Earl of Derby

وزير الدولة للشؤون الخارجية

نظرًا لورود أنباء من العقيد هيربرت، مفادها أنه جرى إرسال مجموعة صغيرة من القوات التركية لقمع التمرد الحاصل في نجد، أمرت السيد سانديسون Sandison بالاستفسار عن الأوضاع من الصدر الأعظم.

ويشرفني أن أرفق تقرير السيد سانديسون بخصوص تنفيذه لأوامري، بالإضافة إلى ملخص البرقية التي تلقاها الصدر الأعظم حول هذا الموضوع من حاكم عام (والي) بغداد.

وجهت برقية إلى العقيد هيربرت، أرفق نسخة منها طيه؛ طلبت منه فيها أن يتأكد من وقائع الحادثة، وأن يُخبرني بواسطة سفينة بريطانية عن الإجراءات المتخذة بشأنها.

Ref.: (Foreign Dept. POLITICAL, A, Progs., Nos. 354-365, May. 1875), p. 7.
27 Nov. 1874

برقية
27 نوفمبر 1874م

من: السير إتش. إليوت

إلى: العقيد هيربرت

تلقى الباب العالي برقية من الحاكم العام لبغداد، جاء فيها أنه تحتم على السلطات الشاهانية، بعد تمرد قبيلة النعيم في نجد، اتخاذ الإجراءات ضدها بمساندة قبيلة بني هاجر Hadjir.

أُحبط المخطط بسبب التعزيزات، التي أرسلها شيوخ البحرين إلى القبيلة المتمردة، ويُقال إن السفينة الحربية البريطانية ساعدت قبيلة النعيم من خلال إطلاق النار على رجال من بني هاجر لتقتل عشرين رجلًا منهم.

ويُقال أيضًا إن شيوخ البحرين رمموا قلعة الزبارة، بغية توطين قبيلتي النعيم وKermini فيها، وتحريض السكان الذين أذعنوا لهم على التمرد. واعتُبر هذا الإجراء غير مبر لأن بني هاجر يقطنون في شبه الجزيرة العربية؛ حيث لا يمت المكان بصلة لسكان جزيرة البحرين.

أرجو أن تحاول التحقق من الوقائع، وأن تُخبرني عن أي إجراء اتخذته السفينة البريطانية.

Ref.: (Foreign Dept. POLITICAL, A, Progs., Nos. 298-333, Feb. 1875), p.14.
28 Nov. 1874

رقم (306)

رقم (284-1338)

28 نوفمبر 1874م - بوشهر

من: المقدم إي. سي. روس
المقيم السياسي لصاحبة الجلالة البريطانية في الخليج الفارسي

إلى: السيد سي. يو. إيتشيسون
سكرتير حكومة الهند
وزارة الخارجية

يُشرفني أن أرسل طيه، لعلم فخامة النائب والحاكم العام للهند في المجلس، ملخص أنباء أرسله المراسل السري، بخصوص تحركات القوات التركية (العثمانية) في نجد.

ملاحظة: أُحيلت نسخ مباشرة إلى حكومة بومباي ومكتب الهند.

Ref.: (Foreign Dept. POLITICAL, A, Progs., Nos. 298-333, Feb. 1875), p.21.

28 Nov. 1874

رقم (320)

نسخة من برقية

28 نوفمبر 1874م – بغداد

من: الوكيل السياسي في المناطق العربيةالتابعة لتركيا

إلى: المقيم السياسي في بوشهر

من فضلك أخبرني متى هدد بنو هاجر البحرين؟ أو في أية حادثة أخرى مؤخرًا قامت أية سفينة بريطانية بإطلاق النار على الساحل؟ لقد صرح الوالي أن إحدى السفن قامت بذلك مودية بحياة 22 شخصًا، وقد أكد أيضًا أن شيخ البحرين قد أرسل التعزيزات إلى قبيلة النعيم؛ هل هناك شيء من الصحة في هذا؟

Ref.: (Foreign Dept. POLITICAL, A, Progs., Nos. 298-333, Feb. 1875), p.21.

28 Nov. 1874

برقية

سري

28 نوفمبر 1874م

من: العقيد روس في بوشهر

إلى: العقيد هيربيرت في بغداد

لم يُقتل أحد بنيران السفينة المشار إليها. لم أعلم فيما إذا كان شيخ البحرين قد أرسل التعزيزات إلى الزبارة مؤخرًا.

Ref.: (Foreign Dept. POLITICAL, A, Progs., Nos. 298-333, Feb. 1875), p.22.

28 nov. 1874

برقية

28 نوفمبر 1874م – بغداد

من: القنصل العام في بغداد

إلى: سفير صاحبة الجلالة في القسطنطينية

إن رسائلي لتاريخ السابع والواحد والعشرين من الشهر الماضي والسابع عشر من الشهر الحالي والبرقية رقم (67) المؤرخة في الثامن عشر من الشهر الحالي، تقدم تفسيرًا مسبقًا لبرقية سعادتك المرسلة يوم أمس.

Ref.: (Foreign Dept. POLITICAL, A, Progs., Nos. 298-333, Feb. 1875), p.10.
30 Nov. 1874

رقم (300)

رقم (2615P)

30 نوفمبر 1784م- فورت ويليام

من: السيد أف. هينفي Henvey
المكلف بأعمال وكيل حكومة الهند
إدارة الشؤون الخارجية

إلى: المقدم إي. سي. روس
المقيم السياسي لصاحبة الجلالة البريطانية في الخليج الفارسي

بالإشارة إلى رسالتك رقم (1263-260) بتاريخ 31 أكتوبر 1874م، تلقيت تعليمات بأن أصرح بأن الحاكم العام في المجلس أيد تمامًا الرسالة التي وجهتها إلى ناصر بن مبارك آل خليفة، مُحذرًا إياه من أن أية محاولة لشن هجوم على البحرين ستلقى معارضة شديدة من الحكومة البريطانية.

رقم (2616P)

أُحيلت نسخة من الرسالة أعلاه إلى حكومة الهند لأخذ العلم.

ملحوظة: أحيلت نسخ مباشرة إلى حكومة بومباي ومكتب الهند.

Ref.: (Foreign Dept. POLITICAL, A, Progs., Nos. 298-333, Feb. 1875), p.15.

1 Dec. 1874

رقم (168)

1 ديسمبر 1874م

من: وكيل الأخبار في البحرين

إلى: العقيد روس في بوشهر

تم اليوم إرسال رسالة من أحمد بن الغتم Ahmed bin Katum في الزبارة إلى الشيخ عيسى، والتي صرح فيها بأن الإشاعات قد بلغت الزبارة من البدع؛ ذلك أن ناصر بن مبارك ليس في البدع، ولا يُعرف إلى أين قد ذهب، ربما قد ذهب إلى القطيف برًّا أو بحرًا.

Ref.: (Foreign Dept. POLITICAL, A, Progs., Nos. 298-333, Feb. 1875), p.22.

1 Dec. 1874

رقم (23)

1 ديسمبر 1874م – بغداد

من: العقيد سي. هيربرت

الوكيل السياسي في المناطق العربية التابعة لتركيا

إلى: العقيد إي.سي. روس

المقيم السياسي لصاحبة الجلالة البريطانية في الخليج الفارسي، بوشهر

يُشرفني أن أرفق بهذا نسخًا من برقية مستلمة من ممثل صاحب الجلالة في القسطنطينية، والتي استلمتها في السابع والعشرين من الشهر الماضي ومن الرد الذي أرسلته على الفور.

في الرسائل الثلاث المشار إليها، اشتملت الأخيرة على مضمون ملاحظاتك التي أخبرتني بها عن الظروف المصاحبة للهجوم المتوقع على البحرين من قبل بني هاجر والأحداث اللاحقة، وتذكر الرسالة بدء اضطرابات جديدة في الأحساء.

أنت مدرك أنني متأثر منذ وقت طويل بفكرة أن راديف باشا تواق لخلق أحداث بخصوص البحرين رغبة في ضم الجزيرة نهائيًّا لمنطقة النفوذ التركي. ويبدو، كما أخبرني السيد هينري إليوت Henry Elliot في البرقية التي تم إرسالها من قبله إلى الحكومة التركية، أن السلطات التركية قد شجعت الهجوم المتوقع بقصد إجبار شيخ الجزيرة على اختيار العمل الدفاعي، وبذلك جعله يبدو متورطًا في التمرد المؤكد لقبيلة النعيم في الزبارة.

الآن أطلب منك أن تتكرم وتزودني ببيانٍ، كي يتم إرساله إلى الممثل، عن كل تفاصيل الأحداث التي وقعت في سبتمبر وأكتوبر الماضيين، مقدمًا الشيء نفسه لغاية آخر تاريخ، ومفصلًا أي تحرك تم القيام به من قبل أية سفينة بريطانية حتى نكون على استعداد لمواجهة الإشاعات التي انتشرت مرخرًا، ومفادها أن الشيخ عيسى قد ساعد وشجّع عمل عبد الرحمن بن فيصل ضد الأتراك (العثمانيين) في منطقة الأحساء.

Ref.: (Foreign Dept. POLITICAL, A, Progs., Nos. 298-333, Feb. 1875), pp. 14-15.
5 Dec. 1874

رقم (308)
رقم (288/1380)
5 ديسمبر 1874م - بوشهر

من: المقدم إي.سي. روس
المقيم السياسي لصاحبة الجلالة البريطانية في الخليج الفارسي

إلى: سي. يو. إيتشيسون
سكرتير حكومة الهند
وزارة الخارجية

يُشرفني أن أقدم لعلم سعادة نائب الملكة والحاكم العام للهند في المجلس نسخة من تقرير الأخبار المؤرخ في 18 نوفمبر 1874م المستلم من كاتب الأخبار في البحرين.

2- ذكرت في رسالتي رقم (267/1281) المؤرخة في 10 نوفمبر أن شيوخ البحرين يخشون شن هجوم على الزبارة من قبل ابن مبارك وبمساعدة من شيوخ قطر. يُصرح الآن أن الحاكم التركي (العثماني) في الأحساء قد أمر ناصر بن مبارك وجاسم بن ثاني تأجيل القيام بأي تحرك، متعهدًا بتقديم سفينة تركية في وقت لاحق للمساعدة في الزبارة.

يُذكر من مصادر موثوقة أن كامل منطقة الأحساء، بما فيها الحصن، قد سقطت تحت سيطرة عبد الرحمن بن فيصل، وأن الحاكم التركي (بزيع) وقواته قد سلّموا الأماكن، ويقال إن بزيعًا قد بلغ ساحل القطيف.

4- لقد عُهدت قيادة الحملة التركية التي تمّ إرسالها الآن لاستعادة الأحساء إلى اللواء محمد باشا Mohammed Pasha، وسيرافق القوات ناصر باشا شيخ المنتفق Montifik .

Ref.: (Foreign Dept. POLITICAL, A, Progs., Nos. 298-333, Feb. 1875), p.15.
5 Dec. 1874

رقم (310)

رقم (289/1381)

5 ديسمبر 1874م – بوشهر

من: المقدم إي.سي. روس
المقيم السياسي لصاحبة الجلالة البريطانية في الخليج الفارسي

إلى: سي. يو. إيتشيسون
سكرتير حكومة الهند
وزارة الخارجية

يشرفني أن أرسل بهذه المعلومات لسعادة نائب الملكة والحاكم العام للهند في المجلس، والمتضمنة في ترجمة تقارير الأخبار، المستلمة من البحرين بتاريخ 25 نوفمبر و1 ديسمبر 1874م.

Ref.: (Foreign Dept. POLITICAL, A, Progs., Nos. 298-333, Feb. 1875), pp. 15-16.
5 Dec. 1874

رقم (312)
رقم (290/1382)
5 ديسمبر 1874م - بوشهر
المقيمية البريطانية - بوشهر

من: المقدم إي.سي. روس
المقيم السياسي لصاحبة الجلالة البريطانية في الخليج الفارسي

إلى: سي. يو. إيتشيسون
سكرتير حكومة الهند
وزارة الخارجية

لقد تسلمت اليوم رسالة موجهة إليَّ من قبل الأمير الوهابي عبد الرحمن بن فيصل، ويشرفني أن أرفق بهذا ترجمتها.

2- سيتضح أن عبد الرحمن تمنى لو أن إجراءاته الأخيرة قد نُظر إليها بصفته يعمل لصالح الحكومة التركية (العثمانية) بدلًا من اعتباره عدوًّا. من المحتمل أن هذا الدافع في الدرجة الأولى ليحمي نفسه من عواقب أعماله العدائية، وفي الدرجة الثانية ليُحاول إقناع الحكومة التركية (العثمانية) السماح له بالبقاء كحاكم في الأحساء، على أساس أنه تابع لها.

3- قيل لي إن عبد الرحمن قد وجّه رسائل كثيرة إلى عدة شيوخ وأشخاص بارزين في الجانب العربي، وأنه أرسل كذلك للوالي في بغداد يعرض عليه دفع الضريبة نفسها كما هو مقرر من بزيع إذا تُرك دون أن تتمّ مضايقته.

4- سوف أمتنع عن إرسال أي رد لعبد الرحمن بن فيصل.

Ref.: (Foreign Dept. POLITICAL, A, Progs., Nos. 298-333, Feb. 1875), pp. 17-18.
8 Dec. 1874

رقم (316)
رقم (170)
ترجمة لمضمون رسالة
8 ديسمبر 1874م
مستلمة في 13 ديسمبر 1874م

من: آغا أحمد
وكيل الأخبار السري في البحرين

إلى: المقدم إي. سي. روس
المقيم السياسي لصاحبة الجلالة البريطانية في الخليج الفارسي- بوشهر

لقد علمت من أشخاص وصلوا من القطيف يقولون إن سفينة رابعة قد وصلت إلى هناك قادمةً من البصرة، وقد أحضرت فوجًا من الجنود يبلغ عددهم 600 جندي. ويُقال إنه يوجد ثلاثة أفواج من الجنود في القطيف بقيادة ناصر شيخ المنتفق، ومعهم ثلاثة مدافع وعشرون بغلًا والذخائر. وأن طالح Taleh بن ناصر شيخ المنتفق قد وصل في شوال قادمًا عن طريق الكويت وبرفقته 500 خيال من المنتفق و300 من راكبي الإبل، ويقول البعض 400 جمل، وكل جمل يمتطيه رجلان يوجد برفقتهم المشاة أيضًا. لقد أقاموا مخيمهم في مكان بالقرب من القطيف يُدعى بدراني Budranee، والذي يستغرق الوصول إلى القطيف منه على ظهور الخيل ساعة واحدة. سمعت أن السفينتين التركيتين الرابعة والثالثة أبحرتا معًا إلى البصرة. توجد الآن سفينتان في رأس تنورة Ras Tanurah.

يُقال إنه تم إرسال كوسيد Kossid من كوت Koot في الأحساء من قبل بزيع إلى ناصر شيخ المنتفق، لقت كتب للأخير يُخبره أن حصن الكوت الكبير قد استسلم بسبب تفجير مخزن الذخيرة، وأنه كان في الحصن الصغير (معقل الحصن الكبير) المسمى كوت إبراهيم Koot-i- Ibrahim، وأنه إن لم يأتِ حالًا لمساعدته فإنه سيكون مضطرًّا لتسليم نفسه؛ حيث إنه في وضع حرج. حين ذاك تم على الفور إرسال ناصر مع قواته إلى الأحساء.

يُقال إن ناصرًا أخذ 400 حمار لحمل المؤن.

يُقال أيضًا إن العمايرAmair والصوالح Soleh ذهبوا مع ناصر، والبعض يكذب التصريح. يبلغ عدد الأخيرين حوالي 500 أو 600 شخص.

علمت أن ناصر بن مبارك وصل إلى القطيف وقابل ناصرًا شيخَ المنتفق، سأله الأخير لماذا لم يُحضِرْ بني هاجر معه، أجاب بأنهم غير قادرين على القيام بذلك برًّا بسبب خوفهم من قبيلتي العجمان Ejman والمرة Al Moorah. أجاب ناصر شيخ المنتفق بأن الحكومة لا تهتم لمصالحهم.

علمت من البدو أنه ذُكر من قبل الأشخاص الذين أتوا من القطيف أن ناصرًا قد قال شيئًا ما عن الشيخ عيسى بن علي Esau bin Ali والبحرين؛ أعني:»أنه حالما نُنجز ما علينا القيام به في الأحساء، لن يكون لديّ أي عذر لعدم الثأر من الشيخ عيسى بن علي بسبب سماحه لعبد الرحمن بن فيصل بالذهاب إلى الأحساء من البحرين».

يُقال إن ناصرًا بقي في دارين، وهو يخطط لتجمع عربي من أجل مهاجمة البحرين بمساعدة من ناصر شيخ المنتفق. هذا مجرد تقرير ولم يتم إثباته.

لقد مضى الآن عشرة أيام منذ أن تم قطع الاتصالات بين القطيف والبحرين بسبب الاستيلاء على كل دفات السفن المتجهة من البحرين إلى القطيف، وذلك بأوامر من ناصر. تم تحرير السفن أخيرًا بعد مغادرة ناصر شيخ المنتفق. لقد تآمر أهالي القطيف لتنفيذ الغاية المذكورة أعلاه من أجل تجنب وصول أخبار نواياهم إلى البحرين، ويتم من هناك نقلها إلى الأحساء عن طريق العقير. يُعتقد بشكل عام في البحرين أن ناصر بن مبارك وصل من قطر إلى القطيف برفقة 25 رجلًا من بني هاجر، في الثالث والعشرين من شوال، وأنه سوف يهاجم البحرين على حين غرة، وأن هذا قد كان بسبب انقطاع كل الاتصالات من القطيف.

لقد علمت أن الشيخ عيسى حجز قاربًا بالقرب من دارين من أجل تأكيد صحة ما ورد أعلاه. لقد عاد القارب ولا يوجد أي أساس من الصحة لهذا التقرير.

علمت أن ناصرًا شيخ المنتفق كتب لجاسم بن ثاني، وطلب منه إرسال 1000 جمل وبعض العرب. أجاب أنه لا يمكن الحصول على الجمال، وأن العرب أيضًا لا يستطيعون الذهاب برًّا؛ فهم يخشون قبيلة النعيم Naeem وأهالي الزبارة.

لقد علمت أن جاسم بن ثاني يعتزم الذهاب إلى مكة Mecca برًّا من أجل الحج، ويقول البعض إنه قد غادر.

Ref.: (Foreign Dept. POLITICAL, A, Progs., Nos. 298-333, Feb. 1875), p.11.

10 Dec. 1874

رقم (302)

برقية رقم (2722P)

10 ديسمبر 1874م

من: وزير الخارجية - كلكتا

إلى: المقيم السياسي - بوشهر

بالإشارة إلى رسالتك المؤرخة في 10 نوفمبر (1874م)، بخصوص رغبة شيخ البحرين في حماية الزبارة، يجب إبلاغه أن الحكومة لن تقدم له الحماية إذا ما شارك في الأحداث التي تدور على البر الرئيسي. سنُرسل لك المزيد بواسطة البريد.

Ref.: (Foreign Dept. POLITICAL, A, Progs., Nos. 298-333, Feb. 1875), p.12.

10 Dec. 1874

رقم (303)

رقم (2723P)

10 ديسمبر 1874م- فورت ويليام

من: السيد أف. هينفي

المكلف بأعمال وكيل حكومة الهند

إدارة الشؤون الخارجية

إلى: المقدم إي. سي. روس

المقيم السياسي لصاحبة الجلالة البريطانية في الخليج الفارسي

تلقيت تعليمات بأن أقر باستلام رسالتك رقم (1281-267) المؤرخة في 10 نوفمبر 1874م، التي قدمت فيها تقريرًا حول الأحداث في البحرين.

2 – يبدو أن شيخ البحرين متخوف من تعرضه لهجوم من قبل ناصر بن مبارك، وبالتالي طلب تدخلنا لمنع شيخ قطر من تأمين ملاذ له أو دعمه في أي تحركات برية أو بحرية ضد الزبارة. فأجبته بحنكة أن بإمكانه التدخل فقط لمنع أي تحركات بحرية، فطلب الشيخ السماح له بتعزيز حامية الزبارة، التي اعتبرها تابعة للبحرين، وبالتالي نصحته بأن ينأى بنفسه قدر الإمكان عن الخلافات في البر الرئيسي، إلا أنك قلت بأنك لن تتدخل بمسألة إرسال التعزيزات إلى الزبارة كإجراء دفاعي محض، تاركًا للشيخ اتخاذ قرار بشأن ضرورة إجراء كهذا أو جدواه، وأوعزت إليه بالامتناع عن المشاركة في أية عمليات تكون الحكومة التركية (العثمانية) طرفًا فيها.

3 – أشار الحاكم العام في المجلس أن المراسلات المشار إليها في الهامش (رقم 1115-135 بتاريخ 4 سبتمبر 1873م. رقم 1191-147 بتاريخ 19 سبتمبر 1874م، سياسي -A، ديسمير 1873م، 428/411) تبين أنه ليس لدى شيخ البحرين ممتلكات على جزيرة قطر، وأن حقوقه هناك غير مؤكدة. وعلى هذا الأساس، جرى إبلاغك في رسالتنا رقم (2829P) بتاريخ 17 ديسمبر 1874م أن من المستحسن أن يمتنع الشيخ، قدر الإمكان، عن التدخل في الأحداث التي تحدث في البر الرئيسي.

4 – لذلك يرى فخامته في المجلس أنه لم يكن ينبغي تشجيع شيخ البحرين على إرسال قواته إلى البر الرئيسي من أجل دعم قبيلة النعيم؛ بل على العكس، كان ينبغي أن يُطلب منه الاعتماد على

مساعدة الحكومة البريطانية، التي سيحصل عليها إذا ما لزم الأمر لصد أي هجوم بحري، أو لإحباط أي تحركات خطيرة من البر الرئيسي.

5 – يجب إبلاغ الشيخ بوضوح أن الحكومة البريطانية ستُقدم له الحماية، طالما أنه ملتزم بما نصت عليه بنود الاتفاقية معه، لكنه لن يحصل على الحماية إذا ما بادر هو بالاعتداء، أو إذا اتخذ إجراءات قد تورطه في الخلافات، التي تعتبرها حكومة صاحبة الجلالة البريطانية غير مستحسنة.

6 – أرسلنا إليك برقية تحتوي أوامر حكومة الهند بهذا الخصوص، ونرفق نسخة منها طي هذه الرسالة.

رقم (2724P)

أُحيلت نسخة إلى حكومة بومباي لأخذ العلم.

Ref.: (Foreign Dept. POLITICAL, A, Progs., Nos. 298-333, Feb. 1875), p.18.
11 Dec. 1874

رقم (175)
ترجمة لمضمون رسالة
11 ديسمبر 1874م
مستلمة في 14 ديسمبر 1874م

من: آغا أحمد
وكيل الأخبار السري في البحرين

إلى: المقدم إي. سي. روس
المقيم السياسي لصاحبة الجلالة البريطانية في الخليج الفارسي - بوشهر

بعد أن وصلت القافلة التي غادرت الأحساء في 26 شوال، ذكرت أن عبد الرحمن بن فيصل مازال في الأحساء، وأنه عليه المغادرة (بعد يومين من مغادرتهم) مع المرة وعجمان. إن البعض من أهالي نجد والبعض من أهالي الأحساء، الذين يبلغ عددهم جميعًا حوالي 8000 رجل و500 خيال، وسوف يغادر من أجل الهجوم على القطيف؛ يقول البعض إن عدد القوات المرافقة له يزيد عن العدد المصرح به أعلاه.

يقال إن قلعة غزوان Khezwan منيعة ومحاطة بخندق، وأنها مازالت صامدة في وجه عبد الرحمن؛ حيث إن مدفع المعقل الموجود فيه بزيع يحمي القلعة من الاعتداء، لكن يقال إن عبد الرحمن قد أمر بصنع سلالم التسلق لاقتحام القلعة، والذي تم نتيجة لذلك. كان الهجوم ناجحًا، وتم الاستيلاء على الحصن؛ حيث إن مدفع الحصن الأكبر لم يؤثر على الطرف المهاجم. يقول البعض إنه قُتل حوالي 11 جنديًّا تركيًّا، والبعض الأخر يقول 6 جنود أتراك و11 جنديًّا عربيًّا. يدعي قائد القلعة عقيل آل عريعر Dekeyel the Arayer، ويقول البعض إن ابن عم بزيع قتل، وكذلك قُتل رجلان وجُرح آخرون من رجال عبد الرحمن.

يُقال إن سعود بن جيلاني Saood bin Jellenee وصل إلى الأحساء برفقة ابن سعود بن فيصل. سعود شخصيًّا يستعد للذهاب إلى القطيف.

يقال إنه لم يتم الاستيلاء على الحصن الكبير؛ لأن التلغيم كان غير مؤذٍ. يقال إن عبد الرحمن أرسل

رسالة إلى بزيع يخبره فيها أنه إذا لم يستسلم فإنه سيكون عرضةً لنفس الكوارث التي حدثت في قلعة غزوان. يقول بزيع إنه إذا لم تصل أية مساعدة من الأتراك بعد يوم واحد فإنه سيستسلم. ويُقال إن أهالي الأحساء يكرهون الاعتداء على الحصن؛ لأنهم يخشون أن تتم التضحية بالعديد من المخلصين والسادات Saadat.

Ref.: (Foreign Dept. POLITICAL, A, Progs., Nos. 298-333, Feb. 1875), p.19.
11 Dec. 1874

رقم (318)
ترجمة لمضمون رسالة
2 ذو القعدة 1291هـ/ 11 ديسمبر 1874م

من: الشيخ عيسى بن علي، شيخ البحرين

إلى: العقيد إي.سي. روس

أستسمح أن أعلمك أنه وردت أنباء عن وصول ناصر باشا إلى القطيف، وأنه أرسل لناصر بن مبارك كي يأتي من قطر إلى القطيف، وأن ناصر بن مبارك وصل إلى القطيف وفقًا للمعلومات الحالية، ولم أكن قادرًا على التأكد من حقيقة نواياهم.

أرسل الكابتن بيست Captian Best بطلبي وذهبت لمقابلته؛ قال لي إنه يريد مغادرة البحرين، قلت له إن مغادرته في هذا الوقت أمرٌ ليس مستحسنًا، بسبب ورود هذه الأخبار، وطلبت منه أن يؤجل رحيله لمدة أربعة أو خمسة أيام، ولم يبدُ أنه يرغب في القيام بذلك. آمل أنك ستخدمني بعدم ترك ميناء البحرين خاليًا من السفن.

Ref.: (Foreign Dept. POLITICAL, A, Progs., Nos. 298-333, Feb. 1875), p.23.

12 Dec. 1874

رقم (322)

رقم (564)

2 ذو القعدة 1291هـ (12 ديسمبر 1874م)

من: المقدم إي. سي. روس

المقيم السياسي لصاحبة الجلالة البريطانية في الخليج الفارسي

إلى: الشيخ عيسى بن علي، شيخ البحرين

لا بد وأنك تتذكر أنك تطرقت إلى موضوع الزبارة، عندما تشرفت بمقابلتك في يوم 5 نوفمبر 1874م (24 رمضان 1291هـ) في البحرين، وتحدثت عن رغبتك بحمايتها، فأخبرتك حينها أنه في حين أنني لن أتدخل في مسألة إرسال التعزيزات إلا لهدف الحماية فقط، وأنك تقدر مدى تأثير إجراء كهذا على مصالحك، وأن الحكومة البريطانية لن تتحمل العواقب في حال تدخلت في الأحداث الجارية في البر الرئيسي.

أنتهز هذه الفرصة لأكرر لك النصيحة التي تلقيتها مرارًا من المقيم السياسي، وذلك بأن تنأى بنفسك عن الخلافات في البر الرئيسي، وأن تتفادى الإساءة إلى الحكومة التركية (العثمانية) بشكلٍ خاص.

تلقيت أوامر من حكومة الهند، بعد إبلاغها بطبيعة هذه المحادثة، بأن أخبرك أن الحكومة البريطانية لن تضمن لك الحماية في حال شاركت في الأحداث الجارية على البر الرئيسي.

ونظرًا لأهمية هذه المسألة، رأيت أن من واجبي بحكم الصداقة أن أخبرك على الفور بقرار الحكومة، ولذلك كلفت الكابتن فريزر بالسفر على متن سفينة الحكومة حاملًا هذه الرسالة إليك؛ كي يتضح لك قرار الحكومة بشكلٍ كامل.

آمل أن تكون على ما يرام، وأرجو منك أن تُخبرني عن أحوالك وما يجري معك كلما سنحت الفرصة.

Ref.: (Foreign Dept. POLITICAL, A, Progs., Nos. 298-333, Feb. 1875), pp. 23-24.
12 Dec. 1874

رقم (706-1407)

12 ديسمبر 1874م- بوشهر

من: المقدم إي. سي. روس
المقيم السياسي لصاحبة الجلالة البريطانية في الخليج الفارسي

إلى: الملازم إي. أ. فريزر
القائم بأعمال المساعد الثاني للمقيم السياسي في بوشهر

يشرفني أن أطلب منك الاستعداد للسفر إلى البحرين، على متن السفينة «هيو روز»، حالما يعلن الكابتن أنه جاهز للإبحار.

2- أرفق طيه رسالة موجهة إلى شيخ البحرين، وأرجو منك أن تسلّمها له باليد، وأن تشرح له إن لزم الأمر أية نقاط غير واضحة له. وأرفقت نسخًا من رسالة مع ترجمتها ومن برقية حكومة الهند، التي صيغت على أساسها، كي تطلع عليها. وفي حال ناقشك الشيخ بخصوص موضوع أوامر الحكومة، قل له إنه كان من الأفضل أن يُسجل ما كان سيقوله لي.

3 – أرجو أن تُطلع القائد الأعلى للقوات البحرية، الموجود حاليًا في البحرين، على هذه الوثائق، واسمح له بالحصول على نسخة منها إذا طلب ذلك.

4 – سأكون ممتنًّا إذا ما أطلعتني على كل المعلومات التي يمكنك جمعها حول أحداث البحرين والمنقطة المجاورة.

5- ما إن تنهي العمل المشار إليه أعلاه وفقًا لما يناسبك، أرجو أن تعود إلى بوشهر على متن السفينة «هيو روز»، إلا إذا منعك أي طارئ من ذلك. أود أن أطلب منك ألا تطيل بقاءك في البحرين أكثر من ثلاثة أيام إن أمكنك ذلك.

6 – أرجو منك، قبل أن تعود، أن تُخبر الكابتن بيست Best والشيخ عيسى (آل خليفة) بوقت مغادرتك كي تُتيح لهما الفرصة لإرسال الرسائل والطرود.

Ref.: (Foreign Dept. POLITICAL, A, Progs., Nos. 298-333, Feb. 1875), p.19.

14 Dec. 1874

الرقم (710/1411)

14 ديسمبر 1874م - بوشهر

من: المقدم إي.سي. روس

المقيم السياسي لصاحبة الجلالة البريطانية في الخليج الفارسي

إلى: الكابتن إتش. بيست H. Best

الضابط الأعلى لأسطول الخليج الفارسي

قائد السفينة «نيمبل» في بوشهر

يشرفني أن أقر باستلام رسالتك شبه الرسمية المؤرخة في التاسع من الشهر الحالي، والتي أخبرتني فيها عن نيتك بمغادرة البحرين في يوم الأحد، الثالث عشر من الشهر الحالي.

2- عند استلام هذا النبأ، أرسلت برقية إلى قائد السفينة «ماجبي» كي يعود إلى بوشهر بأسرع وقت ممكن.

3- أستسمح أن ألفت انتباهك إلى الجزء (المذكور في الهامش) من رسالتي رقم (663/1322) المؤرخة في 21 نوفمبر (سوف تدرك كم هو ضروريٌّ في الوقت الحاضر وجود سفينة من قوات البحرية في البحرين)، وأرجو أن تتكرم بتجهيز سفينةٍ كي تذهب حالًا إلى البحرين، مع أوامر بعدم مغادرة تلك القاعدة إلى أن تحل محلها سفينة أخرى من سفن البحرية الملكية، أو إلى أن يتم صدور أوامر أخرى.

لقد أعلمتني حكومة الهند أنه سيتم أيضًا إصدار أوامر من خلال السلطات البحرية حول هذا الموضوع.

Ref.: (Foreign Dept. POLITICAL, A, Progs., Nos. 298-333, Feb. 1875), pp. 19-20.
14 Dec. 1874

14 ديسمبر 1874م

البحرية الملكية

من: الكابتن إتش. بيست
قائد السفينة «نيمبل» – أسطول الخليج الفارسي

إلى: العقيد إي.سي. روس
المقيم السياسي لصاحبة الجلالة البريطانية في الخليج الفارسي
بوشهر

بالإشارة إلى رسالتك رقم (710/1411) المؤرخة في 14 ديسمبر 1874م، يشرفني أن أعلمك أنه بسبب الطلب الوارد فيها، والذي يقتضي إرسال سفينة تابعة للبحرية الملكية إلى البحرين فورًا، لقد طلبت من سفينة صاحبة الجلالة «ماجبي» الذهاب إلى البحرين بأقصى سرعة، (بعد الانتهاء من تعبئة الفحم هنا)، وأن تبقى في ذلك المكان إلى أن تحل محلها سفينة حربية أخرى، أو إلى حين أن تُبلّغ أنه لم يعد هناك حاجة لوجود سفينة حربية في البحرين.

Ref.: (Foreign Dept. POLITICAL, A, Progs., Nos. 298-333, Feb. 1875), p. 26.

15 Dec. 1874

الرقم (17)

15 ديسمبر 1874م

من: آغا أحمد عبد الرسول
وكيل الأخبار في البحرين

إلى: العقيد إيه. سي. روس
المقيم السياسي لصاحبة الجلالة البريطانية في الخليج الفارسي

لقد وصلت سفينة إلى البدع (قرية في البحرين) قادمةً من العقير، وعلى متنها ثلاثة نجديين يُقال إنهم عمّال في الأحساء. يقول هؤلاء الأشخاص إن ممثل عبد الرحمن في العقير، ويدعى سلامة Salama، علمت أن واحدًا منهم ذكر مايلي: لقد فررنا من الأحساء إلى العقير، وأخبرنا ممثل عبد الرحمن هناك ،أنه من الأفضل له النجاة؛ فقد خرج عبد الرحمن من الأحساء برفقة 1000 رجل لمواجهة الأتراك تاركًا فهد بن ثنيان Sanaitun برفقة 700 رجل لمراقبة بزيع، الذي كان محاصرًا في الحصن، بعد ذلك أرسل عبد الرحمن إلى فهد بن ثنيان طالبًا منه الخروج من الأحساء. غادر فهد المكان مباشرةً؛ خرج بزيع من الحصن مع رجاله وقتلوا كل شخصٍ عثروا عليه. حدث كل هذا بعد مغادرة ناصر شيخ المنتفق من القطيف بأربعة أو خمسة أيام.

Ref.: (Foreign Dept. POLITICAL, A, Progs., Nos. 298-333, Feb. 1875), p.26.
16 Dec. 1874

رقم (178)
16 ديسمبر 1874م

من: وكيل الأخبار في البحرين

إلى: العقيد إي. سي. روس
المقيم السياسي لصاحبة الجلالة البريطانية في الخليج الفارسي

علمت من قادمين من القطيف أنه في الفترة منذ الاثنين الماضي (7 ديسمبر 1874م، وحتى 16 ديسمبر) لم يتم استلام أية أخبار عن تحركات ناصر شيخ المنتفق. في الوقت الحاضر يوجد فقط سفينة تركية (عثمانية) واحدة في القطيف؛ إنها راسية في رأس تنورة. ويرسو أيضًا مركب بخاري صغير، يسمى «آلواس Aloas» في الميناء، وتعود ملكيته للأتراك (العثمانيين)، وهو ليس مؤهلًا للإبحار.

Ref.: (Foreign Dept. POLITICAL, A, Progs., Nos. 298-333, Feb. 1875), p.27.
16 Dec. 1874

رقم (326)

رقم (71)

16 ديسمبر 1874م - بغداد

من: المقدم سي. هيربرت

القنصل العام في بغداد

إلى: السير هنري إليوت

سفير صاحبة الجلالة في القسطنطينية

إكمالًا لرسالتي رقم (69) المؤرخة في الأول من الشهر الحالي، يشرفني أن أذكر أنه لم تردني منذ ذلك الحين معلومات موثوقة من نجد.

انتشر نبأ أن السلطات تلقت برقية من محمد باشا وناصر باشا ورضا بك القائمقام، ويوسف علي بنباشي تُفيد بأنهم استولوا على المدينة مجددًا، وأنهم حكموا بالإعدام شنقًا على أربعة شيوخ بعد التحقيق معهم، لكنني لم أتمكن من التحقق من صحة هذه الشائعة.

أبحرت سفينتان بخاريتان من هذا الميناء؛ الأولى في السابع منه، والثانية في الرابع عشر من الشهر الحالي، محملتان بالذخيرة ومؤن المفوضية، تحت حماية صغيرة.

أخبرني السيد روبرتسون أنه جرى إرسال 200 جنديٍّ فقط، بدلًا من إرسال الألف خيال من خيالة المنتفق، الذين طلبهم ناصر باشا.

Ref.: (Foreign Dept. POLITICAL, A, Progs., Nos. 298-333, Feb. 1875), p.24.

17 Dec. 1874

رقم (324)

ترجمة رسالة

7 ذو القعدة 1291هـ/ 17 ديسمبر 1874م

من: الشيخ عيسى بن علي، شيخ البحرين

إلى: المقدم إي.سي. روس

المقيم السياسي لصاحبة الجلالة البريطانية في الخليج الفارسي

لقد تشرفت باستلام رسالتك بتاريخ 2 ديسمبر (1874م) المقدمة من قبل الملازم فريزر، وقد فهمت محتواها وخاصة ما يتعلق برغبتي التي أعربت لك عنها أثناء وجودك في البحرين في 24 رمضان بخصوص موضوع الزبارة؛ حيث إنها من ممتلكاتنا وإحدى المناطق التابعة لنا. قلت إنه لن تكون هناك أية معارضة شريطة أن لا أتجاوز ذلك، وقد التزمت بهذه الخطة. بعد دراسة العواقب، لم أجد أي ضرر بهذه الخطة لأن هدفي هو أن أحمي وأدافع عن جزرنا، وليس انتهاك ممتلكات غيرنا. سأتبع دائمًا هذه السياسة، وسأمتنع شخصيًّا وأمنع أتباعي عن التدخل فيما ليس لنا به مصلحة أو الميل إلى إزعاج الحكومة التركية (العثمانية)، التي أرغب في استمالتها بكل السبل.

أما بخصوص أمر الحاكم العام، فإنني مستعد لطاعة الحكومة البريطانية، آملًا في الحصول على استحسانهم وتسامحهم؛ حيث إننا مرتبطون بهم ونعتمد عليهم.

على أية حال أرجو منك أن ترسل محتويات هذا إلى سعادته (الحاكم العام)، وأن تُعرب عن امتناننا الكثير له. سنلتزم دائمًا بوعدنا ونرجو الحصول على الحماية.

رقم (578)

9 ذو القعدة 1291هـ/ 19 ديسمبر 1874م

من: المقدم إي سي روس

المقيم السياسي لصاحبة الجلالة البريطانية في الخليج الفارسي

إلى: الشيخ عيسى بن علي، شيخ البحرين

يسرني أن أقر باستلام رسالتك المؤرخة في 7 ذو القعدة 1291هـ/ 19 ديسمبر 1874م، التي سيتم إرسال محتوياتها إلى سعادة نائب الملكة والحاكم العام للهند ليطلع عليها.

Ref.: (Foreign Dept. POLITICAL, A, Progs., Nos. 298-333, Feb. 1875), P.p.12-13.
18 Dec. 1874

رقم (304)

رقم (222)

18 ديسمبر 1874م – فورت ويليام

من: حكومة الهند

إلى: وزير الدولة لشؤون الهند

بالإشارة إلى المراسلات المشار إليها في الهامش (رقم 191 سياسي بتاريخ 23 أكتوبر 1874م، إلى وزير الخارجية. ورقم 31 سري بتاريخ 30 أكتوبر 1874م، من وزير الخارجية، وبرقية مؤرخة في 24 نوفمبر 1874م إلى وزير الخارجية)، يُشرفنا أن نُحيل، لعلم حكومة الهند، نسخة من الوثائق المشار إليها في ملخص المحتويات المرفق، بخصوص أحداث البحرين.

2 – بالنسبة لهذا الموضوع، نود أن نلفت انتباه سيادتك إلى الوثائق التي تمت إحالتها مع الرسالة رقم (224) المؤرخة في 26 ديسمبر 1874م؛ حيث إنها تُبين طبيعة ادعاءات شيخ البحرين بوجود ممتلكات في ساحل قطر.

Ref.: (Foreign Dept. POLITICAL, A, Progs., Nos. 298-333, Feb. 1875), p.13.

18 Dec. 1874

رقم (305)

ملخص محتويات الرسالة رقم (222)

18 ديسمبر 1874م

إلى: وزير الدولة لشؤون الهند

رقم (1) رقم (222) بتاريخ 18 ديسمبر 1874م إلى وزير الدولة لشؤون الهند: يُحيل نسخًا من الرسائل المذكورة أدناه.

رقم (2) ملخص المحتويات.

رقم (3) رقم (1159-235) بتاريخ 10 أكتوبر 1874م من المقيم السياسي في الخليج الفارسي.

تقارير، سياسي -A، نوفمبر 1874م، الأرقام (203-204)، يُحيل، لأخذ العلم، ملخص أنباء تلقاه من البحرين بخصوص تحركات قبيلة بني هاجر وناصر بن مبارك.

رقم (4) رقم (192-242) بتاريخ 17 أكتوبر 1874م من المقيم السياسي في الخليج الفارسي

تقارير، سياسي -A، نوفمبر 1874م، الأرقام (205-206)، يُحيل، لأخذ العلم، ملخص أنباء تلقاه من البحرين بخصوص تحركات قبيلة بني هاجر وناصر بن مبارك.

رقم (5) رقم (1263-260) بتاريخ 31 أكتوبر 1874م من المقيم السياسي في الخليج الفارسي، بالإشارة إلى الملخص أعلاه، يُحيل ترجمة رسالة تلقاها من ناصر بن مبارك بخصوص البحرين.

رقم (6) رقم (2615P) بتاريخ 30 نوفمبر 1874م إلى المقيم السياسي في الخليج الفارسي (نسخة إلى حكومة بومباي في الملف رقم (2616P) بتاريخ 30 نوفمبر 1874م)، ردًّا على الرسالة أعلاه، يؤيد تمامًا الإنذار، الذي وجهه (المقيم السياسي البريطاني) إلى ناصر بن مبارك آل خليفة بخصوص الاعتداء على البحرين.

رقم (7) رقم (1281-267) بتاريخ 10 نوفمبر 1874م من المقيم السياسي في الخليج الفارسي، يُقدم تقريرًا حول الأحداث في البحرين.

رقم (8) برقية رقم (2722ح(بتاريخ 10 ديسمبر 1874م إلى المقيم السياسي في الخليج الفارسي، يُحيل أوامر بشأن الرسالة أعلاه.

رقم (9) رقم (2723P) بتاريخ 10 ديسمبر 1874م إلى المقيم السياسي في الخليج الفارسي، أُرسلت نسخة إلى حكومة بومباي في الملف رقم (2724P) بتاريخ 10 ديسمبر 1874م، يُحيل الأوامر المتعلقة بالرسالة أعلاه.

Ref.: (Foreign Dept. POLITICAL, A, Progs., Nos. 298-333, Feb. 1875), pp. 24-26.
18 Dec. 1874

18 ديسمبر 1874م
على متن السفينة «هيو روز»

من: الملازم إي.إيه. فريزر
مساعد المقيم الثاني القائم بالمهام

إلى: المقدم إي.سي. روس
المقيم السياسي لصاحبة الجلالة البريطانية في الخليج الفارسي
بوشهر

بالإشارة إلى رسالتك رقم (706/1407) المؤرخة في 12 ديسمبر، يشرفني إبلاغك أنني وصلت إلى البحرين يوم الثلاثاء، الخامس عشر من الشهر الحالي في الساعة الواحدة إلا ربعًا من بعد الظهر. حصل بعض التأخير قبل صعود الوكيل السياسي على متن السفينة، وبرر ذلك بأنه لم يدرك أن السفينة «هيو روز» هي التي وصلت، وأنه اعتقد أننا سنُبحر على متن سفينة أخرى. كان الشيخ عيسى في المحرق Moharraq، واضطررت للتخلي عن كل الآمال بملاقاته في ذلك اليوم، وبعد ذلك قمت بالترتيبات لزيارته في صباح يوم الأربعاء في المنامة Manameh. عُقد الاجتماع في منزل أخيه. وبعد التمعّن في رسالتك، بدأ الكلام بأسلوبه المعتاد أنه لن يورط نفسه في البر الرئيسي لأي سبب من الأسباب.

عندئذٍ سألته فيما إذا كان يستوعب بشكلٍ كامل أن هناك خطرًا كبيرًا بتنفيذ ما يخص الزبارة الواقعة على البر الرئيسي، علّق على هذا فقط بأن الزبارة كانت واحدة من المناطق التابعة له وأن النعيم رعاياه.

وبتذكّر توجيهاتك امتنعت عن التناقش، وطلبت منه أن يدوّن أية ملاحظات أو آراء، على الرسالة التي تم تسليمها إليه، من أجل نقلها إليك.

أجاب أنه كان يرغب بالتواصل معك، ووافق على إرسال رسالة لي عند الساعة الثانية عشر ظهرًا يوم الثلاثاء، السابع عشر من الشهر الحالي، وبعد التحدث لبضعة دقائق حول مواضيع غير رسمية استأذنت في المغادرة. كان شقيق الشيخ (عيسى)، الشيخ أحمد، غائبًا في رحلة صيد.

2- آسف لأنني لم أتمكن من تقديم معلومات أكثر من تلك التي أبلغتك بها منذ أغسطس الماضي بخصوص الأحداث في البحرين، مع ذلك، وكما أكدت، إنها جوهريًّا تنطبق كثيرًا مع التقارير السابقة.

فيما يتعلق بالاستيلاء على الزبارة؛ لم أر أنه من المستحسن إجراء التحقيقات في حين أن مثل هذه الوسيلة ستنتشر بشكل مباشر أو غير مباشر إشاعة في البحرين أنه تم إرسال سفينة حربية بريطانية بغرض التحقيق في الأحداث، التي جرت هناك. مع ذلك طلبت من كاتب الأخبار إجراء كل التحقيقات الممكنة، ونقل أي تفاصيل يتمكن من استخلاصها.

3- يبدو أن العمل المعتمد من قبل شيخ البحرين تجاه الزبارة هو كالأتي:

لقد أرسل في السادس من أكتوبر الماضي أحمد بن خليفة بن الغتم Ahmed bin Khaleefa bin Ghatam، كحاكم، لكبح الحاكم السابق ناصر بن جبر Nasie bin Jabar (النعيمي). في الوقت نفسه تمّ إرسال العديد من البنائين لإنجاز أعمال ترميم الحصن، ومازالوا يقومون بالتنفيذ حتى الآن. لقد قدم الشيخ عيسى كل المواد، وتحمل كل التكاليف. إنه يُعيل العرب المقيمين في الحصن بأعداد كثيرة، بالإضافة إلى أنه يُرسل إليهم شحنات الأرز والتمر والمؤن الأخرى باستمرار. يبدو أنه يعتبر الزبارة واحدة من ممتلكاته وهو مقتنع شخصيًّا في اتباع الخطة التي وضعها.

4- تُفيد آخر الأخبار أن كل السفن التركية (العثمانية)، باستثناء اثنتين، (إحداهما قارب نهري غير مؤهل للاستخدام البحري)، قد خرجت من القطيف متجهةً إلى البصرة، وأن القوات التركية بقيادة ناصر شيخ المنتفق، بدأت في التقدم باتجاه الأحساء في السابع من ديسمبر، وأنهم مُصرّون على استخدام أكثر الإجراءات صرامةً من أجل قمع ثورة عبد الرحمن بن فيصل، والانتقام لمصائبهم الأخيرة.

يذكر ثلاثة عمال بدو لاجئين من الأحساء أن عبد الرحمن مصمم على مغادرة الأحساء لمقاومة الجيش التركي (العثماني)، وأنه أخلى المناطق المجاورة مباشرةً، وأثار قضية الاستيلاء على الحصن. إن بزيعًا، الذي تعرض لضغط شديد لفترة من الوقت داخل الأسوار، قد خرج منها وبدأ الثأر وارتكاب المجازر عشوائيًّا. لا يبدو أن هذا الخبر الأخير جديرٌ بالتصديق تمامًا، لكني اعتقدت أنه من الجيد تدوينه، وأن أرفق رسالة من وكيل الأخبار في البحرين مع الترجمة، حول الموضوع، وكذلك رسالة أخرى بخصوص بدء رحيل القوات التركية (العثمانية) عن القطيف.

5- بعد أن أنجزت ما كُلفت به ورأيت أنه لا فائدة من تمديد إقامتي، غادرت البحرين يوم الثلاثاء في السابع عشر من الشهر الحالي عند الساعة الثالثة بعد الظهر.

6- وفي الختام أستسمح أن ألفت الانتباه إلى أنني قد حظيت بأعظم الاهتمام والمساعدة من الكابتن كامبل Campbell وضباطه طوال الرحلة.

ملاحظة: إن الرسالة المرتقبة من الشيخ عيسى استلمت قبل رفع المرساة بقليل، وتم إرفاقها بهذا.

Ref.: (Foreign Dept. POLITICAL, A, Progs., Nos. 298-333, Feb. 1875), pp. 27-28.
18 Dec. 1874

رقم (328)

رقم (181)

18 ديسمبر 1874م - البحرين

من: آغا أحمد عبد الرسول
وكيل الأخبار- البحرين

إلى: المقدم إي. سي. روس
المقيم السياسي لصاحبة الجلالة البريطانية في الخليج الفارسي

أبلغنا القادمون من القطيف، بأن الشائعات المشار إليها أدناه أصبحت رائجة في أوساط أهالي المنطقة، وكبار المسؤولين الأتراك (العثمانيين).

تم إبلاغنا صراحة بأن حملة عبد الرحمن (بن فيصل آل سعود) ضد الأحساء ومذبَحة القوات التركية، كانت من فعل الشيخ عيسى (آل خليفة) الذي أرسله من البحرين وقدم له كل دعم ممكن.

فمما لا شك فيه أن السفن التركية ستتوجه إلى البحرين لمساءلة الشيخ، وما لم يوافق الشيخ على دفع مجمل النفقات التي تكبدها الأتراك في حملتهم، فسوف يتبع الأتراك أحد خيارين؛ فإما أن يرسلوا بني هاجر لشن الحرب ضده أو أن يهاجموه بأنفسهم.

علمت أن قائمقام القطيف يُزمع إرسال اثنين من الأتراك بصحبة مائتين من عرب سيهات إلى العقير، للحيلولة دون ذهاب الهاربين من الأحساء إلى البحرين.

علمت من مرشد السفينة التركية «بورصة Brusa» أن الأتراك (العثمانيين) يزمعون إرسال إحدى سفنهم إلى البحرين.

تلقينا للتو في البحرين أخبارًا متنوعة تشمل كافة النواحي، وكل شخص يتحدث على هواه؛ فمعظم هذه الشائعات كاذبة، ولذا فقد وجدت صعوبة كبيرة في التوصل إلى الحقيقة.

يوجد بالقطيف الآن 60 جنديًّا تركيًّا فقط، وناصر بن مبارك يوجد في منطقة تقع بالقرب من دارين، القريبة من القطيف.

Ref.: (Foreign Dept. POLITICAL, A, Progs., Nos. 298-333, Feb. 1875), pp. 16-17.
19 Dec. 1874

رقم (315)
رقم (302/1428)
19 ديسمبر 1874م - بوشهر

من: المقدم إي. سي. روس
المقيم السياسي لصاحبة الجلالة البريطانية في الخليج الفارسي

إلى: سي. يو. إيتشيسون
سكرتير حكومة الهند
وزارة الخارجية

يُشرفني أن أرسل المعلومات لسعادة نائب الملكة والحاكم العام للهند في المجلس، ترجمة تقارير بالأخبار المؤرخة في 8 و11 و12 من الشهر الحالي، المستلمة من وكيل الأخبار السري في البحرين بخصوص سير الأحداث في نجد.

في رسالتي رقم (288/1380) المؤرخة في الثالث من الشهر الحالي، تمّت الإشارة في التقرير إلى أن الحاكم التركي في الأحساء، بزيع، قد استسلم ووصل إلى القطيف، ومع ذلك يبدو من خلال التقارير الأخيرة أن هذا قد كان غير صحيح.

Ref.: (Foreign Dept. POLITICAL, A, Progs., Nos. 298-333, Feb. 1875), p.19.
19 Dec. 1874

رقم (317)
رقم (303/1429)
19 ديسمبر 1874م - بوشهر

من: المقدم إي.سي. روس
المقيم السياسي لصاحبة الجلالة البريطانية في الخليج الفارسي

إلى: سي. يو. إيتشيسون
سكرتير حكومة الهند
وزارة الخارجية

يشرفني أن أرسل بهذه المعلومات لسعادة نائب الملكة والحاكم العام للهند في المجلس، ترجمة رسالة مؤرخة في الحادي عشر من الشهر الحالي وُجهت لي من قبل شيخ البحرين، الذي يبدو أنه منزعج من نوايا قريبه ناصر بن مبارك.

لقد اعتبر قائد السفينة «نيمبل» أن من الضروري أن نذهب من البحرين إلى بوشهر قبل أن يتم التخفيف من حدة غضبه. مع ذلك اتخذت الإجراءات من أجل ذهاب السفينة «ماجبي» إلى البحرين حالًا، وأستسمح أن أرسل المراسلات المتعلقة بالموضوع مع الضابط البحري الأعلى.

Ref.: (Foreign Dept. POLITICAL, A, Progs., Nos. 298-333, Feb. 1875), pp. 20-21.
19 Dec. 1874

رقم (319)

رقم (1430/304)

19 ديسمبر 1874م - بوشهر

من: المقدم إي.سي. روس

المقيم السياسي لصاحبة الجلالة البريطانية في الخليج الفارسي

إلى: سي. يو. إيتشيسون

سكرتير حكومة الهند

وزارة الخارجية

يُشرفني أن أرفق بهذا نسخة من المراسلات المشار إليها في الهامش (برقية من الوكيل السياسي في المناطق العربية التابعة لتركيا مؤرخة في 28 نوفمبر 1874م. وردي المؤرخ في 28 نوفمبر 1874م. الرسالة رقم 23 مؤرخة في 1 ديسمبر 1874م من الوكيل السياسي في المناطق العربية التابعة لتركيا مع مرفقين)، والمتعلقة بالأحداث الأخيرة في البحرين والمناطق المجاورة لها.

2- وفقًا للإذن الوارد في برقيتك المؤرخة في الخامس عشر من الشهر الحالي، سيتم إرسال المعلومات المطلوبة إلى الوكيل السياسي في بغداد.

3- يبدو من خلال رسائل العقيد هيربرت Herbert ومرفقاتها أن الوالي في بغداد قد أرسل برقية إلى الحكومة العثمانية شاكيًا:

أولا: أن شيخ البحرين قد عمل ضد الحكومة التركية في عدة حالات.

ثانيًا: أن سفينة بريطانية قد هاجمت قبيلة بني هاجر وأودت بحياة 22 شخصًا.

4- بالطبع؛ إن التصريح الأخير هو مجرد ابتداع. لقد تمّت الإشارة بوضوح إلى تحركات السفينة «هيو روز»، وهي كما ورد في رسالتي المشار إليها في الهامش (رقم 209/1039 المؤرخة في 12 سبتمبر 1874م والمرفقات) ولم تُحدث أية خسائر في الأرواح مهما كانت.

5- إن الشكاوى المقدمة ضد شيخ البحرين في هذه الحال هي أنه دعم قبيلة النعيم عندما تمت مهاجمتها من قبل بني هاجر، ورمم حصن الزبارة أيضًا.

6- بالطبع إن القضية الحقيقية ذات الأهمية الكبيرة لا تتمثل في إجراءات شيخ البحرين بقدر ما كانت إلى أي حد يُمكن اعتبارها معاديةً للحكومة التركية (العثمانية).

7- من الواضح، أن هذا يعتمد بالدرجة الأولى على وضع قبيلة النعيم في الزبارة، بالمقارنة مع السلطة التركية، السيادة على الزبارة، أهداف وخطط بني هاجر، والإسهامات التي يمكن أن تكون السلطات التركية المعترف بها قد قامت بها علنًا.

8- سيُدرك أن شكوى الحاكم التركي العام قائمة على تحريف كل هذه النقاط. في الواقع سُعي لاستخلاص النتيجة من مقدمات كاذبة.

9- إن ما تم التلميح إليه من قبل راديف باشا Radief Pash هو أنه تم إخضاع قبيلة النعيم في الزبارة إلى السلطة التركية (العثمانية)، وكانت في حالة تمرد، وأن الزبارة ملك لتركيا وأن تحركات وأعمال بني هاجر الأخيرة نُفذت علنًا تحت سيادة الحكومة التركية (العثمانية)، بُغية مساعدة تلك السلطة على معاقبة رعاياها المتمردين.

10- من غير المرجح أن يكون الباشا التركي شخصيًّا قد خُدع بمزاعم العملاء المحليين الزائفة والأشخاص ذوي المصلحة، لكن من المؤكد أنه قد أدلى بتقرير خاطئ عن القضية. إن قسم قبيلة النعيم المقيمة في الزبارة لم تعلن الولاء لتركيا، ولم يتم إجبارهم على الخضوع، لذلك من المستحيل أن يكونوا في موقع الرعايا المتمردين. أما فيما يخص الزبارة، فقد اعتُبرت تلك المنطقة، من قبل شيوخ البحرين السابقين والحاليين، وحتى هذه اللحظة تابعة للجزيرة، واستُخدمت كمقر صيفي. ومن دون الدخول في مسألة الادعاء البحريني، فإنه من المؤكد على الأقل أن الحكومة التركية لم تدّعِ أبدًا ملكية ذلك المكان بشكلٍ مباشرٍ أو غير مباشر، ولم تدّعِ ذلك علنًا. إن ادعاءاتهم مقترحة للمرة الأولى.

11- أما بالنسبة للتأكيد أن بني هاجر كانوا يعملون بالتعاون مع السلطة التركية فقط من أجل معاقبة إحدى القبائل المتمردة، سيُلاحظ أن هذا التصريح معتمدٌ على تحريفات سابقة. لكن الحقائق كانت بطريقة أخرى أيضًا. لقد كانت حقيقة علنية شهيرة ذلك أن الغاية الأساسية لبني هاجر كانت، كما في حوادث سابقة، مهاجمة وسلب البحرين، وإلا فلماذا قاموا بالاستيلاء على القوارب والإبحار وسلب مراكب البحرين؟ إنه من المدهش نوعًا ما أن تذهب السلطات التركية (العثمانية) إلى درجة الإعلان عن المشاركة في أعمال النهب مع جماعة لصوص مذنبة بعمل قرصني علني واحد على الأقل في عرض البحر.

12- تلك هي الحقيقة؛ فقد تم تحريض بني هاجر من قبل العملاء الأتراك المحليين على محاولة مهاجمة البحرين وفي حال تعذر ذلك، فإن مهاجمة الزبارة تبدو واضحة تمامًا. لكن من المحتمل أنه لم يتم التفكير في البداية بإبلاغ هذه الإجراءات علنًا.

13- تم تفصيل المشاركة الحقيقة، التي قام بها شيخ البحرين في الأزمة، بشكل كامل في تقاريري المشار إليها في الهامش (رقم 205/1006 – 235/1159 – 242/1192 المؤرخة في 3 و12 سبتمبر، و10 و17 أكتوبر 1874م) مع المرفقات. ليس لديّ أي سبب للاعتقاد أن الشيخ عيسى قد تدخل بأكثر مما هو مذكور فيها. إن إنكاره أن يكون قد أيد قبيلة النعيم لن يكون منطقيًّا على قدر المساواة مع اعترافه بذنبه حيال الأتراك (العثمانيين).

14- من الممكن أن الحكومة التركية (العثمانية) عندما تدرك أن الوضع الحقيقي للقضية لن يكون مقلقًا مثل باشا بغداد من تحمل المسؤولية التي يجب أن تقع على الاعتراف بالقيام بتشجيع أعمال بني هاجر، لكن إذا كان الآخرون العملاء المعترف بهم ورعايا الحكومة التركية (العثمانية) قد تصرفوا بشكل معترف به بموجب توجيهاتها فإنني أطالب باحترام أنه يجب اعتبار السلطات التركية (العثمانية) مسؤولة عمّا ارتكبه بنو هاجر سابقًا، وعن أعمال السلب التي قد يرتكبونها في عرض البحر مستقبلًا.

15- أود أن أستأذن لألفت الانتباه إلى أن وجود ناصر بن مبارك على ساحل البحر بصفته محميًّا من السلطات التركية (العثمانية)، هو تهديد دائم لحكومة البحرين الحالية، لقد اعتُبر ذلك الشخص قرصانًا وعدوًّا من قبل الحكومة البريطانية، ولن يُعتقد أنه من غير المنطقي أن يُطلب كبحه عن العمل ضد المصالح التي تهم الحكومة البريطانية.

16- إن سبب الارتباك الرئيسي حول بقاء السلم والحيادية من جهة البحر بين البحرين وقطر يكمن في الشكوك الحالية حول سؤال: على من يقع عاتق المسؤولية. قد يلجأ العديد من شيوخ البر الرئيسي إلى الحماية التركية، في حين أن الأخيرة لم تتولَّ المسؤوليات الحكومية بشكل رسمي.

ولو أنه تم تحديد المسؤوليات بشكلٍ أكثر حزمًا، لكان القلق الدائم والمزعج حول البحرين قد تلاشى.

Ref.: (Foreign Dept. POLITICAL, A, Progs., Nos. 298-333, Feb. 1875), pp. 22-23.
19 Dec. 1874

رقم (321)
رقم (301-1427)
19 ديسمبر 1874م- بوشهر

من: المقدم إي. سي. روس
المقيم السياسي لصاحبة الجلالة البريطانية في الخليج الفارسي

إلى: السيد سي. يو. إيتشيسون
سكرتير حكومة الهند في إدارة الشؤون الخارجية

يُشرفني أن أقر باستلام برقيتك المؤرخة في 10 ديسمبر، التي أعلنت فيها قرار الحكومة بأنها «لن تضمن الحماية للشيخ في حال شارك في الخلافات الجارية في البر الرئيسي».

2 – وبما أنه كان من الضروري إبلاغ الشيخ عيسى بهذه التعليمات على الفور، فقد كتب رسالة له، أرفقت ترجمتها، وأرسلتها بيد القائم بأعمال المساعد الثاني للمقيم، الذي أبحر إلى البحرين على متن سفينة المقيمية «هيو روز»، وطلبت منه تسليم الرسالة إلى الشيخ. كما أرفق نسخة من التعليمات التي وجهتها إلى الملازم فريزر.

Ref.: (Foreign Dept. POLITICAL, A, Progs., Nos. 298-333, Feb. 1875), p. 24.

19 Dec. 1874

رقم (323)

رقم (306/1433)

19 ديسمبر 1874م - بوشهر

من: المقدم إي.سي. روس

المقيم السياسي لصاحبة الجلالة البريطانية في الخليج الفارسي

إلى: سكرتير حكومة الهند

وزارة الخارجية

إكمالًا لرسالتي رقم (301/1427) بتاريخه (19 ديسمبر 1874م)، يُشرفني أن أرسل المعلومات لسعادة نائب الملكة والحاكم العام للهند في المجلس، من خلال الوثائق المشار إليها في الهامش، (ترجمة رسالة من شيخ البحرين مؤرخة في 17 ديسمبر 1874م. نسخة من تقرير مساعد المقيم الثاني القائم بالمهام مؤرخة في 18 ديسمبر 1874م مع المرفقات. نسخة من الرد رقم 578 بتاريخ 19 ديسمبر 1874م على رسالة شيخ البحرين).

2- سيتضح أن الشيخ عيسى يتمسك بحقه في امتلاك حصن الزبارة، وإن لم يتم منعه بإصرار، فإنه وبدون شك سيستمر في تشجيع النعيم، سكان ذلك المكان.

3- لا أفهم تعليمات الحكومة المستلمة حتى الآن؛ هل سيسمحون لي بالتدخل في سياسة الشيخ في هذه المسألة، ولا أدرك ما إذا كانت الحكومة تريدني، في المرحلة الحالية، أن أُعد بيانًا للشيخ عيسى أكثر وضوحًا من المقدم سابقًا في رسالتي رقم (564)، المؤرخة في 14 ديسمبر 1874م، المرسلة للشيخ عيسى حول الموضوع.

4- أرغب باحترام أن ألتمس المزيد من تعليمات سعادة نائب الملكة حول هذه النقاط.

Ref.: (Foreign Dept. POLITICAL, A, Progs., Nos. 298-333, Feb. 1875), pp. 28-29.
19 Dec. 1874

رقم (182)
19 ديسمبر 1874م - البحرين

من: آغا أحمد عبد الرسول
وكيل الاخبار- البحرين

إلى: المقدم إي. سي. روس
المقيم السياسي لصاحبة الجلالة البريطانية في الخليج الفارسي

علمت من راشد بن سلطان الذي جاء من القطيف، أنه في 6 ذي القعدة وصل رجلان إلى القطيف قادمين من الأحساء، وكان أحدهما من قبيلة العجمان، والآخر من قبيلة بني هاجر، وهما مبعوثان قدما من القطيف للتحري عن تحركات ناصر شيخ المنتفق وعبد الرحمن بن فيصل، وفي طريقهم للأحساء تم اعتقالهم على يد بعض أتباع قبيلة العجمان وسُجنا، ولكن أطلق سراحهما لاحقًا بعد أن تدخل لصالحهم شيخ قبيلة العماير.

يقول المبعوث الهاجري، إن عبد الرحمن قد تعرض لهزيمة على يد ناصر شيخ المنتفق وأن الأخير تمكن من احتلال الأحساء. وقال المبعوث العجماني إن ناصرًا قد اتخذ له معسكرًا في منطقة بها مورد مياه بالقرب من الأحساء وتدعى الحويرات Hawayyart، وأن عبد الرحمن قد اتخذ معسكره إلى الغرب من الكوت Kot وبالقرب منها؛ حيث يوجد بزيع، وأن فهد بن ثنيان يعسكر الآن مع أتباعه من قبائل نجد في ناحية الشمال، وأن قبيلة العماير لاتزال مستقلة، وأن قوات عبد الرحمن موزعة على ثلاثة فرق، أما قوات ناصر فتوجد في منطقة واحدة. وقال أيضًا إن العجمان طلبوا من عبد الرحمن أن يسمح لهم بمهاجمة الأتراك (العثمانيين)، ولكنه لم يوافق لهم على ذلك، قائلًا إن نتيجة مهاجمتكم لهم ستكون تدميركم، وأن تدميركم سيكون بمثابة الهزيمة لنا جميعًا، وإنه ليس بوسعنا مقاومة بنادقهم، فإن كان لابد من مهاجمتهم فليفعل ذلك النجديون.

شنّ النجديون هجومًا على القوات التركية ولكن تم صدهم باستخدام نيران المدفعية والبنادق الكثيفة، بعد أن فقدوا 300 قتيل.

بعد ذلك أمر عبد الرحمن قواته بالتقدم تجاه العدو، ودارت بينهم معركة دامت أربعة أيام، بدءًا من اليوم الأول من ذي القعدة، وانتهاء باليوم الرابع من الشهر نفسه، وهو اليوم الذي غادر فيه

المبعوثان مسرح الأحداث. وقال أيضًا إن النجدين جهزوا خيولهم خلال الليل، وأطلقوا النار على الأتراك، وأن العجمان نصحوا عبد الرحمن بأن يغير موقع معسكره لحث الأتراك على مهاجمة الكوت، وبذلك ستسنح له فرصة مهاجمتهم، ولكنه لم يوافق على ذلك، قائلًا إنه لن يفعل ذلك إلا بعد أن يتأكد من نوايا القوات التركية (العثمانية). ويُقال إن له 8000 مقاتل، وأنه قد أرسل ابن أخيه إلى جودة Joda، كما أرسل فهد بن ثنيان إلى الأحساء لجلب التعزيزات، وأنهم عادوا بالتعزيزات المطلوبة، كذلك كان الطلب يتضمن جلب تعزيزات من الجمال، التي كان يعتزم أن تتقدم القوات لحمايتها من نيران المدفعية التركية، علمًا بأن ناصرًا يملك ثلاثة مدافع.

Ref.: (Foreign Dept. POLITICAL, A, Progs., Nos. 298-333, Feb. 1875), p.29.
20 Dec. 1874

رقم (184)
20 ديسمبر 1874م - البحرين

من: آغا أحمد عبد الرسول
وكيل الأخبار- البحرين

إلى: المقدم إي. سي. روس
المقيم السياسي لصاحبة الجلالة البريطانية في الخليج الفارسي

وصل اليوم مركب قادم من العقير، وقال نواخذته إن ثمانية (8) أشخاص جاءوا معه بالمركب ادعوا أنهم هاربون من الأحساء، وقالوا إن ناصرًا شيخ المنتفق قد احتل الأحساء، وأن بزيعًا غادر الكوت، وأن عبد الرحمن هرب مع أتباعه من البدو، وأن ناصرًا قد أطلق قواته في الأحساء لتعبث فيها نهبًا وقتلًا، وأنه (ناصرًا) يُجري الآن تحرياته للتعرف على من كانوا يساعدون ويتصلون بعبد الرحمن، تمهيدًا لقتلهم إذا تمكن منهم.

كذلك أفاد النواخذة بأنه ترك وراءه حوالي عشرين (20) من الهاربين من الأحساء، وهم يتضورون جوعًا في شاطئ العقير، وأنه لا يوجد هناك أي من سكان سيهات، كما لا يوجد أتراك (عثمانيين).

يُقال إن ابن سلامة قد عاد من العقير إلى البحرين. (ملاحظة: هو الحاكم أو الوكيل الذي عينه عبد الرحمن).

Ref.: (Foreign Dept. POLITICAL, A, Progs., Nos. 298-333, Feb. 1875), p.29.
20 Dec. 1874

رقم (185)
20 ديسمبر 1874م - البحرين

من: آغا أحمد عبد الرسول
وكيل الأخبار - البحرين

إلى: المقدم إي. سي. روس
المقيم السياسي لصاحبة الجلالة البريطانية في الخليج الفارسي

علمت من نواخذة المركب الذي وصل قادمًا من القطيف اليوم؛ حيث غادرها في 8 ذي القعدة، بأنه لم يأت أحد من طرف ناصر شيخ المنتفق إلى القطيف لحين مغادرته (النواخذة) لها، وأن السفينة التركية «بورصة» لاتزال مرابطة في رأس تنورة، وأن ناصر بن مبارك لايزال في دارين، وأنه يتردد من هناك على القطيف من حين لآخر، وأن ناصرًا شيخ المنتفق قد تعهد له بأشياء سرته للغاية، وأن القائمقام أرسل مركبًا إلى العقير للتأكد مما يجري هناك، ولكنهم لم يجدوا أحدًا هناك فعادوا أدراجهم.

Ref.: (Foreign Dept. POLITICAL, A, Progs., Nos. 354-365, May. 1875), p. 6.
22 Dec. 1874

رقم (355)
22 ديسمبر 1874م
وزارة الخارجية- لندن

من: اللورد تنتيردن Lord Tenterden
معاون وزير الدولة للشؤون الخارجية

إلى: السير لويس ماليت Luis Mallet
وكيل وزير الدولة في مكتب الهند

تلقيت تعليمات من وزير الدولة للشؤون الخارجية بأن أرسل إليك نسخة من الرسالة (رقم 316 المؤرخة في 27 نوفمبر 1874م من السير إتش. إليوت) من سفير صاحبة الجلالة في القسطنطينية، بخصوص التمرد في نجد، وذلك من أجل تقديمها إلى الماركيز سالزبوري.

Ref.: (Foreign Dept. POLITICAL, A, Progs., Nos. 298-333, Feb. 1875), pp. 29-30.

26 Dec. 1874

رقم (191)

26 ديسمبر 1874م - البحرين

من: آغا أحمد عبد الرسول

وكيل الأخبار- البحرين

إلى: المقدم إي. سي. روس

المقيم السياسي لصاحبة الجلالة البريطانية في الخليج الفارسي

علمت من أشخاص موثوق بهم من أهالي الجبيل Al-Jbeel، وصلوا قادمين من الأحساء هذا اليوم عن طريق الزبارة، بأنهم هربوا من الأحساء التي سقطت في يد ناصر والأتراك، وأفادوا بأن ناصرًا يقوم بإعدام كل من كان يقدم العون إلى عبد الرحمن، وأن خمسة (5) من أعيان المنطقة تم إعدامهم، منهم الشيخ محمد بن مانع، ويقال إن الأحساء قد تعرضت للتخريب، وأن سكانها قد فروا إلى المناطق الداخلية.

يقول الناس إن العديد من الهاربين وصلوا إلى الزبارة تمهيدًا لذهابهم إلى البحرين، وأن عبد الرحمن وفهد بن ثنيان قد هربا إلى نجد، وأنه لن يتصالح مطلقًا مع ناصر، وأن عبد الرحمن قد هرب عندما تخلى عنه أتباعه البدو وهربوا، وأن ناصرًا يرغب في سجن وقتل معظم أهالي الأحساء الموجودين هناك.

Ref.: (Foreign Dept. POLITICAL, A, Progs., Nos. 298-333, Feb. 1875), p.30.
27 Dec. 1874

رقم (330)
رقم (192)
27 ديسمبر 1874م - البحرين

من: آغا أحمد عبد الرسول
وكيل الأخبار- البحرين

إلى: المقدم إي. سي. روس
المقيم السياسي لصاحبة الجلالة البريطانية في الخليج الفارسي

أبلغني القادمون من الأحساء أنه قبل أن يصل ناصر شيخ المنتفق إلى الأحساء، أجبر أهالي المنطقة عبد الرحمن بن فيصل على إبعاد أتباعه البدو من المدينة، وقالوا له إنه سيتم استدعاؤهم إذا ما تطلب الأمر ذلك، وعندما تأكدت من مغادرة ناصر للقطيف، قام عبد الرحمن بحشد أتباعه البدو وأهالي الأحساء استعدادًا للقتال، ولكنّ ناصرًا جاء مستخدمًا طريقًا لم يكن متوقعًا أن يسلكه، وكان لعبد الرحمن ستة عشر من الفرسان، وثلاثون من الهجانة، وكلهم من البدو، وتوجهوا لمقاتلة ناصر، ولكن عندما اقتربوا منه أطلقت عليهم النار وقتل جملان، وعندئذ أصابهم الهلع ففروا جميعًا، وعندما شعر عبد الرحمن بأن النهار قد انقضى، وأن أتباعه هجروه، امتطى حصانه، وغادر ميدان المعركة بصحبة فهد بن ثنيان وعدد قليل من أتباعه.

ويقال إنه ذاهب إلى جودة، وناصر لم يكن يتوقع مطلقًا أن تتعرض مؤخرة جيشه أو اتصالاته لاعتراض عندما يكون في طريقه إلى الأحساء التي وصل إليها مساءً، وفي اليوم التالي خرج بزيع من القلعة، وانضم حينئذ إلى ناصر لممارسة أعمال التخريب والنهب في المدينة.

Ref.: (Foreign Dept. POLITICAL, A, Progs., Nos. 298-333, Feb. 1875), pp. 30-31.
28 Dec. 1874

رقم (193)
28 ديسمبر 1874م - البحرين

من: آغا أحمد عبد الرسول
وكيل الأخبار - البحرين

إلى: المقدم إي. سي. روس
المقيم السياسي لصاحبة الجلالة البريطانية في الخليج الفارسي

علمنا من القادمين من الأحساء عن طريق قطر والقطيف، أنه بعدما وصل ناصر شيخ المنتفق إلى الأحساء، أمر جنوده الأتراك والعرب الذين كانوا معه بأن ينهبوا الرجال ويسبوا النساء، وتواصل الحال على ذلك لمدة ستة (6) أيام، وفي اليوم السابع أصدر أمرًا بالعفو، وأن ترسل النساء إلى منازلهن، ويقال إن مائة وخمسين (150) رجلًا من أعيان الأحساء تم إعدامهم بأمر من بزيع وناصر شيخ المنتفق، وأن العديد من السكان تم سجنهم.

علمت أن العديد من الأتراك، ومن أتباع قبيلة العماير، قد وصلوا إلى القطيف قادمين من الأحساء؛ حيث جلبوا معهم الغنائم والذهب والفضة والسجاجيد والأدوات المنزلية التي قاموا ببيعها في السوق، وأن ناصرًا شيخ المنتفق قد أمر أهالي القطيف بإرسال القمح والشعير إلى العقير، لتنقل تلك الحبوب من هناك إلى الأحساء باستخدام الجمال، وأن 200 من الأتراك والبدو، يتم التجهيز لإرسالهم من القطيف إلى العقير.

ناصر بن مبارك في دارين الآن بانتظار تعليمات من ناصر شيخ المنتفق الموجود في الأحساء.

Ref.: (Foreign Dept. POLITICAL, A, Progs., Nos. 298-333, Feb. 1875), p.31.

29 Dec. 1874

رقم (331)

رقم (75)

29 ديسمبر 1874م- بغداد

من: العقيد جيه. بيه. نيكسون

الوكيل السياسي والملكف بأعمال القنصل العام في بغداد

إلى: السير هنري إليوت

سفير صاحبة الجلالة في القسطنطينية (إستانبول)

بالإشارة إلى رسالة سلفي في المنصب رقم (71) المؤرخة في 16 ديسمبر 1874م، يشرفني أن أخبر سيادتك أنني تلقيت معلومات تُفيد بأن قوة تركية (عثمانية)، قوامها حوالي 1000 جندي، من سلاح الهندسة بقيادة رضا بك، هاجمت العرب المتمردين في الأحساء، الذين يقودهم الشيخ عبد الرحمن، الابن الثالث للشيخ فيصل؛ الشيخ الوهابي الراحل لنجد. ويُقال إن عددًا كبيرًا من العرب قُتلوا وأُسروا في المعركة، إلا أن عبد الرحمن تمكن من الفرار إلى الصحراء.

Ref.: (Foreign Dept. POLITICAL, A, Progs., Nos. 298-333, Feb. 1875), p.27.

31 Dec. 1874

رقم (327)

رقم (321/1467)

31 ديسمبر 1874م - بوشهر

من: المقدم إي. سي. روس

المقيم السياسي لصاحبة الجلالة البريطانية في الخليج الفارسي

إلى: سي. يو. إيتشيسون

سكرتير حكومة الهند

إدارة الشؤون الخارجية

يشرفني أن أرفق لعناية صاحب السعادة نائب الملكة والحاكم العام للهند في المجلس، ترجمة لرسائل الأخبار التي تلقيناها من البحرين عن المدة المنتهية في 26 ديسمبر 1874، وكان أهم خبر فيها هو إعادة احتلال الأحساء من قبل القوات التركية (العثمانية)، وهروب عبد الرحمن بن فيصل.

ملحوظة: أحيلت نسخ مباشرة إلى حكومة بومباي ومكتب الهند.

Ref.: (Foreign Dept. POLITICAL, A, Progs., Nos. 298-333, Feb. 1875), p.30.

9 Jan. 1875

رقم (5/17)

9 يناير 1875م - بوشهر

من: المقدم إي. سي. روس

المقيم السياسي لصاحبة الجلالة البريطانية في الخليج الفارسي

إلى: سكرتير حكومة الهند

إدارة الشؤون الخارجية - كلكتا

يُشرفني أن أرفق مع هذه الرسالة لعناية صاحب السعادة نائب الملكة والحاكم العام للهند الموقر، ترجمة لرسائل الأخبار المؤرخة في 27 و28 ديسمبر 1874، والتي تتضمن بعض تفاصيل الإجراءات التي اتخذتها قوات الحملة التركية في الأحساء.

ملحوظة: أحيلت نسخ مباشرة إلى حكومة بومباي ووزير الخارجية.

Ref.: (Foreign Dept. Political, Part A, Progs., Nos. 344-346, May 1875), p.5.
11 Jan. 1875

رقم (345)
ترجمة لنص رسالة
2 ذو الحجة 1291هـ/ 11 يناير 1875م
تم استلامها في يوم 4 مارس 1875م

من: الشيخ زايد بن خليفة
شيخ أبوظبي

إلى: العقيد إي. سي. روس
المقيم السياسي لصاحبة الجلالة البريطانية في الخليج الفارسي

فيما يختص بالرسالة التي تلقيتها من السلطات التركية (العثمانية) في قطر، والتي كنت قد أبديت رغبتك في الاطلاع عليها، أود إفادتكم بأن كافة الجهود التي بذلتها في البحث عنها لم تكلل بالنجاح، ولم أستطع العثور عليها.

مضمون الرسالة: أبلغوني بألا أتدخل في شؤون المقيمين في منطقة العديد.

Ref.: (Foreign Dept. POLITICAL, A, Progs., Nos. 354-365, May. 1875), p. 3.

15 Jan. 1875

1875م

حكومة الهند

إدارة الشؤون الخارجية

سياسي (A)

مايو

الأرقام (354-365)

أحداث البحرين

قائمة الرسائل

رقم (354) رقم (13) بتاريخ 15 يناير 1875م من سكرتير إدارة الشؤون السرية والسياسية، يُحيل لأخذ العلم نسخة من رسالة من وزير الخارجية بخصوص هجوم شنه العرب على البحرين.

رقم (355) مرفق الرسالة أعلاه.

رقم (356) رقم (202-55) بتاريخ 20 فبراير 1875م من المقيم السياسي في الخليج الفارسي. يصرح، ردًّا على رسالة هذه الوكالة رقم (259P) المؤرخة في 26 يناير 1875م، بأن التعليمات الواردة في الرسالة رقم (2723P) المؤرخة في 10 ديسمبر 1874م تكفي في ظل الظروف الراهنة لتوجيهه في مراسلاته مع شيخ البحرين حول علاقات الأخير مع البر الرئيسي.

رقم (357) رقم (337-90) بتاريخ 20 مارس 1875م من المقيم السياسي في الخليج الفارسي، يُحيل، بخصوص الرسالة أعلاه، نسخًا من رسائل أخرى جرى تبادلها مع شيخ البحرين بخصوص تدخل الشيخ في شؤون البر الرئسي لشبه الجزيرة العربية.

رقم (358) مرفق الرسالة أعلاه.

رقم (359) رقم 406-106 لتاريخ 3 أبريل 1875 من المقيم السياسي في الخليج الفارسي، ردًّا على الرسالة السابقة، يُحيل رسائل تبين أن شيخ البحرين مازال متمسكًا بحقه في الزبارة، التي

يُعتقد أنه سيستمر في دعمها بالمال والمؤن، ويسأل عن الموقف الذي ستتخذه الحكومة في ظل هذه الظروف.

رقم (360) مرفق الرسالة أعلاه.

رقم (361) رقم (407-107) بتاريخ 3 أبريل 1875م من المقيم السياسي في الخليج الفارسي، يُحيل لأخذ العلم ترجمة رسالة إخبارية من وكيل الأنباء في البحرين.

رقم (362) مرفق الرسالة أعلاه.

رقم (363) رقم (1342P) بتاريخ 10 مايو 1875م إلى المقيم السياسي في الخليج الفارسي، ينقل أوامر حكومة الهند بشأن رسائله السابقة. (أُرسلت نسخة إلى حكومة بومباي في الملف رقم (1343P) بتاريخ 10 مايو 1875م).

رقم (364) رقم (98) بتاريخ 13 مايو 1875م إلى وزير الخارجية، متابعةً لرسالته رقم (30) المؤرخة في 5 فبراير 1875م، يُحيل لأخذ العلم نسخة من الوثائق بخصوص ادعاء شيخ البحرين بحق ملكية الزبارة.

رقم (365) ملخص المحتويات.

Ref.: (Foreign Dept. POLITICAL, A, Progs., Nos. 354-365, May. 1875), p. 6.

15 Jan. 1875

أحداث البحرين

رقم (354)

رقم (13)

15 يناير 1875م

مكتب الهند - لندن

من: المقدم أو. تيه. بورن O. T. Burne

سكرتير إدارة الشؤون السياسية والسرية

إلى: السيد سي. يو. إيتشيسون

سكرتير حكومة الهند، إدارة الشؤون الخارجية

تلقيت تعليمات من الماركيز سالزبوري بأن أحيل، لعلم فخامة النائب، نسخة من الرسالة المشار إليها في الهامش (من وزارة الخارجية بتاريخ 22 ديسمبر 1874م) بخصوص هجوم العرب على البحرين.

Ref.: (Foreign Dept. POLITICAL, A, Progs., Nos. 298-333, Feb. 1875), pp. 6-8.
20 Jan. 1875

سياسي (A)
فبراير 1875م
الأرقام (298-333)
أحداث البحرين

تدرك الحكومة جيدًا تصرفات المدعو ناصر بن مبارك الأخيرة، وقد راسلنا العقيد روس في 30 نوفمبر لنخبره أن صاحب الفخامة أيد الإنذار الموجه إلى المعنيّ بأنه سيتم صد أي هجوم يشنه على البحرين. (رقم 1281-267 بتاريخ 10 نوفمبر 1874م من المقيم السياسي في الخليج الفارسي).

مع ذلك يبدو أن الشيخ عيسى طلب من العقيد روس منع شيخ قطر من توفير ملجأ لناصر بن مبارك أو دعمه في أية عمليات ضد الزبارة برًّا أو بحرًا، فرد العقيد روس عليه على وجه الدقة بأنه لا يمكنه التدخل لمنع أي تحركات إلا في البحر، فطلب الشيخ عيسى أن يُسمح له بتعزيز حامية الزبارة، التي يعتبرها تابعة للبحرين، إلا أنه قال إنه لن يتدخل في إرسال تعزيزات إلى الزبارة كإجراء دفاعي محض، تاركًا للشيخ القرار بشأن ضرورة اتخاذ إجراء كهذا أو الجدوى منه، وأوعز إليه بالامتناع عن المشاركة في أية عمليات تضطلع بها الحكومة التركية (العثمانية).

يبدو أن العقيد روس قد ارتكب خطًا بالتقدير، باتخاذه هذا الإجراء؛ (أي ترك الأمر لتقدير الشيخ بشأن إرسال القوات إلى البر الرئيسي)؛ فإذا ما رجعنا إلى التقرير سياسي -A، ديسمبر 1873م، الأرقام (411-428)، سيُلاحظ أن حقوق البحرين بالسيادة على قبائل قطر وهمية وليست حقيقية.

جاء في رسالة المساعد الأول للمقيم السياسي في الخليج الفارسي، رقم (44) المؤرخة في 11 سبتمبر 1873: «أود أن أشير، بناءً على ما عرفته في أثناء وجودي في البحرين، إلى أن قبيلة النعيم وغيرها من قبائل قطر كانت، منذ بضع سنوات، تابعة للبحرين بطريقة أو بأخرى، إلا أنه يبدو أن حجم السلطة التي مارسها حكام البحرين على قطر قد اختلف تبعًا لقدرتهم على اتخاذ الإجراءات القسرية؛ فإذا كان شيخ البحرين قويًّا، أقرت القبائل سيادته، وإن كان ضعيفًا أنكروها».

أبدى العقيد روس رأيه؛ حيث قمنا باستشارته بصفته مصدر ثقة، في هذا الموضوع قائلًا: «على الرغم من أنه ينبغي الاعتراف بتمتع البحرين بحقوق معينة فيما يخص المراعي وغيرها على ساحل

قطر، لا ينبغي اعتبار تلك الحقوق على أنها تمنح الحق للبحرين بالإبحار لغرض ممارسة الضغوط على أي ميناء من موانئ قطر».

وتجدر الإشارة كذلك إلى أن الحادثة التي جرى لأجلها تبادل هذه المراسلات كانت طلب القبائل المقيمة على البر الرئيسي، وخاصة قبيلة النعيم، حمايتها من الأتراك (العثمانيين)، الذين قيل إنهم عززوا نفوذهم على كامل ساحل قطر، وصولًا إلى حدود العديد. صرح القائم بأعمال المقيم السياسي في رسالته، التي اقتُبست منها المعلومات الأخيرة هذه، [رقم 1074-366 بتاريخ 28 أغسطس 1873م من القائم بأعمال المقيم السياسي إلى مساعد المقيم السياسي- رقم 415، سياسي -A، ديسمبر 1873م (في نفس المرجع)] بما يلي:

«لا يملك الشيخ عيسى في ظل هذه الظروف القدرة على حماية القبائل المقيمة في قطر، في حال أراد ذلك، ومن المؤكد أنه لن يتوقع من الحكومة البريطانية أن تتدخل في مسألة تكون فيها الحقوق بحد ذاتها محط شبهة وتشكيك. وفي حين أن النفوذ التركي ملحوظ على ساحل قطر، فإن الأمر متروك للقبائل الموالية للبحرين للاختيار بين البقاء حيث هم، والانتقال إلى جزيرة البحرين، حيث سيكونون تحت الراية البحرينية، إذا سمح لهم الشيخ بذلك».

رأت الحكومة أن من المستحسن أن يمتنع شيخ البحرين، قدر المستطاع، عن التدخل في الأحداث على البر الرئيسي. (رقم 2829P بتاريخ 17 ديسمبر 1873م- سياسي- A، ديسمبر، رقم 426).

يبدو لي في ظل هذه الظروف أنه لم يكن من الصواب تشجيع شيخ البحرين على اتخاذ الإجراءات دعمًا لقبيلة النعيم.

فقد تنشأ ظروف مماثلة للظروف التي نشأت منذ فترة قصيرة؛ حيث كان الهجوم على الزبارة بمثابة تمهيد مباشر لشن هجوم على البحرين. واعتبر في مثل تلك الحال أن تدخل سفينة بريطانية بشكل فعلي كان مبررًا، لكن هذا الأمر مختلف تمامًا عن ترك أمر اتخاذ إجراءات دفاعية على البر الرئيسي لتقدير الشيخ، لمجرد تخوفه من أن الأعداء قد يُهاجمون حلفاءه إذا لم يعمد إلى دعمهم. ومن المؤكد أن إجراءات كهذه ستورط الشيخ مع الأتراك (العثمانيين)، الذين كانوا مستعدين تمامًا لتفسير تدخل البريطانيين في الحال أعلاه أسوأ تفسير، وبالطبع يُمكن تصور الأحداث التي قد تنجم عن ذلك.

ولذلك أعتقد أنه ينبغي أن ننصح الشيخ بألا يُرسل قواته إلى البر الرئيسي، وأن يعتمد في الدعم على المساعدات، التي ستقدمها له الحكومة البريطانية إن استدعت الحاجة، سواءٌ أكان ذلك لصد الهجمات البحرية أم كان لإحباط التحركات المريبة على البر الرئيسي. وهكذا سيجد أن في ذلك دليلًا أفضل من ولاء قبيلة عربية خوانة؛ قدمت له الدعم في السابق، وقد تتخلى عنه في المستقبل.

أشار العقيد روس في الفقرة الرابعة من رسالته إلى التهديدات التي وجهها الأتراك (العثمانيين) إلى شيخ البحرين، على إثر حسن ضيافته للأمير الوهابي عبد الرحمن (بن فيصل)، الذي مكث في البحرين لفترة من الوقت، بعد إطلاق سراحه من بغداد، ثم توجه إلى البر الرئيسي؛ حيث يبدو أنه أثار فوضى عارمة موجهة ضد السلطات التركية في نجد. الوثائق تتضمن حالًا أخرى. سوف نُبلغ المقر الرئيسي بشأن المراسلات، بانتظار ما طلبناه من تفاصيل بخصوص تحركات عبد الرحمن في أثناء وجوده في البحرين.

التوقيع/ إف. إتش.

1874/12/4م

صاحب الفخامة

أتفق معك تمامًا فيما ورد أعلاه؛ فإن عمد شيخ البحرين إلى إرسال القوات بحرًا للمشاركة في أحداث البر الرئيسي، فلن نكون ملزمين بحمايته من العواقب، ولذلك سأخبره بذلك بلغة لا يمكنه أن يُسيء فهمها، مؤكدًا له في نفس الوقت أننا سنقدم له الحماية، طالما أنه يتلزم ببنود الاتفاقية.

وأيًّا كانت حقوق الشيخ غير المحددة على البر الرئيسي، فهو لا يملك شيئًا هناك.

التوقيع/ سي. يو. إيه.

1874/12/4م

أرجو أن تراسل العقيد روس بوضوح حول ما ورد أعلاه؛ إذا كان علينا أن نحمي شيخ البحرين، فعليه ألا يبادر بالعدوان.

التوقيع/ إن.

1874/12/6م

صاحب الفخامة

أرسلنا برقية إلى العقيد روس في العاشر من ديسمبر لنخبره بما سبق ذكره. أرسل العقيد روس، بعد تلقي برقيتنا، رسالة إلى حاكم البحرين يُخبره أن الحماية لن تؤمن له إذا ما شارك في الأحداث الجارية على البر الرئيسي.

رد الشيخ برسالة، يُمكن الاطلاع عليها (مرفق رسالة العقيد روس رقم 1433 بتاريخ 19 ديسمبر 1874م)؛ قال فيها إن غايته من إرسال القوات إلى الزبارة كان الدفاع عن جزيرته، وليس للاعتداء على جيرانه، وأبدى استعداده للاسترشاد بسياسة الحكومة.

مع ذلك يبدو من خلال محادثته مع الكابتن فريزر، حسبما جاء في نفس الرسالة، أنه متمسك بحقه في السيادة على الزبارة بالبر الرئيسي؛ فهو يعتبرها ملكًا له لأنه يقيم فيها من وقت لآخر في الصيف، ولأن عددًا من رجاله يتواجدون هناك، ولأنه عمل على ترميم الحصن.

وفي ظل هذه الظروف، طلب العقيد روس تزويده بأوامر جديدة.

كتب العقيد روس رسالته قبل أن تصله رسالتنا بتاريخ 10 ديسمبر (1874م)، مع ذلك كان قد تلقى برقيتنا حينها، التي أشارت إلى أنه يستحيل إصدار تعليمات أوضح من تلك الواردة في رسالتنا، وربما تكون كافية. على أية حال؛ يمكننا أن نسأله، بخصوص رسائله الأخيرة، عمّا إذا كانت التعليمات الصادرة لم تكفِ لمواجهة تلك الحال، وإن كان الأمر كذلك، فما هي النقطة المحددة، التي يرغب تزويده بتعليمات بشأنها.

وفيما يخص السياسة التي أشرنا إليها في رسالتنا، سيلاحظ من خلال القضية ذات الصلة أن الأتراك (العثمانيين) يدّعون حق ملكية الزبارة، وسواء أكان ادعاؤهم صحيحًا أم كان زائفًا، فقد جعلوا من إجراءات الشيخ عيسى حجة لتقديم شكاوى. وسواء أكان الأتراك يملكون الزبارة أم لا، فهم سيجعلون من تدخل الشيخ عيسى ذريعة للخلاف، وبما أننا حتى الآن نعتبر أن الشيخ عيسى لا يملك شيئًا على البر الرئيسي، سوى حقوق غير محددة تمامًا، فلن نتمكن من الرد على أي ادعاءات يُقدمها الأتراك ضده بسبب التدخل على البر الرئيسي. يبدو لي أن النهج الذي يجب أن نتبعه واضح تمامًا، وهو أن نحصر نطاق نفوذ الشيخ في الجزيرة والدفاع عنه ضمن ممتلكاته الفعلية هناك، طالما أنه ملتزم بما نصت عليه بنود الاتفاقية، على أن نتفادى التدخل في الساحل، كما كنا نفعل حتى الآن.

التوقيع/ سي. يو. إيه.

1875/1/9م

التوقيع/ إن.

1875/1/20م

Ref.: (Foreign Dept. POLITICAL, A, Progs., Nos. 298-333, Feb. 1875), pp. 8-9.
20 Jan. 1875

أحداث نجد

فيما يلي النقاط التي تتطلب لفت الانتباه إليها في الرسائل أدناه:

(رقم 55 مؤرخة في 24 ديسمبر 1875م من إدارة البحرية. برقية بتاريخ 23 ديسمبر من الأدميرال كامينغ Cumming. أرقام 1380-288 و1381-289 و1382-290 بتاريخ 5 ديسمبر 1875م من المقيم السياسي في الخليج الفارسي).

1- السفن في الخليج: طلبت إدارة البحرية من الأدميرال كامينغ أن يتخذ التدابير بشأن التعزيزات. أرسل الأدميرال في الثالث والعشرين منه برقية إلى صاحب الفخامة ليُخبره أن السفينة جلاسكو Glasgow ستبحر في ذلك اليوم إلى كلكتا، في حين ستبقى السفينة برتون Birton في ترنكومالي Trincomalee. لا أدرى ما إذا كانت هذه التحركات ستؤثر على التعزيزات المقررة، لكن لا بد من إرسال نسخة من الرسالة إلى إدارة البحرية. أرسلنا مؤخرًا برقية للعقيد روس كي يُرسل السفينة نيمبل إلى مسقط، لتبقى ماجبي فقط في البحرين. تحمل السفينة الأخيرة ثلاثة مدافع فقط، وبالتالي يتضح أن من الضروري جدًّا تعزيز القوة البحرية.

2 – تصرفات عبد الرحمن: وجه عبد الرحمن (بن فيصل) رسالة إلى العقيد روس مفادها أن الإجراء الذي اتخذه في نجد كان لمصلحة الأتراك. وسيكون الأمر مهينًا للأتراك (العثمانيين) إذا افترضنا أنه يمكن خداعهم بادعاءات كهذه.

3 –الأتراك يواجهون ظروفًا صعبة في الأحساء: يُقال إن الحصن وقع في قبضة عبد الرحمن، وأن الحاكم التركي، بزيعًا، استسلم مع قواته من غير قيد أو شرط. [علمنا منذ ذلك الحين أن السفينة نيمبل غادرت المنطقة، وأن السفينة ماجبي أبحرت إلى البحرين، وهي السفينة الوحيدة المتواجدة هناك حاليًا. (التوقيع: سي. يو. إيه.)] [كان الخبر كاذبًا؛ فالحصن مازال قويًّا جدًّا ومازال صامدًا (التوقيع: سي. يو. أيه.)] ويُقال إن بزيعًا وصل إلى القطيف، إلا أن الأتراك يبذلون قصارى جهدهم لاستعادة ما فقدوه. السفينة نجد موجودة في القطيف، وقد تم إنزال الجنود المئتين الذين نُقلوا على متنها. ستصل سفينتان أُخريان وعلى متن كل منهما مئتا جندي. كُلف اللواء محمد باشا بقيادة الحملة، وسيقوم شيخ المنتفق، ناصر باشا، بمرافقة القوات. يعتزم الأتراك (العثمانيين) الاشتراك مع القرصان ناصر بن مبارك في مهاجمة الزبارة. يثبت ذلك كم كنا سنكون مخطئين لو أننا سمحنا لشيخ البحرين بإرسال قوات لدعم حلفائه هناك، ومن حسن الحظ أننا منعناه

من اتخاذ إجراء كهذا. وجُلّ ما علينا فعله هو التأكد من أن قواتنا البحرية الموجودة بالمنطقة كافية لإحباط أي هجوم متوقع على البحرين.

التوقيع/ إف. إتش

1874/12/28م

صاحب الفخامة

كانت إدارة البحرية قد طلبت من الأدميرال تعزيز القوة البحرية في الخليج، والأمر الوحيد الذي علينا أن نُصدره هو أمر موجه إلى العقيد روس، مُعربين عن الموافقة على قراره بعدم الرد على الرسالة التي تلقاها من عبد الرحمن بن فيصل، وهي الامتناع عن تبادل المراسلات مع عبد الرحمن.

التوقيع/ سي. يو. إيه.

1875/1/9م

التوقيع/ إن.

1875/1/21م

صاحب الفخامة

أبلغنا وزير الخارجية بالظروف المشار إليها في هذه الرسالة، وأشرنا إلى زيف التصريحات التركية. يُرجى مراجعة المذكرة المرفقة.

والحقيقة أن الأتراك (العثمانيين) يدّعون بحق ملكية الزبارة، وادعاؤهم هذا سواء أكان صحيحًا أم زائفًا، يوحي بضرورة الالتزام بالسياسة، (انظر الملف ذا الصلة) التي أفهمناها لشيخ البحرين، وذلك بأن عليه أن ينأى بنفسه تمامًا عن الأحداث التي تجري في البر الرئيسي. (رقم 1430-304 بتاريخ 19 ديسمبر 1874م من المقيم السياسي في الخليج الفارسي).

يبدو أن رادف باشا Radif Pasha وراء كل ما تردد من أنباء غير صحيحة بخصوص إجراءاتنا. سيكون من الجيد أن يتصرف وزير الخارجية وفق الاقتراح المقدم له، وذلك بأن يحث الباب العالي على إرسال ضابط آخر إلى بغداد ليحل محله، مثلما فعلنا بإرسال ضابط آخر ليحل محل العقيد هيربرت.

التوقيع/ سي. يو. إيه.

1875/1/9م

التوقيع/ إن.

1875/1/20م

Ref.: (Foreign Dept. POLITICAL, A, Progs., Nos. 298-333, Feb. 1875), p.16.
26 Jan. 1875

رقم (314)

رقم (261P)

26 يناير 1875م – فورت ويليام

من: السيد أف. هينفي
المكلف بأعمال وكيل حكومة الهند
إدارة الشؤون الخارجية

إلى: المقدم إي. سي. روس
المقيم السياسي لصاحبة الجلالة البريطانية في الخليج الفارسي

إقرارًا باستلام رسالتك رقم (1382-290) بتاريخ 5 ديسمبر 1874م. تلقيت تعليمات بأن أذكر أن فخامة النائب والحاكم العام في المجلس يؤيد قرارك بعدم الرد على الرسالة التي وجهها الأمير الوهابي عبد الرحمن بن فيصل إليك، بخصوص تحركاته في نجد. يرى فخامته في المجَلس أنه ينبغي عليك التوقف عن تبادل المراسلات مع عبد الرحمن.

رقم (262P)

أُحيلت نسخة إلى حكومة بومباي لأخذ العلم.

Ref.: (Foreign Dept. POLITICAL, A, Progs., Nos. 298-333, Feb. 1875), pp. 26-27.
26 Jan. 1875

رقم (325)
رقم (259P)
26 يناير 1875م- فورت ويليام

من: السيد سي. يو. إيتشيسون
سكرتير حكومة الهند في إدارة الشؤون الخارجية

إلى: المقدم إي. سي. روس
المقيم السياسي لصاحبة الجلالة البريطانية في الخليج الفارسي

تلقيت تعليمات من سعادة النائب والحاكم العام في المجلس بأن أقر باستلام رسالتيك المشار إليهما في الهامش (رقم 1427-301 بتاريخ 19 ديسمبر 1874م. رقم 1433-306 بتاريخ 19 ديسمبر 1874م) بخصوص الأحداث في البحرين.

2- ذكرت في الرسالة الأولى أنك وجهت رسالة إلى شيخ البحرين، بعد تلقي برقية من وكالتنا في العاشر من الشهر الماضي، أخبرته فيها أن الحكومة لن تضمن له الحماية في حال شارك في أي من الأحداث الجارية على البر الرئيسي.

3- أحلت مع رسالتك رقم (1433-306)، المشار إليها أعلاه، رد الشيخ على تلك الرسالة؛ حيث قال فيها إن غايته من إرسال المساعدات إلى الزبارة هي حماية جزيرته، وليس التعدي على المناطق المجاورة، وأعرب عن استعداده للاسترشاد بسياسة الحكومة.

4- مع ذلك؛ يتضح من خلال محادثات الشيخ مع الكابتن فريزر، حسبما جاء في رسالتك الثانية المشار إليها أعلاه، أنه متمسك بحقوقه بملكية الزبارة على البر الرئيسي؛ حيث إنه يعتبرها ملكًا له، لأنه يقيم هناك أحيانًا في الصيف، ولأن رجاله متواجدون هناك، ولأنه قام بترميم الحصن.

5- طلبت، تحت هذه الظروف، تلقي أوامر أخرى من حكومة الهند في هذا الشأن.

6- وفي رسالة حكومة الهند رقم (2723P) المؤرخة في 10 ديسمبر 1874م، جرى إبلاغك أن الشيخ ليس لديه ممتلكات على البر الرئيسي في قطر، وأن حقوقه هناك غير مؤكدة، وأنه لا ينبغي

تشجيعه على إرسال القوات إلى البر الرئيسي لدعم حلفائه، وأن الحكومة ستدعمه في صد أي هجوم بحري، أو إحباط أي تحرك خطير من اليابسة، وأن الحكومة ستقدم له الحماية إذا تقيد بالالتزامات الواردة في المعاهدة المبرمة معه، على ألا يكون هو المعتدي، وألا يتخذ إجراءات تورطه في المشاكل.

7- سيتضح أن تلك الرسالة لم تكن بحوزتك عندما كتبت رسالتك المؤرخة في 19 ديسمبر، ولذلك طلب فخامته في المجلس أن أسأل عمّا إذا كانت التعليمات الموجهة سابقًا كافية، وإن لم تكن كذلك؛ فما هي النقطة التي تريد تعليمات أخرى بشأنها.

رقم (260P)

أُحيلت نسخة إلى حكومة بومباي لأخذ العلم، وذلك إكمالًا لملف هذه الوكالة رقم (2724P) بتاريخ 10 ديسمبر 1874م.

Ref.: (Foreign Dept. Political, Part A, Progs., Nos. 344-346, May 1875), p.6.

1 Feb. 1875

ترجمة لنص رسالة

13 ذو الحجة 1291هـ/ 1 فبراير 1875م

تم استلامها في 18 فبراير 1875م

من: بطي بن خادم بن نهيان

شيخ العديد

إلى: العقيد إي. سي. روس

المقيم السياسي لصاحبة الجلالة البريطانية في الخليج الفارسي

تسلمت رسالتكم وسررنا لتمتعكم بالصحة والرفاهية، نحن على ثقة بأننا نخضع لحمايتكم وفي أمان من كل ضرر قد يأتي عن طريق البحر.

Ref.: (Foreign Dept. POLITICAL, A, Progs., Nos. 298-333, Feb. 1875), p.31.
5 Feb. 1875

رقم (332)
رقم (30)
5 فبراير 1875م- فورت ويليام

من: حكومة الهند

إلى: سكرتير الدولة لشؤون الهند

إكمالًا لرسالتنا رقم (222) المؤرخة في 18 ديسمبر 1874، يُشرفنا أن نُحيل، لعلم حكومة صاحبة الجلالة، نسخة من الوثائق المشار إليها في ملخص المحتويات المرفق، بخصوص أحداث البحرين وتحركات الأتراك في نجد.

2- سيُلاحظ أن شيخ البحرين لايزال راغبًا في التدخل لصالح النعيم في الزبارة، الذين يتهددهم الخطر من جانب الأتراك وحلفائهم. ومع ذلك قمنا بإبلاغ المقيم السياسي مجددًا بأننا نتوقع من الشيخ أن يمتنع عن المشاركة في الأحداث التي تقع في البر الرئيسي من شبه الجزيرة العربية.

3- اتضح من خلال آخر المعلومات الواردة أن الأتراك (العثمانيين) هزموا الأمير الوهابي عبد الرحمن شر هزيمة، مما اضطره إلى الفرار إلى الصحراء.

Ref.: (Foreign Dept. POLITICAL, A, Progs., Nos. 298-333, Feb. 1875), p.p.31-32.
5 Feb. 1875

رقم (333)
ملخص محتويات الرسالة رقم (30)
5 فبراير 1875م

إلى: وزير الدولة لشؤون الهند

رقم (1) رقم (30) بتاريخ 5 فبراير 1875م إلى وزير الدولة لشؤون الهند، أُحيلَ مرفقًا بها نسخ من الوثائق المذكورة أدناه.

رقم (2) ملخص المحتويات.

رقم (3) رقم (1338-284) بتاريخ 28 نوفمبر 1874م من المقيم السياسي في الخليج الفارسي، يُحيل موجز أنباء تلقاه من المراسل السري بخصوص تحركات القوات التركية في نجد.

رقم (4) رقم (1380-288) بتاريخ 5 ديسمبر 1874م من المقيم السياسي في الخليج الفارسي، يُحيل نسخة من رسالة إخبارية من وكيل الأنباء في البحرين بخصوص هجوم ناصر بن مبارك المتوقع على الزبارة بدعم من شيوخ قطر.

رقم (5) رقم (1381-298) بتاريخ 5 ديسمبر 1874م من المقيم السياسي في الخليج الفارسي، يُقدم ترجمة رسائل إخبارية من البحرين بخصوص الأحداث هناك.

رقم (6) رقم (1382-290) بتاريخ 5 ديسمبر 1874م من المقيم السياسي في الخليج الفارسي، يُحيل ترجمة رسالة تلقاها من الأمير الوهابي عبد الرحمن بن فيصل بخصوص إجراءاته في نجد.

رقم (7) رقم (261-262A) بتاريخ 26 يناير 1875م إلى المقيم السياسي في الخليج الفارسي (أُحيلت نسخة إلى حكومة بومباي)، يوافق في رده على قرار عدم الرد على رسالة عبد الرحمن، ويطلب منه التوقف تمامًا عن تبادل المراسلات معه.

رقم (8) رقم (1428-302) بتاريخ 19 ديسمبر 1874م من المقيم السياسي في الخليج الفارسي، يُحيل رسائل إخبارية من وكيل الأنباء السري في البحرين بخصوص تطورات الأحداث في نجد.

رقم (9) رقم (1429-303) بتاريخ 19 ديسمبر 1874م من المقيم السياسي في الخليج الفارسي، يُحيل ترجمة رسالة تلقاها من شيخ البحرين معربًا عن مخاوفه من نوايا ناصر بن مبارك، المتواجد حينها في القطيف. ويُصرح أنه اتخذ الترتيبات لإرسال السفينة «ماجبي» إلى البحرين لأن السفينة «نيمبل» غادرت البحرين إلى بوشهر من دون أن تحل محلها سفينة أخرى.

رقم (10) رقم (1430-304) بتاريخ 19 ديسمبر 1874م من المقيم السياسي في الخليج الفارسي، يُحيل نسخة من المراسلات مع الوكيل السياسي في المناطق العربية التابعة لتركيا، بخصوص الأحداث الأخيرة في البحرين ومحيطها، وبخصوص السيادة على الزبارة، وإجراءات قبيلة بني هاجر، ووجود ناصر بن مبارك على الساحل.

رقم (11) رقم (1427-301) بتاريخ 19 ديسمبر 1874م من المقيم السياسي في الخليج الفارسي، بالإشارة إلى البرقية المؤرخة في 10 ديسمبر 1874م من إدارة الشؤون الخارجية، يذكر أنه وجه رسالة إلى شيخ البحرين ليُبلغه بقرار الحكومة، وذلك أنها لن تضمن له الحماية إذا ما شارك في الأحداث الحاصلة على البر الرئيسي.

رقم (12) رقم (1433-306) بتاريخ 19 ديسمبر 1874م من المقيم السياسي في الخليج الفارسي، يُحيل نسخة من رسائل تبيّن أن شيخ البحرين متمسك بحقه في ملكية قلعة الزبارة، ويقول إن الشيخ سيستمر حتمًا في دعم أفراد النعيم هناك، ما لم يُمنع من ذلك صراحةً.

رقم (13) رقم (260P-259) بتاريخ 26 يناير 1875م إلى المقيم السياسي في الخليج الفارسي، يُقدم ملاحظات حول رسالتيه رقمي (1427-301) و(1433-306) بتاريخ 19 ديسمبر (1974م)، بخصوص أحداث البحرين، ويسأل عمّا إذا كان الأمر يتطلب توجيه تعليمات أخرى.

رقم (14) رقم (71) بتاريخ 16 ديسمبر 1874م من القنصل العام لدى صاحبة الجلالة في بغداد إلى سفير صاحبة الجلالة في القسطنطينية، إكمالًا لرسالته رقم (69) بتاريخ 1 ديسمبر 1874م، بخصوص أحداث نجد؛ يذكر أنه لم يتلق منذ ذلك الحين أية معلومات موثوقة من تلك المنطقة.

رقم (15) رقم (1467-321) بتاريخ 31 ديسمبر 1874م من المقيم السياسي في الخليج الفارسي، يُحيل ترجمة رسائل إخبارية واردة من البحرين حتى 26 ديسمبر 1874م؛ حيث تضمنت بشكل أساسي أنباء حول احتلال الأحساء مجددًا على يد القوات التركية (العثمانية)، وفرار عبد الرحمن بن فيصل.

رقم (16) رقم (17-5) بتاريخ 9 يناير 1875م من المقيم السياسي في الخليج الفارسي، يُحيل معلومات بخصوص هزيمة الأمير الوهابي عبد الرحمن (بن فيصل) على يد القوات التركية (العثمانية).

رقم (17) نسخة من رسالة رقم (71) بتاريخ 29 ديسمبر 1874م من المكلف بمهام القنصل العام في بغداد إلى سفير صاحبة الجلالة في القسطنطينية، يُعلن هزيمة عبد الرحمن (بن فيصل) وفراره.

Ref.: (Foreign Dept. POLITICAL, A, Progs., Nos. 354-365, May. 1875), p.8.
20 Feb. 1875

رقم (356)

رقم (202-55)

20 فبراير 1875م- بوشهر

من: المقدم إي. سي. روس
المقيم السياسي في الخليج الفارسي

إلى: السيد سي. يو. أيتشيسون
سكرتير حكومة الهند في إدارة الشؤون الخارجية

يُشرفني أن أقر باستلام رسالتك رقم (259P) المؤرخة في 26 يناير 1875م، وأن أصرح، ردًّا على الاستفسار الوارد في الفقرة السابعة، أنه اتضح أن التعليمات الواردة في رسالتك رقم (2723P) بتاريخ 10 ديسمبر 1874م، والتي أرسلتها مجددًا في رسالتك قيد الإقرار حاليًا، وبعد النظر في رسالة الشيخ عيسى المؤرخة في 17 ديسمبر 1874م، تعليماتٌ كافيةٌ في الظروف الراهنة كي أسترشد بها في تبادل المراسلات مع شيخ البحرين بخصوص علاقاته مع البر الرئيسي.

Ref.: (Foreign Dept. POLITICAL, A, Progs., Nos. 354-365, May. 1875), pp. 8-9.
22 Feb. 1875

رقم (358)

رقم (60)

15 محرم 1292هـ/ 22 فبراير 1875م

من: المقدم إي. سي. روس
المقيم السياسي لصاحبة الجلالة البريطانية في الخليج الفارسي

إلى: الشيخ عيسى بن علي
حاكم البحرين

طلبت من صديقي القبطان فريزر مساعد المقيم، أن يتوجه لزيارتكم بسفينة صاحبة الجلالة «هيو روز» ليسلمكم هذه الرسالة.

في رسالتي رقم (564) المؤرخة في 2 ذي القعدة 1291هـ/ الموافق 12 ديسمبر 1874م، أبلغتكم بوجهة نظر الحكومة البريطانية في الهند، بشأن علاقتكم بمناطق البر الرئيسي، كما أبلغتكم من خلالها بأن الحكومة لن تضمن حمايتكم في حال تدخلكم في مشاكل البر الرئيسي.

في رسالتكم المؤرخة في 7 ذي القعدة 1291هـ الموافق 17 ديسمبر 1874م، بينت مبرراتك لمساعدة أهالي الزبارة، وأبلغتنا باستعدادك لاتباع توجيهات الحكومة البريطانية، وقد تم تقديم رسالتك إلى حكومة الهند.

لقد سرنا استعدادك لاتباع توجيهات الحكومة، وهذا ما كنا نتوقعه في مقابل الدعم الذي تجده منا.

وطالما كنت ملتزمًا بشروط المعاهدة، فإن الحكومة البريطانية ستتولى حمايتكم، وسوف تقدم لك العون اللازم إذا دعت الضرورة لتمكينك من التصدي للهجمات البحرية، أو الدعم اللازم لتمكينك من إجهاض التحركات البرية ضد الجزر التابعة لك، ولكي تكون مؤهلًا لتلقي مثل هذا الدعم، يجب أن تتخذ الحذر التام؛ فلا تتخذ أي إجراءات قد تؤدي إلى تدخلكم في تعقيدات مناطق البر الرئيسي، أو أي إجراءات ترى الحكومة البريطانية أنها غير ملائمة.

أطيب تمنياتنا لكم بالصحة والرفاهية.

Ref.: (Foreign Dept. POLITICAL, A, Progs., Nos. 354-365, May. 1875), p.9.
4 March 1875

25 محرم 1291هـ/ 4 مارس 1875م

من: الشيخ عيسى بن علي
حاكم البحرين

إلى: العقيد إي. سي. روس
المقيم السياسي لصاحبة الجلالة البريطانية في الخليج الفارسي

تسلّمت رسالتكم المؤرخة في 15 محرم، وعلمت محتواها، خاصة ما أبلغتكم به في رسالتي المؤرخة في 7 ذي القعدة، وسنواصل هذا الأمر كما كان في السابق، ونسأل الله أن تجد كل أفعالنا قبولًا لدى الحكومة البريطانية؛ حيث إن تلك هي رغبتي وغايتي.

فيما يختص برغبة الحكومة في أن نمتنع عن التدخل في شؤون مناطق البر الرئيسي، فإننا بالتأكيد سنُحجم عن ذلك؛ حيث إننا لسنا بحاجة إلى تلك الأراضي، باستثناء مدينتنا الزبارة، وهي وأهلها يعتمدون علينا، ونحن جميعًا تابعون للحكومة البريطانية.

نحن على ثقة أن الحكومة البريطانية لن تعمل أبدًا في سبيل أن نترك أراضينا ليتم احتلالها من قبل العدو.

Ref.: (Foreign Dept. POLITICAL, A, Progs., Nos. 354-365, May. 1875), p.9.
7 March 1875

28 محرم 1292هـ/ 7 مارس 1875م

من: الشيخ عيسى بن علي
حاكم البحرين

إلى: العقيد إي. سي. روس
المقيم السياسي لصاحبة الجلالة البريطانية في الخليج الفارسي

يرجى الاطلاع على ما يلي بخصوص الزبارة - في عام 1184هـ (1770م)- ذهب أحمد بن محمد آل خليفة إلى مرير (قرب الزبارة) وأقام فيها وبنى المنازل، وكان بصحبته عدد من أتباع قبيلته، واعتادوا على العمل في الغوص على اللؤلؤ، وكانوا يقيمون في العدان Aden قبل التوجه إلى مرير، وفي المرير انضم إليه العديد من العرب وبعد ذلك بنى الزبارة وأقام فيها.

وفي عام 1197هـ (1782م) أرسل أحد عبيده إلى منطقة سترة ليشتري له حاجياته، ونشب قتال بين العبد وأهالي البحرين، قتل فيها العبد، وبسبب هذه الحادثة توجه مجمل أهالي الزبارة لمهاجمة البحرين واحتلوها، وبعد ذلك آلت سيادة الجزيرة إلى آل خليفة، كما آلت إليهم سيادة الزبارة، ومنذ ذلك اليوم وحتى الآن ظلت الزبارة تابعة لنا، ولم يتجرأ أحد على منازعتنا الحق فيها، وكافة قبائل العرب تعرف ذلك.

Ref.: (Foreign Dept. POLITICAL, A, Progs., Nos. 354-365, May. 1875), pp. 10-12.

8 March 1875

رقم (3)

على سفينة صاحبة الجلالة «هيو روز»

8 مارس 1875م

من: الملازم إي. إيه. فريزر

المساعد الثاني المسؤول للمقيم

إلى: المقدم إي. سي. روس

المقيم السياسي لصاحبة الجلالة البريطانية في الخليج الفارسي

يُشرفني أن أفيدكم بأني قد وصلت إلى البحرين على متن سفينة صاحبة الجلالة «برايتون» في 24 فبراير، وعندما تلقى القبطان براين أمرًا تلغرافيًا يقضي بضرورة الذهاب بسفينته إلى عدن، أقمت أنا في المنامة، وأرسلت رسالة إلى الشيخ مع مبعوث خاص، لأنه كان في رحلة صيد خارج المدينة، وأبلغته خلالها بوصولي فعاد في اليوم التالي، وحضر لمقابلتي، وسلمته الرسالة المعنونة له، (مرفق نسخة منها)، فقرأها بعناية، وأبلغني بأنه قد تفهم محتواها، وطلب أن يُتاح له بعض الوقت للتفكير في المسائل الواردة في الرسالة، وضربت له موعدًا لمقابلته في المحرق في يوم السبت 27 فبراير، وخلال هذه المقابلة الأولى، اغتنمت الفرصة لإبلاغه بأنه قد تلقى الآن القرار الأخير لحكومة الهند، وأن مسألة حقوقه في التدخل في شؤون البر الرئيسي يجب ألا تثار مرة أخرى، وأنه ينبغي عليه أن يعيد النظر في موقفه الحالي، والتعديلات التي يجب عليه أن يجريها بناء على ذلك. أبحرت السفينة برايتون في يوم 24 مخلفة وراءها السفينة «ماجبي» لتأمين حماية الجزيرة لحين وصول السفينة «نيمبل»، التي ستحل محلها، والتي يتوقع وصولها في 2 مارس.

في 26 من الشهر، تلقيت معلومات مفادها أن بعض أتباع قبيلة النعيم المقيمين في الزبارة وضواحيها قد قدموا طلبًا لمحمد بن ثاني شيخ البدع التي تقع على ساحل قطر، وكان مفاده أنهم راغبون في نقل ولائهم له مقابل شروط مجزية لهم، وأن جاسم بن ثاني، الذي كان قد أعلن تبعيته للحكومة التركية، قد بعث برسائل إلى أعيان قبيلة النعيم خيرهم من خلالها بين ثلاثة خيارات:

القتال حتى الموت، أو الانتقال إلى البحرين، أو الخضوع لسلطته. وفي الوقت نفسه غادر عبد الرحمن بن فيصل جزيرة البحرين لتنفيذ خطته المشؤومة في منطقة الأحساء.

ولقد بعث الشيخ عيسى برسائل لأعيان الأحساء.

عندما اجتمعت مع شيخ الأحساء في 27 فبراير، سألته عمّا إذا كان لديه ملاحظات على الرسالة التي تسلّمها في اجتماعنا السابق، فأجاب بأنه يرغب في تأجيل إبداء ملاحظاته إلى أن يتمكن من دراسة المسألة بكافة أبعادها، وأنه يرغب في التشاور مع شقيقه أحمد؛ حيث يبدو أنه غير قادر على أن يفعل شيئًا دون مشورته، ولم أعترض على ذلك، وعندئذ أبلغته بناء على التعليمات الصادرة لي، عن التقارير التي مفادها أن ناصر باشا لديه رسائل مشبوهة كتبها الشيخ لبعض أعيان الأحساء، فأجاب بأنه قد دأب على مراسلة أصدقائه في الأحساء، وقال: وعلى الرغم من ذلك لم يحدث أن راسلهم في أي موضوع سوى المواضيع الخاصة، أو بغرض تكليفهم بتحصيل مبالغ عمولات محدودة لإرسالها لي، ولم أكتب شيئًا قد يضعني في موضع المسؤولية مطلقًا، وأبلغني الشيخ بأنه لا يعلم شيئًا عن قيام أي من أتباع قبيلة النعيم بتقديم عرض لشيخ قطر بشأن تحويل ولائهم له، وأنه لا يعلم شيئًا عن الرسائل التي أرسلها جاسم بن محمد بن ثاني لشيوخ قبيلة النعيم، وأنه قد هددهم من خلالها بالطرد من منطقتهم ما لم يخرجوا طوعًا من الزبارة أو الإقرار بسلطته.

في 2 مارس رست السفينة «نيمبل» في الميناء، وتوجهت السفينة «ماجبي» إلى بوشهر للتزود بالفحم، وذلك بعد حوالي ساعتين من وصولها.

قبل مغادرتي للبحرين جاء الشيخ لمقابلتي مرة أخرى، وأبلغته بأني تلقيت رسائله العاجلة المعنونة للمقيم، (أرسلت مع هذه الرسالة)، وأضفت قائلًا: في اجتماعنا الأول تم إبلاغكم بالقرار النهائي لحكومة الهند، والذي تم اتخاذه بعد دراسة المسألة من كافة جوانبها، وأنه يجب أن يعلم من واقع تعليمات الحكومة الصريحة، بأن عواقب تدخله في شؤون البر الرئيسي، التي تقع خارج نطاق جزره، أو قيامه بممارسة حقوق السيادة هناك بصورة قد تؤدي إلى نشوء تعقيدات، أو إن قام عمومًا بأي تصرف لا يتوافق مع توجيهات الحكومة البريطانية، فسيؤدي ذلك إلى سحب الحكومة لتعهداتها بحمايته، وأن الحجج التي أوردها في رسائله الأخيرة، كانت مطابقة للحجج التي كان قد أوردها في رسائله السابقة، والتي ردت عليها الحكومة بإبداء وجهة نظرها والسياسات التي ترغب في العمل على ضوئها، فأجاب على ذلك قائلًا إنه قد تلقى العديد من التحذيرات التي تحثه بصفة عامة على الامتناع عن التدخل في شؤون البر الرئيسي، وأنه قد اتبع توجيهات الحكومة في هذا الصدد، ولكن لم يحدث مطلقًا أن تم منعه من الاتصال بالزبارة، وطلب مني أن أقوم بتسليم الرسالتين (المرفقتين) إلى المقيم للاطلاع عليهما وإبداء الرأي بالخصوص.

ولما كنت أشعر بأني غير قادر على إبلاغه بصورة أوضح بأني قد فعلت ذلك من قبل، كما أني لست مخولًا لمناقشة هذه المسائل بالتفاصيل، فقد اقتصرت المناقشة على موضوعات عامة، وقبل مغادرتي بمدة وجيزة، أبلغني الشيخ عرضًا بأنه قد علم بتهديدات جاسم لقبيلة النعيم.

2- في 4 مارس، تسلّم الشيخ فهد، عم الشيخ، رسالة من عبد الله بن زرعة وهو من أعيان الأحساء، جاء فيها أن سعود بن فيصل توفي في الرياض في شهر رمضان، وأن جلوي (عم المتوفى وشقيق فيصل) قد تقلد مسؤولية الحكم في مملكة نجد بصفة مؤقتة، وقيل إن عائلة سعود قد انتقلت من الرياض لخشيتها من عداوة شقيقه المتعصب عبد الله، الذي يُقال إنه موجود حاليًا في منطقة مجاورة لمكة.

هذه الرسالة مؤرخة في 23 فبراير، ولكن مصداقيتها موضع شك؛ حيث إن حادثة الوفاة كانت قبل ثلاثة أشهر من الآن، وحتى الآن لم يرد للبحرين خبر يؤكد مغادرته (جلوي).

3- قبل عامين حصل بطي بن خادم، شيخ العديد، على علم تركي من علي أفندي الوكيل التركي في البدع، وكان يرفع هذا العلم عند وصول الرعايا الأتراك إلى مينائه، كما كان يرفعه في أحيان أخرى، ولكن عندما كانت تعتريه المخاوف من التحركات العدائية لشيوخ المناطق الساحلية العرب، كان يرفع راية بريطانية (هامش: العلم الذي نعنيه هنا هو علم العرب المسالمين، أحمر وحدوده بيضاء) ويُعرف في أوساط البحرية البريطانية بأنه «أبيض مثقب بالأحمر»، ووردت الإشارة إليه في المادة (3) من المعاهدة العامة المبرمة في عام 1820م، (التوقيع/ إي. سي. روس). وكان والده قد حصل عليه من العقيد لويس بيلي، الذي كان يشغل حينئذ وظيفة المقيم في الخليج.

منطقة العديد تدفع مبلغًا قدره «500» قيران سنويًا لجاسم بن ثاني شيخ البدع كحقوق امتياز الغوص على اللؤلؤ قبالة شواطئه، ولا يوجد في تلك المنطقة أتراك (عثمانيين).

4- حتى الآن لم يتخذ محمد بن ثاني أي إجراءات لاستعادة المبالغ المستحقة لبني ياس المقيمين في البحرين، نتيجة للخسائر التي تكبدوها في العام الماضي في حقبة غزوات القرصنة التي قام بها بنو هاجر، ويقال إن حوالي ستمائة (600) من أتباع هذه القبيلة (بني ياس) هم الآن في البدع، وكذلك خمسمائة (500) من المناصير وخمسون (50) من المرة، وهم يتحينون الفرص لنهب قطعان الماشية من قبائل قطر، الذين هم في حال عداء معهم، وهم ينالون الدعم إلى حد ما، من محمد بن ثاني.

تلقيت معلومات مؤكدة مفادها أن بعض أتباع قبيلة النعيم قد توجهوا إلى البدع للتحالف مع شيخها، وأنه قد تم إبلاغهم بأن طلبهم سيتم قبوله في حال موافقتهم على إخلاء الزبارة، وأن يقيموا في البدع، ولما لم يجد هذا الشرط قبولا لديهم، عادوا إلى الساحل الغربي لشبه جزيرة قطر.

خلال فترة وجودي هناك، ما كان ليخفى عليّ ذلك العدد الكبير من الغرباء الذين تقاطروا على البحرين، خاصة أهالي الأحساء الذين ملؤوا الأسواق وكل مكان، وعلمت بأنهم جميعًا، تقريبًا، من الهاربين من الأحساء، وأن معظمهم في حال فقر مدقع، كذلك علمت بأن الشيخ لم يدخر وسعًا في سبيل مساعدتهم، لكنه لم يكن قادرًا على تقديم العون لهم لمدة طولة؛ حيث إن عددهم قد يبلغ ألفي نسمة.

غادرت البحرين على سفينة صاحبة الجلالة «هيو روز» في 8 مارس.

Ref.: (Foreign Dept. POLITICAL, A, Progs., Nos. 354-365, May. 1875), p.10.
12 March 1875

رقم (95)

4 صفر 1292هـ/ 12 مارس 1875م

من: المقدم إي. سي. روس
المقيم السياسي لصاحبة الجلالة البريطانية في الخليج الفارسي

إلى: الشيخ عيسى بن علي
حاكم البحرين

يُشرفني أن أفيدكم بتسلمي لرسالتيكم المؤرختين في 25 و28 محرم 1292هـ (4 و7 مارس 1875م)، وقد قرأتهما بتمعن واهتمام.

لم يتبين لي أن موضوع هاتين الرسالتين يختلف عمّا ورد في رسائل الحكومة السابقة، ولذا، فإنه ليس هناك ما يدعو إلى الاعتقاد بأن الحجج المقدمة، ستؤدي إلى إحداث أي تغيير أو تعديل في الإجراءات التي ترى الحكومة ضرورة تبنيها بخصوص شؤون البر الرئيسي.

بالطبع فإن التقارير التي تلقيتها مؤخرًا، قد دعتني إلى الاعتقاد بأن الأوضاع الراهنة أصبحت تحتم ضرورة تجنب أي تدخل في شؤون البر الرئيسي، (سواء أكان ذلك في الزبارة أم كان في أي مكان آخر، دون استثناء)؛ فإن هذا الإجراء، ولا أجد حرجًا في الإلحاح عليكم مرة أخرى، هو أفضل نصيحة ودية بإمكاني تقديمها لكم.

أتمنى أن تنظر إلى هذه المسألة بكونها نصيحة قدمتها لكم، بناء على تعليمات الحكومة التي تضع في حسبانها رفاهية واستقرار حكومة البحرين، وأتمنى أن تمنحها الاهتمام الذي تستحقه، ولا شك لدي في أنك ستتقيد على الدوام بالقرار الذي ورد في رسالتكم المؤرخة في يوم 7 ذي القعدة 1291هـ الموافق 17 ديسمبر 1874م، والذي مفاده أنك ستتقيد بتوجيهات الحكومة البريطانية. كذلك أرجو أن تنظر إلى هذه المسألة بكونها صادرة عمّن يتمنى لكم الخير، وهو على استعداد للإصغاء إلى كافة المسائل التي قد تستوجب تقديم النصح والتوجيه.

Ref.: (Foreign Dept. POLITICAL, A, Progs., Nos. 354-365, May. 1875), p.14.

16 March 1875

رقم (362)

ترجمة تقرير رقم (29)

16 مارس 1875م

من: وكيل الأخبار

البحرين

وصل اليوم أحمد بن الغتم Katam قادمًا من أم الحويزة Umm Howeiz التابعة للعقير، ولم يكن بصحبته سوى أربعة عشر (14) من العرب، وقيل إن غرضه من الذهاب إلى العقير هو طلب الحصول على العون من قبيلة المرة، نظرًا للنزاعات التي نشبت بين القبائل في الزبارة، ولخشيتهم من عواقبها، وقد سرت شائعات مفادها أنه عند وصول أحمد بن الغتم إلى منطقة أم الحويزة، بعث برسالة إلى قبيلة المُرّة، وبعد أن علم بعض أتباع قبيلة بني هاجر بمغادرة أحمد بن الغتم، تحركوا من قطر إلى العقير لمحاربة أيٍّ من أتباعه الذين قد يصادفونهم.

علمت من شيخ البحرين بأنه عندما سأله النقيب سلبي Selby عن السبب في ذهاب أحمد بن الغتم إلى العقير، قال إنه لا يرغب في شيء سوى زيارة عرب قبيلة المُرّة.

أكد لي أحد عبيد أحمد بن الغتم واسمه زايد، صحة المعلومات التي مفادها أن سيده قد بعث برسالة إلى المُرّة، وبينما كان في انتظار الرد، شاهدوا خمسة عشر (15) من البدو يسيرون إلى جوار الشاطئ، فنزل بعض أتباع أحمد بن الغتم ولكن البدو هربوا ولم يتمكنوا من اللحاق بهم.

تلقى أحمد بن الغتم رسائل تضمنت ردودًا إيجابية على رسالته، وجاء فيها أنهم سيأتون إلى قطر في موسم الغوص على اللؤلؤ.

علمت أن الشيخ عيسى قام قبل يومين بتقديم اللوم إلى علي بن راشد، وهو أحد أقارب جاسم بن ثاني، لتقديمه العون لبني هاجر عند مهاجمتهم للزبارة، وقد أنكر علي بن راشد ذلك، وبعد ذلك ندم الشيخ لتهوره وقدم للرجل كسوة شرف.

يقال إن الشيخ عيسى ينفق بين ثلاثة وأربعة آلاف قيران شهريًا على أهالي الزبارة، كما أنه منح

ناصر بن جابر ثلاثمائة (300) قيران راتبًا شهريًا، وقد تواصل دفع هذا الراتب لناصر بن جابر منذ احتلال الزبارة في العام الماضي.

في 21 مارس، توجه الشيخ (عيسى) بصحبة أحمد بن الغتم لزيارة الشيخ أحمد، شقيق الشيخ في منطقة بركة بالبحرين، وعادا في 23 من الشهر نفسه، وقام الشيخ أحمد برد الزيارة. وقيل إن الثلاثة عقدوا اجتماعًا مشتركًا، وأنه قد تأكد أن بعض أتباع قبيلتي المرة والعجمان سيأتون للتحالف مع أحمد بن الغتم.

Ref.: (Foreign Dept. POLITICAL, A, Progs., Nos. 354-365, May. 1875), p.8.

20 March 1875

رقم (357)

رقم (90/337)

20 مارس 1875م - بوشهر

من: المقدم إي. سي. روس
المقيم السياسي لصاحبة الجلالة البريطانية
في الخليج الفارسي

إلى: سكرتير حكومة الهند
إدارة الشؤون الخارجية - كلكتا

إلحاقًا للمراسلات المشار إليها في الهامش (برقية صادرة عن سكرتير إدارة الشؤون الخارجية بتاريخ 10 ديسمبر 1874م، والرسالتين رقم (301/1421) و(306/1433) المؤرختين في 19 ديسمبر 1874م، واللتين أرسلهما المقيم السياسي لصاحبة الجلالة البريطانية في الخليج الفارسي إلى سكرتير حكومة الهند - إدارة الشؤون الخارجية، والرسالتين رقم (2723P) و(259P) المؤرختين في 10 ديسمبر 1874م و26 يناير 1875م، واللتين أرسلهما سكرتير حكومة الهند إلى المقيم السياسي لصاحبة الجلالة البريطانية في الخليج الفارسي، والرسالة رقم 55/202 المؤرخة في 20 فبراير 1875م، والتي أرسلها المقيم السياسي لصاحبة الجلالة البريطانية في الخليج الفارسي إلى سكرتير حكومة الهند - إدارة الشؤون الخارجية).

يُشرفني أن أرفق مع هذه الرسالة لعناية صاحب السعادة نائب الملكة والحاكم العام للهند في المجلس، نسخًا من رسائل أخرى (1- رسالة إلى شيخ البحرين رقم 60 مؤرخة في 22 فبراير 1875م، 2 و3 رسائل الردود التي بعث بها شيخ البحرين بتاريخ 4 و7 مارس 1875م، 4- رسالة إلى شيخ البحرين رقم 90 بتاريخ 12 مارس 1875م، 5- تقرير الملازم فريزر رقم 3 بتاريخ 8 مارس 1875م) والتي كانت متبادلة بيني وبين شيخ البحرين بشأن تدخل الشيخ في شؤون مناطق البر الرئيسي، إلى جانب نسخة من التقرير الذي تلقيته من الملازم فريزر، مساعد المقيم بالوكالة، الذي كنت قد أرسلته إلى البحرين على سفينة صاحبة الجلالة البريطانية برايتون.

2- أتمنى أن تجد رسائلي التي أرسلتها إلى شيخ البحرين قبولًا تامًّا لدى صاحب السعادة في المجلس.

3- بعد أن علمت من ممثل قنصل صاحبة الجلالة في البصرة، بأن ناصر باشا المنتفق الذي كان يشغل مؤخرًا منصب قائد القوات في البصرة، قد صرح علنًا بأن لديه العديد من الرسائل التي أرسلها شيخ البحرين إلى بعض أهالي الأحساء، حرضهم من خلالها على التمرد ضد الأتراك، طلبت من الملازم فريزر أن يسعى في سبيل إبلاغ الشيخ عيسى بهذه الإفادات.

وسيتضح بأن الشيخ عيسى سيُنكر صحة الاتهام، وبالطبع فإنه يستحيل أن يدين نفسه.

4- قد يتسبب وجود عدد كبير من الهاربين من الأحساء في البحرين، في وجود تجاوزات وشيء من المضايقة للشيخ من عدة نواحٍ.

5- لاتزال هنالك حاجة لمرابطة إحدى السفن الحربية في البحرين بصفة دائمة.

ملاحظة: أحيلت نسخ مباشرة إلى حكومة بومباي ومكتب الهند.

Ref.: (Foreign Dept. Political, Part A, Progs., Nos. 344-346, May 1875), p.3.
20 March 1875

حكومة الهند
1875م
إدارة الشؤون الخارجية
سياسي (A)
مايو
الأرقام (344-346)
أحداث العديد وأبوظبي

قائمة الوثائق:

رقم (344) رقم (336-89) بتاريخ 20 مارس 1875م من المقيم السياسي في الخليج الفارسي، بالإشارة إلى رسالته رقم (1313-274) المؤرخة في 21 نوفمبر 1874م، يقدم تفاصيل تتعلق برسالة ذكر شيخ أبوظبي أنه تلقاها من مسؤولين أتراك، زاعمين أن العديد تحت حماية الحكومة التركية (العثمانية). ويُحيل نسخًا من وثائق بخصوص مخاوف الشيخ (شيخ العديد) من تعرضه لهجوم من أبوظبي.

رقم (345) مرفق الرسالة أعلاه.

رقم (346) رقم (1222P) بتاريخ 1 مايو 1875م، بالإشارة إلى الرسالة أعلاه، تمّت الموافقة على الرسالة التي وجهها (المقيم السياسي لصاحبة الجلالة البريطانية في الخليج) إلى شيخ العديد.

Ref.: (Foreign Dept. Political, Part A, Progs., Nos. 344-346, May 1875), p.4.
20 March 1875

سياسي (A)
مايو 1875م
الأرقام (344-346)
رقم (336-89)
20 مارس 1875م
أحداث العديد وأبو ظبي

من: المقيم السياسي في الخليج الفارسي

صرح شيخ أبوظبي مؤخرًا أنه أضاع الرسالة، التي وردته من الأتراك (العثمانيين)، إلا أن مفادها هو أنهم «طلبوا مني عدم التدخل في شؤون الأشخاص المقيمين في العديد».

ذكر العقيد روس أن شيخ العديد لديه راية تركية (عثمانية) يرفعها بين الحين والآخر، وقال إنه يستخدم أحيانًا الراية «المقدمة للشيوخ العرب المستقلين، الذين تربطهم علاقات ودية مع الحكومة البريطانية».

وبما أنه اتضح من تقارير العديد أن نطاق الخلاف مع أبوظبي قد يتسع وصولًا إلى البحر، فقد وجه العقيد روس رسالة إلى شيخ العديد قائلًا: «سيكون من الأفضل لك أن تمنع أتباعك من انتهاك قوانين البحر».

أعتقد أنه كان محقًّا في ذلك، ويمكن الموافقة عليها.

التوقيع/ إف. إتش.
1875/4/16م
التوقيع/ إن.
1875/4/23م

Ref.: (Foreign Dept. Political, Part A, Progs., Nos. 344-346, May 1875), p.5.
20 March 1875

رقم (344)
رقم (89/336)
20 مارس 1875م - بوشهر

من: المقدم إي. سي. روس
المقيم السياسي لصاحبة الجلالة البريطانية في الخليج الفارسي

إلى: سكرتير حكومة الهند
إدارة الشؤون الخارجية - كلكتا

في رسالتي رقم (274/1313) المؤرخة في 24 نوفمبر 1874م، كنت قد أبلغتكم بأنني علمت من شيخ أبوظبي أنه تلقى رسائل من المسؤولين الأتراك (العثمانيين)، أبلغوه فيها أن منطقة العديد أصبحت خاضعة لحماية الحكومة التركية (العثمانية)، وأنه فقد تلك الرسائل، ولكنه سيرسلها لي حالما يجدها.

2- بعد ذلك تلقيت رسالة من الشيخ زايد شيخ أبوظبي، مرفق ترجمة لها، وأكد لي من خلالها أنه لم يجد الرسائل، وأبلغني بمحتواها، وبالطبع فإن للشيخ مبرراته في عدم تقديم الرسائل كما وعد من قبل.

3- مرفق ترجمة للرسائل المتبادلة بيني وبين شيخ العديد، في مسألة مخاوفه من التعرض لهجوم من قبل أبوظبي.

4- يبدو أن شيخ العديد لديه علم تركي (عثماني) يقوم برفعه من حين لآخر، وأنه يستخدم في أحيان أخرى العلم الخاص بعرب المناطق المستقلة المتصالحة مع الحكومة البريطانية.

ملحوظة: أحيلت نسخ مباشرة إلى حكومة بومباي ومكتب الهند.

Ref.: (Foreign Dept. POLITICAL, A, Progs., Nos. 354-365, May. 1875), pp. 12-13.
23 March 1875

رقم (360)
ترجمة لنص رسالة
15 صفر 1292هـ/ 23 مارس 1875م

من: الشيخ عيسى بن علي
شيخ البحرين

إلى: المقدم إي. سي. روس
المقيم السياسي لصاحبة الجلالة البريطانية في الخليج الفارسي

تسلّمت رسالتكم القيمة المؤرخة في 4 صفر 1292هـ الموافق 12 مارس 1875م، وعلمت بمحتواها، وقد أبلغتني من خلالها بضرورة التخلي بصورة أكبر من قبل، عن التدخل في شؤون مناطق البر الرئيسي، وبذلك سبق أن أبلغناكم في رسالتنا المؤرخة في 25 محرم 1292هـ الموافق 4 مارس 1875م، بأننا قد التزمنا بمضمون رسالتكم المؤرخة في 22 ذي القعدة 1292هـ الموافق 12 ديسمبر 1874م؛ أي طبقًا لقولكم لنا: «نحن لن نمنعك إن كنت ترغب في إرسال قوات للدفاع عن تلك المنطقة ألا وهي الزبارة»، وأنت تعلم يا صاحب الفخامة أن مجمل قطر خاضعة لحاكم البحرين، وفي عهد المقدم بيلي كانوا يدفعون لنا الزكاة، ونحن تركناهم بناء على رغبة الحكومة الإنجليزية، ولكن فيما يختص بالزبارة، فإننا أبلغنا فخامتكم بأنها ملك لنا (أو لبلدنا)، وإنه من المستحيل أن نتغاضى عنها.

نحن على ثقة في أنك ستساعدنا في نقل وجهة نظرنا إلى الحكومة البريطانية؛ فلا نجبر على التخلي عن أرضنا.

Ref.: (Foreign Dept. POLITICAL, A, Progs., Nos. 354-365, May. 1875), p.13.
31 March 1875

رقم (114)
23 صفر 1292هـ/ 31 مارس 1875م

من: المقدم إي. سي. روس
المقيم السياسي لصاحبة الجلالة البريطانية في الخليج الفارسي

إلى: الشيخ عيسى بن علي
شيخ البحرين

يشرفني أن أفيدكم بتسلمي لرسالتكم المؤرخة في 15 صفر 1292هـ الموافق 23 مارس 1875م.

لقد أبلغتني بأنك قد التزمت بالنصيحة التي وردت في رسالتي المؤرخة في 22 ذي القعدة 1292هـ الموافق 12 ديسمبر 1874م، وبالطبع فإن هذا هو ما ترجوه الحكومة، ولكنك أشرت إلى كلمات وردت على لساني خلال المحادثات التي تمت بيننا قبل تاريخ تلك الرسالة؛ أي في 24 رمضان 1291هـ، الموافق 5 نوفمبر 1874م، وكان مضمونها: «أنا لن أمنعك في تلك الحالة من إرسال تعزيزات إلى الزبارة».

وكنت على أمل في أن رسائلي المؤرخة في 22 ذي القعدة 1291هـ الموافق 12 ديسمبر 1874م، و4 صفر 1292هـ الموافق 12 مارس 1875م، ستجعلك تتفهم بوضوح أن النصائح التي وردت فيهما، كانت بناء على تعليمات مباشرة من صاحب السعادة نائب الملكة والحاكم العام للهند، لذا لكي تتعرف على وجهة نظر حكومة الهند يجب أن تطلع على هذه الرسائل، وأرجو أن يكون سوء الفهم المتعلق بهذه المسألة قد زال الآن، وأرجو أن تقرأ رسائلي المؤرخة في 2 ذي القعدة 1291هـ، الموافق 12 ديسمبر 1874م، و14 صفر 1292هـ الموافق 12 مارس 1875م، وأن تعمل بموجبها في المسائل المشار إليها أعلاه، وألا تعتقد بأن مضمونها سيتأثر أو يتغير بسبب أية مراسلات سابقة مهما كانت.

لقد رأيت من واقع التعابير الواردة في رسالتكم المؤرخة في 15 صفر 1292هـ الموافق 23 مارس 1875م، أن هنالك ضرورة لإبلاغكم بما تقدم، والتعبير عن صداقتي لكم، ولكم مني أطيب التمنيات.

Ref.: (Foreign Dept. POLITICAL, A, Progs., Nos. 354-365, May. 1875), p.13.

1 April 1875

رقم (384/ 168)

1 أبريل 1875م - بوشهر

من: المقدم إي. سي. روس

المقيم السياسي لصاحبة الجلالة البريطانية في الخليج الفارسي

إلى: النقيب إي. جارفورث

قائد الأسطول البحري في الخليج الفارسي

سفينة صاحبة الجلالة فيلوميل philomel

يشرفني أن أفيدكم بأن حكومة الهند قد أبلغتني، بضرورة تحذير شيخ البحرين من مغبة التدخل في شؤون مناطق البر الرئيسي في الجزيرة العربية، بصورة قد تؤدي إلى توريطه في مشاكل في تلك المنطقة.

2- على الرغم من النصيحة التي قدمت إلى شيخ البحرين، قد يفكر في إرسال قواته من البحرين لمساعدة حلفائه في الزبارة التي تقع في البر الرئيسي، وفي حال أن يبدي مثل هذه الرغبة لقائد السفينة الحربية المرابطة في البحرين، أو أن يستأذنه في إرسال التعزيزات عن طريق البحر، أرجو أن يقوم القائد بإبلاغ الشيخ بأن مثل ذلك الإجراء غير مقبول، وأن ينصحه بضرورة عدم اتخاذ أي إجراء مخالف للنصائح التي قد تلقاها في هذا الصدد.

3- وفي حال قيام الشيخ باتخاذ أي إجراء مخالف لهذه النصيحة، يرجى إبلاغي بذلك على الفور، ولكن يجب ألّا تتخذ ضده إجراءات صارمة إلا بعد الحصول على تعليمات خاصة.

Ref.: (Foreign Dept. POLITICAL, A, Progs., Nos. 354-365, May. 1875), p.12.

3 April 1875

رقم (359)

رقم (106/406)

3 أبريل 1875م - بوشهر

من: المقدم إي. سي. روس

المقيم السياسي لصاحبة الجلالة البريطانية في الخليج الفارسي

إلى: سكرتير حكومة الهند

إدارة الشؤون الخارجية - كلكتا

سـيدي،

إلحاقًا لرسالتي رقم (337-90) المؤرخة في 20 مارس 1875م، يشرفني أن أرفق مع هذه الرسالة لعناية صاحب السعادة نائب الملكة والحاكم العام للهند في المجلس، ترجمة للرسالة المؤرخة في 23 مارس، والتي تلقيناها من شيخ البحرين، ونسخة من رسالة أخرى رقم (114) بتاريخ 31 مارس، كنت قد رأيت ضرورة إرسالها إلى الشيخ عيسى، وأرجو أن يجد محتواها قبولًا لديكم.

2- على الرغم من أن الشيخ عيسى لايزال متمسكًا بحقوقه في الزبارة التي تقع في البر الرئيسي، من المستبعد أن يتدخل في شؤونها علنًا من خلال إرسال قواته من جزر البحرين، ولكن على الرغم من ذلك أرى بأنه قد يواصل تقديم مساعداته المالية لأهالي الزبارة، وأرجو بكل احترام أن تبلغني الحكومة بالإجراءات التي ينبغي اتباعها في حال استمراره في اتباع تلك الإجراءات.

3- مرفق مع هذه الرسالة نسخة من الرسالة رقم (384-168) المؤرخة في 1 أبريل 1875م، والتي كنت قد أرسلتها إلى كبير ضباط البحرية بشأن الأحوال الراهنة في البحرين.

ملحوظة: أحيلت نسخ مباشرة إلى حكومة بومباي ومكتب الهند.

Ref.: (Foreign Dept. POLITICAL, A, Progs., Nos. 354-365, May. 1875), p.14.

3 April 1875

رقم (361)

رقم (107/407)

3 أبريل 1875م - بوشهر

من: المقدم إي. سي. روس

المقيم السياسي لصاحبة الجلالة البريطانية في الخليج الفارسي

إلى: سكرتير حكومة الهند

إدارة الشؤون الخارجية - كلكتا

يشرفني أن أرفق مع هذه الرسالة لعناية صاحب السعادة نائب الملكة والحاكم العام للهند في المجلس، نسخة من الرسالة الإخبارية التي تلقيتها من وكيل الأخبار في البحرين.

ملحوظة: أحيلت نسخ مباشرة إلى حكومة بومباي ومكتب الهند.

Ref.: (Foreign Dept. POLITICAL, A, Progs., Nos. 354-365, May. 1875), p.p. 4-5.
May 1875

سياسي (A)
مايو 1875م
الأرقام (354-365)
أحداث البحرين

أوضحنا لحكومة صاحبة الجلالة الظروف التي في ظلها قامت السفينة «هيو روز» بمساعدة شيخ البحرين في منع هجوم متوقع لبني هاجر من البر الرئيسي. وذكرنا في برقيتنا رقم (2542P) المؤرخة في 24 نوفمبر الماضي (1874م) أن نبأ تدخل السفينة البريطانية في أحداث نجد عارٍ عن الصحة، وأن تصرف الكابتن كامبل Campbell كان مبررًا بموجب التوجيهات، التي يحملها، وبموجب التزاماتنا التعهدية مع البحرين (رقم 13 بتاريخ 5 يناير 1875م من وزير الخارجية، ورقم 20-55 بتاريخ 20 فبراير 1875م من المقيم السياسي في الخليج الفارسي، ورقم 33790 بتاريخ 20 مارس 1875م من المقيم السياسي).

أوضحنا الحقائق بشكل كامل في مرفقات رسالتنا رقم (191) المؤرخة في 23 أكتوبر 1874م إلى وزير الخارجية.

الوثائق التي أُحيلت طي رسالة وزير الخارجية رقم (13) المؤرخة في 5 يناير ما هي إلا تكرار للرسائل (في نجد 1875م) التي جرى تلخيصها في الملخص أدناه (مذكرة -A) ولا تستدعي إصدار أوامر أخرى.

تتعلق التقارير الواردة من الخليج الفارسي بادعاءات شيخ البحرين بحق ملكية الزبارة. وتذكرون أن هذه المسألة شكلت موضوع مراسلات جرى تبادلها مؤخرًا؛ حيث أبلغت حكومة الهند المقيم السياسي في رسالتها رقم (2728P) (سياسي-A، فبراير 1875م، رقم 303) أن شيخ البحرين لا يملك شيئًا على البر الرئيسي، وأن حقوقه هناك غير مؤكدة، وأنه لا ينبغي تشجيعه على إرسال قوات إلى البر الرئيسي من أجل تقديم الدعم لحلفائه، النعيم في الزبارة، وأن الحكومة البريطانية ستدعمه ضد أي هجوم بحري أو في إحباط أي تحركات خطيرة على اليابسة، وأننا سنقدم له الحماية إذا تقيد بالتزامات معاهدته، شريطة ألا يكون المعتدي، وألا يتخذ إجراءات تورطه في الأحداث.

ذكر العقيد روس في رسالته رقم (306-1433) المؤرخة في 19 ديسمبر 1874م (سياسي-A،

فبراير 1875م، رقم 323) أن الشيخ مازال متمسكًا بحقه بملكية قلعة الزبارة، فأرسلت الحكومة أوامرها مجددًا في الرسالة رقم (259P) المؤرخة في 26 يناير 1875م (المرجع نفسه، رقم 325)، واستفسرت من المقيم عمّا إذا كانت الأوامر المرسلة سابقًا لم تف بالغرض. قال العقيد روس مؤخرًا في رسالته بتاريخ 20 فبراير (1875م) أن أوامر الحكومة كانت كافية، كما أشار في رسالته المؤرخة في 30 مارس 1875م إلى كيفية تنفيذ تلك التعليمات. وجرى تحذير الشيخ بوضوح وفق أوامر سيادته برسالة وبواسطة الملازم فريزر، الذي أُرسل إلى البحرين من أجل توضيح سياسة الحكومة البريطانية. مع ذلك يرفض الشيخ التخلي عن مطالبه؛ فقد طالب بالحصول على حقوق أسرة آل خليفة التقليدية في الزبارة، وطلب إعطاءه مهلة للتفكير والتشاور مع حلفائه.

ثمة نقطة في تقرير الملازم فريزر ينبغي لفت الانتباه إليها؛ فمن المعلوم أن الأتراك (العثمانيين) اتهموا شيخ البحرين بتأمين ملجأ للأمير الوهابي عبد الرحمن بن فيصل، ومساعدته في الاضطرابات التي أثارها في ولاية الأحساء. أبقينا وزير الخارجية على اطلاع تام بالظروف، موضحين أن الشيخ عيسى بريء، من وجهة نظر المسؤولين المحليين، من أي عمل يعتبر عملًا عدائيًّا ضد الأتراك (العثمانيين).

مع ذلك تلقى الملازم فريزر معلومات تُفيد بأن شخصًا يدّعي أنه من الرعايا الأتراك أخبر قبيلة النعيم أن»الشيخ عيسى وجه رسائل إلى أشخاص نافذين في الأحساء قبيل خروج عبد الرحمن بن فيصل من جزيرة البحرين لتنفيذ مخططه المشؤوم في ولاية الأحساء«. ويُقال إن تلك الرسائل وقعت في قبضة ناصر بن مبارك، ومع ذلك أنكر الشيخ توجيه رسائل إلى حلفائه، فيما عدا رسائل تتعلق بأمور خاصة. يرى العقيد روس أن من غير المعقول أن يقبل بأمر كهذا، ونحن نأمل أن يكون الأمر كذلك لأجل الشيخ.

أنهى العقيد روس رسالته بالقول إنه مازال من الضروري وجود سفينة حربية بشكل دائم في البحرين.

يمكننا أن نخبر إدارة البحرية بذلك، ويمكننا الموافقة على إجراءات العقيد روس، كما يمكننا أن نقول إن الحكومة ستنتظر ورود تقرير حول نتيجة مشاورات الشيخ بخصوص الزبارة. يجب تقديم تقرير إلى وزارة الخارجية بخصوص هذه المشاورات.

التوقيع/ إف. إتش.

1875/4/16م

التوقيع/ إن.

1875/4/23م

يجب أن نتلقى رسالتي المقيم السياسي رقمي (406-106) و(407-107) المؤرختين في 3 أبريل 1875م، قبل أن نتمكن من تنفيذ الأوامر.

لم يبد الشيخ أية رغبة في التخلي عن حقوقه في الزبارة؛ فقد أصر الشيخ عيسى على القول بأن قطر بأكملها تابعة للبحرين، وكانت تدفع الجزية لها، مستندًا إلى تصريح العقيد روس غير الدقيق، الذي أدلى به قبل معرفة آراء سعادته، وذلك بأنه لن يتدخل في مسألة إرسال التعزيزات إلى الزبارة كإجراء دفاعي.

«قلنا لسيادتك إن الزبارة ملكنا (أو منطقتنا)، ومن غير المعقول أن نهملها، (أو قد يقصد من كلامه التخلي عنها)».

كتب العقيد روس مجددًا قائلًا إن ما قاله بات لاغيًا بعد صدور أوامر الحكومة الحاسمة، وأنه جرى توجيه تعليمات إلى القائد الأعلى للقوات البحرية بأن يطلب من الشيخ عدم التصرف خلافًا لنصيحتنا، إذا بدا أنه يعتزم تنفيذ رغبته.

جاء في الرسائل الإخبارية المؤرخة في 16 مارس 1875م، التي أُرفقت في رسالة العقيد روس رقم (407-107)، أن الشيخ عيسى ينفق شهريًّا ما بين ثلاثة آلاف وأربعة ألاف قيران على أهالي الزبارة، بالإضافة إلى تقديم ثلاثمائة قيران شهريًا لأحد زعمائهم.

من المرجح أن تعنت الشيخ ناجم عن اعتقاده بأن المقتضيات السياسية ستُجبر البريطانيين على حمايته من الأتراك (العثمانيين)، ومن الآخرين على البر الرئيسي؛ فحقوقه غير الواضحة في المراعي بقطر ستكون بديلًا ضئيلًا مقابل حمايتنا. أعتقد أن الوقت قد حان ليقوم العقيد روس بإخباره صراحةً أن الحكومة البريطانية ستتركه يواجه مصيره إذا تجاهل مطالبها. أثبت البحرينيون في حادثة سابقة أنهم قادرون على صد أي هجوم ضخم للوهابيين، لكن لا يُمكن له أن يصمد هو وجزيرته لحظة في وجه الجيش التركي (العثماني) في الأحساء مدعومًا بتعزيزات بحرية من البصرة.

التوقيع/ إف. إتش.

1875/4/27م

صاحب السعادة:

لا يمكن أن نسمح للأتراك (العثمانيين) بالاستيلاء على البحرين تحت أي ظرف من الظروف. نقلنا وجه نظرنا إلى الشيخ بوضوح تام، ويمكن أن نخبره أنه سيتحمل العواقب إذا أثار المشاكل على البر الرئيسي، خلافًا لرغبة الحكومة، وسوف يكون من حقنا التعامل معه بالطريقة التي نراها مناسبة.

التوقيع/ سي. يو. إيه.

1875/4/28م

التوقيع/ إن.

1875/4/30م

Ref.: (Foreign Dept. Political, Part A, Progs., Nos. 344-346, May 1875), p.6.
1 May. 1875

رقم (346)

رقم (1222P)

1 مايو 1875م- سيملا

من: السيد إف. هنفي F. Henvey
وكيل حكومة الهند في إدارة الشؤون الخارجية

إلى: المقدم إي. سي. روس
المقيم السياسي لصاحبة الجلالة البريطانية في الخليج الفارسي

بالإشارة إلى رسالتكم رقم (336-89) المؤرخةفي 20 مارس 1875م، فقد تلقيت تعليمات بأن أصرح بأن فخامة النائب والحاكم العام في المجلس أقر الرسالة التي وجهتها إلى شيخ العديد، ردًّا على ما صرح به بشأن تخوفه من التعرض لهجوم بحري من أبوظبي.

رقم (1223P)

أُحيلت نسخة إلى حكومة بومباي لأخذ العلم، بالإشارة إلى مذكرة هذه الوكالة رقم (2827P) المؤرخة في 22 ديسمبر 1874م.

Ref.: (Foreign Dept. POLITICAL, A, Progs., Nos. 354-365, May. 1875), pp.14-15.
10 May 1875

رقم (363)

رقم (1342P)

10 مايو 1875م- سيملا Simla

من: السيد سي. يو. إيتشيسون
سكرتير حكومة الهند في إدارة الشؤون الخارجية

إلى: المقدم إي. سي. روس
المقيم السياسي لصاحبة الجلالة البريطانية في الخليج الفارسي

تلقيت تعليمات بأن أقر باستلام رسائلك المشار إليها في الهامش (رقم 55202- بتاريخ 20 فبراير 1875م، ورقم 90337- بتاريخ 20 مارس 1875م، ورقم 106406- بتاريخ 3 أبريل 1875م، ورقم 107407- بتاريخ 3 أبريل 1875م) بخصوص أحداث البحرين، وأن أصرح بأن فخامة النائب والحاكم العام في المجلس قد وافق على الإجراءات التي اتخذتها، كي توضح للشيخ عيسى وجهة نظر الحكومة البريطانية بخصوص حقوقه في الزبارة.

2 –لاحظ فخامته بأسف أن الشيخ مازال يُبدي استعدادًا للتدخل في الأحداث التي تدور على البر الرئيسي لقطر، والآن يجب إفهامه بوضوح أنه سيتحمل العواقب إذا استمر في التصرف خلافًا لنصيحة حكومة الهند، الأمر الذي سيدفعه إلى التورط في تلك الأحداث، وأن الحكومة البريطانية ستعتبر أن لها الحرية في اتخاذ الإجراءات التي تراها ضرورية بحقه.

رقم (1343P)

أُحيلت نسخة إلى حكومة بومباي لأخذ العلم.

Ref.: (Foreign Dept. POLITICAL, A, Progs., Nos. 354-365, May. 1875), p.15.
13 May 1875

رقم (364)

رقم (98)

13 مايو 1875م- سيملا

من: حكومة الهند

إلى: وزير الدولة لشؤون الهند

إكمالًا لرسالتنا رقم (30) المؤرخة في 5 فبراير 1875م، يُشرفنا أن نحيل، لعلم حكومة صاحب الجلالة، نسخة من الوثائق المشار إليها في ملخص المحتويات المرفق، بخصوص الأحداث في البحرين.

2- يتضح من خلال التقارير التي قدمها المقيم السياسي في الخليج الفارسي أن شيخ البحرين مُصِرٌّ على تأكيد حقوقه بملكية قلعة الزبارة على البر الرئيسي لقطر. إننا على يقين أن أي إجراءات فعلية تتخذ لدعم تلك الحقوق المزعومة ستؤدي حتمًا إلى مشاكل كبيرة، ولذلك رأينا أن من الضروري إبلاغ الشيخ بوجهة نظرنا بصراحة ووضوح، وأن نحتفظ لأنفسنا بحق التصرف في حال تجاهل نصيحتنا.

Ref.: (Foreign Dept. POLITICAL, A, Progs., Nos. 354-365, May. 1875), pp.15-16.

13 May 1875

رقم (365)

ملخص محتويات الرسالة رقم (98)

13 مايو 1875م

إلى: وزير الدولة لشؤون الهند

رقم (1) رقم (98) بتاريخ 13 مايو 1875م إلى وزير الدولة لشؤون الهند، يُحيل نسخًا من الوثائق المشار إليها أدناه.

رقم (2) ملخص المحتويات.

رقم (3) رقم (202-55) بتاريخ 20 فبراير 1875م من المقيم السياسي في الخليج الفارسي، يذكر، ردًّا على رسالة هذه الوكالة رقم (259P) المؤرخة في 26 يناير 1874م، أن التعليمات الواردة في الرسالة رقم (2723P) المؤرخة في 10 ديسمبر 1874م تكفي في الظروف الحالية كي يسترشد بها في مراسلاته مع شيخ البحرين بخصوص علاقاته مع البر الرئيسي.

رقم (4) رقم (337-90) بتاريخ 20 مارس 1875م من المقيم السياسي في الخليج الفارسي، بالإشارة إلى الرسالة أعلاه، يُحيل نسخًا من مراسلات مع شيخ البحرين بخصوص تدخل الشيخ في شؤون البر الرئيسي لشبه الجزيرة العربية.

رقم (5) رقم (406-106) بتاريخ 3 أبريل 1875م من المقيم السياسي في الخليج الفارسي، يُحيل، متابعة للرسالة السابقة، وثائق تبين أن شيخ البحرين مازال متمسكًا بحقه في الزبارة، وبالتالي يُعتقد أنه سيستمر في دعمها بالمال والمؤن، ويسأل عن الموقف الذي ستتخذه الحكومة في ظل ظروف كهذه.

رقم (6) رقم (407-107) بتاريخ 3 أبريل 1875م من المقيم السياسي في الخليج الفارسي، يُحيل ترجمة رسالة إخبارية من وكيل الأنباء في البحرين لأخذ العلم.

رقم (7) رقم (1342P) بتاريخ 10 مايو 1875م إلى المقيم السياسي في الخليج الفارسي، ينقل أوامر حكومة الهند بخصوص الرسائل السابقة.

Ref.: (Foreign Dept. POLITICAL, A, Progs., Nos. 209-212, June, 1875), p.3.

15 May 1875

رقم (209)

رقم (136/521)

15 مايو 1875م - بوشهر

من: المقدم إي. سي. روس

المقيم السياسي لصاحبة الجلالة البريطانية في الخليج الفارسي

إلى: سي. يو. إيتشيسون

سكرتير حكومة الهند

إدارة الشؤون الخارجية

يُشرفني أن أرفق مع هذه الرسالة لعناية صاحب السعادة نائب الملكة والحاكم العام للهند في المجلس، ملخصًا لمقتطفات من الأخبار التي تتعلق بالبحرين والمناطق المجاورة لها، والتي وردت في رسالة وكيل الأخبار في البحرين المؤرخة في 30 أبريل.

ملحوظة: أحيلت نسخ مباشرة إلى حكومة بومباي ومكتب الهند.

Ref.: (Foreign Dept. POLITICAL, A, Progs., Nos. 209-212, June, 1875), p.3.
16 May 1875

رقم (212)
رقم (45)
16 مايو 1875م

من: وكيل الأخبار
البحرين

إلى: المقدم إي. سي. روس
المقيم السياسي لصاحبة الجلالة البريطانية في الخليج الفارسي

فيما يختص بالأحوال الراهنة في نجد، علمت أنه بعد وفاة سعود بن فيصل، ذهب عبد الرحمن بن فيصل إلى الوشم بصحبة أتباع قبيلة عتيبة في رحلة استغرقت أربعة أيام من الرياض، وكان في صحبتهم محمد بن فيصل ونجل عبد الله ويدعى تركي، وتوجه محمد وتركي بصحبة خمسين (50) من الفرسان إلى منطقة ثرمدا المجاورة للوشم، وعندما علم عبد الرحمن بن فيصل بذلك، خرج من الرياض على عجل مع أبناء أشقائه وابن ثنيان وأتباع قبيلة قحطان والعجمان والوشم، وبعد ذلك حاصروا ثرمدا وأطلقوا عدة قذائف، وعندئذ خرج محمد وتركي، وأتباعهم وطلبوا الرأفة، قائلين إنهم سيظلون محايدين ولن يقدموا العون لأي من عبد الله أو عبد الرحمن، وعندما علم عبد الله وأتباع عتيبة بذلك هربوا إلى الحريق Haruk، التي تبعد بمسيرة يومين عن الرياض.

Ref.: (Foreign Dept. POLITICAL, A, Progs., Nos. 209-212, June, 1875), p. 2.

28 May 1875

حكومة الهند

1875م

إدارة الشؤون الخارجية

سياسي (A)

سبتمبر 1875م

الأرقام (209 212-)

أحداث نجد والبحرين

قائمة الوثائق:

رقم (209) رسالة رقم (136 521-) بتاريخ 15 مايو 1875 من المقيم السياسي في الخليج الفارسي، يُحيل موجز أنباء بخصوص البحرين والمناطق المجاورة لها.

رقم (210) مرفق الرسالة أعلاه.

رقم (211) رسالة رقم (146 554-) بتاريخ 28 مايو 1875م من المقيم السياسي في الخليج الفارسي، يُحيل مفادًا مترجمًا لرسالة من وكيل الأخبار في البحرين بخصوص الأحداث في نجد.

رقم (212) مرفق الرسالة أعلاه.

لا أوامر.

Ref.: (Foreign Dept. POLITICAL, A, Progs., Nos. 209-212, June, 1875), p.3.
28 May 1875

رقم (211)

رقم (146/554)

28 مايو 1875م - بوشهر

من: المقدم إي. سي. روس
المقيم السياسي لصاحبة الجلالة البريطانية
في الخليج الفارسي

إلى: سي. يو. إيتشيسون
سكرتير حكومة الهند
إدارة الشؤون الخارجية

يشرفني أن أرفق مع هذه الرسالة لعناية صاحب السعادة نائب الملكة والحاكم العام للهند في المجلس، ترجمة لمضمون الرسالة المؤرخة في 16 مايو 1875م، والتي تلقيناها من وكيل الأخبار في البحرين بشأن الأحوال الراهنة في نجد.

ملحوظة: أحيلت نسخ مباشرة إلى حكومة بومباي ومكتب الهند.

Ref.: (Foreign Dept. POLITICAL. A, Progs., Nos. 34-39, Sept. 1875), p.4.

31 May 1875

رقم (35)

رقم (208)

25 ربيع الثاني 1292هـ/ 31 مايو 1875م

من: المقدم إي. سي. روس

المقيم السياسي لصاحبة الجلالة البريطانية في الخليج الفارسي

إلى: الشيخ عيسى بن علي

شيخ البحرين

بناء على تعليمات صاحب السعادة نائب الملكة والحاكم العام للهند في المجلس، يُشرفني أن ألفت انتباهكم مرة أخرى للرسائل التي تتعلق بتدخلكم في البر الرئيسي لقطر وخاصة مدنية الزبارة، وأعني بذلك رسالتي المؤرخة في 2 ذي القعدة 1291هـ الموافق 12 ديسمبر 1874م والرسالة المؤرخة في 4 صفر 1292هـ الموافق 12 مارس 1875م.

من واقع رسالتكم المؤرخة في 15 صفر 1292هـ الموافق 23 مارس 1875م الماضي، تبين لي بأنك لم تستوعب فحوى تلك الرسائل التي كنت قد أرسلتها لكم في هذا الشأن، ومدى أهمية امتناعكم التام عن التدخل في شؤون مناطق البر الرئيسي، علمًا بأن هذا التدخل قد يؤدي إلى إقحامكم في تعقيدات أخرى في يوم ما، لذا؛ فقد أرسلت لكم رسالة أخرى بتاريخ 23 صفر 1291هـ الموافق 31 مارس 1875م، ولا شك لدي في أنك قد تفهمت الآن مجمل وجهات نظرنا، والنصائح التي قدمتها لكم بناء على تعليمات حكومة الهند.

ولكن على الرغم من ذلك، يبدو أنك لاتزال تتعامل مع الزبارة، وهذا بالطبع سيؤدي إلى توريطكم في شؤون مناطق البر الرئيسي.

وحيث إنه لابد أن تكون قد تفهمت تمامًا النصائح التي كنت قد قدمتها لكم، وحيث اتضح لنا أنك لم تعمل بتلك النصائح على الوجه الأكمل حتى الآن، فقد أصبح لزامًا علينا أن نبين لكم بصورة جليّة بناء على تعليمات حكومة الهند، أنه في حال إصراركم على انتهاج سياسات مخالفة لتوصيات حكومة الهند، قد تؤدي إلى توريطكم في تعقيدات مناطق البر الرئيسي، فإنك ستتحمل

مسؤولية ذلك، وسوف تحتفظ الحكومة البريطانية بالحق في اتخاذ الإجراءات اللازمة حيالكم وفقًا لما تراه مناسبًا.

إن مشاعر صداقتي تجاهكم وتمنياتي لكم بالخير والرفاهية، جعلتني أطلب إيصال هذه الرسالة المهمة لكم في أقرب وقت ممكن، وأن أتمنى أن تتمكن من استيعابها على النحو المطلوب، لذا فقد أرسلت لكم مساعدي القبطان فريزر، على سفينة حكومية لزيارتكم ولتسليمه هذه الرسالة التي سيقدمها لكم، التي أتمنى صادقًا أن تولي محتوياتها الاهتمام الذي تستحقه.

أتمنى أن تكون في صحة طيبة وفي أحسن حال.

Ref.: (Foreign Dept. POLITICAL, PART A, Progs., Nos. 59-67, September 1875), pp. 7-8.
5 June 1875

رقم (62)

رقم (4)

على السفينة «هيو روز» قبالة البدع

5 يونيو 1875م

من: الملازم إي. أيه. فريزر
المساعد الثاني للمقيم بالوكالة

إلى: المقدم إي. سي. روس
المقيم السياسي لصاحبة الجلالة البريطانية في الخليج الفارسي

يُشرفني أن أفيدكم بناء على التعليمات التي تلقيتها ضمن الفقرة «4» من رسالتكم رقم 273/577 المؤرخة في 30 من الشهر الماضي، بأني غادرت البحرين على متن السفينة «هيو روز» متجهًا إلى البدع في 3 يونيو، ووصلت إليها في 4 (يونيو) بعد الظهر بمدة وجيزة.

2- أرسلت آغا محمد رحيم وميرزا حاجي أبا القاسم إلى البر لاستدعاء محمد بن ثاني، للتأكد من نواياه بشأن التعويضات المقررة في مقابل الخسائر التي تكبدها عبد الكريم والبانيان، وللتحري عن المبالغ المفروضة على التجار الهنود دون وجه حق، وليعمل سرًّا في سبيل تجميع كافة المعلومات التي تتعلق بطبيعة وحجم النفوذ التركي في هذه المناطق.

3- عاد آغا محمد رحيم في مساء ذلك اليوم وأبلغنا بما يلي:

(أ) أنه قد حصل على مبلغ 378 روبية من محمد بن ثاني في مقابل التعويض المقرر تجاه حادثة نهب مركب عبد الكريم.

(ب) أقر الشيخ بأنه أخذ مبلغ أربعين (40) دولارًا من البانيان في هذا العام، ولكنه لم يقدم أي تبرير لتحصيل ذلك المبلغ، سوى قوله بأنه، وعلى الرغم من أنه قد فرض مبلغ دولارين فقط على كل شخص من معظم رعاياه، قد فرض مبالغ أعلى على بعض الأغنياء، ولكنه دفع مبلغ الأربعين دولارًا.

وفيما يختص بشكوى التجار بشأن مبلغ المائة وخمسة وعشرين (125) دولارًا التي فرضت عليهم في العام الماضي، قال الشيخ إنه لا علم له بذلك.

(ج) أعرب محمد بن ثاني عن أمله في أن يسمح له بمعاملة البانيان المقيمين في بلده وفقًا لمعاملته لرعاياه.

(د) أرسل الشيخ رسالة إليكم.

(هـ) أعرب عن أسفه لعدم التمكن من مقابلتي بناء على طلبي، وقال إنه كان يخشى من قيام المسؤولين الأتراك بالصعود إلى سفينة بريطانية.

4- بعد أن حصلت، نتيجة لجهود ولباقة محمد رحيم، على أكثر مما كنت أتوقع، أرسلت رسالة إلى محمد بن ثاني، (مرفق نسخة)، شكرته من خلالها على قيامه بدفع المبلغ والاستجابة الفورية لمطالبنا، وغادرت البدع في تمام الساعة الحادية عشرة من يوم 5 يونيو دون أن أقابل الشيخ، وأبلغني محمد رحيم بأنه وبمجرد أن علم جاسم بن ثاني بأن والده قد دفع المبالغ المقررة عليه، بعث برسالة تهديد إلى البانيان المقيمين في البدع؛ جاء فيها أن وجودهم في البدع أصبح سببًا لمضايقته، وأن هناك سفينة بريطانية ترسو في الميناء، وأنه يستحسن أن يستقلوها مع بضائعهم وماشيتهم على الفور، ولكن محمد بن ثاني سحب هذه الرسالة، وأبلغ البانيان بألا يكترثوا لتهديدات ابنه.

نظرًا لنوايا ابنه الشريرة تجاههم، ولاعتقادنا بأن هناك احتمالًا كبيرًا لتعرض التجار لأضرار بالغة على يد جاسم إن لم يتم تحجيمه، رأيت أن أشير في رسالتي إلى محمد بن ثاني، بأنه ينبغي عليه أن يتأكد من مراعاة مبادئ العدالة عند التعامل مع الرعايا البريطانيين المقيمين في بلده، وقد تم تسليم هذه الرسالة للشيخ بواسطة محمد رحيم في 5 يونيو قبل مغادرتنا، وتعهد بأن يراعي جانب العدالة لدى التعامل مع التجار الهنود مستقبلًا، وطلب من محمد رحيم أن يبلغني بامتنانه وتحياته.

5- للمطالبة بالتعويض، يرجى العلم بأن مركب عبد الكريم الذي تعرض للقرصنة كان يحمل ما يلي، وذلك بناء على إفادة وكيل الأخبار في البحرين:

عبد الكريم	150 روبية
نوخذته	88 روبية
البانيان	146.25 روبية
الإجمالي	384.25 روبية

وبسبب الخطأ تمكن من استعادة مبلغ 375 روبية فقط، وقد أوصيت بتسليم هذا المبلغ إلى وكيل الأخبار في البحرين لتوزيعه على مستحقيه، وأبلغته بأن يخصم مبلغ العجز وقدره 6.25 روبية بالتناسب.

6- أبلغت ميرزا حاجي عبد الكريم بأن يدفع مبلغ الأربعين (40) دولارًا المقرر كغرامة، والذي تم تحصيله لصالح البانيان شيلا وراما، مرفق إيصال التسلم مع هذه الرسالة.

7- أفيدكم بأني لم ألح في المطالبة بمبلغ الغرامة التي فرضت على البانيان في العام الماضي، وذلك لأنهم لم يتمكنوا من تقديم أدلة تثبت أن محمد بن ثاني كان على علم بتلك الغرامات، وكذلك فإن الشيخ نفسه أنكر أنه يعلم شيئًا عن تلك المسألة.

مرفق مع هذه الرسالة ملخص للإفادة التي تسلمتها من البانيان.

Ref.: (Foreign Dept. POLITICAL, PART A, Progs., Nos. 59-67, September 1875), p.8.
5 June 1875

رقم (63)
على متن السفينة «هيو روز» – قبالة البدع
5 يونيو 1875م

من: الملازم إي إيه فريزر
المساعد الثاني للمقيم بالوكالة
في الخليج الفارسي

إلى: محمد بن ثاني
شيخ البدع

بعد التحية؛

يؤسفني أنني لم أتمكن من مقابلتكم قبل مغادرتي البدع، وأود أن أفيدكم بأني قد تسلّمت من محمد رحيم مبلغ التعويض الذي كنت قد دفعته، في مقابل حادثة نهب مركب المشوة التابعة لعبد الكريم، وسوف يجد ذلك قبولًا لدى المقيم، وأنا على ثقة في أنك ستكون حذرًا ويقظًا فيما يختص بالبانيان في البدع، وأنك ستتأكد من عدم تعرضهم لمظالم؛ حيث إنهم رعايا للحكومة البريطانية.

حاشية:

تسلمت كذلك مبلغ الأربعين (40) دولارًا، هو مبلغ الغرامة التي كانت قد فرضت على التاجرين البانيان، وقد أعيد هذا المبلغ لهما.

Ref.: (Foreign Dept. POLITICAL, PART A, Progs., Nos. 59-67, September 1875), pp. 8-9.
5 June 1875

رقم (64)
رقم (5)
على متن السفينة «هيو روز» قبالة البدع
5 يونيو 1875م

من: الملازم إي. إيه. فريزر
المساعد الثاني للمقيم بالوكالة

إلى: المقدم إي. سي. روس
المقيم السياسي لصاحبة الجلالة البريطانية
في الخليج الفارسي

يُشرفني أن أفيدكم بأني قد تطرقت للمسائل التالية المتعلقة بتوسع النفوذ التركي في البدع، وذلك خلال مدة إقامتي هناك.

1- هناك قوة صغيرة من الجنود الأتراك غير النظاميين «الجندرمة»، وعددهم خمسون (50) جنديًّا، وهم يقيمون هنا تحت إمرة ضابط يدعى جاسم آغا، وهو قاض في الوقت نفسه.

2- على الرغم من أن محمد بن ثاني أصبح الآن معارضًا، بل وراغبًا في التحرر من عبودية الحكم التركي، لايزال يخشى أن يعبر صراحة عن استيائه؛ حيث إن ذلك قد يؤدي إلى استدعائه إلى القسطنطينية واعتقاله هنالك لمدة غير محددة.

3- عادة ما يتم التشاور مع جاسم آغا الضابط التركي في كافة المسائل التي تتعلق بسياسات الشيخ وشؤون الحكم، ولا شيء يتم إلا بعد الحصول على موافقته.

هذا التحجيم للسلطة أصبح مصدر قلق كبير لمحمد بن ثاني، وأيضًا لابنه الطموح جاسم، والذي، على الرغم من أنه قد رحب بالأتراك عند مجيئهم لأول مرة، قد يبتهج الآن لمغادرتهم.

4 – بالطبع؛ فإن العلم التركي لا يزال يُرفع.

5- يُقال إن الضابط التركي يحصل على مبالغ مالية كبيرة من العرب.

6- يتوقع وصول سفينة تركية إلى هذا الميناء في الأيام القادمة، وقيل إنها ستتوجه إلى البحرين.

7- يبلغ عدد أتباع قبيلة بني هاجر المقيمين في البدع حوالي مائتي (200) رجل، وشيخهم يدعى سالم بن شافي، ويبدو أنهم استقروا هناك بصفة دائمة؛ فقد شيدوا منازلهم وعمل بعضهم في الغوص على اللؤلؤ، وإلى جانب هؤلاء هناك حوالي ثلاثمائة (300) من أتباع القبيلة نفسها يقيمون في منطقة مجاورة، وشيخهم يدعى محمد بن شافي، والغرض من الاحتفاظ بهذا العدد الكبير من المقاتلين، أتباع هذه القبيلة في مقابل نفقات باهظة، (في نظير النفقات النقدية ونفقات الطعام)، هو لتمكين شيخ قطر من مهاجمة البحرين والزبارة في يوم ما.

Ref.: (Foreign Dept. POLITICAL, PART A, Progs., Nos. 59-67, September 1875), pp. 9-10.

5 June 1875

رقم (65)

ترجمة لنص رسالة

29 ربيع الثاني 1292هـ/ 5 يونيو 1875م

من: محمد بن ثاني

شيخ البدع

إلى: المقدم إي. سي. روس

المقيم السياسي لصاحبة الجلالة البريطانية في الخليج الفارسي

لقد سرني أن أتسلم رسالتكم.

فيما يختص باتهام ابني بأنه أخذ مبلغ 125 دولارًا من التجار البانيان، أود أن أوكد لكم أن هذا لم يحدث، وفي أغلب الظن فإن جاسمًا نفسه لا علم له بذلك.

عندما قابلت محمد رحيم لدى مجيئه إلى البر، أبلغني بأشياء أدهشتني، وهي مجرد أكاذيب؛ فقد استدعيت البانيان، وسألتهم في حضور موظفيكم، فأجابوا بأن من أخذ المبالغ هو الأمير الذي عينه بزيع في وظيفة هنا، وسألتهم لماذا لم تبلغوني بذلك.

وبالطبع فإنك ستتأكد من حقيقة هذه المسألة عن طريق موظفيكم.

وفيما يختص بالأشياء التي نهبت من مركب المشوة التابعة لعبد الكريم، يجب أن تعلم بأن عملية النهب هذه لم تحدث بعلمنا، ونحن أيضًا كنا من ضحاياها، ومن فعل ذلك هم أناس ليس لهم محل دائم للإقامة، ولم يأتوا إلى بلدنا.

وفيما يختص بمبلغ الأربعين (40) دولارًا الذي أُخذ من البانيان، فإني قد أخذت منهم هذا المبلغ في مقابل توفير الحماية لهم ولبضائعهم، مثلما كنت أفعل مع الآخرين؛ فإن حدود بلادنا محاصرة باللصوص الذين يأتون إليَّ يوميًّا طلبًا للغذاء والاحتياجات الأخرى، وهم لا يقتنعون بما يأخذونه مطلقًا، وأنا لا أملك حيلة أخرى، فإن لم أفعل ذلك فإنهم سيلحقون الضرر بعباد الله، وخاصة البانيان الذين سينالهم منهم أبلغ الضرر، ولكي أجنبهم الضرر فرضت على كل الناس أن يسهموا

في ذلك بتقديم المال بما فيهم أنا نفسي، وقد أعدت لهم مبلغ الأربعين دولارًا إكرامًا للحكومة البريطانية، وكذلك مبلغ 378 روبية في مقابل الأشياء التي نهبت من مركب عبد الكريم.

وفي المستقبل إذا ما وافق البانيان على دفع المبلغ المقرر على أتباعي، فسيكون من دواعي سروري أن أحافظ عليهم وأن أقدم لهم الحماية، وفيما عدا ذلك، فإنني لست على استعداد لإنفاق أموالي في سبيل حماية البانيان من البدو وغيرهم، وإن لم يوافقوا على دفع هذا الإسهام الضئيل، فسيكون من دواعي سروري أن نبعث لهم رسالة لنأمرهم خلالها بالتوجه إلى أية منطقة أخرى؛ حيث إنني أخشى أن يتعرضوا لمتاعب في يوم ما، ولا أريد أن أكون مسؤولًا عن ذلك.

إن علاقتي بالحكومة البريطانية لا تزال وطيدة، وإن تمكنت من الحضور لمقابلتك فسوف أفعل.

Ref.: (Foreign Dept. POLITICAL, PART A, Progs., Nos. 59-67, September 1875), p.10.
5 June 1875

رقم (66)
ملخص للإفادة التي قدمت إليّ من البانيان في البدع
5 يونيو 1875م
على السفينة «هيو روز» - قبالة البدع

إفادة كبارالتجار شيلا وراما:

في العام الماضي بعثنا برسالة إلى المقيم، شكونا له من خلالها أن الأمير ناصرًا وكيل بزيع بن عريعر الذي كان يشغل حينئذ منصب حاكم الأحساء، قد أخذ منا مبلغ 125 دولارًا بإيعاز من محمد بن ثاني، الذي جاء إلينا، وأبلغنا بأنه في حال عدم موافقتنا على الدفع فإنه يجدر بنا أن نغادر بلده، فاضطررنا للدفع، وأبلغنا محمد بن ثاني أن ابنه جاسمًا قد ظلمنا وأمر بإغلاق متاجرنا، ولكن لم نبلغه مطلقًا بأننا قد دفعنا هذا المبلغ، ونحن لا نعلم ما إذا كان على علم بذلك أم لا.

في هذا العام أخذ محمد بن ثاني منا نحن (شيلا وراما) مبلغ 40 دولارًا، وأخذ مبلغ 7 دولارات من ثلاثة من التجار البانيان، بينما كان يفرض مبلغ دولارين (2) فقط على الناس الآخرين، ونحن جميعًا نرغب في مغادرة هذه البلاد إذا ما سُمح لنا بترتيب أوضاعنا وتسوية حساباتنا؛ حيث إن المغادرة خلال مدة يوم أو يومين من تاريخ إصدار أمر المغادرة سيُكبدنا خسائر باهظة.

Ref.: (Foreign Dept. POLITICAL. A, Progs., Nos. 34-39, Sept. 1875), pp. 4-5.
14 June 1875

رقم (36)
ترجمة موجزة لرسالة
9 جمادى الأولى 1292هـ/ 14 يونيو 1875م- البحرين

من: الشيخ عيسى بن خليفة
شيخ البحرين

إلى: المقدم إي. سي. روس
المقيم السياسي لصاحبة الجلالة البريطانية في الخليج الفارسي

أفيدكم بأني تسلّمت رسالتكم الموقرة المؤرخة في 25 ربيع الثاني (1292هـ) على يد مساعدكم القبطان فريزر، وعلمت بمحتواها، ونود أن نبلغكم بامتناننا البالغ لمشاعر الصداقة والود، ولنصائحكم القيّمة كذلك.

بعد تسلّمنا لرسالتكم، ذهبنا لمقابلة القبطان فريزر الذي شرح لنا مضمون رسالتكم بالتفصيل، والتي تفيد أن الحكومة رأت أن مصالحنا تقتضي أن نمتنع عن التدخل في شؤون مناطق البر الرئيسي، خاصة منطقة الزبارة.

لقد التزمنا واتبعنا «الأمر» ولن نفعل سوى الخضوع لمطالبكم، وإن هدفنا الذي يتوافق مع أوامركم، هو النأي بأنفسنا عن شؤؤن الزبارة، وعدم التدخل فيها بصفة نهائية، وإن شاء الله فإننا لا نفعل أي شيء لا تقره الحكومة طيلة حياتنا، كما أننا لن نفعل شيئًا قد يجلب لنا المتاعب.

السبب الذي دعانا لعدم التدخل في شؤون الزبارة في هذا الوقت، هو مجرد رغبتنا في التقيد بأوامر الحكومة.

نحن على ثقة في أن الحكومة البريطانية ستقف إلى جانبنا، وتسمح لنا بالسيطرة عليها (الزبارة) مرة أخرى.

ولتوضيح هذه المسائل لكم، فقد أرسلت لكم شقيقي الشيخ أحمد بن علي لمقابلتكم، وقد فوضناه للإنابة عنا في كل شيء، وسوف يشرح لكم بعض مطالبنا ورغباتنا لإبلاغها إلى الحكومة.

نحن على ثقة من أنكم ستكونون إلى جانبنا على الدوام.

Ref.: (Foreign Dept. POLITICAL, PART A, Progs., Nos. 59-67, September 1875), pp. 2-4.

18 June 1875

سياسي (A)

سبتمبر 1875م

الأرقام (59-67)

بنو هاجر يهاجمون مركبًا بحرينيًّا في البحر

وشيخ البدع يفرض ضرائب إضافية على التجار الهنود البريطانيين المقيمين هناك (بالبدع)

رقم (623-162) بتاريخ 18 يونيو 1875م من المقيم السياسي في الخليج الفارسي

أحال المقيم السياسي مرفقًا برسالته المؤرخة في 12 سبتمبر 1874م، التي أبلغ فيها عن قيام بني هاجر بتحركات عدوانية ضد البحرين، ترجمة رسالةٍ من وكيل الأخبار في البحرين (سياسي-A، نوفمبر 1784م، الأرقام 187-196)؛ حيث ذكر فيها أن بني هاجر راقبوا سفينة عبد الكريم البوشهري، (أحد الرعايا البريطانيين)، الذي يُقيم في البحرين، ولحقوا بها ثم استولوا عليها، وعلى مبلغ ألفي دولار تعود ملكيتها لجاسم بن ثاني، وكمية من التمر والأقمشة تعود ملكيتها للبانيان (رعايا بريطانيين) ولأهالي البحرين.

وفي أكتوبر من عام 1874م، أرسل المقيم السياسي تقريرًا آخر (سياسي –A، نوفمبر 1874م، رقم 203)، أعده وكيل الأخبار في البحرين؛ حيث جاء فيه أن جاسم بن ثاني، ابن شيخ البدع محمد بن ثاني، قام باحتجاز سبعة رجال من بني هاجر بسبب حادثة النهب المذكورة، من أجل استعادة أمواله. وذكر المقيم السياسي كذلك أنه ينتظر تلقي مزيدٍ من المعلومات بخصوص الإجراءات التي قد يتخذها شيخ البدع في هذا الشأن.

أفاد المقيم السياسي مؤخرًا أن تصرف جاسم، ابن شيخ البدع، المتمثل في التغاضي عن استيلائهم على السفن في البدع، يلقي المسؤولية على شيخ البدع في الحادثة المشار إليها،

إلا أنه من غير المستحسن مطالبته بالتعويض، بسبب مركز ذلك الشيخ بالنسبة للحكومة التركية (العثمانية)، كما كان سيحدث لو أن وضعه كان مختلفًا. وقد وجه المقيم السياسي رسالة إلى محمد بن ثاني ليسأله عمّا إذا كان ينوي تعويض رعايانا، فاتضح من رده أنه قبل تحمل جزءًا من المسؤولية.

مع ذلك جرى تأجيل دفع التعويض فعليًّا، وبما أن البانيان المقيمين في البدع قدموا شكاوى بخصوص الضرائب غير المنصفة التي فرضها الشيخ عليهم، فقد طلب المقيم السياسي من الملازم فريزر، مساعده الثاني الذي كان في طريقه إلى البحرين في مهمة خاصة، أن يقوم بزيارة البدع والتحقق من المسألة، وباستطلاع الوضع السياسي الحالي في البدع، محاولًا فعل ذلك بهدوء قدر المستطاع.

أحال الملازم فريزر تقريرين، [انظر أيضًا الفقرة 23 من رسالة المقيم السياسي رقم 1039-209 المؤرخة في 12 سبتمبر 1874م (رقم 187 في المحضر، سياسي -A، نوفمبر 1874م، الأرقام 171-199)]؛ حيث تحدث في أحدهما عن الوضع السياسي في البدع، في حين يثبت الآخر أن الشيخ محمد بن ثاني دفع المبلغ المستحق كتعويض عن عملية نهب السفينة، وأعاد قيمة الضرائب الإضافية التي فُرضت على البانيان في مدينته. (المرفقين رقمي 3 و4).

أحال العقيد روس عريضة من التجار الهنود البريطانيين في البدع، أعربوا فيها عن رغبتهم بمغادرة المكان، بالإضافة إلى ترجمة رسالة من شيخ البدع؛ ذكر فيها، بخصوص الضريبة التي قدم البانيان شكوى بشأنها، أنه أخذ منهم مبلغًا من المال بهدف حمايتهم وحماية ممتلكاتهم من اللصوص، وبهدف منع وقوع الأضرار. وأضاف أنه يجبي الضرائب من الجميع حتى إنه لم يستثن نفسه. (المرفقين رقمي 5 و 6).

أشار العقيد روس أنه يبدو له، من خلال تصرف محمد بن ثاني ورسائله، أن الأخير حريص على الحفاظ على العلاقات الودية، إلا أن تصرفات ابنه جاسم وعلاقاته مع الأتراك تصعّب عليه تبني سياسة معينة. ويرى العقيد روس أن الحكومة تريد منه الاستمرار في التواصل مع الشيخ محمد بن ثاني على نحو ودي، كلما دعت الحاجة، بخصوص مسائل مثل مصالح التجار الهنود البريطانيين، على أن يتفادى إظهار أي تدخل في أية مسائل لا تعني المصالح البريطانية بشكل مباشر. وكونه على ما يبدو حصل على منصب الحاكم الاسمي للمنطقة، على الأقل، فإن المقيم السياسي لا يعتقد أن هذا الأسلوب سيلقى معارضة في أية منطقة من المناطق.

وبالنسبة للبانيان المقيمين في البدع، يرى العقيد روس أن فكرة محمد بن ثاني منطقية وعادلة؛ حيث قال إنه ما من سبب لإعفاء التجار من نفس الضرائب المحلية التي تُفرض على سكان البدع الآخرين، إلا أنه يخشى، دون شك في صدق وعود محمد بن ثاني، أن يتعرض التجار بين الحين

والآخر للمضايقات على يد جاسم بن ثاني، أو ربما على يد المسؤولين الأتراك (العثمانيين) المحليين، وعندها قد يُصبح من المستحسن لهم أن يغادروا؛ فهو يعتزم حاليًا إبلاغهم بعروض محمد بن ثاني ووعوده، وإذا قرروا مغادرة البدع، فسوف يطلب منهم تحديد فترة لتسوية أمورهم، وبعدها سيرسل سفينة لتنقلهم. ويأمل العقيد روس أن تحظى الإجراءات ووجهات النظر المشار إليها بموافقة الحكومة.

ثمة ثلاثة نقاط تستدعي إصدار أوامر بشأنها:

1- إجراءات المقيم في تحصيل تعويض من شيخ البدع لقاء مركب البحرين، الذي نهب من قبل رجال قبيلة بني هاجر، واسترداد المبالغ الإضافية التي فُرضت على التجار الهنود البريطانيين في البدع.

2- اقتراح المقيم بالاستمرار في تبادل المراسلات الودية مع شيخ البدع (الفقرة 10).

3- رسالة المقيم المقررة إلى التجار البريطانيين في البدع، والإجراء الذي اتخذه بشأنهم (الفقرة 11).

التوقيع/ إف. سي. دي.
1875/8/26

فيما يلي الوضع السياسي للبدع كما وصفه العقيد روس في الفقرة 23 من رسالته رقم (1039-24) بتاريخ 12 سبتمبر 1874م (سياسي -A، نوفمبر 1874م، رقم 187):

إن وضع ميناء البدع مختلف جذريًّا مقارنة بوضعه السياسي؛ فالشيخ العجوز محمد بن ثاني يرفع الراية العربية، في حين وضع ابنه جاسم نفسه تحت الحماية التركية (العثمانية)، وتتمركز جماعة من الجنود فيها للحراسة. مع ذلك لم يُعلن، على حد علمي، أن السلطات التركية تولت حكم المنطقة؛ فمن الوارد جدًّا أنهم ليسوا مستعدين لتولي المسؤوليات المتعلقة بتحركات الشيوخ أو أهالي البدع في البحر. بالرغم من ذلك؛ إن الشيخ جاسم بن ثاني، إن لم يكن والده أيضًا، مستعدٌ بكل الأحوال للتهرب من المسؤولية المباشرة، في حال تعرض للضغوط، من خلال الادعاء بأنه خاضع للنفوذ التركي. ولذلك أعتقد أنه ينبغي حاليًا النظر فيما إذا كان لا ينبغي مطالبة الحكومة التركية بأن تذكر بوضوح أجزاء الساحل التي يمكنها تحمل مسؤوليتها عنه.

اقترحت حكومة الهند في رسالتها رقم (173) بتاريخ 22 سبتمبر 1874م إلى وزير الخارجية، عندما أحالت برقيات بخصوص هجوم بني هاجر المتوقع على البحرين، توجيه أوامر إلى الممثل البريطاني في القسطنطينية بأن يوضح للباب العالي أنه ينبغي على حكومة السلطان وضع حد لتلك القبائل (أي بدو الساحل) إذا كانت خاضعة للنفوذ التركي. تبيّن من المراسلات اللاحقة أن الباب العالي ادعى بأن بني هاجر من رعاياه، لكن ماهية علاقة الأتراك بالبدع لم تُعلن ولم تتضح.

يبدو لي أنه تجدر الموافقة من جميع النواحي على إجراء المقيم السياسي، نظرًا لما يتسم به وضع شيخ البدع من الغموض.

التوقيع/ إف. إتش.

1875/8/27م

بالإشارة إلى الاقتراح المتمثل في قيام وزير الخارجية بتوجيه أوامر إلى السفير في القسطنطينية بأن يصرح أنه يجب حث السلطان على وضع حد لقبائل البدو، إذا كانت خاضعة للنفوذ التركي، فأعتقد أننا وجهنا كل الرسائل الضرورية للباب العالي. أما بالنسبة للمسائل الأخرى، فيمكننا الاستمرار بالعمل على النحو الذي عملنا به حتى الآن؛ أي أن نتخذ إجراءاتنا الخاصة لقمع القرصنة، وأن نتفادى توريط أنفسنا في أحداث الساحل بما يزيد عمّا هو ضروري لحماية المصالح البريطانية، وأن نتواصل مباشرة مع الشيوخ على الساحل بخصوص المسائل التي تعنينا. وإذا اعترض الأتراك (العثمانيين) على تبادل المراسلات مباشرة مع الشيوخ، فلدينا الرد على ذلك، ويمكننا عندها تحميلهم المسؤولية. ومن الأفضل أن نتركهم يأخذون المبادرة في الاعتراض على العرف السابق.

يمكن الموافقة كليًّا على إجراءات العقيد روس، وآرائه بالنسبة للمراسلات المستقبلية مع شيخ البدع، ويمكن الإعراب عن الارتياح لأن الشيخ أصغى طوعًا للشكاوى المقدمة له وتعامل معها.

وبالنسبة لرعايانا في البدع، فأنا لست على ثقة تامة بأن الرسالة المقرر توجيهها إليهم مستحسنة. فإذا قرروا الاستقرار في البدع، فعليهم احترام القوانين المحلية والالتزام بدفع الضرائب. ليس من شأن حكومة الهند أن تنصحهم بشأن البقاء أو المغادرة، وسوف أخبرهم بأن عليهم أن يقرروا بأنفسهم.

التوقيع/ سي. يو. إيه.

1875/8/28م

التوقيع/ إن.

1875/8/31م

Ref.: (Foreign Dept. POLITICAL, PART A, Progs., Nos. 59-67, September 1875), pp. 5-6.
18 June 1875

رقم (59)

رقم (162/P623)

18 يونيو 1875م -بوشهر

من: المقدم إي. سي. روس
المقيم السياسي لصاحبة الجلالة البريطانية
في الخليج الفارسي

إلى: سكرتير حكومة الهند؛
إدارة الشؤون الخارجية - سيملا

يشرفني أن أرفق مع هذه الرسالة لعناية صاحب السعادة نائب الملكة والحاكم العام للهند في المجلس، تقريرًا عن الإجراءات التي تم اتخاذها بشأن الإجراءات التي اتخذها محمد بن ثاني، شيخ البدع التي تقع على ساحل قطر، والتي أدت إلى قيام ذلك الشيخ بتعويض الرعايا البريطانيين الهنود المقيمين في البحرين، في مقابل الخسائر التي تكبدوها عند قيام بني هاجر بمهاجمة مركب بحريني في البحر، كما أدت إلى إعادة ذلك الشيخ لمبالغ طائلة كانت تؤخذ من التجار الهنود البريطانيين المقيمين في البدع.

2- يجب أن نشير هنا للمحاولة التي قام بها بنو هاجر في العام الماضي لغزو البحرين، وقد سبق لي أن أشرت لحادثة نهب المركب البحريني في التقارير التي قدمتها للحكومة، والمشار إليها في الهامش (رقم 209/1039 بتاريخ 12 سبتمبر 1874 الفقرة «8» والمرفق «D» رقم 235/1159 بتاريخ 18 أكتوبر 1874 الفقرة «4»).

3- نظرًا للإجراء الذي اتخذه جاسم بن محمد ابن شيخ البدع، والمتمثل في موافقته على إيواء البدو والتستر على قيامهم بالاستيلاء على المراكب التي توجد في منطقة البدع، فإنني أرى أن مسؤولية حادثة النهب المشار إليها أعلاه تقع على عاتق شيخ البدع، ولكن نظرًا للمركز الذي يتبوّؤه محمد بن ثاني لدى الحكومة التركية، فإنه يتضح عدم ملاءمة مسألة مطالبته بالتعويض، بالصورة التي كان يمكن أن تتم إن لم يكن مركزه كذلك.

4- وعلى الرغم من ذلك خاطبت محمد بن ثاني وسألته عما إذا كان يرغب في دفع التعويضات لرعايانا، وتبين من رده بأنه يتحمل المسؤولية إلى حد ما؛ (مرفق نسخ من تلك الرسائل).

5- وبناء على ذلك، ووفقًا لتعليمات، قدم البانيان بيانًا بخسائرهم إلى محمد بن ثاني، وتم تبادل الرسائل الودية بيني وبين الشيخ في هذه المسألة.

6- وعلى الرغم من ذلك، لم يتم دفع التعويضات المقررة، وحيث إننا تلقينا شكاوى أخرى من البانيان المقيمين في البدع بشأن المبالغ التي كانت تحصّل لصالح الشيخ عنوة، فقد أمرت الملازم فريزر، المساعد الثاني للمقيم، والذي كان بصدد التوجه للبحرين لأداء مهمة خاصة، بأن يقوم بزيارة سريعة للبدع على السفينة البخارية التابعة للمقيمية، وذلك لتحقيق هدفين؛ هما: التحقق من صحة شكاوى البانيان، والتأكد من نوايا الشيخ الحقيقية بشأن مسألة التعويضات المقررة في مقابل الأشياء المنهوبة، كذلك تم إبلاغ الملازم فريزر بضرورة التعرف سرًّا بقدر الإمكان على الأحوال السياسية الراهنة في البدع.

7- نفذ الملازم فريزر مهمته بنجاح تام وبفاعلية تامة، وقد وافقت على مجمل الإجراءات التي اتخذها، كما هو مبين في المرفق «B»، وسيتضح لكم بأن محمد بن ثاني قد سدد المبالغ المستحقة عليه كتعويض مقابل عمليات النهب التي تمت في البحر، كما قام بإعادة المبالغ التي كان يحصل عليها من البانيان المقيمين في مدينته.

8- يمكن الاطلاع على المعلومات الخاصة بالوضع السياسي الراهن في البدع، في تقرير منفصل أعده الملازم فريزر.

9- مرفق مع هذه الرسالة ترجمة للرسالة التي تلقيتها من محمد بن ثاني، وكذلك ترجمة للالتماس الذي قدمه التجار الهنود البريطانيون المقيمون في البدع.

10- اتضح لي من واقع تصرفات ورسائل الشيخ محمد بن ثاني، أنه أصبح تواقًا للغاية للمحافظة على علاقاته الودية معنا، ولكنه وجد صعوبة في اتباع النهج الذي يبتغيه، وذلك بسبب تصرفات ابنه جاسم وعلاقاته مع الأتراك (العثمانيين)، وحسب اعتقادي فإن الحكومة ترى أنه يجب أن أتجنب الظهور بمظهر من يتدخل في أية مسألة ليست لها علاقة بالمصالح البريطانية المباشرة، وأن أواصل الاتصالات الودية كلما دعت الحاجة، مع الشيخ محمد بن ثاني في مسائل كمصالح التجار الهنود البريطانيين وما إلى ذلك.

وكما اتضح أنه قد وافق على ذلك، فإن منحه منصب إداري المنطقة أو حاكم المنطقة، حتى إن كان ذلك اسميًّا، لا أرى أنه سيواجه باعتراض من أي من المناطق.

11- فيما يختص بالبانيان المقيمين في البدع، فإنني أرى أن وجهة نظر محمد بن ثاني كانت معقولة وعادلة، فإنه لا يوجد مبرر لاستثناء التجار من نفس الضرائب المحلية التي يدفعها سكان البدع الآخرون، ولكن ودون أن يمثل ذلك طعنًا في مصداقية تعهدات محمد بن ثاني، فإنني أخشى أن يتعرض التجار لمضايقات من جاسم بن ثاني المرة بعد الأخرى، أو ربما لمضايقات المسؤولين المحليين الأتراك، ولربما أدى ذلك إلى انتقالهم إلى مكان آخر، وفي الوقت الحاضر، أرى أنه ينبغي إبلاغهم بمقترحات وتعهدات محمد بن ثاني، وأن نطلب منهم أن يعيدوا النظر في طلبهم للمغادرة، ولكن إذا ما قرروا بعد الدراسة المستفيضة أن يغادروا البدع، فسوف أطلب منهم تحديد موعد لإنهاء علاقتهم بالمنطقة؛ فأرسل لهم سفينة لنقلهم عند حلول ذلك الموعد.

12- أرجو أن تجد الإجراءات ووجهات النظر المبينة أعلاه، قبولا لدى صاحب السعادة نائب الملكة في المجلس.

ملحوظة: أحيلت نسخ بصورة مباشرة إلى حكومة بومباي ومكتب الهند.

Ref.: (Foreign Dept. POLITICAL. A, Progs., Nos. 3-4, Nov. 1875), p. 4.

22 June 1875

رقم (4)

رقم (252)

22 جمادى الأولى 1192هـ/ 26 يونيو 1875م- بوشهر

من: المقدم إي. سي. روس

المقيم السياسي لصاحبة الجلالة البريطانية في الخليج الفارسي

إلى: البانيان في البدع

لقد تلقيت عريضتكم التي أرسلتموها بيد الكابتن فريزر Fraser، مساعد المقيم، في الخامس من يونيو الماضي، ونظرت فيها.

وتلقيت رسالة من محمد بن ثاني (أرفقت نسخة من جزء منها)؛ جاء فيها أنه سيُقدم لكم الحماية وفق الشروط التي يُقدم بها الحماية لرعاياه.

وأنا أعتبر عرض محمد بن ثاني عرضًا عادلًا، وأنه من الإنصاف أن تسهموا في دفع ما تسمح به مواردكم، مثل رعاياه، مقابل نفقات حمايته لكم.

وعليكم حاليًا أن تبحثوا وضعكم من كل الجوانب وبشكل مدروس، كي تتخذوا قرارًا بالبقاء في البدع أو مغادرتها.

وعليكم أن تخبروني بقراركم النهائي بعد التفكير مليًّا في الأمر.

Ref.: (Foreign Dept. POLITICAL. A, Progs., Nos. 34-39, Sept. 1875), p.6.
26 June 1875

رقم (38)

رقم (253)

22 جمادى الأولى 1291هـ/ 26 يونيو 1875م

من: المقدم إي. سي. روس
المقيم السياسي لصاحبة الجلالة البريطانية في الخليج الفارسي

إلى: الشيخ عيسى بن علي
شيخ البحرين

بعدالتحية؛

تسلّمت رسالتكم الموقرة المؤرخة في 9 جمادى الأولى، ويسرني أن أقدمها لحكومة الهند؛ حيث إنني واثق من أن استعدادكم للتقيد الفوري بالنصائح الودية التي تلقيتها، سينال استحسان الحكومة.

شقيقكم وصديقي الحميم الشيخ أحمد وصل إلى هذه المنطقة بسلام، وسيعود على إحدى السفن الحكومية بناءً على طلبه.

وقد أبلغني بكل ما كلفته أن يبلّغني به، وبالطبع فإنه سيبلغك بردودي على النقاط التي أثارها، وقد حدثني الشيخ أحمد عن رغبتكم في السفينة، وأبلغته بأنه على الرغم من عدم قدرتي على الإبقاء على إحدى سفن الأسطول البريطاني بصفة دائمة في البحرين، سأفعل ما بوسعي لتأمين وصول السفن الحربية للجزيرة من وقت لآخر.

Ref.: (Foreign Dept. POLITICAL. A, Progs., Nos. 34-39, Sept. 1875), pp. 3-4.
28 June 1875

رقم (34)

رقم (171/667)

28 يونيو 1875م- بوشهر

من: المقدم إي. سي. روس
المقيم السياسي لصاحبة الجلالة البريطانية في الخليج الفارسي

إلى: السيد سي. يو. إيتشيسون
سكرتير حكومة الهند
في إدارة الشؤون السياسية والخارجية

يُشرفني أن أذكر أنني وجهت رسالة أخرى إلى شيخ البحرين رقم (208) بتاريخ 31 مايو 1875م (أرفقت نسخة منها)، وذلك تنفيذًا لأوامر فخامة النائب والحاكم العام في المجلس، الواردة في رسالتك رقم (1342P) بتاريخ 10 مايو 1875م.

2- ومثلما هو الحال في المرات السابقة، التي قامت فيها الحكومة بإرسال رسائل مهمة إلى الشيخ، كلفت الملازم فريزر، القائم بأعمال مساعد المقيم الثاني، بالذهاب إلى البحرين، كي يقدم للشيخ تفسيرات شفوية لأية نقاط ترتابه شكوك بشأنها.

3- أود الآن أن أقدم ترجمة الرد (المؤرخ في 14 يونيو 1875م) الذي تلقيته من الشيخ عيسى؛ حيث أعلن فيه التزامه بأوامر الحكومة، وعدم التدخل في شؤون البر الرئيسي.

4- وقال إنه يعتمد هذا النهج (بالنسبة للزبارة) تنفيذًا لأوامر الحكومة فحسب؛ أما حقوقه فهي لاتزال موجودة ومشروعة. وأعرب عن أمله في أن يُسمح له في المستقبل بالسيطرة على الزبارة.

5- أعتقد أني لست بحاجة إلى شرح التعبيرات التي استخدمها الشيخ؛ فإن التعبير «يمنع» و«أوامر الحكومة» كانت من عنده هو، ولم أستخدمها لدى إبلاغه بمطالب الحكومة، وكان من المستحيل أن أبيّن لشخص في مركز الشيخ ماهية الفرق بين النصيحة المصاحبة بالإشارة إلى عواقب تجاهلها، والمنع أو الأمر؛ حيث إن أي محاولة أخرى قد أقوم بها لشرح هذه المسألة قد تُصبح مصدر تشويش لذهن الشيخ، كما قد تؤدي إلى إضعاف التأثير المطلوب للتعليمات التي قدمناها له، لذا؛ فإني أرى أنه ينبغي تجاهل هذه التعبيرات دون تعليق عليها، ما لم تصدر تعليمات أخرى في هذا الشأن.

6- بناء على رغبته التي أبداها في رسالته المشار إليها أعلاه، أوفد الشيخ عيسى شقيقه الشيخ أحمد لزيارتي في بوشهر لإجراء محادثات إضافية.

7- المذكرة المرفقة تتضمن المسائل التي أثارها الشيخ أحمد لدى اجتماعه بي في مقر المقيمية.

8- التمس الأول (نيابة عن شقيقه) أن يتم تأجيل النظر في مسألة الزبارة، وأجبته على ذلك قائلًا إن التعليمات التي تلقيتها لا تتيح لي مجالًا للموافقة على أي تأجيل آخر، لمسألة الكف عن التدخل في شؤون مناطق البر الرئيسي، ولذا فإنه يجب عليّ أن أحجم عن تقديم هذا الطلب للحكومة.

9- الطلب الثاني الذي تلقيته، كان بخصوص مرابطة إحدى السفن الحربية البريطانية في البحرين بصفة دائمة خلال موسم الغوص على اللؤلؤ، وأجبته على ذلك قائلًا إنه لا يمكن لطواقم سفن الأسطول البريطاني البقاء فيها بصفة دائمة في فصل الصيف، وقد تنقضي الحاجة إلى السفينة إذا ما بذل الشيخ القدر المناسب من اليقظة والجهد، ولكن على أية حال؛ سأعمل على تواجد السفن الحربية في الجزر من حين لآخر، وفي حال تعرضها لتهديد أو لهجوم، فبإمكان الشيخ أن يتأكد أننا سنقدم له الدعم اللازم على الفور، ومع التأكد من الدعم الفعّال الذي ستقدمه الحكومة البريطانية لاحقًا، فإن الشيخ لا محالة سيشعر بالقوة تجاه أية عصابات عدوانية قد تتهدده في جزره.

10- فيما يختص بمطالبته بالسيطره على الزبارة، سأكتفي بالقول بأني لا أجد سببًا لافتراض أن الحكومة ستغير وجهة نظرها التي سبق أن أبدتها بصورة جلية.

11- حيث إن الشيخ أحمد كان يتوق للعودة إلى البحرين على إحدى السفن الحكومية، لأن ذلك سيكون له أثر معنوي طيب، فقد وافقت على طلبه وأرسلته على سفينة المدفعية «هيو روز».

12- مرفق بهذه الرسالة نسخة من الرد الذي أرسلته ردًّا على رسالة الشيخ عيسى الأخيرة (رقم 253 بتاريخ 26 يونيو 1875م)، وأرجو أن تجد الإجراءات أعلاه قبولًا لدى سعادة نائب الملكة في المجلس.

ملحوظة: أحيلت نسخ إلى حكومة بومباي ومكتب الهند مباشرة.

Ref.: (Foreign Dept. POLITICAL. A, Progs., Nos. 34-39, Sept. 1875), Pp.7-8.

27 July 1875

سياسي (A)
سبتمبر 1875م
الأرقام (34-39)
ادعاءات شيخ البحرين بخصوص السيادة على الزبارة

يُرجى مراجعة K. W. سياسي (A)، مؤرخة في شهر مايو 1875م، الأرقام (354-665) المرفقة طيه (رقم 667-171 بتاريخ 28 يونيو 1875 من المقيم السياسي في الخليج الفارسي)

فيما يلي نص الفقرة الثانية من رسالة إدارتنا رقم (667-171) المؤرخة في 28 يونيو 1875م:

«لاحظ فخامته في المجلس بأسف أن الشيخ مازال يُبدي ميولًا للتدخل في شؤون البر الرئيسي القطري، ولذلك لا بد من إفهامه بوضوح أن استمراره في اتباع نهج يخالف إرادة حكومة الهند، سيورطه في مشاكل كبيرة على البر الرئيسي، وبالتالي سيكون عليه تحمل العواقب. ويجب أن يفهم أيضًا أن الحكومة ترى أن لها الحق في اتخاذ الإجراءات التي تراها مناسبة بحقه».

وتنفيذًا لتلك الأوامر، أرسل العقيد روس مساعده الملازم فريزر إلى البحرين حاملًا رسالة للشيخ عيسى، لينقل إليه أوامر الحكومة، وقد فهم الشيخ من أوامر الحكومة أنه «يجب عليه أن يمتنع عن التدخل في شؤون البر الرئيسي، وخاصة الزبارة». وأضاف أنه امتثل للأوامر؛ حيث قال:»إن سبب عدم تدخلنا في شؤون الزبارة هذه المرة هو ببساطة امتثالنا لأوامر الحكومة، وليس لأن حقوقنا لم تعد موجودة أو باتت غير مشروعة».

وطلب من الحكومة أن تسمح له بالسيطرة على الزبارة مجددًا؛ لأنها «كانت تابعة لنا منذ القديم، وقد رضخنا مؤخرًا بحكم الضرورة».

وقد أرسل الشيخ شقيقه أحمد بن علي إلى العقيد روس لينقل له مطالب الشيخ التالية:

1- تأجيل إخلاء الزبارة إلى حين انتهاء موسم الغوص على اللؤلؤ وجمع الإنتاج، لأن جميع أتباع الشيخ الموثوقين يكونون غائبين خلال تلك الفترة، وبالتالي تكون الجزيرة عرضة للهجوم أكثر، وطلب أيضًا عدم السماح لأعداء الشيخ بالإقامة في الزبارة، لأنها قريبة من البحرين، فرد العقيد

روس قائلًا إنه لا يمكنه الموافقة على تأجيل الانسحاب من الزبارة. ويبدو أنه لم ينتبه إلى الجزء الأخير من المطلب، لكن الحكومة لن توافق على جعل الزبارة منطقة محايدة.

2- بقاء سفينة حربية بشكل دائم في البحرين. لا يستطيع العقيد روس التعهد ببقاء سفينة خلال فصل الصيف، لكنه أضاف قائلًا إنه بوسعه اتخاذ الترتيبات؛ فتقوم السفن الحربية بزيارة المنقطة كلما كان ذلك ممكنًا. يعتقد العقيد روس أن هذا الأمر مع التعهد للشيخ بتقديم المساعدة الفورية في حال تعرضه للهجوم، سيشعره بالقوة في مواجهة أي هجوم.

3- أعاد العقيد روس أحمد بن علي على متن سفينة حكومية، نزولًا عند طلبه، لأن ذلك قد يترك تأثيرًا جيدًا.

أضاف العقيد روس أن عبارتي «حظر» و «أوامر الحكومة» من اختيار الشيخ، ولم تردا في رسالته التي وجهها للشيخ، لكن أية محاولة لتوضيح الفرق بين «النصيحة» و«الأوامر» قد تثير قلق الشيخ، وتضعف تأثير الكلام الذي أوصلناه إليه.

يأمل العقيد روس أن تلقى إجراءاته الموافقة.

أرى أنه يُخشى أن يسيء الأتراك (العثمانيين) فهم موقفنا تجاه البحرين، إذا لم يتم تصحيح فهم الشيخ لرسالة العقيد روس؛ فهو واثق أنه سيُعبر عن استيائه.

التوقيع/ إيه. سي. تي.
1875/7/23م

باختصار؛ من غير المرجح أن يقدم الشيخ عيسى شكوى للأتراك ضدنا. فالفرق واضح تمامًا بين النصيحة، على النحو الذي قدمنا، ويمكن التماس العذر لشيخ عربي إذا لم يلحظ ذلك الفرق.
فقد حققنا ما نريده؛ أي تقبل الشيخ عيسى لوجهة نظرنا بألا ينخرط في المشاكل مع الأتراك (العثمانيين) وحلفائهم، من خلال إثبات ادعاءات أسرته بحق السيادة على الزبارة؛ فنحن لم نكن نتوقع منه أن يرضخ عن طيب خاطر على هذا النحو، وبالتالي يمكن الموافقة على إجراءات العقيد روس.

التوقيع/ إف. إتش.
1875/7/24م
التوقيع/ سي. يو. إيه.
1875/7/27م

Ref.: (Foreign Dept. POLITICAL. A, Progs., Nos. 34-39, Sept. 1875), p. 2.

5 Aug. 1875

سيملا

1875م

حكومة الهند

إدارة الشؤون الخارجية

سياسي (A)

سبتمبر

الأرقام (34-39)

ادعاءات شيخ البحرين بحق السيادة على الزبارة

قائمة الوثائق

رقم (34) رسالة رقم (667-171) بتاريخ 28 يونيو 1875م من المقيم السياسي في الخليج الفارسي، بالإشارة إلى رقم (1342P) بتاريخ 10 مايو 1875م، يُحيل نسخة من المراسلات المتبادلة مع شيخ البحرين حول موضوع تدخل الشيخ بشؤون البر الرئيسي القطري، وبشؤون مدينة الزبارة بشكلٍ خاصّ.

الأرقام (35-38) مرفقات الرسالة أعلاه.

رقم (39) رسالة رقم (2818P) بتاريخ 5 أغسطس 1875م إلى المقيم السياسي في الخليج الفارسي؛ يذكر ردًّا على رسالته أنه تمّت الموافقة على الإجراءات التي تم اتخاذها في هذا الشأن.

(أحيلت نسخة إلى حكومة بومباي في الرسالة رقم (2182P) المؤرخة في 5 أغسطس 1875م).

Ref.: (Foreign Dept. POLITICAL. A, Progs., Nos. 34-39, Sept. 1875), p.6.
5 Aug. 1875

رقم (39)

رقم (2181P)

5 أغسطس 1875م- سيملا

من: السيد إف. هنري
وكيل حكومة الهند
إدارة الشؤون الخارجية

إلى: المقدم إي. سي. روس
المقيم السياسي لصاحبة الجلالة البريطانية في الخليج الفارسي

أقر باستلام رسالتك رقم (667-171) المؤرخة في 28 يونيو 1875م، والتي أرفقت بها نسخة من مراسلات مع شيخ البحرين، حول موضوع تدخله في شؤون البر الرئيسي القطري، وحول ادعاءاته المزعومة بحق السيادة على الزبارة، فقد تلقيت تعليمات بأن أصرح أن فخامة النائب والحاكم العام في المجلس وافق اعتماد الإجراءات التي اتخذتها في هذا الشأن.

رقم (2182P)

أُحيلت نسخة إلى حكومة بومباي للعلم، بخصوص مذكرة هذه الإدارة رقم (1343P) المؤرخة في 10 مايو 1875م.

Ref.: (Foreign Dept. POLITICAL. A, Progs., Nos. 15-18, Oct. 1875), p.5.
16 Aug. 1875

رقم (16)

ترجمة رسالة

14 رجب 1292هـ/ 16 أغسطس 1875م - البحرين

من: الشيخ عيسى بن علي آل خليفة
شيخ البحرين

إلى: المقدم روس
المقيم السياسي لصاحبة الجلالة البريطانية - بوشهر

لا يخفى عليكم أن بعض أتباع قبيلة بني هاجر استقلوا مركبًا في الأيام السابقة، بغرض الإخلال بالأمن في البحر، وارتكاب أعمال القرصنة، وذهبوا بعد ذلك إلى خور فشت Khor Fasht، وقد شاهدهم بعض أتباعي العاملين في الغوص على اللؤلؤ وأبلغوني بذلك.

وفي ذلك الوقت لم تكن هناك أية سفينة حربية في البحرين لكي يكون بإمكاننا استخدام قبطانها، ولا نستطيع أن ننظر للمسألة بغير اكتراث، لذا فقد أعددنا خمسًا من سفننا وزوّدناها ببعض أتباعنا لحماية منطقتنا، وذهبوا إلى خور فشت وإلى تلك المناطق من مياه الخليج التي ليست تابعة للظهران Zahran، ولكن عندما تبيّن لهم عدم وجود السفن التي كانوا يبحثون عنها، عادوا إلى البحرين، وقد رأيت أنه ينبغي إبلاغكم بهذه المسألة.

Ref.: (Foreign Dept. POLITICAL. A, Progs., Nos. 15-18, Oct. 1875), p.5.
24 Aug. 1875

رقم (17)
رقم (356) لعام 1875م
22 رجب 1292هـ/ 24 أغسطس 1875م

إلى: المقدم روس
المقيم السياسي لصاحبة الجلالة البريطانية في الخليج الفارسي

إلى: الشيخ عيسى بن علي آل خليفة
شيخ البحرين

يشرفني أن أفيدكم بتسلمي لرسالتكم المؤرخة في 16 أغسطس 1875م الموافق 14 رجب 1292هـ.

فيما يختص بإيجار مراكبكم، لا أرى أن هناك داعيًا لاتخاذ هذا الإجراء في ظل أي ظرف من الظروف.

إن كنت تخشى حدوث أي إخلال بأمن البحار، كان يجدر بك أن تُبلغني بذلك بعد التأكد من الحقائق.

استخدام المراكب المسلحة يجب أن يقتصر على حماية الجزر التابعة لكم، ويجب ألّا تبحر خارج المياه الإقليمية البحرينية.

أرجو أن تكون حذرًا فلا تتجاوز الإجراءات الدفاعية الصِرفة.

Ref.: (Foreign Dept. POLITICAL. A, Progs., Nos. 15-18, Oct. 1875), p.5.
25 Aug. 1875

رقم (15)
رقم (222/909)
25 أغسطس 1875م- بوشهر

من: المقدم إي. سي. روس
المقيم السياسي لصاحبة الجلالة البريطانية
في الخليج الفارسي

إلى: سكرتير حكومة الهند
إدارة الشؤون الخارجية - سيملا

يشرفني أن أرفق مع هذه الرسالة، لعناية صاحب السعادة نائب الملكة والحاكم العام للهند في المجلس، ترجمة للرسالة التي تلقيناها من شيخ البحرين، والمؤرخة في 16 أغسطس، إلى جانب نسخة من ردي عليها.

ملحوظة: أرسلت نسخًا من الرسائل المشار إليها أعلاه إلى حكومة بومباي ومكتب الهند.

Ref.: (Foreign Dept. POLITICAL, PART A, Progs., Nos. 59-67, September 1875), p.10.
7 Sep 1875

رقم (67)

رقم (2457P)

7 سبتمبر 1875م- سيملا

من: السيد إف. هارفي
وكيل حكومة الهند في إدارة الشؤون الخارجية
إلى: المقدم إي. سي. روس
المقيم السياسي لصاحبة الجلالة البريطانية في الخليج الفارسي

تلقيت تعليمات بأن أقر باستلام رسالتك رقم (162-623) المؤرخة في 18 يونيو 1875م بخصوص إجراءات شيخ البدع محمد بن ثاني الأخيرة في ساحل قطر.

2- وطُلب مني في الرد أن أذكر أن الحاكم العام في المجلس يؤيدك تمامًا في الإجراءات التي اتخذتها، والتي أدت إلى دفع التعويضات للتجار الهنود البريطانيين، المقيمين في البحرين، عن الخسائر التي تكبدوها نتيجة نهب مركب بحريني من قبل بني هاجر. أشار فخامته في المجلس بارتياح إلى تعامل شيخ البدع السريع مع الشكاوى المقدمة له في هذا الشأن، وفي مسألة الضرائب الإضافية التي جُبيت من البانيان.

3- وبالنسبة لموضوع تبادل المراسلات مستقبلًا مع شيخ البدع، أيد الحاكم العام في المجلس الآراء الواردة في الفقرة العاشرة من رسالتك، وذلك في أنه ينبغي عليك الاستمرار، حسبما تستدعي الضرورة، بتبادل المراسلات الودية مع الشيخ محمد بن ثاني، بخصوص مسائل مثل مصالح التجار الهنود البريطانيين وما يشابهها، مع تفادي إظهار التدخل في أية مسائل لا تتعلق بالمصالح البريطانية بشكلٍ مباشر.

4- وبالنسبة للرسالة التي تعتزم توجيهها إلى البانيان في البدع، بخصوص عروض واقتراحات محمد بن ثاني، لا يرى فخامته في المجلس أن حكومة الهند ملزمة بمطالبة التجار بمغادرة البدع أو البقاء فيها. فإن شاؤوا البقاء، فعليهم احترام القوانين المحلية ودفع الضرائب؛ ببساطة يجب إبلاغهم أن عليهم التقرير بأنفسهم بشأن مسألة البقاء في البدع أو مغادرتها.

رقم (2458P)

أُحيلت نسخة إلى حكومة بومباي لأخذ العلم.

Ref.: (Foreign Dept. POLITICAL, PART A, Progs., Nos. 59-67, September 1875), p.11.
7 Sep 1875

حكومة الهند
1875م
إدارة الشؤون الخارجية
سياسي (A)
سبتمبر
الأرقام (59-67)
بنو هاجر يتعرضون لمركب بحريني
شيخ البدع يفرض ضرائب إضافية على التجار الهنود البريطانيين

قائمة الوثائق:

رقم (59) رقم (623-162) بتاريخ 18 يونيو 1875م من المقيم السياسي في الخليج الفارسي، يُحيل لأخذ العلم تقريرًا حول الإجراءات المتخذة بخصوص دفع شيخ البدع تعويضات لعدد من الرعايا الهنود البريطانيين.

الأرقام (60-66) مرفقات للرسالة أعلاه

رقم (67) رسالة رقم (2457P) بتاريخ 7 سبتمبر 1875م إلى المقيم السياسي في الخليج الفارسي، يُبلغه فيها بالموافقة على الإجراءات التي اتخذها، وينقل له أوامر حكومة الهند بخصوص التعامل مع الشيخ مستقبلًا، وبخصوص مسألة التجار الهنود البريطانيين في البدع.

(أُرسلت نسخة إلى حكومة بومباي في الملف رقم 2458P بتاريخ 7 سبتمبر 1875م).

Ref.: (Foreign Dept. POLITICAL. A, Progs., Nos. 3-4, Nov. 1875), p.4.

1 Oct. 1875

رقم (3)

رقم (250-1055)

1 أكتوبر 1875م- بوشهر

من: المقدم إي. سي. روس

المقيم السياسي لصاحبة الجلالة البريطانية في الخليج الفارسي

إلى: السيد سي. يو. إيتشيسون

سكرتير حكومة الهند- إدارة الشؤون الخارجية

يُشرفني أن أقر باستلام رسالة وكيل سكرتير الحكومة رقم (2457P) المؤرخة في 7 سبتمبر 1875م، وأن أرسل، فيما يخص الفقرة الرابعة، نسخة من الرسالة التي وجهتها إلى التجار الهنود المقيمين في البدع، والتي سيُلاحظ أن مضمونها جاء متوافقًا مع أوامر الحكومة قيد الإقرار.

Ref.: (Foreign Dept. POLITICAL. A, Progs., Nos. 15-18, Oct. 1875), Pp.3-4.
1 Oct. 1875

سياسي (A)
أكتوبر 1875م
الأرقام (15-18)
مذكرة المكتب (مكتب الهند)

الإجراءات الانتقامية التي اتخذها شيخ البحرين ضد قبيلة بني هاجر بسبب أعمال القرصنة

(رقم 909-222 بتاريخ 25 أغسطس 1875م من المقيم السياسي في الخليج الفارسي)

أحال المقيم السياسي في الخليج الفارسي رسالة من شيخ البحرين، قال فيها إن صيادي اللؤلؤ أبلغوه أن بعض رجال بني هاجر أبحروا على متن مركب، بهدف زعزعة أمن البحر وتنفيذ أعمال قرصنة، ومن ثم توجهوا إلى خور فشت.

وأضاف الشيخ أنه أراد الدفاع عن منطقته، فأمر خمسة من سفنه بتعقب القراصنة إلى خور فشت، (نظرًا لعدم وجود سفينة حربية يستعين بها)، إلا أنها عادت بعد عملية بحث فاشلة عنهم.

وعلى إثر ذلك، أخبر العقيد روس الشيخ بأن إجراءه هذا لم يكن ضروريًّا، وأنه لو كان يخشى زعزعة أمن البحر، كان من المفترض عليه أن يُخبره بعد التأكد من الوقائع.

وقال له العقيد روس إن «استخدام السفن المسلحة مقتصر على الدفاع عن جزرك فقط، ولا يجوز أن تخرج عن مياه البحرين الإقليمية. أرجو أن تكون حذرًا وألا تتجاوز الإجراءات الدفاعية البحتة».

جاء رد العقيد روس بما يتماشى تمامًا مع المادة الثالثة من المعاهدة، (صُدقت في عام 1862م)، المبرمة مع الشيخ محمد بن خليفة، حاكم البحرين آنذاك؛ فقد تعهد الشيخ محمد بموجب تلك المادة بإبلاغ المقيم السياسي في الخليج الفارسي، بأسرع وقت ممكن، عن جميع الاعتداءات ومحاولات النهب، التي قد يُخطط لها ضده، أو التي تجري في البحر ضده أو ضد رعاياه وفي منطقته (صفحة 265، مجلد 7، معاهدات إيتشيسون)، وذلك لكونه الشخصَ المَعْنِيِّ بتحكيم قضايا كهذه، متعهدًا بألا تقوم البحرين بتنفيذ أي عمل عدواني أو انتقامي في البحر، أو أن يفعل

هو وأتباعه ذلك ضد القبائل الأخرى باسم البحرين، دون موافقة الحكومة البريطانية، وسيكون من الضروري ضمان ذلك.

يُمكن الموافقة على إجراءات العقيد روس.

التوقيع/ إيه. سي. تي.

1975/9/24م

يبدو أن إجراءات الشيخ قوبلت بالاستنكار الشديد؛ إذ لم يزعم أحد أن حدثت عمليات قرصنة، مع أن نوايا بني هاجر مشكوك فيها. أعتقد أن خور فشت هو خليج فشت الكائن بالقرب من الشارقة، والذي يبعد أكثر من 250 ميلًا عن البحرين. إن الخلاف شديد بين الشيخ عيسى وبني هاجر، وربما جاءت حادثة تعقب المراكب انتقامًا من أفعالهم في الزبارة. على أية حال، كان العقيد روس محقًّا في دعوة الشيخ إلى التعقّل؛ فإذا سُمح له بمباغتة بني هاجر في كل مكان يجدهم فيه، فلن تنتهي شكاوى الأتراك (العثمانيين)، إذ من المفترض أن بني هاجر من رعاياهم.

التوقيع/ إف. إتش.

1875/9/28م

يمكن الموافقة على إجراءات العقيد روس، لكنني كنت سأستخدم لهجة أشد مع عيسى، الذي أبدى مؤخرًا ميولًا عدائية جدًّا، ولذلك سأنتهز أول فرصة سانحة لأذكره بالتزاماته المقررة في المعاهدة، ولأخبره بوضوح بأنه لن يكون حليفنا إذا خرقها.

التوقيع/ سي. يو. إيه.

1875/9/30م

التوقيع/ إن.

1875/10/1م

Ref.: (Foreign Dept. POLITICAL. A, Progs., Nos. 3-4, November 1875), p.3.

1 Oct. 1875

1875م

وزارة الخارجية

حكومة الهند

سياسي (A)

نوفمبر

رقمي (3-4)

التجار الهنود في البدع

قائمة الرسائل

رقم (3) من المقيم السياسي لصاحبة الجلالة البريطانية في الخليج الفارسي، رقم (1055-250) بتاريخ الأول من أكتوبر 1875م، بالإشارة إلى الرسالة رقم (2457P) المؤرخة في 7 سبتمبر 1875م، يُحيل نسخة من رسالة وجهها إلى التجار الهنود المقيمين في البدع، حول وضعهم هناك، داعيًا إياهم إلى اتخاذ قرار بشأن البقاء في البدع أو مغادرتها.

رقم (4) مرفق الرسالة أعلاه.

Ref.: (Foreign Dept. POLITICAL, PART A, Progs., Nos. 59-67, September 1875), p.6.
4 Oct. 1875

رقم (61)
22 شعبان 1291هـ/ 4 أكتوبر 1874م

من: محمد بن ثاني
شيخ البدع

إلى: المقدم إي. سي. روس
المقيم السياسي لصاحبة الجلالة البريطانية في الخليج الفارسي

تسلمت رسالتكم المؤرخة في يوم 12 من الشهر الجاري، وقد وردت في رسالتكم إشارة إلى السفينة التي غادرت مينائي، فإن هذه السفينة جاءت من كنجون Congoon واستأجرها ستة أشخاص لنقلهم إلى العقير، وبعد ذلك استولوا على مركب المشوة التابع لعبد الكريم، وأنا لا علم لي بحادثة القرصنة هذه، وقد أرسلت في طلبهم، وأمرت باعتقالهم، ووبختهم على ذلك، ولم أتمكن من استعادة جزء من المبلغ الخاص بابني جاسم، وقد تمكنت من استعادة كل شيء أقروا بأنهم نهبوه.

وفيما يختص بممتلكات البانيان فقد سألتهم عن الأشياء التي فقدت منهم، ولكنهم قالوا إنه ليس لهم علم بها؛ حيث إنهم لم يتسلموا الرسائل الخاصة بها من البحرين.

كل الأشياء التي تمكنت من استعادتها من اللصوص هي الآن بحوزتي، ولكن لا علم لي بالأشياء الأخرى، وأنت تعلم تمامًا أني لا أشجع أعمال النهب، وأن هذه القرصنة تمت دون علمي، ويجب أن تقبل إفادتي هذه، وأن ترأف بحالي، هذا هو كل ما لدي من معلومات، وفيما يتعلق بالمسائل الأخرى فإنني على ثقة أنك ستتخذ الإجراءات المناسبة.

Ref.: (Foreign Dept. POLITICAL. A, Progs., Nos. 15-18, Oct. 1875), p.2.

7 Oct. 1875

1875م

حكومة الهند

إدارة الشؤون الخارجية

سياسي (A)

نوفمبر

الأرقام (15-18)

ملاحقة قبيلة بني هاجر على أيدي شيخ البحرين

قائمة الوثائق

رقم (15) رسالة رقم (909-222) مؤرخة في 25 أغسطس 1875م من المقيم السياسي في الخليج الفارسي، يُحيل ترجمة رسالة من شيخ البحرين، اشتكى فيها من أعمال القرصنة التي يرتكبها بعض رجال قبيلة بني هاجر، وكذلك نسخة من الرد عليها؛ حيث أعرب فيه المقيم السياسي عن احتجاجه على الإجراءات التي اتخذها الشيخ.

رقما (16، 17) مرفقات الرسالة أعلاه.

رقم (18) رسالة رقم (2711) مؤرخة في 7 أكتوبر 1875م إلى المقيم السياسي في الخليج الفارسي: ردًّا على الرسالة أعلاه؛ تمّت الموافقة على الإجراء الذي اتخذه (المقيم السياسي)، بخصوص المركب المرسل من البحرين لملاحقة بعض رجال قبيلة بني هاجر، ويطلب منه تذكير الشيخ عيسى بالتزامات معاهدته، وتحذيره من عواقب خرقها.

Ref.: (Foreign Dept. POLITICAL. A, Progs., Nos. 15-18, Oct. 1875), p.5.
7 Oct. 1875

رقم (18)
رقم (2711P)
7 أكتوبر 1875، سيملا

من: السيد سي. يو إيتشيستون
سكرتير حكومة الهند في إدارة الشؤون الخارجية

إلى: المقدم إي. سي. روس
المقيم السياسي لصاحبة الجلالة البريطانية في الخليج الفارسي

تلقيت تعليمات بأن أقر باستلام رسالتك رقم (909-222) المؤرخة في 25 أغسطس 1875م، وأن أذكر أن الحاكم العام في المجلس أثنى على الإجراء الذي اتخذته في مسألة المراكب التي أُرسلت من البحرين لتعقب أفراد قبيلة بني هاجر.

2 – ينبغي عليك أن تنتهز أول فرصة سانحة كي تُذكِّر الشيخ عيسى بالالتزامات المقررة في المعاهدة المبرمة معه، بخصوص الأعمال العدوانية وأعمال النهب في البحر، وأن تخبره بوضوح بأنه لن يبقى حليفًا للحكومة البريطانية إذا خرق تلك الالتزامات.

Ref.: (Foreign Dept. POLITICAL, A, Progs., Nos. 298-333, Feb. 1875), p.10.
29 Oct. 1875

رقم (512)

17 رمضان 1291هـ / 29 أكتوبر 1874م

إلى: ناصر بن مبارك - قطر

لقد تسلمت رسالتك المؤرخة في رمضان 1291هـ/ أكتوبر 1874م.

وإنني أرفض أن أجيب بأكثر من أن أحذرك أن أية محاولة للقيام بأي أعمال عدائية ضد البحرين سوف تقابل بمعارضة فعّالة من الحكومة البريطانية.

Ref.: (Foreign Dept. POLITICAL, A, Progs., Nos. 298-333, Feb. 1875), p.10.
31 Oct. 1875

رقم (298)
رقم (260/1263)
31 أكتوبر 1874م – بوشهر

من: المقدم إي. سي. روس
المقيم السياسي لصاحبة الجلالة البريطانية في الخليج الفارسي

إلى: سكرتير حكومة الهند
وزارة الخارجية

يُشرفني أن أرفق لكم ترجمة الرسالة التي وجهتها إلى ناصر بن مبارك الخليفة Nasir bin Moobark al Khaleefah، الذي جاء مؤخرًا من الأحساء إلى قطر، كما هو مذكور في رسالتي رقم (242/1192) المؤرخة في 17 أكتوبر 1874م.

2- لكن باعتبار أن الحكومة لا تريدني أن أدخل في المفاوضات مع هذا الشيخ حول موضوع ادعاءاته، اعتقدت أن من المستحسن أن أنتهز الفرصة، وأن أنقل له تحذيرًا بعدم القيام بأي أعمال عدائية ضد البحرين، والتي من المحتمل أنها غايته النهائية. تم إرفاق ترجمة من رسالتي، وأرجو التفضل بالموافقة عليها.

3- سيتم إرسال نسخة من رسالة ناصر ومن ردّي على شيخ البحرين.

ملحوظة: أحيلت نسخ مباشرة إلى حكومة بومباي ومكتب الهند.

Ref.: (Foreign Dept., Political A, Progs., Nos. 222-223, Jan-1876), p. 4

28 Nov. 1875

رقم (223)

الرقم (120)

28 نوفمبر 1875م

من: آغا أحمد

وكيل الأخبار - البحرين

إلى: المقدم إي. سي. روس

المقيم السياسي - بوشهر

تلقيت شائعات من عدة مصادر، مفادها أن ناصر باشا حصل قبل مغادرته للقسطنطينية على موافقة تتيح له التدخل في شؤون البحرين وعمان، وقرأت في رسالة أرسلها من البدع ناصر البصري[1] إلى فهد بن أحمد، إشارة إلى سماعه للشائعات نفسها.

علمت أن أحد المراكب من نوع المشوة، كان يحمل جنودًا أتراكًا (عثمانيين)، أبحر من العقير التي تقع إلى جنوب البحرين متجهًا إلى قطر، وتوقف في الزبارة للتزود بالمياه، وأبلغ ركابها أهالي الزبارة بأن ناصر باشا بعث برسائل إلى مناطق الساحل العربي، وأن هنالك كتيبة تركية بصدد التوجه إلى تلك المنطقة، علمًا بأن الجنود الذين كانوا في مركب المشوة، أرسلوا لاستبدال الجنود العاملين في حامية البدع.

شرع الناس في التساؤل عن مسألة شيلا وراما (التاجرين البانيانيين) والتي كنت قد أشرت إليهما في رسالتي البرقية المؤرخة في 4 ديسمبر 1875م، وأبدوا دهشتهم لأن البانيان لم يرتكبوا خطأ، ومنذ ذلك الحين قال البعض إنه سيتم اعتقالهم في الأحساء، بينما يقول البعض الآخر، إنه سيتم استدعاء جاسم بن ثاني إلى الأحساء، ولكن هذه المعلومات غير موثوق بها، وهذا هو ما قد نما إلى علمي.

في يوم 27 نوفمبر وصل إلى هذه المنطقة مركب مشوة قادمًا من العقير، وكان به 10 من الجنود الأتراك (العثمانيين)، وكان معهم معاون وطابور Muawin and Taboor Akasee في طريقهم إلى البصرة ومعهم البريد.

1 المقصود ناصر شيخ المنتفق، كما ورد في وثائق أخرى. (المحرر).

أبلغني طابور أغاسي Taboor Akasee أنه قد تمّ تعيين ناصر باشا حاكمًا للأحساء والقطيف وسوق الشيوخ Sooksheookh والكويت ونجد، وأن حاكم الأحساء قد تلقى رسائل من الساحل العربي تتضمن عروضًا للتحالف، ولكنه لم يخبرني عمن أرسل تلك الرسائل، وأبلغني بأنه كان ضمن جنود الحامية الذين حُوصروا في الأحساء في الآونة التي شهدت تمرّد عبد الرحمن (بن فيصل بن سعود)، وأن أحمد بن مهدي قائمقام القطيف قد قدم رشوة لمزيد Mazyyad عند وصوله، وقد غادر في مظاهر احترام بالغة.

Ref.: (Foreign Dept., Political A, Progs., Nos. 222-223, Jan-1876), p. 2.

11 Dec. 1875

حكومة الهند

1876م

وزارة الشؤون الخارجية

سياسي (A)

يناير

الأرقام (222-223)

ناصر باشا، شيخ المنتفق

قائمة الوثائق:

رقم (222): رسالة من المقيم السياسي في الخليج برقم (113-308) مؤرخة في 11 ديسمبر 1875م. وترجمة لتقرير إخباري من وكيل الأخبار في البحرين، وبه ملاحظات بخصوص تعيين ناصر باشا واليًا على البصرة وتوابعها.

رقم (223): مرفق الرسالة أعلاه.

Ref.: (Foreign Dept., Political A, Progs., Nos. 222-223, Jan-1876), p. 3.
11 Dec. 1875

مذكرة بخصوص ناصر باشا، شيخ المنتفق
رقم (1313-308)
11 ديسمبر عام 1875م

من: المقيم السياسي في الخليج

بعث الكولونيل روس بنسخة من تقرير إخباري تسلمه من جانب وكيل الأخبار في البحرين. وجاء فيه إن ناصر باشا بعث برسائل إلى الساحل العربي يذكر فيها أن الكتيبة التركية (العثمانية) بصدد الزحف إلى هناك، وجاء فيه كذلك أن والي الأحساء تلقى رسائل من أشخاص مجهولين في الساحل العربي؛ حيث أعلنوا ولاءهم للحكومة التركية (العثمانية).

وقد ذكر المقيم السياسي منذ عهد قريب أن قيام الحكومة التركية بتعيين ناصر باشا واليًا على البصرة ونجد وتوابعها أدى إلى خلق قلق وخوف بين طائفة من المجتمع في الخليج الفارسي، وقد نشرت شائعات أنه ينوي ممارسة سياسة عدوانية. وفي هذا الصدد سأل الرؤساء العرب الكولونيل روس مرات عديدة، وذلك خلال جولته الأخيرة، عمّا إذا كان الهدف من ذلك العدوان محاولة تخويفهم، غير أن روس أفاد بأن الشائعات المنتشرة على وجه العموم، بشأن نية الباشا المبيتة للهجوم على البحرين، إنما ظهرت من اللغة التي استعملها الأخير قبل ذهابه إلى القسطنطينية. ويُعتقد أن تنصيبه واليًا إنما كان إشارة إلى أن الباب العالي سيؤيد آراءه وخططه، ويعينه في منصب يسمح له بتنفيذها، ومن بينها تهديده بغزو البحرين.

استطرد الكولونيل روس يقول: يبدو أن الحقيقة تكمن في أن ناصر باشا اشترى منصب الولاية بواسطة دفع رشاوى ضخمة للسلطات التركية (العثمانية)، ولذلك اقتصرت ولايته وحدود سيادته على المنصب فحسب، فلا تخضع القوات التركية وسفنها لأوامره. وفي الوقت نفسه، يبدو، وكما هو واضح، أن ناصر باشا نفسه مطبوع على أن يكون عدوانيًّا في الساحل العربي كلما يجد إلى ذلك سبيلًا.

ولا يوجد شيء آخر في ذلك التقرير الإخباري يحتاج للإشعار. وفيما يتعلق بمسألة التاجرين في البدع، اللذين أُرغما على مغادرتها إلى الإحساء، فإنها حُلت على نحو ملائم؛ إذ إن والي الأحساء سمح لهما بالعودة إلى البحرين من دون أية مضايقات، وهما الآن في طريقهما للالتحاق بزملائهما في قطر، ولأن الكولونيل روس بعث بنسخة من رسالته مباشرة إلى وزير الخارجية، فلا يبدو أن ثمة حاجة لتلقي الأوامر من حكومة الهند.

Ref.: (Foreign Dept., Political A, Progs., Nos. 222-223, Jan-1876), p. 4
11 Dec. 1875

رقم (222)
الرقم (308/1313)
11 ديسمبر 1875م - بوشهر

من: المقدم إي. سي. روس
المقيم السياسي لصاحبة الجلالة البريطانية في الخليج الفارسي

إلى: سي. يو. إيتشيسون
سكرتير حكومة الهند
إدارة الشؤون الخارجية

يُشرفني أن أرفق لعنايتكم مع هذه الرسالة، ترجمة للرسالة الإخبارية المؤرخة في 28 نوفمبر (1874م) والتي تلقيناها من وكيل الأخبار في البحرين.

2- سبق أن أبلغتكم، (يرجى الاطلاع على رسالتي رقم 201/817 ورقم 262/1057 المؤرختين في 6 أغسطس و 1 أكتوبر)، بأن أهالي الخليج الفارسي يولون أهمية كبيرة لمسألة تعيين ناصر باشا واليًا على البصرة، وفي خلال جولتي الأخيرة دأب الشيوخ العرب وغيرهم على التساؤل عمّا إذا كان هنالك عدوان محتمل تجاههم.

3- يبدو أن المعلومات والشائعات الرائجة في كل مكان، قد نشأت عن اللهجة التي تحدث بها ناصر باشا قبل ذهابه للقسطنطينية، ويعتقد الناس أن تعيينه يُعد مؤشرًا على أن حكومة الباب العالي قد تبنت وجهة نظره وخوّلته لتنفيذها.

4- وعلى الرغم من ذلك، يبدو أن ناصر باشا قد تمكّن من شراء منصب الحاكم بثمن غالٍ، وأن تعيينه لم يكن ليتم لولا ذلك، علمًا بأن قوات الحكومة التركية (العثمانية)، وسفنها المرابطة في البصرة لم توضع تحت إمرته. وفي الوقت نفسه، يبدو أن ناصر باشا على استعداد لأن يُصبح عدائيًّا تجاه الساحل العربي بقدر ما تسمح الظروف بذلك.

ملحوظة: أحيلت نسخ مباشرة إلى حكومة بومباي وسكرتير الدولة.

نماذج من الوثائق

No. 61.

No. 6025, dated Bombay Castle, 19th October 1872.

From—Secretary to the Government of Bombay,
To—Secretary to the Government of India, Foreign Dept., with G.-G.

ADVERTING to the letter from this Office No. 5147, dated the 26th October last, paragraph 4, I am directed to forward, for the information of the Government of India, the accompanying copy of a letter from the Political Resident in the Persian Gulf, No. 1543-419 of the 19th ultimo, and to state that, under the circumstances represented by the Political Resident, this Government have permitted the submission of the required report with reference to the question of sovereignty over the Guttur country being postponed.

No. 62.

No. 1543-419, dated Bushire, 19th September 1872.

From—Her Britannic Majesty's Political Resident in the Persian Gulf,
To—Secretary to the Government of Bombay.

IT will be in the recollection of the Right Hon'ble the Governor in Council that, in my letter as per margin, written at a time when Turkey had recently occupied the territory of Guttur, I pointed out that under this disturbance of previous arrangements, the question of the sovereignty over Guttur would probably have to be met.

No. 1026-276, dated the 12th September 1871.

2. Government instructed me to submit my views as to the question of sovereignty over the Guttur country.

Vide Mr. Secretary Wedderburn's letter to the Secretary to the Government of India, No. 5147, dated 26th October 1871, forwarded to me under endorsement No. 5148.

3. Accordingly I have collected some memorandums on the subject and prepared notes. But in the meantime the position of Turkish authority on the Arabian Coast has been altered; and there seems to be a reasonable probability of the Turkish Forces retiring.

4. Should this retirement have place, Guttur would probably resume the political condition it previously possessed, and the question of sovereignty in reference to the Turks might fall into abeyance.

5. Under these circumstances I would respectfully solicit permission to postpone submitting my report on the question of sovereignty, until time shall show what will be the result of the present negotiations between His Highness Saood and the Turkish authorities.

6. The question of sovereignty in Guttur is an intricate one, and one which, unless pressed on us by Turkish proceedings, might, perhaps, remain in a condition which should not commit our Government to the declaration of an official decision or opinion.

N.B.—Copy will be sent to India Office.

P.—61-62—Dec. Exd.—J. D. G.

No. 105.

No. 1190-146, dated Bushire, 19th September 1873.

From—Her Britannic Majesty's Acting Political Resident in the Persian Gulf,
To—Secretary to the Government of India, Foreign Dept.

I HAVE the honor to transmit translation of a letter from Sheik Haashar bin Mucktoom, Chief of Debaye, complaining of certain robberies committed on subjects of his by Turkish soldiers at Guttur, and threatening reprisals.

2. My reply to Sheik Haashar is annexed. It is probable the Sheik of Debaye will press for a peply as to how he is to obtain redress. I propose, in that case, recommending that the persons robbed should prefer their complaint to the local authorities at the place where the robbery was committed.

3. I should, however, be glad of instructions from Government as to whether any support should be given to the Chief of Debaye should his subjects fail to obtain justice at the hands of the local Turkish officers.

No. 106.

Dated Debaye, 5th Rajab 1290 / 28th August 1873.

From—Chief of Debaye,
To—1st Assistant Resident, Persian Gulf.

I WISH to come and see you, but am unable owing to being ill with fever. I know that the Coast of Oman is under the protection of the English Government, and we enjoy tranquillity owing to this. Some days ago one of my people's pearl boats went to Biddeh for the purpose of buying provisions for which they offered pearls. They went ashore with a small bag of pearls for sale. Two men belonging to the Turkish force said to the Nakhoda "what have you got," he said "pearls for sale." They said "show us." The Nakhoda showed them the pearls. They said, "what is the price"? He said 850 krans. The companion of the 1st Turk then took the pearls and tried to run away, the Nakhoda caught hold of him; when he caught hold of him other Turks came up and beat him. The Nakhoda wished to go to Bushire to make his complaint, but the divers objected, because that it was the fishing time and much time would be lost. I report the matter to you now, if you will interfere on our behalf very good, if not, I am able to take my rights from the Guttur people. I report this, and will wait for an answer for one month from this date. By God's grace and the favor of the British Government all the ports are free to all and those people began aggressing on us.

I refer this matter to you, because we are under treaty with the Government. The name of the Nakhoda is Saif bin Khulfan, and he was plundered on 2nd Jemadee-Sani. Another boat belonging to my subjects went to Biddeh. The crew went ashore and had one pearl. A Turk asked them what they had, they said a pearl. He asked them the price; they said 150 dollars, the weight of the pearl was (18) hubba. The Turk said it was worth (100) krans. The owner asked for it back when the Turk put it into his mouth and ran away. The Nakhoda seized him, but the Turk drove him away, and although he cried out, no one gave him any assistance. The name of the Nakhoda is Sani bin Mahomed. Another boat, the name of the Nakhoda Saif bin Mukkeeb, went to Biddeh. A Turk asked the Nakhoda what he had; he said that he had a pearl for sale which weighed (3) chow and the price 40 reals. The Turk said that it was worth (30) reals. They did not come to terms. The Turk put the pearl in his

No. 34.

No. 667-171, dated Bushire, 28th June 1875.

From—Lieut.-Col. E. C. Ross, H. B. M.'s Poltl. Resdt. in the Persian Gulf,

To—C. U. Aitchison, Esq., C.S.I., Secy. to the Govt. of India, Foreign Dept.

I have the honor to report that in obedience to the orders of His Excellency the Viceroy and Governor-General of India in Council, conveyed in your letter No. 1342P., dated 10th May 1875, I addressed a further communication* to the Chief of Bahrein, a copy of which is annexed.

* No. 208, dated 31st May 1875.

2. As on the previous occasions of making similar important communication to the Chief on the part of Government I deputed Lieutenant Fraser, Acting 2nd Assistant Resident, to Bahrein, in order that the Chief should have the advantage of verbal explanations on any points on which he might feel any doubt.

3. I now submit a translation of the reply I have received from Sheikh Esau, in which he intimates his decision to abide by what he terms the "orders" of Government and abandon interference with the affairs of the mainland.

Dated 14th June 1875.

4. He states that he adopts this course (so far as Zobarah is concerned) simply in obedience "to the orders of" "Government," "not that his rights have become invalid or extinct." He further expresses a hope that he may be permitted at some future time to resume his occupation of Zobarah.

5. I need, I think, scarcely explain that the terms used by the Chief "prohibit," "orders of Government," are of his own choosing, and not in accordance with the terms employed by me in communicating the wishes of Government. It is impossible to make clear to a person in the Chief's position the distinction between advice coupled with an intimation of the consequences of neglecting it, and a prohibition or command, and any further attempt on my part to explain this would probably unsettle the Chief's mind and weaken the effect of the intimations already made to him. I propose therefore, unless otherwise instructed, to let these expressions pass without remark.

6. In accordance with the intention intimated in his letter above referred to, Sheikh Esau deputed his brother, Sheikh Ahmed, to visit me at Bushire for the purpose of making some further communications.

7. The matters brought forward by Sheikh Ahmed at an interview at the Residency are stated in the accompanying memorandum.

Dated 22nd June 1875.

8. He first (on his brother's behalf) pleaded for further delay as regards Zobarah. To this proposal I replied that it would not be compatible with my instructions to countenance any further delay in withdrawing from interference in mainland affairs, and that I must decline to recommend this request for the consideration of Government.

9. The next request preferred was that a British vessel of war should be continuously stationed at Bahrein during the pearl-fishing season. To this I replied that the constant presence of vessels of the British Navy cannot be ensured during the hot season, and with a proper amount of vigilance and energy on the Chief's side could scarcely be necessary. I would however endeavour to have the islands frequently visited by cruisers, and in case of attack being threatened or made the Chief might rely on prompt and ready assistance being afforded. With the certainty of the powerful support of the British Government in reserve surely the Chief should feel strong against any hostile bands likely to menace him in his islands.

10. As regards the appeal as to possession of Zobarah, I could merely say that I saw no reason to suppose Government would alter their views as already fully communicated.

P.—34-39—Sept. Exd.—J. T. F.

No. 209.

No. 521-136, dated Bushire, 15th May 1875.

From—Lieut.-Col. E. C. Ross, H. B. M.'s Political Resident, Persian Gulf,

To—C. U. Aitchison, Esq., C.S.I., Secy. to the Govt. of India, Foreign Dept.

I have the honor to transmit herewith, for the information of His Excellency the Viceroy and Governor-General of India in Council, a Précis of some intelligence relating to Bahrein and the adjoining districts, communicated under date 30th April by the News-Agent at Bahrein.

N.B.—Copies will be forwarded to Bombay Government and India Office direct.

No. 210.

Précis of intelligence received from Bahrein from 19th to 30th April 1875.

It is reported from Kuteef that Mahomed bin Feysul has entered Riadh and made peace with his brother, Abdur Rahman, and Saood's relations, but that Abdoollah bin Feysul had encamped outside the town where his brother and nephews repaired to meet him and settle matters amicably. Some people however assert that the two parties fought together. The Chief of Bahrein still continues to assist the Zobarites by sending provisions and materials to repair the fort, but he has hitherto abstained from despatching armed men. The Naeem tribe of Zobarah has been attacking and plundering the hostile Beni Hajir, and succeeded in carrying off a number of camels. By way of retaliation Zobarah was then attacked by the Beni Hajir, but they only managed to capture a few camels.

Jasim bin Thanee has written to the Chief of Bahrein that unless the Naeem tribe at Zobarah quit their present position, he will be unable to expel the Beni Hajir from Guttur territory.

No. 211.

No. 554-146, dated Bushire, 28th May 1875.

From—Lieut.-Col. E. C. Ross, H. B. M.'s Political Resident, Persian Gulf,

To—C. U. Aitchison, Esq., C.S.I., Secy. to the Govt. of India, Foreign Dept.

I have the honor to submit herewith, for the information of His Excellency the Viceroy and Governor-General of India in Council, translated purport of a letter dated 16th May 1875 received from the News-Agent at Bahrein concerning affairs in Nejd.

N.B.—Copies will be forwarded to Bombay Government and India Office direct.

No. 212.

Translation of a letter from the News-Agent, Bahrein, to Lieut.-Col. E. C. Ross, H. B. M.'s Political Resident, Persian Gulf, No. 45, dated 16th May 1875.

I hear regarding affairs of Nejd that after Saood bin Feysul's death, Abdoollah bin Feysul went to Washm with the Uteyba tribe four days' journey from Riadh. Mahomed bin Feysul and Abdoolla's son, Toorkee, were with him. Mahomed and Toorkee with 50 horsemen proceeded to Tarmada close to Washm. Abdool Rahman bin Feysul on hearing of this sallied out of Riadh with his nephews and Bin Sunaitan and the Kahtan, Ejman, and Shamir tribes. They surrounded Tarmada and fired several guns. On this Mahomed, Toorkee, and their followers came out and asked for quarter stating they would keep aloof from assisting either Abdoollah or Abdool Rahman. When Abdoollah and the Uteyba heard this news, they fled to Haruk two days' journey from Riadh.

P.—209-212—June. Exd.—J. T. F.

الفهرس العام

- أ -

- ب -

- ت -

- ث -

- ج -

- ح -

- خ -

- د -

- ذ -

- ر -

-ز-

-س-

-ش-

-ص-

-ط-

-ظ-

-ع-

-غ-

-ف-

-ن-

-هـ-

-ي-